लव कुश (त्रेतायुग)
और
लवकुश (कलियुग)

notionpress.com

लव कुश (त्रेतायुग)
और
लवकुश (कलियुग)

लव कुश सिंह "विश्वमानव"

सत्यकाशी पीठ
पांचवां और अन्तिम शंकराचार्य पीठ

Notion Press

Old No. 38, New No. 6
McNichols Road, Chetpet
Chennai - 600 031

First Published by Notion Press 2020

ISBN 978-16-49194-49-7

समर्पण

यह पुस्तक समर्पित है -

उन सभी खोजी आत्माओं को,

जो सत्य की ज्योति को अपने भीतर

और संसार के हर कोने में जलाना चाहते हैं।

भारतीय संविधान के धारा-51 (ए)

नागरिक का मौलिक कर्तव्य के अनुसार

01. संविधान के प्रति प्रतिबद्धता, इसके आदर्शों, धाराओं, राष्ट्रीय ध्वज व राष्ट्रीय गान का आदर करना।
02. स्वतंत्रता के लिए संघर्ष हेतु प्रेरित करने वाले सुआदर्शों का अनुकरण करना व उन्हें चिरस्थायी बनाना।
03. भारत की सर्वोच्चता, एकता और अखण्डता की रक्षा करना तथा समर्थन करना।
04. जब भी आवश्यकता पड़े देश की रक्षा करना व राष्ट्रीय सेवाओं हेतु समर्पित होना।
05. समाज में भाई-चारें की भावना का विस्तार करना, मातृत्व भाव, धार्मिक, भाषायिक, क्षेत्रीय विभिन्नताओं में एकता कायम करना तथा नारी सम्मान आदि का ध्यान देना।
06. अपने मिश्रित संस्कृति का मूल्यांकन करना उसको स्थायित्व देना और इसकी परम्परा को कायम रखना।
07. प्राकृतिक सम्पदा की रक्षा करना जिसमें जलवायु, जंगल, झील, नदियां, जंगली जीवों व समस्त जीवों के प्रति दया का भाव सम्मिलित है।
08. वैज्ञानिक भावना को प्रोत्साहित करना, मानवीय भावनाओं के स्वरूप की परख करते रहना।
09. जन सम्पत्ति की सुरक्षा करना और हिंसा आदि का परित्याग करना।
10. व्यक्तिगत, सामूहिक गतिविधियों के प्रत्येक क्षेत्र में सर्वोच्चता हासिल करना, जिससे राष्ट्र शतत उत्थान, प्रयत्न व प्राप्ति की ओर अग्रसर होता रहे।
11. जो कि माता-पिता या अभिभावक हो, वे अपने 6 साल से 14 साल के बच्चों को शिक्षा या अन्य ऐसे सुअवसरों का लाभ उन्हें मुहैया करावें।

मूल जीवन मंत्र

"हे प्रभु, तेरे प्यार में बस दो ही बातें है। एक तो अपना कल्याण करूँ, दूसरा तुझ जैसा बन सबका कल्याण करूँ"

विषय- सूची

भाग-1: व्यास

भाग-2: रामायण

भाग-3: दूसरायुग: त्रेतायुग

भाग-4: लव और कुश (त्रेतायुग)

लव कुश पर आधारित निर्मित सिनेमा
लव-कुश जन्म भूमि

भाग-5: लवकुश (कलियुग)

सार्वभौम सत्य-सिद्धान्त अनुसार "रामायण"
ऋषि और लव कुश सिंह "विश्वमानव"
विद्रोही या सार्वजनिक प्रमाणित कृष्णकला समाहित विश्वमानव कला
जन्म
लव कुश सिंह "विश्वमानव"
समाज रचना और व्यापार का आधार
सृष्टि, ईश्वरीय समाज और व्यापार
विश्व सरकार के लिए पुन: भारत द्वारा शून्य आधारित अन्तिम आविष्कार
सार्वभौम सत्य-सिद्धान्त के अनुसार काल, युग बोध एवं अवतार
"सम्पूर्ण मानक" का विकास भारतीय आध्यात्म-दर्शन का मूल और अन्तिम लक्ष्य

भाग-6: पाँचवाँयुग: सत्ययुग/स्वर्णयुग

सन् 2015 ई0 - सन् 2019 ई0
वर्ष 2020 ई0 में खगोलिय घटना: 6 ग्रहण (4 चंद्र ग्रहण, 2 सूर्य ग्रहण)
वर्ष 2020 ई0 में प्राकृतिक घटना: कोरोना (COVID-19) वायरस से वैश्विक महामारी
वर्ष 2020 ई0: सार्वभौम एकात्मता-मानवता का सन्देश
वर्ष 2020 ई0 का खगोलिय सन्देश
वर्ष 2020 ई0 का प्राकृतिक सन्देश
वर्ष 2020 ई0 का सार्वभौम सन्देश
वर्ष 2020 ई0 का अवतारी सन्देश

भाग-7: परिवर्तन

सीधी समझ
नये भारत में, नये मनुष्य के उदय के लिए
व्यवस्था के परिवर्तन या सत्यीकरण का पहला प्रारूप और उसकी कार्य विधि
वे शब्द जिसके बिना युग परिवर्तन सम्भव नहीं

भाग-8: केन्द्र या मध्य (भारत) में पांचवां और अन्तिम सत्यकाशी पीठ

सत्यकाशी पीठ: स्थान
सत्यकाशी पीठ: इतिहास और उद्देश्य
पाँचवाँ और अंतिम शंकराचार्य पीठ: इसकी विशेषता

भाग-9: सत्यकाशी पीठ के कार्य

धारा-उद्धार: धर्म की पुनर्स्थापना
मनुष्य चेतना का रूपांतरण
साधना, दीक्षा और आध्यात्मिक अनुष्ठान
वैश्विक कार्य: मानवता के लिए संदेश
शिव-तत्व और कल्कि-तत्व का मिलन
"सार्वभौम सत्य-सिद्धान्त" पर आधारित "युग परिवर्तन श्रृंखला" के नवयुग के शास्त्र-साहित्य

मुख पृष्ठ की व्याख्या

यह मुख पृष्ठ *“लव-कुश (त्रेतायुग) और लवकुश (कलियुग)”* की अनूठी संकल्पना को दर्शाता है, जहाँ अतीत और वर्तमान-दोनों युगों की धाराएँ एक ही दृश्य में मिलती हैं। पूरी पृष्ठभूमि में गहरा नीला रंग आध्यात्मिक गम्भीरता, गहनता और अनंत आकाश का प्रतीक है, जो दर्शाता है कि यह विषय केवल ऐतिहासिक नहीं बल्कि आध्यात्मिक निरंतरता का भी परिचायक है।

मुख पृष्ठ का बायाँ भाग रामायण काल के लव-कुश का सुन्दर चित्र प्रस्तुत करता है-वन के शांत वातावरण में सूर्य की उज्ज्वल किरणें, माता सीता, ऋषि वाल्मीकि और दोनों बालक लव-कुश अपनी दिव्य तेजस्विता के साथ खड़े हैं। यह दृश्य धर्म, ज्ञान, अनुशासन और आदर्श जीवन-मूल्यों की स्मृति को जगाता है।

इसके ठीक दाईं ओर आधुनिक युग (कलियुग) के *लवकुश* की एक एकल श्वेत-श्याम आकृति दिखाई गई है। यह संयोजन संकेत देता है कि समय बदलता है, युग बदलते हैं, परंतु दिव्य चेतना की धारा-जो सत्य, कर्तव्य और ज्ञान के रूप में प्रवाहित होती है-युगों-युगों तक बनी रहती है। यह चित्र यह भी इंगित करता है कि आदर्शों की परंपरा केवल प्राचीन कथा नहीं, बल्कि आज भी जीवित, सक्रिय और मार्गदर्शक है।

मुख पृष्ठ के निचले भाग में “सत्यकाशी पीठ - पाँचवां और अन्तिम शंकराचार्य पीठ” शीर्षक पुस्तक की आध्यात्मिक और वैदिक पृष्ठभूमि को स्थापित करता है। यह दर्शाता है कि यह ग्रंथ युग-धर्म, आदर्श-व्यक्तित्व और दिव्य वंश-परंपरा के आधुनिक स्वरूप की खोज और प्रस्तुति है।

समग्र रूप से यह कवर **अतीत से वर्तमान तक की सतत आध्यात्मिक यात्रा**,
परंपरा और आधुनिकता का संगम,
और **लव-कुश की चेतना के पुनर्जागरण** का प्रतीक है।

भूमिका

मानव सभ्यता का इतिहास केवल राजाओं, युद्धों और साम्राज्यों का इतिहास नहीं है; यह चेतना की यात्रा है-व्यक्ति से समाज, समाज से संस्कृति, और संस्कृति से आत्मा तक की यात्रा। जब भी मनुष्य स्वयं को केवल देह या समुदाय तक सीमित देखने के बजाय सार्वभौमिक दृष्टि से देखने लगता है, तब एक नया युग जन्म लेता है। इस दृष्टि से देखें तो मानव इतिहास अनेक युगों की एक निरंतर श्रृंखला है-प्रत्येक युग का अपना धर्म, अपना ज्ञान, अपनी चुनौतियाँ, अपने संघर्ष, और अपने अवतार हैं। यही कारण है कि अवतार को भारतीय परंपरा में "चेतना का प्रकट स्वरूप" कहा गया है, न कि केवल अलौकिक शक्ति का कोई असाधारण चमत्कार।

लव–कुश (त्रेतायुग) और लवकुश (कलियुग) ग्रंथ इसी चेतना-परंपरा को दो अलग-अलग युगों की दो भिन्न परिस्थितियों में समझने और जोड़ने का प्रयास है। यह ग्रंथ केवल रामायण की कथा का विस्तार या लव–कुश के चरित्र का विश्लेषण नहीं है; यह उस "अदृश्य धारा" को समझने का प्रयत्न है जो युग-युग में मनुष्य के भीतर प्रकट होकर समाज को दिशा प्रदान करती है। इस पुस्तक की पृष्ठभूमि में दो बड़े प्रश्न निरंतर उपस्थित रहते हैं-
पहला, क्या लव–कुश केवल इतिहास के पात्र हैं, या चेतना की वह निरंतरता हैं जो आज भी मानवता में विद्यमान है?
दूसरा, क्या कलियुग की आधुनिक परिस्थितियों में लवकुश-एक नए रूप में-मानव समाज को दिशा देने के लिए प्रकट हो सकते हैं?

भूमिका का उद्देश्य इन दोनों प्रश्नों को युगचक्र, अवतारवाद, धर्म विकास और मानव-चेतना के सिद्धांतों के आधार पर स्पष्ट करना है।

लव–कुश: रामायण का अंतिम अध्याय, मानवता का नवीन आरंभ

रामायण की कथा का अंतिम महत्त्वपूर्ण प्रसंग-लव–कुश-साधारण बालक नहीं थे। सीता माता के तप, त्याग और शुचिता से जन्मा, और वाल्मीकि जैसे ऋषि की शिक्षा से विकसित हुआ उनका चरित्र मानवता के लिए एक आदर्श प्रतिमान बन गया। लव–कुश का जन्म स्वयं उस तपोभूमि में हुआ जहाँ प्रकृति, सत्य, धर्म और ज्ञान-चारों तत्व मौन रूप से मानव मन को ढालते हैं। उनमें जो तेज, विनय, साहस और धर्मबुद्धि थी वह केवल राजवंश का गुण नहीं, बल्कि उस सिद्ध वातावरण का प्रभाव था।
लव–कुश के चरित्र में तीन विशेषताएँ अत्यंत उल्लेखनीय हैं-

- **सत्य पर अडिग रहना**, चाहे सामने स्वयं राम ही क्यों न हों।
- **धर्म का पालन**, चाहे परिस्थितियाँ अनुकूल हों या विपरीत।
- **बौद्धिक परिपक्वता**, जो उन्हें बाल वय में ही शास्त्र, धनुर्विद्या और कर्तव्य-बोध की उच्च अवस्था में खड़ा करती है।

उनकी कथा हमें यह शिक्षा देती है कि युग का सबसे बड़ा धर्म है-**अपने सत्य को पहचानना और बिना भय के समाज के समक्ष प्रस्तुत करना**। यही कारण है कि लव–कुश आज भी केवल कहानी नहीं, बल्कि "युग-धर्म के प्रतीक" के रूप में जीवित हैं।

युगचक्र और अवतारवाद: चेतना की निरंतर यात्रा

भारतीय दर्शन में युग-सिर्फ समय नहीं, बल्कि *चेतना का स्तर* है। सतयुग से द्वापर तक और द्वापर से कलियुग तक यह चेतना क्रमशः जटिल, भौतिक और विभाजित हुई है। जब चेतना की दिशा भटक जाती है, तब अवतार-एक ऐसी शक्ति के रूप में-समाज को पुनः संतुलन प्रदान करता है। इसी क्रम में विभिन्न धर्म, महापुरुष और अवतार मानवता को नई दिशा देते रहे-

बुद्ध, महावीर, ईसा, मुहम्मद, गुरु नानक-ये सभी मानव चेतना में परिवर्तन के प्रतीक हैं, न कि केवल धार्मिक व्यक्तित्व। उनके द्वारा निर्मित विचारधाराएँ आज भी विश्व को दिशा प्रदान कर रही हैं।

कलियुग के अंतिम चरण में मनुष्य की चेतना अत्यधिक भौतिक, भ्रमित और विभाजित हो जाती है। ऐसे समय में अवतार का स्वरूप चमत्कारिक स्वरूप से बदलकर *सत्य-बोध, संघ-निर्माण और योजना-आधारित चेतना* बन जाता है। यही कारण है कि इस ग्रंथ में अंतिम अवतार को "सार्वजनिक प्रमाणित, दृश्य सत्य चेतना और संघ-आधारित सर्वमानव चेतना" कहा गया है।

लवकुश (कलियुग) इसी "अंतिम चेतना" के आधुनिक रूप को समझने का प्रयास है।

अतीत से वर्तमान तक लव–कुश परंपरा का विस्तार

लव–कुश केवल ग्रंथों में ही नहीं, बल्कि भारतीय संस्कृति में जीवित हैं। अनेक नगर, तीर्थ, मंदिर, समाज, सांस्कृतिक संस्थाएँ और परंपराएँ आज भी उनके नाम पर चलती हैं। *लव–कुश रामलीला* जैसी परंपराएँ केवल धार्मिक नहीं, बल्कि सांस्कृतिक और बौद्धिक चेतना की द्योतक हैं। यह परंपरा यह संकेत देती है कि लव–कुश का प्रभाव केवल इतिहास तक सीमित नहीं रहा, बल्कि मानव समाज की संरचना का हिस्सा बन गया।

यह बात महत्वपूर्ण है कि अंतिम युग-सत्ययुग/स्वर्णयुग-की घोषणा भी "विश्वमानव" के रूप में एक ऐसे व्यक्तित्व से जुड़ी हुई है जो लव–कुश की परंपरा और चेतना को आधुनिक समय में अंश और पूर्ण-दोनों रूपों में प्रकट करता है। इसके पीछे यह विचार है कि चेतना का प्रवाह कभी समाप्त नहीं होता; वह केवल रूप बदलता है। इसलिए लव–कुश भी "रूपांतरित चेतना की निरंतरता" के रूप में समझे जा सकते हैं।

आधुनिक काल में लवकुश: व्यक्तिगत से सार्वभौम चेतना की यात्रा

आज मानवता अनेक संकटों से घिरी है-

सामाजिक विभाजन, राजनीतिक भ्रम, धार्मिक संघर्ष, आर्थिक असमानता, डिजिटल विकर्षण, मानसिक अवसाद और पर्यावरणीय संकट।

ऐसे समय में "लवकुश" का आधुनिक रूप केवल एक व्यक्ति नहीं, बल्कि एक *चेतना* है-

एक ऐसी चेतना जो सत्य को बिना भय के स्वीकारती है, धर्म का पालन बुद्धि के माध्यम से करती है, और समाज को विभाजन से निकालकर एकात्मता के पथ पर ले जाती है।

यह चेतना "विश्वमानव" की अवधारणा से जुड़ी है-जहाँ व्यक्ति केवल अपने परिवार या समाज तक सीमित नहीं रहता, बल्कि स्वयं को *संपूर्ण मानवता का अंग* मानने लगता है। यही चेतना भविष्य के सत्ययुग की आधारशिला है।

कलियुग से सत्ययुग का संक्रमण: अंतिम अवतार की घोषणा का दार्शनिक अर्थ

ग्रंथ में व्यक्त यह विचार कि कलियुग के अंत में अवतार का अंतिम स्वरूप प्रकट होता है, किसी धर्मसापेक्ष चमत्कार का दावा नहीं है; यह मनुष्य की चेतना की "अंतिम परिपक्वता" का संकेत है। जब मनुष्य-

- सत्य को विज्ञान की तरह समझना सीख जाए,
- धर्म को सार्वभौमिक नियम के रूप में स्वीकार करे,
- समाज को विभाजन नहीं, एकात्मता के रूप में देखे,
- और राजनीति को मूल्य-आधारित कर्म माने-

तब वह सामूहिक रूप से सत्ययुग की स्थापना कर सकता है।

अवतार का अर्थ भी यही है- *समय की आवश्यकता के अनुसार चेतना का नया रूप।*

मानवता का भविष्य और लव–कुश का आधुनिक संदेश

आज विश्व जिस मोड़ पर खड़ा है, वहाँ हमें दो ही मार्ग दिखाई देते हैं-
या तो मनुष्य विभाजन, हिंसा, स्वार्थ और अनैतिकता में डूब कर विनाश की ओर बढ़े,
या फिर वह सत्य, धर्म, ज्ञान और एकात्मता की ओर बढ़कर एक नए विश्व का निर्माण करे।
यही वह समय है जब लव–कुश की परंपरा पुनः महत्वपूर्ण हो जाती है।
उनका संदेश स्पष्ट है-

- सत्य के विरुद्ध कोई समझौता नहीं,
- धर्म का पालन बिना हिंसा के,
- और अपने युग की समस्याओं का समाधान बुद्धि और कर्तव्य द्वारा।

कलियुग का लवकुश यही चेतना आधुनिक रूप में मनुष्यों में जगाता है।

निष्कर्ष: लव–कुश अतीत की कथा नहीं, भविष्य की दिशा हैं

यह पुस्तक इस विचार का विस्तार है कि-
"अवतार किसी एक व्यक्ति का नाम नहीं, बल्कि उस चेतना का नाम है जो युग को दिशा देती है।"
लव–कुश (त्रेतायुग) उस चेतना के प्रथम रूप थे,
और लवकुश (कलियुग) उसी चेतना का पुनर्जन्म-अर्थात् आधुनिक अवतार-को समझने का प्रयास हैं।
अतः यह ग्रंथ इतिहास, धर्म, दर्शन, युगचक्र और आधुनिक समाज-इन सभी के संगम पर खड़ा होकर मानवता को यह संदेश देता है कि-
युग बदलते हैं, पर सत्य की धारा सदैव एक ही रहती है।
और जब मनुष्य उस धारा को पहचान लेता है-
वही क्षण नए युग, नए धर्म, नए चेतना–युग का आरंभ बनता है।

✍ लव कुश सिंह "विश्वमानव"

एक शोधक, चिंतक और मार्गदर्शक, जिन्होंने अपना जीवन *मानवता, आत्मा और नव-सृष्टि* के अध्ययन एवं लेखन को समर्पित किया है।

- प्रमुख ग्रंथ: *विश्वशास्त्र*
- दृष्टि: *नव-मनुष्य और नव-संसार का निर्माण*

ऋषि

मुनि, योगी, सन्त अथवा कवि का दूसरा नाम ऋषि है। "ऋषि" शब्द की व्युत्पत्ति ऋक्ष (रीक्ष) है क्योंकि वह भी मुनि के भाँति पर्वत गुफा में व्यतीत करता है। सप्तर्षि आकाश में है और हमारे कपाल में भी। ऋषि आकाश, अन्तरिक्ष और शरीर तीनों में होते हैं।

वेदों के रचयिता ऋषि

ऋग्वेद में लगभग एक हजार सूक्त हैं, लगभग दस हजार मन्त्र हैं। चारों वेदों में करीब बीस हजार हैं और इन मन्त्रों के रचयिता कवियों को हम ऋषि कहते हैं। बाकी तीन वेदों के मन्त्रों की तरह ऋग्वेद के मन्त्रों की रचना में भी अनेकानेक ऋषियों का योगदान रहा है। पर इनमें भी सात ऋषि ऐसे हैं जिनके कुलों में मन्त्र रचयिता ऋषियों की एक लम्बी परम्परा रही। ये कुल परंपरा ऋग्वेद के सूक्त दस मंडलों में संग्रहित हैं और इनमें दो से सात यानी छह मंडल ऐसे हैं जिन्हें हम परम्परा से वंशमंडल कहते हैं क्योंकि इनमें छह ऋषिकुलों के ऋषियों के मन्त्र इकट्ठा कर दिए गए हैं।

आकाश में सात तारों का एक मंडल नजर आता है उन्हें सप्तर्षियों का मंडल कहा जाता है। उक्त मंडल के तारों के नाम भारत के महान सात संतों के आधार पर ही रखे गए हैं। वेदों में उक्त मंडल की स्थिति, गति, दूरी और विस्तार की विस्तृत चर्चा मिलती है।

प्रत्येक मनवंतर में सात-सात ऋषि हुए हैं। वे सात ऋषि जिन्होंने इस देश को इतना कुछ दे डाला कि कृतज्ञ देश ने इन्हें आकाश के तारामंडल में बिठाकर एक ऐसा अमरत्व दे दिया कि सप्तर्षि शब्द सुनते ही हमारी कल्पना आकाश के तारामंडलों पर टिक जाती है। पुराणों में सप्त ऋषि के नाम पर भिन्न-भिन्न नामावली मिलती है। विष्णु पुराण अनुसार इस मन्वन्तर के सप्तऋषि इस प्रकार है-

वशिष्ठकाश्यपो यात्रिर्जमदग्निस्सगौत।
विश्वामित्रभारद्वजौ सप्त सप्तर्षयोभवन्।।

अर्थात् सातवें मन्वन्तर में सप्तऋषि इस प्रकार हैं-वशिष्ठ, कश्यप, अत्रि, जमदग्नि, गौतम, विश्वामित्र और भारद्वाज।

इसके अलावा पुराणों की अन्य नामावली इस प्रकार है-ये क्रमशः केतु, पुलह, पुलस्त्य, अत्रि, अंगिरा, वशिष्ट तथा मारीचि है।

महाभारत में सप्तर्षियों की दो नामावलियां मिलती हैं। एक नामावली में कश्यप, अत्रि, भारद्वाज, विश्वामित्र, गौतम, जमदग्नि और वशिष्ठ के नाम आते हैं तो दूसरी नामावली में पांच नाम बदल जाते हैं। कश्यप और

वशिष्ठ वहीं रहते हैं पर बाकी के बदले मरीचि, अंगिरस, पुलस्त्य, पुलह और क्रतु नाम आ जाते हैं। कुछ पुराणों में कश्यप और मरीचि को एक माना गया है तो कहीं कश्यप और कण्व को पर्यायवाची माना गया है। यहां प्रस्तुत है वैदिक नामावली अनुसार सप्तऋषियों का परिचय।

वेदों का अध्ययन करने पर जिन सात ऋषियों या ऋषि कुल के नामों का पता चलता है वे नाम क्रमशः इस प्रकार है-1. वशिष्ठ, 2. विश्वामित्र, 3. कण्व, 4. भारद्वाज, 5. अत्रि, 6. वामदेव और 7. शौनक। यहां प्रस्तुत है वैवस्तवत मनु के काल में जन्में सात महान ऋषियों का संक्षिप्त परिचय।

1. **वशिष्ठ-** राजा दशरथ के कुलगुरु ऋषि वशिष्ठ को कौन नहीं जानता। ये दशरथ के चारों पुत्रों के गुरु थे। वशिष्ठ के कहने पर दशरथ ने अपने चारों पुत्रों को ऋषि विश्वामित्र के साथ आश्रम में राक्षसों का वध करने के लिए भेज दिया था। कामधेनु गाय के लिए वशिष्ठ और विश्वामित्र में युद्ध भी हुआ था। वशिष्ठ ने राजसत्ता पर अंकुश का विचार दिया तो उन्हीं के कुल के मैत्रावरूण वशिष्ठ ने सरस्वती नदी के किनारे सौ सूक्त एक साथ रचकर नया इतिहास बनाया। वशिष्ठ ऋषि ऋग्वेद के मंत्रद्रष्टा और गायत्री मंत्र के महान साधक वशिष्ठ सप्तऋषियों में से एक थे। उनकी पत्नी अरुंधती वैदिक कर्मों में उनकी सहभागी थीं।

2. **विश्वामित्र-** ऋषि होने के पूर्व विश्वामित्र राजा थे और ऋषि वशिष्ठ से कामधेनु गाय को हड़पने के लिए उन्होंने युद्ध किया था, लेकिन वे हार गए। इस हार ने ही उन्हें घोर तपस्या के लिए प्रेरित किया। विश्वामित्र की तपस्या और मेनका द्वारा उनकी तपस्या भंग करने की कथा जगत प्रसिद्ध है। विश्वामित्र ने अपनी तपस्या के बल पर त्रिशंकु को सशरीर स्वर्ग भेज दिया था। इस तरह ऋषि विश्वामित्र के असंख्य किस्से हैं। माना जाता है कि हरिद्वार में आज जहां शांतिकुंज हैं उसी स्थान पर विश्वामित्र ने घोर तपस्या करके इंद्र से रुष्ठ होकर एक अलग ही स्वर्ग लोक की रचना कर दी थी। विश्वामित्र ने इस देश को ऋचा बनाने की विद्या दी और गायत्री मन्त्र की रचना की जो भारत के हृदय में और जिह्वा पर हजारों सालों से आज तक अनवरत निवास कर रहा है। विश्वामित्र ऋषि गायत्री मंत्र का ज्ञान देने वाले विश्वामित्र वेदमंत्रों के सर्वप्रथम द्रष्टा माने जाते हैं। आयुर्वेदाचार्य सुश्रुत इनके पुत्र थे। विश्वामित्र की परंपरा पर चलने वाले ऋषियों ने उनके नाम को धारण किया। यह परंपरा अन्य ऋषियों के साथ भी चलती रही।

3. **कण्व-** माना जाता है इस देश के सबसे महत्वपूर्ण यज्ञ सोमयज्ञ को कण्वों ने व्यवस्थित किया। कण्व वैदिक काल के ऋषि थे। इन्हीं के आश्रम में हस्तिनापुर के राजा दुष्यंत की पत्नी शकुंतला एवं उनके पुत्र भरत का पालन-पोषण हुआ था।

4. **भारद्वाज-** वैदिक ऋषियों में भारद्वाज-ऋषि का उच्च स्थान है। भारद्वाज के पिता बृहस्पति और माता ममता थीं। भारद्वाज ऋषि राम के पूर्व हुए थे, लेकिन एक उल्लेख अनुसार उनकी लंबी आयु का पता चलता है कि वनवास के समय श्रीराम इनके आश्रम में गए थे, जो ऐतिहासिक दृष्टि से त्रेता-द्वापर का सन्धिकाल था। माना जाता है कि भारद्वाजों में से एक भारद्वाज विदथ ने दुष्यन्त पुत्र भरत का उत्तराधिकारी बन राजकाज करते हुए मन्त्र रचना जारी रखी। ऋषि भारद्वाज के पुत्रों में 10 ऋषि ऋग्वेद के मन्त्रद्दष्टा हैं और एक पुत्री जिसका नाम "रात्रि" था, वह भी रात्रि सूक्त की मन्त्रद्दष्टा मानी गई हैं। ऋग्वेद के छठें मण्डल के द्रष्टा भारद्वाज ऋषि हैं। इस मण्डल में भारद्वाज के 765 मन्त्र हैं। अथर्ववेद में भी भारद्वाज के 23 मन्त्र मिलते हैं। "भारद्वाज-स्मृति" एवं "भारद्वाज-संहिता" के रचनाकार भी ऋषि भारद्वाज ही थे। ऋषि भारद्वाज ने "यन्त्र-सर्वस्व" नामक बृहद् ग्रन्थ की रचना की थी। इस ग्रन्थ का कुछ भाग स्वामी ब्रह्ममुनि ने "विमान-शास्त्र" के नाम से प्रकाशित कराया है। इस ग्रन्थ में उच्च और निम्न स्तर पर विचरने वाले विमानों के लिए विविध धातुओं के निर्माण का वर्णन मिलता है। भारद्वाज ऋषि बृहस्पति के पुत्र भारद्वाज ने "यंत्र सर्वस्व" नामक ग्रंथ की रचना की थी, जिसमें विमानों के

निर्माण, प्रयोग एवं संचालन के संबंध में विस्तारपूर्वक वर्णन है। ये आयुर्वेद के ऋषि थे तथा धन्वंतरि इनके शिष्य थे।

5. **अत्रि-** ऋग्वेद के पंचम मण्डल के द्रष्टा महर्षि अत्रि ब्रह्मा के पुत्र, सोम के पिता और कर्दम प्रजापति व देवहूति की पुत्री अनुसूया के पति थे। अत्रि जब बाहर गए थे तब त्रिदेव अनसूया के घर ब्राह्मण के भेष में भिक्षा मांगने लगे और अनुसूया से कहा कि जब आप अपने संपूर्ण वस्त्र उतार देंगी तभी हम भिक्षा स्वीकार करेंगे, तब अनुसूया ने अपने सतित्व के बल पर उक्त तीनों देवों को अबोध बालक बनाकर उन्हें भिक्षा दी। माता अनुसूया ने देवी सीता को पतिव्रत का उपदेश दिया था। अत्रि ऋषि ने इस देश में कृषि के विकास में पृथु और ऋषभ की तरह योगदान दिया था। अत्रि लोग ही सिन्धु पार करके पारस (आज का ईरान) चले गए थे, जहां उन्होंने यज्ञ का प्रचार किया। अत्रियों के कारण ही अग्निपूजकों के धर्म पारसी धर्म का सूत्रपात हुआ। अत्रि ऋषि का आश्रम चित्रकूट में था। मान्यता है कि अत्रि-दम्पति की तपस्या और त्रिदेवों की प्रसन्नता के फलस्वरूप विष्णु के अंश से महायोगी दत्तात्रेय, ब्रह्मा के अंश से चन्द्रमा तथा शंकर के अंश से महामुनि दुर्वासा महर्षि, अत्रि एवं देवी अनुसूया के पुत्र रूप में जन्मे। ऋषि अत्रि पर अश्विनीकुमारों की भी कृपा थी।

6. **वामदेव-** वामदेव ने इस देश को सामगान (अर्थात् संगीत) दिया। वामदेव ऋग्वेद के चतुर्थ मंडल के सूत्रद्रष्टा, गौतम ऋषि के पुत्र तथा जन्मत्रयी के तत्ववेत्ता माने जाते हैं।

7. **शौनक-** शौनक ने दस हजार विद्यार्थियों के गुरुकुल को चलाकर कुलपति का विलक्षण सम्मान हासिल किया और किसी भी ऋषि ने ऐसा सम्मान पहली बार हासिल नहीं किया। वैदिक आचार्य और ऋषि शौनक ऋषि के पुत्र थे।

इसके अलावा मान्यता हैं कि अगस्त्य, कश्यप, अष्टावक्र, याज्ञवल्क्य, कात्यायन, ऐतरेय, कपिल, जेमिनी, गौतम आदि सभी ऋषि उक्त सात ऋषियों के कुल के होने के कारण इन्हें भी वही दर्जा प्राप्त है।

1. **अंगिरा ऋषि-** ऋग्वेद के प्रसिद्ध ऋषि अंगिरा ब्रह्मा के पुत्र थे। उनके पुत्र बृहस्पति देवताओं के गुरु थे। ऋग्वेद के अनुसार, ऋषि अंगिरा ने सर्वप्रथम अग्नि उत्पन्न की थी।
2. **कश्यप ऋषि-** मारीच ऋषि के पुत्र और आर्य नरेश दक्ष की 13 कन्याओं के पति थे। स्कंद पुराण के केदारखंड के अनुसार, इनसे देव, असुर और नागों की उत्पत्ति हुई।
3. **जमदग्नि ऋषि-** भृगुपुत्र यमदग्नि ने गोवंश की रक्षा पर ऋग्वेद के 16 मंत्रों की रचना की है। केदारखंड के अनुसार, वे आयुर्वेद और चिकित्सा शास्त्र के भी विद्वान थे।
4. **अत्रि ऋषि-** सप्तर्षियों में एक ऋषि अत्रि ऋग्वेद के पांचवें मंडल के अधिकांश सूत्रों के ऋषि थे। वे चंद्रवंश के प्रवर्तक थे। महर्षि अत्रि आयुर्वेद के आचार्य भी थे।
5. **अपाला ऋषि-** अत्रि एवं अनुसुइया के द्वारा अपाला एवं पुनर्वसु का जन्म हुआ। अपाला द्वारा ऋग्वेद के सूक्त की रचना की गई। पुनर्वसु भी आयुर्वेद के प्रसिद्ध आचार्य हुए।
6. **नर और नारायण ऋषि-** ऋग्वेद के मंत्र द्रष्टा, ये ऋषि धर्म और मातामूर्ति देवी के पुत्र थे। नर और नारायण दोनों भागवत धर्म तथा नारायण धर्म के मूल प्रवर्तक थे।
7. **पराशर ऋषि-** ऋषि वशिष्ठ के पुत्र पराशर कहलाए, जो पिता के साथ हिमालय में वेदमंत्रों के द्रष्टा बने। ये महर्षि व्यास के पिता थे।

ऋषि परम्परा

ऋषियों द्वारा संतुलित जीवन और संतुलित समाज के लिए दी गयी व्यवस्था निम्नवत् है-

01. शरीर की अवस्था-आश्रम के मानक का निम्न रूप है-

1. ब्रह्मचर्य आश्रम -5 से 25 वर्ष उम्र तक - ज्ञान-विज्ञान-तकनीकी शिक्षा तथा व्यवहार।
2. गृहस्थ आश्रम -26 से 50 वर्ष उम्र तक - पारिवारिक जीवन में ज्ञान युक्त कर्तव्य और दायित्व।
3. वानप्रस्थ आश्रम -51 से 75 वर्ष उम्र तक - मांगें जाने पर अपने अनुभव से परिवार व समाज का मार्गदर्शन।
4. सन्यास आश्रम -76 से शरीर त्याग तक - आत्मा में स्थित होकर ब्रह्माण्डीय दायित्व व कर्तव्य।

02. कर्म की अवस्था-वर्ण के मानक का निम्नरूप है-

1. ब्राह्मण वर्ण - सूक्ष्म बुद्धि व आत्मा में स्थित हो धर्म से कार्य।
2. क्षत्रिय वर्ण - भाव व मन में स्थित हो बल से कार्य।
3. वैश्य वर्ण - इन्द्रिय व प्राण में स्थित हो धन से कार्य।
4. शूद्र वर्ण - शरीर में स्थित हो शरीर से कार्य।

03. पुरूषार्थ के मानक का निम्नरूप है-

प्रायः मनुष्य के लिये वेदों में चार पुरुषार्थों का नाम लिया गया है – धर्म, अर्थ, काम और **मोक्ष** इसलिए इन्हें "पुरुषार्थचतुष्टय" भी कहते हैं। महर्षि मनु पुरुषार्थ चतुष्टय के प्रतिपादक हैं।

1. **धर्म** - प्राचीन काल में ही भारतीय मनीषियों ने धर्म को वैज्ञानिक ढंग से समझने का प्रयत्न किया था। धर्म का विवेचन करते समय समझाया गया है कि धर्म वह है जिससे अभ्युदय और निःश्रेयस की सिद्धि हो-

यतो अभ्युदयनिःश्रेयससिद्धिः स धर्मः।

(कणाद, वैशेषिकसूत्र, १.१.२)

"अभ्युदय" से लौकिक उन्नति का तथा "निःश्रेयस" से पारलौकिक उन्नति एवं कल्याण का बोध होता है। अर्थात जीवन के ऐहिक और पारलौकिक दोनों पक्षों से धर्म को जोड़ा गया था। धर्म की इससे अधिक उदार परिभाषा और क्या हो सकती है? धर्म शब्द का अर्थ अत्यन्त गहन और विशाल है। इसके अन्तर्गत मानव जीवन के उच्चतम विकास के साधनों और नियमों का समावेश होता है।

धर्म कोई उपासना पद्धति न होकर एक विराट और विलक्षण जीवन-पद्धति है। यह दिखावा नहीं, दर्शन है। यह प्रदर्शन नहीं, प्रयोग है। यह चिकित्सा है मनुष्य को आधि, व्याधि, उपाधि से मुक्त कर सार्थक जीवन तक पहुँचाने की। यह स्वयं द्वारा स्वयं की खोज है। धर्म, ज्ञान और आचरण की खिड़की खोलता है। धर्म, आदमी को पशुता से मानवता की ओर प्रेरित करता है। अनुशासन के अनुसार चलना धर्म है। हृदय की पवित्रता ही धर्म का वास्तविक स्वरूप है। धर्म का सार जीवन में संयम का होना है।

2. **अर्थ-** मनुष्याणां वृत्तिः अर्थः। (कौटिल्यीय अर्थशास्त्र)

अर्थात जो भी विचार और क्रियाएं भौतिक जीवन से संबंधित है उन्हें "अर्थ" की संज्ञा दी गयी है।

धर्म के बाद दूसरा स्थान अर्थ का है। अर्थ के बिना, धन के बिना संसार का कार्य चल ही नहीं सकता। जीवन की प्रगति का आधार ही धन है। उद्योग-धंधे, व्यापार, कृषि आदि सभी कार्यों के निमित्त धन की आवश्यकता होती है। यही नहीं, धार्मिक कार्यों, प्रचार, अनुष्ठान आदि सभी धन के बल पर ही चलते हैं। अर्थोपार्जन मनुष्य का पवित्र कर्त्तव्य हैं। इसी से वह प्रकृति की विपुल संपदा का अपने और सारे समाज के लिए प्रयोग भी कर सकता है और उसे संवर्द्धित व संपुष्ट भी। पर इसके लिए धर्माचरण का ठोस आधार आवश्यक है। धर्म से विमुख होकर अर्थोपार्जन में संलग्न मनुष्य एक ओर तो प्राकृतिक सम्पदा का विवेकहीन दोहन करके संसार के पर्यावरण संतुलत को नष्ट करता है और दूसरी ओर अपने क्षणिक लाभ से दिग्भ्रमित होकर अपने व समाज के लिए अनेकानेक रोगों व कष्टों को जन्म देता है। धर्म ने ही हमें यह मार्ग सुझाया है कि प्रकृति से, समाज से हमने जितना लिया है, अर्थोपार्जन करते हुए उससे अधिक वापस करने को सदैव प्रयासरत रहें।

शास्त्रों ने अर्थ को मानव की सुख-सुविधाओं का मूल माना है। धर्म का भी मूल, अर्थ है (चाणक्यसूत्र १/२) । सुख प्राप्त करने के लिए सभी अर्थ की कामना करते हैं। इसलिए आचार्य कौटिल्य त्रिवर्ग में अर्थ को प्रधान मानते हुए इसे धर्म और काम का मूल कहा है। भूमि, धन, पशु, मित्र, विद्या, कला व कृषि सभी अर्थ की श्रेणी में आते हैं। इनकी संख्या निश्चित करना सम्भव नहीं है क्योंकि यह मानव जीवन की आवश्यकताओं पर निर्भर करती है। मनुष्य स्वभावतः कामना प्रधान होता है, यह कहना भी गलत नहीं होगा वह कामनामय होता है। इन सभी कामनाओं की पूर्ति का एक मात्र साधन अर्थ है। आचार्य वात्स्यायन "अर्थ" को परिभाषित करते हुए विद्या, सोना, चांदी, धन, धान्य गृहस्थी का सामान, मित्र का अर्जन एवं जो कुछ प्राप्त हुआ है या अर्जित हुआ है उसका वर्धन सब अर्थ है। (विद्या भूमि हिरण्य पशुधान्य भाण्डोपस्कर मित्रादि नामार्जन मर्जितस्य विवर्धनमर्थः।)

3. **काम-** महर्षि वात्स्यायन के अनुसार-

श्रोत्रत्वक्चक्षुर्जिह्वा घ्राणानामात्म संयुक्ते नमन साधिष्ठितानां स्वेषु स्वेषु विषयेष्जानुकूल्यतः प्रवृतिः कामः।

स्पर्शविशेषविषयात्तवस्यामिमानिकसुखानुविद्धा।

फलवत्यर्थप्रलीतिःप्राधान्यात्कामःतंकामसूत्रान्नगरिकजनसमवियच्च प्रतिपद्येत।

एषां समवाये पूर्वः पूर्वो मरियान् अर्थस्व राज्ञः। तन्मूलवाल्लोकयात्रायाः। वेश्यायाश्वेतित्रिवर्गप्रतिपत्तिः।

अर्थात् काम ज्ञान के माध्यमों का उल्लेख करते हुये कहा गया है कि आत्मा से संयुक्त मन से अधिष्ठित तत्व, चक्षु, जिव्हा, तथा घ्राण तथा इन्द्रियों के साथ अपने अपने विषय - शब्द, स्पर्श, रूप, रस, तथा गंध में अनुकूल रूप से प्रवृत्ति "काम" है। इसके अलावा स्पर्श से प्राप्त अभिमानिक सुख के साथ अनुबद्ध फलव्रत अर्थ प्रीतति काम कहलाता है। इसके अलावा अर्थ, धर्म तथा काम की तुलनात्मक श्रेष्ठता का प्रतिपादन करते हुये कहा गया है कि त्रिवर्ग समुदाय में पर से पूर्व श्रेष्ठ है। काम से श्रेष्ठ अर्थ है तथा अर्थ से श्रेष्ठ धर्म है। परन्तु व्यक्ति, व्यक्ति के अनुसार यह अलग-अलग होता है। माध्वाचार्य के अनुसार विषयभेद के अनुसार काम दो प्रकार का होता है। इनमें से प्रथम को सामान्य काम कहते हैं। जब आत्मा की शाब्दिक विषयों के भोगने की इच्छा होती है तो उस समय आत्मा का प्रयत्न गुण उत्पन्न होता है। अर्थात आत्मा सर्वप्रथम मन से संयुक्त होती है तथा मन विषयों से। स्रोत, त्वच, चक्षु, जिव्हा तथा घ्राण इन्द्रिय की क्रमशः स्पर्श, रूप, रस, गन्ध में प्रवृत्त होते हैं। काम की इस प्रकृति में न्याय वैशेषिक मत अधिक झलकता है। इसके अनुसार शब्दादि विषयणी बुद्धि ही विषयों के भोग के स्वभाव वाली बुद्धि ही विषयों के भोग वाली स्वभाव वाली होने के कारण उपचार से कम कही जाती है। अर्थात् आत्मा बुद्धि के द्वारा विषयों को भोगता हुआ सुख को अनुभव करता है। जो सुख है, सामान्य रूप से वही काम है।

4. **मोक्ष-** आत्मा को अमर कहा गया है। यह एक नित्य अनादि तत्व है जो बंधन अथवा मुक्ति (मोक्ष) की अवस्था में रहती है। बद्ध अवस्था में इसे अपने कर्मों के अनुसार इसी जन्म अथवा अगले जन्मों में कर्मफल भोगने पड़ते हैं। मनुष्य के अलावा सभी शरीर मात्र भोग योनि हैं, मानव शरीर कर्म योनि है। योगी सद्गुरु के मार्गनिर्देशन में "विकर्म" द्वारा अपने शुभ-अशुभ कर्मों से ऊपर उठ जाता है और शरीर रहते ही परमात्मा की प्राप्ति कर लेता है। इसे ही योग (आत्मा एवं परमात्मा का मिलन) कहा गया है। अब वह अकर्म की स्थिति में है और इस शरीर में प्राप्त प्रारब्ध भोग को समाप्त कर लेने के बाद वह अपने शरीर से विदेहमुक्त हो जाता है। उसे अब नया जन्म नहीं लेना पड़ता, वह बंधन से मुक्त हो जाता है। मोक्ष को प्राप्त कर लेना ही आत्मा का मुख्य उद्देश्य है जो कि मानव जीवन की सबसे बड़ी उपलब्धि है।

04. परिवार गठन के मानक का निम्नरूप है-

1. **त्याग** - 6 पीढ़ी माँ का और पिता के गोत्र की कन्या से वर्जित
2. **वर्जित परिवार** - कर्महीन, निष्पुरूष, अज, बहुरोम, बवासीर, रूग्ण-उदर, स्वेत-गलित, कुष्ठ, क्षयी, मृगी, दुष्कुल परिवार का न वर और न वधू।
3. **वर्जित वधू** - पीत वर्गा, अधिकांगी, वृहदबदना, उच्चवाचाली, रोम रहित या बहुरोमा, बिल्ली सी आँख वाली। नदी, नक्षत्र, तरू, दासी, पर्वत के नाम वाली।
4. **योग्य वधू** - सर्वांग स्वस्थ, सुनाम, सुदांत, हंस-गजा सी चाल, प्रसन्न मुखी, सुभाषी, लम्बी काली बाल।

04. विवाह के मानक

अ. उत्तम विवाह

1. ब्राह्म - कन्या अनुमोदित, पिता अलंकृत पुत्री का विवाह।
2. दैव - सभा में विद्वता व्यक्त करने वाले से कन्या के पिता के समर्थन से विवाह।
3. आर्य - ससुर से उनकी पुत्री को माँगना।
4. प्रजापति - साज-बाज बारात के साथ समान्य विवाह।

ब. अधम विवाह

1. असुर - वर-वधू के प्रीत बिना वर या वधू जन को कीमत देकर।
2. गंधर्व - पिता की आज्ञा बिना स्वेच्छा से।
3. राक्षस - कन्या पक्ष को पीड़ित कर कन्या को विवश करके बालात्कार या अपहरण।
4. पिशाच - दुःखी, बेहोश, सोयी, पगली सी, अल्पायु, ना यौन चाह को दूषित करना।

भाग-1

व्यास

लेखक/शास्त्राकार

शास्त्र

वेदव्यास

लेखकों/शास्त्राकारों के आदि पुरूष प्रतीक व्यास

वेदव्यास शास्त्र लेखन कला

लेखक/शास्त्राकार

किसी भाषा के शब्दों से अपने विचार को लिखित रूप से प्रस्तुत करने वाले चरित्र को लेखक कहते हैं। एक लेखक शब्दों को एक सही क्रम में रखकर कुछ अर्थ और समझ को व्यक्त करने वाला कलाकार होता है।

एक लेखक, शास्त्राकार नहीं हो सकता लेकिन एक शास्त्राकार, लेखक होता है। एक लेखक, लेखन की कला को जानता है यदि उसे शास्त्राकार बनना है तो उसे अपने मन को ऊँचाई को समग्रता, सार्वभौमिकता, रचनात्मकता और एकात्मता की ओर ले जाना पड़ेगा। सामान्य रूप में एक लेखक विशेषीकृत विषय का लेखक होता है तो शास्त्राकार समग्रता, सार्वभौमिकता, रचनात्मकता और एकात्मता को धारण किया हुआ एकात्मता को विकसित करने के लिए लिखता है। दोनों में अन्तर मात्र मन की ऊँचाई का होता है। एक लेखक नीचे का पायदान है तो शास्त्राकार उसका सर्वोच्च मानक है। जो लेखक शब्दों का जितना व्यापक कलाकार होगा जिससे समझ विकसित हो वह उतना ही लम्बे समय तक याद किया जाने वाला लेखक बनता है।

शास्त्र

सार्वभौम सत्य-सिद्वान्त अर्थात् सार्वभौम एकात्म की ओर ले जाने वाले और उसके प्रति समझ को विकसित करने वाले विचार को शास्त्र कहते हैं तथा यह विचार जिस पुस्तक में संग्रहित किया जाता है उसे शास्त्र-साहित्य कहते हैं। शास्त्र-साहित्य, आध्यात्म अर्थात् अदृश्य विज्ञान तथा भौतिक विज्ञान अर्थात् दृश्य विज्ञान दोनों की ओर से हो सकते हैं। आध्यात्म की ओर से शास्त्र रचना करने वाले को "व्यास" उपाधि नाम दिया गया है।

वेदव्यास

श्री विष्णु पुराण (तृतीय अंश, अध्याय-दो) में लिखा है कि-स्थितिकारक भगवान विष्णु चारों युगों में इस प्रकार व्यवस्था करते हैं-समस्त प्राणियों के कल्याण में तत्पर वे सर्वभूतात्मा सत्ययुग में कपिल आदिरूप धारणकर परम ज्ञान का उपदेश करते हैं। त्रेतायुग में वे सर्वसमर्थ प्रभु चक्रवर्ती भूपाल होकर दुष्टों का दमन करके त्रिलोक की रक्षा करते हैं। तदन्तर द्वापरयुग में वे वेदव्यास रूप धारण कर एक वेद के चार विभाग करते हैं और

सैकड़ों शाखाओं में बाँटकर बहुत विस्तार कर देते हैं। इस प्रकार द्वापर में वेदों का विस्तार कर कलियुग के अन्त में भगवान कल्किरूप धारणकर दुराचारी लोगों को सन्मार्ग में प्रवृत्त करते हैं। इसी प्रकार, अनन्तात्मा प्रभु निरन्तर इस सम्पूर्ण जगत् के उत्पत्ति, पालन और नाश करते रहते हैं। इस संसार में ऐसी कोई वस्तु नहीं है जो उनसे भिन्न हो।

श्री विष्णु पुराण (तृतीय अंश, अध्याय-तीन) में लिखा है कि-वेद रूप वृक्ष के सहस्त्रों शाखा-भेद हैं, उनका विस्तार से वर्णन करने में तो कोई भी समर्थ नहीं है अत-संक्षेप यह है कि प्रत्येक द्वापरयुग में भगवान विष्णु व्यासरूप से अवतीर्ण होते हैं और संसार के कल्याण के लिए एक वेद के अनेक भेद कर देते हैं। मनुष्यों के बल, वीर्य और तेज को अलग जानकर वे समस्त प्राणियों के हित के लिए वेदों का विभाग करते हैं। जिस शरीर के द्वारा एक वेद के अनेक विभाग करते हैं भगवान मधुसूदन की उस मूर्ति का नाम वेदव्यास है।

इस वैवस्वत मनवन्तर (सातवाँ मनु) के प्रत्येक द्वापरयुग में व्यास महर्षियों ने अब तक पुन-पुन-28 बार वेदों के विभाग किये हैं। पहले द्वापरयुग में ब्रह्मा जी ने वेदों का विभाग किया। दूसरे द्वापरयुग के वेदव्यास प्रजापति हुए। तीसरे द्वापरयुग में शुक्राचार्य जी, चौथे द्वापरयुग में बृहस्पति जी व्यास हुए, पाँचवें में सूर्य और छठें में भगवान मृत्यु व्यास कहलायें। सातवें द्वापरयुग के वेदव्यास इन्द्र, आठवें के वशिष्ठ, नवें के सारस्वत और दसवें के त्रिधामा कहे जाते हैं। ग्यारहवें में त्रिशिख, बारहवें में भरद्वाज, तेरहवें में अन्तरिक्ष और चैदहवें में वर्णी नामक व्यास हुए। पन्द्रहवें में त्रव्यारूण, सोलहवें में धनंन्जय, सत्रहवे में क्रतुन्जय और अठ्ठारवें में जय नामक व्यास हुए। फिर उन्नीसवें व्यास भरद्वाज हुए, बीसवें गौतम, इक्कीसवें हर्यात्मा, बाइसवें वाजश्रवा मुनि, तेइसवें सोमशुष्पवंशी तृणाबिन्दु, चैबीसवें भृगुवंशी ऋक्ष (वाल्मीकि) पच्चीसवें मेरे (पराशर) पिता शक्ति, छब्बीसवें मैं पराशर, सत्ताइसवें जातुकर्ण और अठ्ठाइसवें कृष्णद्वैपायन। अगामी द्वापरयुग में द्रोणपुत्र अश्वत्थामा वेदव्यास होंगे।

हिन्दू धर्म शास्त्रों के अनुसार महर्षि व्यास त्रिकालज्ञ थें तथा उन्होंने दिव्य-दृष्टि से देख कर जान लिया कि कलियुग में धर्म क्षीण हो जायेगा। धर्म के क्षीण होने के कारण मनुष्य नास्तिक, कर्तव्यहीन और अल्पायु हो जायेंगे। एक विशाल वेद का सांगोपांग अध्ययन उनके सामथ्र्य से बाहर हो जायेगा। इसलिए महर्षि व्यास ने वेद का चार भागों में विभाजन कर दिया जिससे कि कम बुद्धि एवं कम स्मरण शक्ति रखने वाले भी वेदों का अध्ययन कर सके। व्यास जी ने उनका नाम रखा-ऋग्वेद, यजुर्वेद, सामवेद और अथर्ववेद। वेदों का विभाजन करने के कारण ही व्यास जी वेदव्यास नाम से विख्यात हुये। ऋग्वेद, यजुर्वेद, सामवेद और अथर्ववेद को क्रमश-अपने शिष्य पैल, जैमिनि, वैशम्पायन और सुमन्तुमुनि को पढ़ाया। वेद में निहित ज्ञान के अत्यन्त गूढ़ तथा शुष्क होने के कारण वेद व्यास ने पाँचवें वेद के रूप में पुराणों की रचना की जिनमें वेद के ज्ञान को रोचक कथाओं के रूप में बताया गया है। पुराणों को उन्होंने अपने शिष्य रोम हर्षण को पढाया। व्यास जी के शिष्यों ने अपनी अपनी बुद्धि के अनुसार उन वेदों की अनेक शाखाएँ बना दी। व्यास जी ने महाभारत की रचना तीन वर्षो के अथक परिश्रम से की थी। व्यास जी का उद्देश्य महाभारत लिखकर युद्ध का वर्णन करना नहीं, बल्कि इस भौतिक जीवन की निःसारता को दिखाना है। उनका कथन है कि भले ही कोई पुरूष वेदांग तथा उपनिषदों को जाने लें, लेकिन वह कभी विचक्षण नहीं हो सकता क्योंकि यह महाभारत एक ही साथ अर्थशास्त्र, धर्मशास्त्र तथा कामशास्त्र है। महाभारत के सम्बन्ध में स्वयं व्यास जी की ही उक्ति सटिक है-"इस ग्रन्थ में जो कुछ है, वह अन्यत्र हैं परन्तु जो इसमें नहीं, वह अन्यत्र कहीं भी नहीं है।" श्रीमद्भागवतगीता विश्व के सबसे बड़े महाकाव्य "महाभारत" का ही अंश है। व्यासजी ने पुराणों तथा महाभारत की रचना के पश्चात् ब्रह्मसूत्रों की रचना भी यहाँ की थी। वाल्मीकि की ही तरह व्यास भी संस्कृत कवियों के लिए पूज्य हैं। महाभारत में उपाख्यानों का अनुसरण कर अनेक संस्कृत कवियों ने काव्य, नाटक आदि की सृष्टि की है। संस्कृत साहित्य में वाल्मीकि के बाद व्यास ही श्रेष्ठ कवि हुए हैं। इनके लिए काव्य "आर्य काव्य" के नाम से विख्यात है।

पौराणिक-महाकाव्य युग की महान विभूति महाभारत, 18 पुराण, श्रीमदभागवत, ब्रह्मसूत्र, मीमांसा जैसे अद्वितीय साहित्य दर्शन के प्रणेता वेदव्यास का जन्म आषाढ़ पूर्णिमा को लगभग 3000 ई0पू0 में हुआ था। वेदांत दर्शन-अद्वैतवाद के संस्थापक वेदव्यास ऋषि पराशर के पुत्र थे। पत्नी आरूणी से उत्पन्न इनके पुत्र थे-महान बालयोगी शुकदेव।

वेदव्यास जन्म कथा

पौराणिक कथाओं के अनुसार प्राचीन काल में सुधन्वा नाम के एक राजा थे। वे एक दिन आखेट के लिए वन जाने के बाद ही उनकी पत्नी रजस्वला हो गई। उसने इस समाचार को अपनी शिकारी पक्षी के माध्यम से राजा के पास भिजवाया। समाचार पाकर महाराज सुधन्वा ने एक दोने में अपना वीर्य निकालकर पक्षी को दे दिया। पक्षी उस दोने को राजा की पत्नी के पास पहुँचाने के लिए आकाश में उड़ चला। मार्ग में उस शिकारी पक्षी को एक दूसरी शिकारी पक्षी मिल गया। दोनों पक्षियों में युद्ध होने लगा। युद्ध के दौरान वह दोना पक्षी के पंजे से छूट कर यमुना में जा गिरा। यमुना में ब्रह्मा के शाप से मछली बनी एक अप्सरा रहती थी। मछली रूपी अप्सरा दोने में बहते हुए वीर्य को निगल गयी तथा उसके प्रभाव से वह गर्भवती हो गई। गर्भ पूर्ण होने पर एक निषाद ने उस मछली को अपने जाल में फँसा लिया। निषाद ने जब मछली को चीरा तो उसके पेट से एक बालक तथा एक बालिका निकली। निषाद उन शिशुओं को लेकर महाराज सुधन्वा के पास गया। महाराज सुधन्वा के पुत्र न होने के कारण उन्होंने बालक को अपने पास रख लिया जिसका नाम मत्स्यराज हुआ। बालिका निषाद के पास रह गई और उसका नाम मत्स्यगंधा रखा गया क्योंकि उसके अंगो से मछली की गंध निकलती थी। उस कन्या को सत्यवती के नाम से भी जाना जाता है। बड़ी होने पर वह नाव खेने का कार्य करने लगी। एक बार पराशर मुनि को उसकी नाव पर बैठकर यमुना पार करना पड़ा। पराशर मुनि सत्यवती के रूप-सौन्दर्य पर आसक्त हो गये और बोले,-देवी! मैं तुम्हारे साथ सहवास करना चाहता हूँ।, सत्यवती ने कहा-मुनिवर! आप ब्रह्म ज्ञानी हैं और मैं निषाद कन्या। हमारा सहवास सम्भव नहीं।, तब पराशर मुनि बोले-बालिके! तुम चिन्ता मत करो। प्रसुति होने पर भी तुम कुमारी ही रहोगी। इतना कहकर उन्होंने अपने योगबल से चारों ओर घने कुहरे का जाल रच दिया और सत्यवती के साथ भोग किया। तत्पश्चात् उसे आशीर्वाद देते हुए कहा-तुम्हारे शरीर से जो मछली की गंध निकलती है वह सुगन्ध में परिवर्तित हो जायेगी।

समय आने पर सत्यवती के गर्भ से वेद-वेदांगों में पारंगत एक पुत्र हुआ। जन्म होते ही वह बालक बड़ा हो गया और अपनी माता से बोला,-माता तू जब भी कभी भी विपत्ति में मुझे स्मरण करेगी, मैं उपस्थित हो जाउँगा। इतना कहकर वे तपस्या करने के लिए द्वैपायन द्वीप चले गये। द्वैपायन द्वीप में तपस्या करने तथा उनके शरीर का रंग काला होने के कारण उन्हें कृष्ण द्वैपायन कहा जाने लगा। आगे चलकर वेदों के भाष्य करने के कारण वे वेदव्यास के नाम से विख्यात हुये।

ऋषि वेदव्यास महाभारत ग्रन्थ के रचयिता थे। वेदव्यास महाभारत के रचयिता ही नहीं, बल्कि उन घटनाओं के साक्षी भी रहे हैं, जो क्रमानुसार घटित हुई है। अपने आश्रम से हस्तिनापुर की समस्त गतिविधयों की सूचना उन तक तो पहुँचती थी। वे उन घटनाओं पर अपना परामर्श भी देते थे। जब-जब अन्तद्र्वन्द और संकट की स्थिति आती थी, माता सत्यवती उनसे विचार-विमर्श के लिए कभी आश्रम पहुँचती, तो कभी हस्तिनापुर के राजभवन में आमंत्रित करती थी। वे धृतराष्ट्र, पाण्डु तथा विदुर के जन्मदाता ही नहीं, अपितु विपत्ति के समय छाया की तरह पाण्डवों का साथ भी देते थे।

काशी (वाराणसी) के रामनगर किले में और व्यास नगर (रामनगर व मुगलसराय के बीच) में वेदव्यास का मन्दिर है जहाँ माघ में प्रत्येक सोमवार मेला लगता है। गुरू पूर्णिमा (आषाढ़ पूर्णिमा) का प्रसिद्ध पर्व व्यास जी की जयंती के उपलक्ष्य में मनाया जाता है। पुराणों तथा महाभारत के रचयिता महर्षि का मन्दिर व्यासपुरी में विद्यमान है जो काशी से 5 मील की दूरी पर पूर्व स्थित है। महाराज काशी नरेश के रामनगर दुर्ग के पश्चिम भाग में भी व्यासेश्वर की मूर्ति विराजमान है जिसे साधारण जनता छोटा वेदव्यास के नाम से जानती है। वास्तव में वेदव्यास की यह सबसे प्राचीन मूर्ति है। व्यासजी द्वारा काशी को शाप देने के कारण विश्वेश्वर ने व्यासजी को काशी से निष्कासित कर दिया था। तब व्यासजी लोलार्क मन्दिर के आग्नेय कोण में गंगाजी के पूर्वी तट पर स्थित हुए। इस घटना का उल्लेख काशी खण्ड में इस प्रकार है-

लोलार्कादं अग्निदिग्भागे, स्वर्धुनी पूर्वरोधसि।
स्थितो ह्यद्यापि पश्चेत्स-काशीप्रासाद राजिकाम्।। **-स्कन्दपुराण, काशी खण्ड 96/201**

लेखकों/शास्त्राकारों के आदि पुरूष प्रतीक व्यास

किसी संस्था का मुख्य व्यक्ति, व्यक्ति नहीं बल्कि संस्था होता है। उसका पद ही उसका पहचान होता है और उसके द्वारा की गई समस्त कार्यवाही व्यक्ति की नहीं बल्कि संस्था की होती है। व्यक्ति की मृत्यु हो जाती है परन्तु संस्थायें लम्बी अवधि तक चलती रहती है। उदाहरणस्वरूप वर्तमान समय में देश, संस्थायें और पीठ हैं। जैसे विदेशों में जाने पर जब किसी देश का मुख्य व्यक्ति कोई समझौता करता है तब वह देश होता है न कि व्यक्ति। प्राचीन समय में भी इसी प्रकार के अनेक पीठ थे और बनते चले गये जैसे-ब्राह्मण, परशुराम, विश्वामित्र, व्यास, वशिष्ठ, नारद, इन्द्र, गोरक्षपीठ (क्षत्रिय पीठ), शंकराचार्य पीठ (ब्राह्मण पीठ) इत्यादि। जब तक संस्था नहीं रहती तब तक व्यक्ति, व्यक्ति रहता है जब उसके द्वारा संस्था स्थापित हो जाती है तब व्यक्ति, व्यक्ति न रहकर संस्था हो जाता है। उस संस्थापक व्यक्ति के जीवन काल तक उसे साकार रूप में फिर उसके उपरान्त उसके निराकार रूप विचार का साकार रूप संस्था के रूप में समाज याद करता है। ऐसी स्थिति में जब संस्थापक व्यक्ति का नाम ही संस्था का नाम हो तब संस्था द्वारा किये गये समस्त कार्य एक भ्रमात्मक स्थिति को उत्पन्न करते हैं और एक लम्बे समय के उपरान्त यह नहीं समझ में आता कि वह संस्थापक व्यक्ति इतने लम्बे समय तक कैसे जिवित था? सत्य तो यह है कि शरीर मर जाता है लेकिन विचार या विचार पर किये गये कार्य नहीं मरते। इस सत्य के आधार की दृष्टि से यदि हम देखें तो स्थिति स्पष्ट हो जायेगी कि-

01. **वशिष्ठ के सम्बन्ध में-** सर्वप्रथम वशिष्ठ सूर्यवंश के प्रथम पुरूष महाराज इच्छवांकु के सामने प्रकट होते हैं। दूसरी बार वशिष्ठ मैथिली वंश के यज्ञ में ऋत्विक कार्य सम्पन्न कराते हैं। इच्छवांकु से मैथिली वंश में चौथी पीढ़ी का अन्तर है। तीसरी बार वशिष्ठ राजा त्रिशंकु के समय में प्रकट होते हैं। चौथी बार वशिष्ठ राजा दिलीप के समय भी होते हैं। पाँचवीं बार महाराजा दशरथ के समय उपस्थित होते हैं। छठवीं बार महाभारत काल में होते हैं जो आबू पर्वत पर अग्नि पैदा करके अग्नि से क्षत्रिय पैदा करते हैं।

02. **नारद के सम्बन्ध में-**युग कोई भी हो वहाँ नारद की उपस्थिति सदैव रहती है। नारद त्रेता के राम काल में भी हैं तो द्वापर के कृष्ण काल में भी और इनसे प्राचीन ब्रह्मा-विष्णु-महेश काल में भी।

03. **विश्वामित्र के सम्बन्ध में-**विश्वामित्र सूर्यवंश के 32वीं पीढ़ी के राजा हरिश्चन्द्र का राज्य दान में लेते हैं। फिर इसी वंश की 62वीं पीढ़ी में राजा दशरथ से यज्ञ रक्षार्थ उनके पुत्र राम और लक्ष्मण को साथ ले गये थे।

04. **ब्राह्मण के सम्बन्ध में-**यह एक विद्यापीठ था जो उस समय राजर्षि, ब्रह्मर्षि, देवऋषि इत्यादि उपाधियों को प्रदान करता था जैसे वर्तमान समय के शिक्षा संस्थान उपाधियाँ प्रदान कर रहीं हैं। संस्कृत विश्वविद्यालयों से आज भी शास्त्री, आचार्य, शिक्षा शास्त्री इत्यादि उपाधि उनको दी जा रहीं हैं जो इसके योग्य हैं। बिना कोई परीक्षा उत्तीर्ण किये विशेषज्ञता के आधार पर विश्वविद्यालय मानद उपाधि भी प्रदान करती हैं।

05. **परशुराम के सम्बन्ध में-**त्रेता युग में जनकपुरी में सीता स्वयंवर के समय परशुराम उपस्थित होते हैं और द्वापर युग में भीष्म और कर्ण को भी शिक्षा देते हैं। साथ ही भविष्य के एक मात्र शेष अन्तिम अवतार कल्कि के भी वे गुरू होंगे, ऐसा पुराण में है।

06. **दुर्वासा के सम्बन्ध में-**दुर्वासा ऋषि राम काल के थे जो अत्रि-अनुसूईया के पुत्र थे और राम वनवास समय में श्री राम से मिले भी थे। फिर दुर्वासा महाभारत काल में द्वापर के अन्त तक भी उपस्थित रहते हैं।

07. व्यास के सम्बन्ध में-समाज को एकात्म करने के लिए शास्त्र की रचना करना व उसका प्रचार-प्रसार करने के लिए व्यास सदैव हर युग में उपस्थित रहते हैं।

वैदिक काल में ऋषियों का वर्णन आया है। कुछ को छोड़कर सभी ऋषि परिवार वाले थे। वैदिक काल के ऋषि दार्शनिक, विद्वान, योद्धा एवं कृषक तीनों थे। ऋचाओं को लिखने वाले ऋषियों को देवर्षि की संज्ञा प्राप्त थी। प्राचीन ऋषियों में बहुत से ऋषि, राजर्षि से ब्रह्मर्षि हो गये तथा ब्रह्मर्षि से राजर्षि भी हुए लेकिन इनकी संख्या कम है। आरम्भ में ब्राह्मण कोई जाति नहीं थी बल्कि यह विद्यापीठ था। यही कारण है कि अनेक राजर्षि, ब्रह्मर्षि उपाधि प्राप्त किये। यही नहीं प्राचीन वंशावली में भी सूर्य के 12 पुत्रों में बहुत से अग्निहोत्र करने के कारण ब्राह्मण की उपाधि धारण किये। सूर्य के पुत्र वरूण से ही ब्रह्म वंश चला जिसमें भृगु, वशिष्ठ, वाल्मिकि, जमदग्नि, पुलस्त्य थे जबकि ब्रह्म वंशीय भी विशुद्ध सूर्यवंशीय ही है। केवल अग्निहोत्र करने के कारण ही ये ब्राह्मण कहलाये।

जिस प्रकार लोग आत्मा की महत्ता को न समझकर शरीर को ही महत्व देते हैं उसी प्रकार लोग भले ही पढ़कर ही विकास कर रहें हो परन्तु वे शास्त्राकार लेखक की महत्ता को स्वीकार नहीं करते। जबकि वर्तमान समय में चाहे जिस विषय में हो प्रत्येक विकास कर रहे व्यक्ति के पीछे शास्त्राकार, लेखक, आविष्कारक, दार्शनिक की ही शक्ति है जिस प्रकार शरीर के पीछे आत्मा की शक्ति है।

सदैव मानव समाज को एकात्म करने के लिए शास्त्र-साहित्य की रचना करना लेखक का काम रहा है। सामूहिक रूप से ऐसे कार्य करने वाले को व्यास कहते हैं। चाहे वह आध्यात्म दर्शन (अदृश्य विज्ञान) के क्षेत्र में हो या पदार्थ विज्ञान (दृश्य विज्ञान) के क्षेत्र में हो। इस प्रकार सभी लेखकों के आदर्श आदि पुरूष व्यास ही हैं।

समग्र धर्म वेदान्त में ही है अर्थात् वेदान्त दर्शन के द्वैत, विशिष्टाद्वैत और अद्वैत। इन तीन स्तरों या भूमिकाओं में है और ये एक के बाद एक आते हैं तथा मनुष्य की आध्यात्मिक उन्नति के क्रम से तीन भूमिकाएं हैं। प्रत्येक भूमिका आवश्यक है। यहीं सार रुप से धर्म है भारत के नाना प्रकार के जातीय आचार व्यवहारों और धर्म मतों में वेदान्त के प्रयोग का नाम है- हिन्दू धर्म। यूरोप की जातियों के विचारों ने उसकी पहली भूमिका अर्थात् द्वैत का प्रयोग है- ईसाई धर्म। सेनेटिक जातियों में उसका ही प्रयोग है- इस्लाम धर्म। अद्वैतवाद ही अपनी योगानुभूति के आकार में हुआ- बौद्ध धर्म। इत्यादि, इत्यादि। धर्म का अर्थ है वेदान्त, उसका प्रयोग विभिन्न जातियों के विभिन्न प्रयोजन, पारिपार्शिवक अवस्था एवं अन्यान्य अवस्थाओं के अनुसार विभिन्न रुपों में बदलता ही रहेगा। मूल दार्शनिक तत्व एक होने पर भी तुम देखोगे कि शैव, शाक्त आदि हर एक ने अपने विशेष धर्ममत और अनुष्ठान पद्धति में उसे रुपान्तरित कर लिया है।

- स्वामी विवेकानन्द

विज्ञान एकत्व की खोज के सिवा और कुछ नहीं है। ज्योंही कोई विज्ञान शास्त्र पूर्ण एकता तक पहुँच जायेगा, त्योंहीं उसका आगे बढ़ना रुक जायेगा क्योंकि तब तो वह अपने लक्ष्य को प्राप्त कर चुकेगा। उदाहरणार्थ रसायनशास्त्र यदि एक बार उस एक मूल द्रव्य का पता लगा ले, जिससे वह सब द्रव्य बन सकते हैं तो फिर वह और आगे नहीं बढ़ सकेगा। पदार्थ विज्ञान शास्त्र जब उस एक मूल शक्ति का पता लगा लेगा जिससे अन्य शक्तियां बाहर निकली हैं तब वह पूर्णता पर पहुँच जायेगा। वैसे ही धर्म शास्त्र भी उस समय पूर्णता को प्राप्त हो जायेगा जब वह उस मूल कारण को जान लेगा। जो इस मत्र्यलोक में एक मात्र अमृत स्वरुप है जो इस नित्य परिवर्तनशील जगत का एक मात्र अटल अचल आधार है जो एक मात्र परमात्मा है और अन्य सब आत्माएं जिसके प्रतिबिम्ब स्वरुप हैं। इस प्रकार अनेकेश्वरवाद, द्वैतवाद आदि में से होते हुए इस अद्वैतवाद की प्राप्ति होती है। धर्मशास्त्र इससे आगे नहीं जा सकता। यहीं सारे विज्ञानों का चरम लक्ष्य है।

- स्वामी विवेकानन्द

वेदव्यास शास्त्र लेखन कला

मानव सभ्यता के विकास के कालक्रम में कर्म कर अनुभव के ज्ञान सूत्र का संकलन ही वेद के रूप में व्यक्त हुआ जिससे आने वाली पीढ़ी मार्गदर्शन को प्राप्त कर सके और अपना समय बचाते हुए कर्म कर सके। अर्थात् प्रत्येक साकार सफल नेतृत्व के साथ उसके अनुभव का निराकार ज्ञान सूत्र के संकलन की समानान्तर प्रक्रिया भी चलती रही। और यह सभी प्रक्रिया मानव जाति के श्रेष्ठतम विकास के लिए ही की जा रही थी। मनुष्य को युगानुसार शास्त्र का अध्ययन करना चाहिए लेकिन समाज पुराने में ही उलझ जाता है इसलिए ही विकास अवरूद्ध होता है। समाज को एकात्म करने के लिए शास्त्र की रचना करना व उसका प्रचार-प्रसार करने वाले व्यास कहलाये। एकात्म करने की यह कला और कुछ नहीं वर्तमान अर्थो में "मानकीकरण" करना है। व्यास द्वारा शास्त्र रचना के युगानुसार निम्न चरण पूरे हुए।

1.सार्वभौम आत्मा के "ज्ञान"द्वारा समाज को एकात्म (मानकीकरण) करने के लिए शास्त्र-वेद

वेदों को मूलत-सार्वभौम ज्ञान का शास्त्र समझना चाहिए। जिनका मूल उद्देश्य यह बताना था कि "एक ही सार्वभौम आत्मा के सभी प्रकाश हैं अर्थात् बहुरूप में प्रकाशित एक ही सत्ता है। इस प्रकार हम सभी एक ही कुटुम्ब के सदस्य है।"

जब वेद लोंगो के समझ में कम आने लगा या समाज उसी में उलझ गया और उससे समाज को एकात्म करना कठिन होने लगा तब उसके व्याख्या का शास्त्र उपनिषद् की रचना की गई।

2.सार्वभौम आत्मा के "नाम" द्वारा समाज को एकात्म (मानकीकरण) करने के लिए शास्त्र-उपनिषद्

उपनिषदों की शिक्षा उस सार्वभौम आत्मा के नाम के अर्थ की व्याख्या के माध्यम से उस सार्वभौम आत्मा को समझाना है।

जब उपनिषद् लोंगो के समझ में कम आने लगा या समाज उसी में उलझ गया और उससे समाज को एकात्म करना कठिन होने लगा तब पौराणिक वंशावली में हुए साकार विष्णु कर्तार, कमल कर्तार, ब्रह्मा कर्तार और रूद्र-शिव के निराकार एवं साकार रूप को प्रक्षेपित कर मानक चरित्र (व्यक्तिगत, सामाजिक और वैश्विक) का शास्त्र पुराण की रचना की गई।

3.सार्वभौम आत्मा के "कृति" कथा द्वारा समाज को एकात्म (मानकीकरण) करने के लिए शास्त्र-पुराण

वेद के ज्ञान सूत्र व उपनिषद् की वार्ता के अलावा मनुष्य को एकात्म करने के लिए दृश्य चित्र या वस्तु की आवश्यकता की विधि का प्रयोग ही पौराणिक देवी-देवता हैं। सार्वभौम आत्मा के कृति कथा द्वारा समाज को एकात्म करने के लिए पुराण शास्त्र ही देवी-देवताओं के उत्पत्ति का कारण है। जिसे उत्पन्न करने का कारण मानव को एक आदर्श मानक पैमाना व लक्ष्य देना था जिससे वे मार्गदर्शन प्राप्त कर सकें। वेद और उपनिषद् शास्त्र में देवी-देवता के स्थान पर मात्र प्रकृति-पुरूष का प्रतीक चिन्ह-शिवलिंग ही व्यक्त था। मनुष्य या कोई भी जीव जब अपने ईश्वर का रूप निर्धारित करेगा तब वह अपनी ही शारीरिक संरचना रूप में ही कल्पना कर सकता है। इस मानवीय रूप के निर्धारण में गुणों को वस्त्र-आभूषण, वाहन इत्यादि के प्रतीक के माध्यम से व्यक्त किया गया। पुराणों में निम्नलिखित विधि से देवी-देवताओं की उत्पत्ति की गयी है-

1. **सार्वभौम आत्मा से ब्रह्माण्ड और उसके परिवार** जैसे सूर्य, चाँद, ग्रह, नक्षत्र, नदी, समुद्र, पर्वत इत्यादि को देवी-देवता के रूप में एक मानवीय रूप द्वारा गुणों के अनुसार निरूपित कर प्रक्षेपित किया गया। जिससे यह ज्ञान प्राप्त हो सके कि उस अदृश्य ईश्वर की कृति यह ब्रह्माण्ड उसका दृश्य रूप है अर्थात् यह दृश्य ब्रह्माण्ड ही हमारा दृश्य ईश्वर है। अर्थात् जिस प्रकार हम ईश्वर से प्रेम करते हैं उसी प्रकार हमें इस दृश्य ईश्वर-ब्रह्माण्ड से प्रेम करना चाहिए जो हमें प्रत्यक्ष रूप में जीवन संसाधन उपलब्ध कराता है।

2. **सार्वभौम आत्मा से मनुष्य और उसके परिवार** को देवी-देवता के रूप में एक मानवीय रूप द्वारा गुणों के अनुसार निरूपित कर प्रक्षेपित किया गया। जिससे यह ज्ञान प्राप्त हो सके कि उस अदृश्य ईश्वर की कृति यह मनुष्य उसका दृश्य रूप है अर्थात् यह दृश्य मनुष्य ही हमारा दृश्य ईश्वर है। अर्थात् जिस प्रकार हम ईश्वर से प्रेम करते हैं उसी प्रकार हमें इस दृश्य ईश्वर-मानव से प्रेम करना चाहिए जो हमें प्रत्यक्ष रूप में जीवन संसाधन उपलब्ध कराता है।

मनुष्य को उसके कार्य क्षेत्र के अनुसार सर्वोच्च आदर्श मानक चरित्र प्रक्षेपित किये गये जिससे मनुष्य मार्गदर्शन प्राप्त कर सके। कार्य क्षेत्र अनुसार सर्वोच्च आदर्श मानक चरित्र निम्नवत् हैं-
अ. व्यक्तिगत कार्य क्षेत्र स्तर-ब्रह्मा अर्थात् एकात्मज्ञान परिवार
ब. सामाजिक कार्य क्षेत्र स्तर-विष्णु अर्थात् एकात्म ज्ञान सहित एकात्म कर्म परिवार
स. वैश्विक/ब्रह्माण्डीय कार्य क्षेत्र स्तर-शिव-शंकर अर्थात् एकात्म ज्ञान और एकात्म कर्म सहित एकात्म ध्यान परिवार

उपरोक्त के अनुसार यह स्पष्ट है कि शास्त्राकार लेखक द्वारा पौराणिक देवी-देवताओं में ब्रह्मा-विष्णु-शिवशंकर परिवार के कार्य क्षेत्रानुसार मानक के रूप में प्रक्षेपित किये गये थे। मनुष्य की इच्छा "पाने" की अधिक होती है अलावा इसके कि "हो जाने" की। ऐसे व्यक्ति जो "हो जाने" में विश्वास रखते थे वे ही धरती पर मनुष्य रूप में आये और अवतार हो कर चले गये। अवतार का अर्थ ही होता है सर्वोच्च लक्ष्य सिद्धान्त के अनुसार नीचे उतरना जबकि मनुष्य का अर्थ होता है नीचे से ऊपर की ओर बढ़ना। शास्त्राकार लेखक ने मानव जाति को ईश्वर की ओर विकास करने या ईश्वर के रूप में बन जाने के लिए इन देवी-देवताओं का रूप प्रक्षेपित किया था लेकिन ये पूजा और आयोजन में बदल गया और अन्य धर्म-सम्प्रदाय के आ जाने से यह एक विशेष धर्म का ही जाना जाने लगा। जिस प्रकार आम की लकड़ी से कुर्सी, मेज, दरवाजा, खिड़की बनाया गया और आम गायब होकर कुर्सी, मेज, दरवाजा, खिड़की हो गया उसी प्रकार सम्पूर्ण पृथ्वी के मनुष्य के मागदर्शन के लिए व्यक्त मानक देवी-देवताओं का अर्थ गायब होकर मूर्तिपूजा में बदलकर एक धर्म का हो गया।

पुराण लिखने का मुख्य आधार-

जब पुराण लोंगो के समझ में कम आने लगा या समाज उसी में उलझ गया और उससे समाज को एकात्म करना कठिन होने लगा तब मानवीय वंशावली में हुए अनेक विभिन्न प्रकृति-चरित्र के साकार मानव और उनके निराकार एवं साकार रूप को प्रक्षेपित कर प्रकृति-चरित्र (व्यक्तिगत, सामाजिक और वैश्विक) का शास्त्र महाभारत की रचना की गई।

1. **सार्वभौम आत्मा के प्रकृति द्वारा समाज को एकात्म (मानकीकरण) करने के लिए शास्त्र-महाभारत**

महाभारत की शिक्षा अपनी प्रकृति में स्थित रहकर व्यक्तिगत प्रमाणित स्वार्थ (लक्ष्य) को प्राप्त करने के अनुसार सम्बन्धों का आधार बनाने की शिक्षा है। गीता कीे शिक्षा-गीता की मूल शिक्षा प्रकृति में व्याप्त मूल तीन सत्व, रज और तम गुण के आधार पर व्यक्त विषयों जिसमें मनुष्य भी शामिल है, की पहचान करने की शिक्षा दी

गयी है और उससे मुक्त रहकर कर्म करने को निष्काम कर्मयोग तथा उसमें स्थित रहने को स्थितप्रज्ञ और ईश्वर से साक्षात्कार करने का मार्ग समझाया गया।

महाभारत पुराण लिखने का मुख्य आधार-

शरीर- क्षेत्र (10 इन्द्रियाँ, मन, बुद्धि, अहंकार, 5 विकार और 3 गुण) जो प्रकृति के तीन गुणों से परवश होकर कर्म करता है।

दैवी शरीर या धर्मक्षेत्र- हृदय देश में दैवी सम्पत्ति का बाहुल्य शरीर
आसुरी शरीर या कुरूक्षेत्र- हृदय देश में आसुरी सम्पत्ति का बाहुल्य शरीर

धृतराष्ट्र- अज्ञान रूपी
संजय- संयम रूपी
पाण्डव- दैवी सम्पत्ति

भीम- महान ईश में वास दिलाने वाला भाव
अर्जुन- अनुराग रूपी
सात्यकि- सात्विकता रूपी
विराट- सर्वत्र ईश्वरीय प्रवाह
द्रुपद- अचल स्थिति
द्रौपदी- ध्यान रूपी

वात्सल्य- द्रौपदी का पुत्र (ध्यान से उत्पन्न गुण)
लावण्य- द्रौपदी का पुत्र (ध्यान से उत्पन्न गुण)
सहृदयता- द्रौपदी का पुत्र (ध्यान से उत्पन्न गुण)
सौम्यता- द्रौपदी का पुत्र (ध्यान से उत्पन्न गुण)
स्थिरता- द्रौपदी का पुत्र (ध्यान से उत्पन्न गुण)

सुभद्रा- शुभ आधार
धृष्टकेतू- दृढ़ कर्तव्य
चेकितान- चित्त को खिंचकर इष्ट में लाना
पुरूजित- स्थूल, सूक्ष्म व कारण शरीर पर विजय पाना
काशिराज- कायारूपी काशी का सम्राज्य
कुन्तिभोज- कर्तव्य से भव पर विजय
शैव्य- नरो गें श्रेष्ठ
युधामन्यु- युद्ध के अनुरूप मन की धारणा
उत्तमौजा- शुभ की मस्ती
अभिमन्यु- अभय मन। सुभद्रा का पुत्र (शुभ आधार से उत्पन्न गुण)

कौरव- आसुरी सम्पत्ति

दुर्योधन- मोह या दूशित मन
द्रोणाचार्य- द्वैत का आचरण
धृष्टधुम्न- शाश्वत अचल पद में आस्था रखने वाला मन
भीष्म- भ्रम रूपी
कर्ण- कर्म रूपी
कृपाचार्य- साधक द्वारा कृपा का आचरण
अश्वत्थामा- आसक्ति रूपी

विकर्ण- विकल्प रूपी
भूरिश्रवा- भ्रममयी श्वास
शिखण्डी- शिखा-सूत्र का त्याग

जब महाभारत लोंगो के समझ में कम आने लगा या समाज उसी में उलझ गया और उससे समाज को एकात्म करना कठिन होने लगा तब काल, चेतना, कर्मज्ञान एवं सार्वभौम सत्य-सिद्धान्त और मानवी सिद्धान्त के एकीकरण सहित पूर्व के शास्त्र रचना का उद्देश्य का शास्त्र विश्वभारत समाहित विश्वशास्त्र की रचना की गई जिसका मुख्य गुण "सार्वभौम" है और महायोग-महामाया का अन्तिम उदाहरण बनाया गया।

2. सार्वभौम आत्मा के काल, चेतना और कर्मज्ञान द्वारा समाज को एकात्म करने के लिए शास्त्र-विश्वशास्त्र-द नालेज आफ फाइनल नालेज

विश्वशास्त्र की शिक्षा, उपरोक्त सभी को समझाना है और पूर्ण सार्वजनिक प्रमाणित काल, चेतना और ज्ञान-कर्मज्ञान से युक्त होकर कर्म करने की शिक्षा है। जिससे भारतीय शास्त्रों की वैश्विक स्वीकारीता स्थापित हो और देवी-देवताओं के उत्पत्ति के उद्देश्य से भटक गये मनुष्य को शास्त्रों के मूल उद्देश्य की मुख्यधारा में लाया जा सके। विश्वभारत की शिक्षा-विश्वभारत, विश्वशास्त्र के स्थापना की योजना का शास्त्र है, जो विश्वशास्त्र का ही एक भाग है। विश्वभारत, की शिक्षा अपनी प्रकृति में स्थित रहकर सार्वजनिक प्रमाणित स्वार्थ (लक्ष्य) को प्राप्त करने के अनुसार सम्बन्धों का आधार बनाने की शिक्षा है।

श्री विष्णु पुराण (अध्याय-दो) में लिखा है कि-यह सम्पूर्ण विश्व उन परमात्मा की ही शक्ति से व्याप्त है, अत-वे "विष्णु" कहलाते हैं। समस्त देवता, मनु, सप्तर्षि तथा मनुपुत्र और देवताओं के अधिपति इन्द्रगण, ये सब भगवान विष्णु की ही विभूतियाँ हैं।

सूर्य अपनी पत्नी छाया से शनैश्चर, एक और मनु तथा तपती, तीन सन्तानें उत्पन्न कीं। सूर्य-छाया का दूसरा पुत्र आठवाँ मनु, अपने अग्रज मनु का सवर्ण होने से सावर्णि कहलाया। नवें मनु दक्ष सावर्णि होंगे दसवें मनु ब्रह्मसावर्णि होंगे, ग्यारहवाँ मनु धर्म सावर्णि बारहवा मनु रूद्रपुत्र सावर्णि तेरहवा रूचि रूद्रपुत्र सावर्णि चौदहवा मनु भीम सावर्णि।

प्रत्येक चतुर्युग के अन्त में वेदों का लोप हो जाता है, उस समय सप्तर्षिगण ही स्वर्गलोक से पृथ्वी में अवतीर्ण होकर उनका प्रचार करते हैं। प्रत्येक सत्ययुग के आदि में (मनुष्यों की धर्म-मर्यादा स्थापित करने के लिए) स्मृति-शास्त्र के रचयिता मनु का प्रादुर्भाव होता है।

इन चौदह मनवन्तरों के बीत जाने पर एक सहस्त्र युग रहने वाला कल्प समाप्त हुआ कहा जाता है। फिर इतने समय की रात्रि होती है।

स्थितिकारक भगवान विष्णु चारों युगों में इस प्रकार व्यवस्था करते हैं-समस्त प्राणियों के कल्याण में तत्पर वे सर्वभूतात्मा सत्ययुग में कपिल आदिरूप धारणकर परम ज्ञान का उपदेश करते हैं। त्रेतायुग में वे सर्वसमर्थ प्रभु चक्रवर्ती भूपाल होकर दुष्टों का दमन करके त्रिलोक की रक्षा करते हैं। तदन्तर द्वापरयुग में वे वेदव्यास रूप धारण कर एक वेद के चार विभाग करते हैं और सैकड़ों शाखाओं में बाँटकर बहुत विस्तार कर देते हैं। इस प्रकार द्वापर में वेदों का विस्तार कर कलियुग के अन्त में भगवान कल्किरूप धारणकर दुराचारी लोगों को सन्मार्ग में प्रवृत्त करते हैं। इसी प्रकार, अनन्तात्मा प्रभु निरन्तर इस सम्पूर्ण जगत् के उत्पत्ति, पालन और नाश करते रहते हैं। इस संसार में ऐसी कोई वस्तु नहीं है जो उनसे भिन्न हो।

"कल्कि" अवतार के सम्बन्ध में कहा गया है कि उसका कोई गुरू नहीं होगा, वह स्वयं से प्रकाशित स्वयंभू होगा जिसके बारे में अथर्ववेद, काण्ड 20, सूक्त 115, मंत्र 1 में कहा गया है कि "ऋषि-वत्स, देवता इन्द्र, छन्द गायत्री। अहमिद्धि पितुष्परि मेधा मृतस्य जग्रभ। अहं सूर्य इवाजिनि।। "अर्थात् "मैं परम पिता परमात्मा से सत्य ज्ञान की विधि को धारण करता हूँ और मैं तेजस्वी सूर्य के समान प्रकट हुआ हूँ।" जबकि सबसे प्राचीन वंश स्वायंभुव मनु के पुत्र उत्तानपाद शाखा में ब्रह्मा के 10 मानस पुत्रों में से मन से मरीचि व पत्नी कला के पुत्र कश्यप व पत्नी

अदिति के पुत्र आदित्य (सूर्य) की चौथी पत्नी छाया से दो पुत्रों में से एक 8वें मनु-सावर्णि मनु होंगे जिनसे ही वर्तमान मनवन्तर 7वें वैवस्वत मनु की समाप्ति होगी। ध्यान रहे कि 8वें मनु-सावर्णि मनु, सूर्य पुत्र हैं। अर्थात् कल्कि अवतार और 8वें मनु-सावर्णि मनु दोनों, दो नहीं बल्कि एक ही हैं और सूर्य पुत्र हैं।

"सार्वभौम" गुण 8वें सावर्णि मनु का गुण है। अवतारी श्रृंखला अन्तिम होकर अब मनु और मनवन्तर श्रृंखला के भी बढ़ने का क्रम है क्योंकि यही क्रम है। वैदिक-सनातन-हिन्दू धर्म के पुराणों में 14 मनुओं का वर्णन किया गया है। इन्हीं के नाम से मन्वन्तर चलते हैं। जो निम्नलिखित हैं-

1.मनुर्भरत वंश की प्रियव्रत शाखा

अ.पौराणिक वंश

वंश	**अवतार**	**काल**
01.स्वायंभुव मनु	यज्ञ	भूतकाल
02.स्वारचिष मनु	विभु	भूतकाल
03.उत्तम मनु	सत्यसेना	भूतकाल
04.तामस मनु	हरि	भूतकाल
05.रैवत मनु	वैकुण्ठ	भूतकाल
2.मनुर्भरत वंश की उत्तानपाद शाखा		
06.चाक्षुष मनु	अजित	भूतकाल
ब.ऐतिहासिक वंश		
07.वैवस्वत मनु	वामन	वर्तमान
स.भविष्य के वंश		
08.सावर्णि मनु	सार्वभौम	भविष्य
09.दत्त सावर्णि मनु	रिषभ	भविष्य
10.ब्रह्म सावर्णि मनु	विश्वकसेन	भविष्य
11.धर्म सावर्णि मनु	धर्मसेतू	भविष्य
12, रूद्र सावर्णि मनु	सुदामा	भविष्य
13.दैव सावर्णि मनु	योगेश्वर	भविष्य
14.इन्द्र सावर्णि मनु	वृहद्भानु	भविष्य

पहले मनु-स्वायंभुव मनु से 7वें मनु-वैवस्वत मनु तक शारीरिक प्राथमिकता के मनु का कालक्रम हैं। 8वें मनु-सावर्णि मनु से 14वें और अन्तिम-इन्द्र सावर्णि मनु तक बौद्धिक प्राथमिकता के मनु का कालक्रम है इसलिए ही 9वें मनु से 14वें मनु तक के नाम के साथ में "सावर्णि मनु" उपनाम की भाँति लगा हुआ है। अर्थात् 9वें मनु से 14वें मनु में सार्वभौम गुण विद्यमान रहेगा और बिना "विश्वशास्त्र" के उनका प्रकट होना मुश्किल होगा।

मात्र एक विचार-"ईश्वर ने इच्छा व्यक्त की कि मैं एक हूँ, अनेक हो जाऊँ" और "सभी ईश्वर हैं" , यह प्रारम्भ और अन्तिम लक्ष्य है। मनुष्य की रचना "पावर और प्राफिट (शक्ति और लाभ)" के लिए नहीं बल्कि असीम मस्तिष्क क्षमता के विकास के लिए हुआ है। फलस्वरूप वह स्वयं को ईश्वर रूप में अनुभव कर सके, जहाँ उसे किसी गुरू की आवश्यकता न पड़ें, वह स्वंयभू हो जाये, उसका प्रकाश वह स्वयं हो। एक गुरू का लक्ष्य भी यही होता है कि शिष्य मार्गदर्शन प्राप्त कर गुरू से आगे निकलकर, गुरू तथा स्वयं अपना नाम और कृति इस संसार में फैलाये, ना कि जीवनभर एक ही कक्षा में (गुरू में) पढ़ता रह जाये। एक ही कक्षा में जीवनभर पढ़ने वाले को समाज क्या नाम देता है, समाज अच्छी प्रकार जानता है। "विश्वशास्त्र" से कालक्रम को उसी मुख्यधारा में मोड़ दिया गया है। एक शास्त्राकार, अपने द्वारा व्यक्त किये गये पूर्व के शास्त्र का उद्देश्य और उसकी सीमा तो बता ही सकता है परन्तु व्याख्याकार ऐसा नहीं कर सकता।

स्वयं द्वारा व्यक्त शास्त्र के प्रमाण से ही स्वयं को व्यक्त और प्रमाणित करूँगा

-शास्त्राकार महर्षि व्यास (वर्तमान में लव कुश सिंह "विश्वमानव")

शब्द से सृष्टि की ओर...
सृष्टि से शास्त्र की ओर...
शास्त्र से काशी की ओर...
काशी से सत्यकाशी की ओर...
और सत्यकाशी से अनन्त की ओर...
एक अन्तहीन यात्रा.........................

वर्तमान सृष्टि चक्र की स्थिति भी यही हो गयी है कि अब अगले अवतार के मात्र एक विकास के लिए सत्यीकरण से काल, मनवन्तर व मनु, अवतार, व्यास व शास्त्र सभी बदलेगें। इसलिए देश व विश्व के धर्माचार्यें, विद्वानों, ज्योतिषाचार्यों इत्यादि को अपने-अपने शास्त्रों को देखने व समझने की आवश्यकता आ गयी है क्योंकि कहीं श्री लव कुश सिंह "विश्वमानव" और "आध्यात्मिक सत्य" आधारित कार्य "विश्वशास्त्र" वही तो नहीं है? और यदि नहीं तो वह कौन सा कार्य होगा जो इन सबको बदलने वाली घटना को घटित करेगा?

शनिवार, 22 दिसम्बर, 2012 सेप्रारम्भ हो चुका है-
1.काल के प्रथम रूप अदृश्य काल से दूसरे और अन्तिम दृश्य काल का प्रारम्भ।
-इसलिए कि अधिकतम व्यक्ति व समाज का मन दृश्य विषयों पर केन्द्रित है।

2.मनवन्तर के वर्तमान 7वें मनवन्तर वैवस्वत मनु से 8वें मनवन्तर सावर्णि मनु का प्रारम्भ।
-इसलिए कि सावर्णि मनु के "सार्वभौम" गुण का प्रयोग कर श्री लव कुश सिंह "विश्वमानव" व्यक्त हैं।

3.अवतार के नवें बुद्ध से दसवें और अन्तिम अवतार-कल्कि महावतार का प्रारम्भ।
-इसलिए कि आधुनिक युग के लिए एकीकरण व मानकीकरण के सभी प्रणाली व्यष्टि व समष्टि के लिए संयुक्त एवं अन्तिम रूप से कल्कि अवतार द्वारार व्यक्त है।

4.युग के चौथे कलियुग से पाँचवें युग स्वर्ण युग का प्रारम्भ।
-इसलिए कि युग परिवर्तन के लिए कल्कि अवतार का आगमन हो चुका है।

5.व्यास और द्वापर युग में आठवें अवतार श्रीकृष्ण द्वारा प्रारम्भ किया गया कार्य "नवसृजन" के प्रथम भाग "सार्वभौम ज्ञान" के शास्त्र "गीता" से द्वितीय अन्तिम भाग "सार्वभौम कर्मज्ञान", पूर्णज्ञान का पूरक शास्त्र", लोकतन्त्र का "धर्मनिरपेक्ष धर्मशास्त्र" और आम आदमी का "समाजवादी शास्त्र" द्वारा व्यवस्था सत्यीकरण और मन के ब्रह्माण्डीयकरण और नये व्यास का प्रारम्भ।
-इसलिए कि नया और अन्तिम शास्त्र "विश्वशास्त्र" प्रकाशित हो चुका है।

जिस प्रकार लोग आत्मा की महत्ता को न समझकर शरीर को ही महत्व देते हैं उसी प्रकार लोग भले ही पढ़कर ही विकास कर रहें हो परन्तु वे शास्त्राकार लेखक की महत्ता को स्वीकार नहीं करते। जबकि वर्तमान समय में चाहे जिस विषय में हो प्रत्येक विकास कर रहे व्यक्ति के पीछे शास्त्राकार, लेखक, आविष्कारक, दार्शनिक की ही शक्ति है जिस प्रकार शरीर के पीछे आत्मा की शक्ति है।

भाग-2

रामायण

चौबीसवें व्यास - भृगुवंशी ऋक्ष (वाल्मीकि)

रामायण

रामायण की सीख

रामायण का रचनाकाल

रामायण की विश्व यात्रा

वर्तमान समय में भारत में रामायण

रामायण द्वारा प्रेरित अन्य साहित्यिक महाकाव्य

चौबीसवें व्यास - भृगुवंशी ऋक्ष: वाल्मीकि

वाल्मीकि प्राचीन भारतीय महर्षि हैं। ये आदिकवि के रूप में प्रसिद्ध है। उन्होंने संस्कृत में रामायण की रचना की। उनके द्वारा रची गई रामायण "वाल्मीकि रामायण" कहलाई। रामायण एक महाकाव्य है जो कि श्रीराम के जीवन के माध्यम से हमें जीवन के सत्य व कर्तव्य से परिचित करवाता है।

हिन्दुओं के प्रसिद्ध महाकाव्य वाल्मीकि रामायण, जिसे कि "आदिरामायण" भी कहा जाता है और जिसमें भगवान श्रीरामचन्द्र के निर्मल एवं कल्याणकारी चरित्र का वर्णन है, के रचयिता महर्षि वाल्मीकि के विषय में अनेक प्रकार की भ्रांतियाँ प्रचलित हैं जिसके आधार पर उन्हें निम्नवर्ग का बताया जाता है जबकि वास्तविकता इसके विरूद्ध हे। ऐसा प्रतीत होता है हिन्दुओं के द्वारा हिन्दू संस्कृति को भूला दिये जाने के कारण ही इस प्रकार की भ्रांतियाँ फैली हैं। वाल्मीकि रामायण में स्वयं वाल्मीकि ने श्लोक संख्या 7/94/16, 7/96/18 और 7/111/11 में लिखा है कि वे प्रचेता के पुत्र हैं। मनुस्मृति में प्रचेता को वशिष्ठ, नारद, पुलस्त्य आदि का भाई बताया गया है। बताया जाता है कि प्रचेता का एक नाम वरूण भी है और वरूण ब्रह्माजी के पुत्र थे। यह भी माना जाता है कि वाल्मीकि वरूण अर्थात् प्रचेता के 10वें पुत्र थे और उन दिनों के प्रचलन के अनुसार उनके भी दो नाम "अग्निशर्मा" और "रत्नाकर" थे। श्री विष्णु पुराण (तृतीय अंश, अध्याय-तीन) के अनुसार- चौबीसवें भृगुवंशी ऋक्ष (वाल्मीकि) हैं।

किंवदन्ती है कि बाल्यावस्था में ही रत्नाकर को एक निःसन्तान भीलनी ने चुरा लिया और प्रेमपूर्वक उनका लालन-पोषण किया। जिस वन प्रदेश में उस भीलनी का निवास था वहाँ का भील समुदाय असभ्य था और वन्य प्राणियों का आखेट एवं दस्युकर्म ही उनके लिए जीवन यापन का मुख्य साधन था। हत्या जैसा जघन्य अपराध उनके लिए सामान्य बात थी। उन्हीं क्रूर भीलों की संगति में रत्नाकर पले, बढ़े और दस्युकर्म में लिप्त हो गये। युवा हो जाने पर रत्नाकर का विवाह उसी समुदाय की एक भीलनी से कर दिया गया और गृहस्थ जीवन में प्रवेश के बाद वे अनेक सन्तानों के पिता बन गये। परिवार में वृद्धि के कारण अधिक धनोपार्जन करने के लिए वे और भी अधिक पापकर्म करने लगें।

एक दिन नारद ऋषि उस वन प्रदेश से गुजर रहे थे। रत्नाकर ने उनसे धन की माँग की और धन न देने की स्थिति में हत्या कर देने की धमकी भी दी। नारदमुनि के यह पूछने पर कि वह ये पाप कर्म किसके लिए करते

हो, रत्नाकर ने बताया कि परिवार के लिए। इस पर नारद जी ने पूछा कि जिस तरह तुम्हारे पाप कर्म से प्राप्त धन का उपभोग तुम्हारे समस्त परिजन करते हैं क्या उसी तरह तुम्हारे पापकर्मों के दण्ड में भी वे भागीदार होगें? रत्नाकर ने कहा कि न तो मुझे पता है और न ही कभी मैंने इस विषय में सोचा है। नारदजी ने कहा कि जाकर अपने परिवार के लोगों से पूछ कर आओ और यदि वे तुम्हारे पापकर्म के दण्ड के भागीदार होने के लिए तैयार हैं तो अवश्य लूटमार करते रहना वरना इस कार्य को छोड़ देना। यदि तुम्हें सन्देह है कि हम भाग जायेंगें तो हमें वृक्षों से बाँधकर चले जाओ। नारदजी को पेड़ से बाँधकर रत्नाकर अपने परिजनों के पास पहुँचे। पत्नी, सन्तान, माता-पिता आदि में से कोई भी उनके पापकर्म के फल में भागीदार होने के लिए तैयार न था, सभी का कहना था कि भला किसी एक के कर्म का फल दूसरा कैसे भोग सकता है? रत्नाकर को अपने परिजनों की बातें सुनकर बहुत दुःख हुआ और नारद जी से क्षमा माँग कर उन्हें छोड़ दिया। नारदजी से रत्नाकर ने अपने पापों से उद्धार का उपाय पूछा। नारदजी ने उन्हें तमसा नदी के तट पर जाकर "राम-राम" का जाप करने का परामर्श दिया। रत्नाकर ने वैसा ही किया परन्तु वे राम शब्द को भूल जाने के कारण "मरा-मरा" का जाप करते हुए अखण्ड तपस्या में लीन हो गये। तपस्या के फलस्वरूप उन्हें दिव्य ज्ञान की प्राप्ति हुई और वे वाल्मीकि के नाम से प्रसिद्ध हुये।

एक बार महर्षि वाल्मीकि एक क्रौंच (सारस) पक्षी के जोड़े को निहार रहे थे। वह जोड़ा प्रेमालाप में लीन था, तभी उन्होंने देखा कि एक बहेलिये ने कामरत क्रौंच पक्षी के जोड़े में से नर पक्षी का वध कर दिया और मादा पक्षी विलाप करने लगी। उसके इस विलाप को सुन कर महर्षि की करूणा जाग उठी और द्रवित अवस्था में उनके मुख से स्वतः ही यह श्लोक फूट पड़ा-

मां निषाद प्रतिष्ठां त्वमगतः शाश्वतीः समाः।
यत्क्रौचमिथुनादेकम् अवधीः काममोहितम्।।

अर्थात् - "अरे बहेलिए, तूने काममोहित मैथुनरत क्रौंच पक्षी को मारा है। जा तुझे कभी भी प्रतिष्ठा की प्राप्ति नहीं हो पायेगी।"

ज्ञान प्राप्ति के बाद उन्होंने प्रसिद्ध महाकाव्य "रामायण" (जिसे कि "वाल्मीकि रामायण" के नाम से भी जाना जाता है) की रचना की और "आदिकवि वाल्मीकि" के नाम से अमर हो गये। अपने महाकाव्य "रामायण" में अनेक घटनाओं के घटने के समय सूर्य, चन्द्र तथा अन्य नक्षत्र की स्थितियों का वर्णन किया है। इससे ज्ञात होता है कि वे ज्योतिष विद्या एवं खगोल विद्या के भी प्रकाण्ड पण्डित थे। अपने वनवास काल के मध्य "राम" वाल्मीकि ऋषि के आश्रम में भी गये थे। तथा जब "राम" ने अपनी पत्नी सीता का परित्याग कर दिया तब वाल्मीकि ने ही सीता को प्रश्रय दिया था। उपरोक्त उद्धरणों से सिद्ध है कि वाल्मीकि "राम" के समकालिन थे तथा जीवन में घटित प्रत्येक घटनाओं का पूर्णरूपेण ज्ञान वाल्मीकि ऋषि को था। उन्हें "राम" के चरित्र को इतना महान समझा कि उनके चरित्र को आधार मान कर अपने महाकाव्य "रामायण" की रचना की।

रामायण

रामकथा का कथा

हिन्दू शास्त्रों के अनुसार भगवान राम, विष्णु के अवतार थे। इस अवतार का उद्देश्य मृत्युलोक में मानवजाति को आदर्श जीवन के लिये मार्गदर्शन देना था। अन्ततः श्रीराम ने राक्षस जाति के राजा रावण का वध किया और धर्म की पुनर्स्थापना की।

बालकाण्ड

अयोध्या नगरी में दशरथ नाम के राजा हुये जिनकी कौशल्या, कैकेयी और सुमित्रा नामक पत्नियाँ थीं। सन्तान प्राप्ति हेतु अयोध्यापति दशरथ ने अपने गुरु श्री वशिष्ठ की आज्ञा से पुत्रकामेष्टि यज्ञ करवाया, जिसे कि ऋंगी ऋषि ने सम्पन्न किया। भक्तिपूर्ण आहुतियाँ पाकर अग्निदेव प्रसन्न हुये और उन्होंने स्वयं प्रकट होकर राजा दशरथ को हविष्यपात्र (खीर, पायस) दिया जिसे कि उन्होंने अपनी तीनों पत्नियों में बाँट दिया। खीर के सेवन के परिणामस्वरूप कौशल्या के गर्भ से राम का, कैकेयी के गर्भ से भरत का तथा सुमित्रा के गर्भ से लक्ष्मण और शत्रुघ्न का जन्म हुआ। राजकुमारों के बड़े होने पर आश्रम की राक्षसों से रक्षा हेतु ऋषि विश्वामित्र राजा दशरथ से राम और लक्ष्मण को मांग कर अपने साथ ले गये। राम ने ताड़का और सुबाहु जैसे राक्षसों को मार डाला और मारीच को बिना फल वाले बाण, से मार कर समुद्र के पार भेज दिया। उधर लक्ष्मण ने राक्षसों की सारी सेना का संहार कर डाला। धनुषयज्ञ हेतु राजा जनक के निमन्त्रण मिलने पर विश्वामित्र राम और लक्ष्मण के साथ उनकी नगरी मिथिला (जनकपुर) आ गये। रास्ते में राम ने गौतम मुनि की स्त्री अहल्या का उद्धार किया। मिथिला में राजा जनक की पुत्री सीता जिन्हें कि जानकी के नाम से भी जाना जाता है का स्वयंवर का भी आयोजन था जहाँ कि जनक प्रतिज्ञा के अनुसार शिव धनुष को तोड़ कर राम ने सीता से विवाह किया। राम और सीता के विवाह के साथ ही साथ गुरु वशिष्ठ ने भरत का माण्डवी से, लक्ष्मण का उर्मिला से और शत्रुघ्न का श्रुतकीर्ति से करवा दिया।

अयोध्याकाण्ड

राम के विवाह के कुछ समय पश्चात् राजा दशरथ ने राम का राज्याभिषेक करना चाहा। इस पर देवता लोगों को चिन्ता हुई कि राम को राज्य मिल जाने पर रावण का वध असम्भव हो जायेगा। व्याकुल होकर उन्होंने देवी सरस्वती से किसी प्रकार के उपाय करने की प्रार्थना की। सरस्वती नें मन्थरा, जो कि कैकेयी की दासी थी, की बुद्धि को फेर दिया। मन्थरा की सलाह से कैकेयी कोपभवन में चली गई। दशरथ जब मनाने आये तो कैकेयी ने उनसे

वरदान मांगे कि भरत को राजा बनाया जाये और राम को चौदह वर्षों के लिये वनवास में भेज दिया जाये। राम के साथ सीता और लक्ष्मण भी वन चले गये। ऋंगवेरपुर में निषादराज गुह ने तीनों की बहुत सेवा की। कुछ आनाकानी करने के बाद केवट ने तीनों को गंगा नदी के पार उतारा। प्रयाग पहुँच कर राम ने भारद्वाज मुनि से भेंट की। वहाँ से राम यमुना स्नान करते हुये वाल्मीकि ऋषि के आश्रम पहुँचे। वाल्मीकि से हुई मन्त्रणा के अनुसार राम, सीता और लक्ष्मण चित्रकूट में निवास करने लगे। अयोध्या में पुत्र के वियोग के कारण दशरथ का स्वर्गवास हो गया। वशिष्ठ ने भरत और शत्रुघ्न को उनके ननिहाल से बुलवा लिया। वापस आने पर भरत ने अपनी माता कैकेयी की, उसकी कुटिलता के लिये, बहुत भर्तस्ना की और गुरुजनों के आज्ञानुसार दशरथ की अन्त्येष्टि क्रिया कर दिया। भरत ने अयोध्या के राज्य को अस्वीकार कर दिया और राम को मना कर वापस लाने के लिये समस्त स्नेहीजनों के साथ चित्रकूट चले गये। कैकेयी को भी अपने किये पर अत्यन्त पश्चाताप हुआ। सीता के माता-पिता सुनयना एवं जनक भी चित्रकूट पहुँचे। भरत तथा अन्य सभी लोगों ने राम के वापस अयोध्या जाकर राज्य करने का प्रस्ताव रखा जिसे कि राम ने, पिता की आज्ञा पालन करने और रघुवंश की रीति निभाने के लिये, अमान्य कर दिया। भरत अपने स्नेही जनों के साथ राम की पादुका को साथ लेकर वापस अयोध्या आ गये। उन्होंने राम की पादुका को राज सिंहासन पर विराजित कर दिया स्वयं नन्दिग्राम में निवास करने लगे।

अरण्यकाण्ड

कुछ काल के पश्चात राम ने चित्रकूट से प्रयाण किया तथा वे अत्रि ऋषि के आश्रम पहुँचे। अत्रि ने राम की स्तुति की और उनकी पत्नी अनसूया ने सीता को पातिव्रत धर्म के मर्म समझाये। वहाँ से फिर राम ने आगे प्रस्थान किया और शरभंग मुनि से भेंट की। शरभंग मुनि केवल राम के दर्शन की कामना से वहाँ निवास कर रहे थे, अतः राम के दर्शनों की अपनी अभिलाषा पूर्ण हो जाने से योगाग्नि से अपने शरीर को जला डाला और ब्रह्मलोक को गमन किया। और आगे बढ़ने पर राम को स्थान-स्थान पर हड्डियों के ढेर दिखाई पड़े जिनके विषय में मुनियों ने राम को बताया कि राक्षसों ने अनेक मुनियों को खा डाला है और उन्हीं मुनियों की हड्डियाँ हैं। इस पर राम ने प्रतिज्ञा की कि वे समस्त राक्षसों का वध करके पृथ्वी को राक्षस विहीन कर देंगे। राम और आगे बढ़े और पथ में सुतीक्ष्ण, अगस्त्य आदि ऋषियों से भेंट करते हुये दण्डक वन में प्रवेश किया जहाँ पर उनकी मुलाकात जटायु से हुई। राम ने पंचवटी को अपना निवास स्थान बनाया।

पंचवटी में रावण की बहन शूर्पणखा ने आकर राम से प्रणय निवेदन-किया। राम ने यह कह कर कि वे अपनी पत्नी के साथ हैं और उनका छोटा भाई अकेला है उसे लक्ष्मण के पास भेज दिया। लक्ष्मण ने उसके प्रणय-निवेदन को अस्वीकार करते हुये शत्रु की बहन जान कर उसके नाक और कान काट लिये। शूर्पणखा ने खर-दूषण से सहायता की मांग की और वह अपनी सेना के साथ लड़ने के लिये आ गया। लड़ाई में राम ने खर-दूषण और उसकी सेना का संहार कर डाला। शूर्पणखा ने जाकर अपने भाई रावण से शिकायत की। रावण ने बदला लेने के लिये मारीच को स्वर्णमृग बना कर भेजा जिसकी छाल की मांग सीता ने राम से की। लक्ष्मण को सीता के रक्षा की आज्ञा दे कर राम स्वर्णमृग रूपी मारीच को मारने के लिये उसके पीछे चले गये। मारीच राम के हाथों मारा गया पर मरते-मरते मारीच ने राम की आवाज बना कर 'हा लक्ष्मण' का क्रन्दन किया जिसे सुन कर सीता ने आशंकावश होकर लक्ष्मण को राम के पास भेज दिया। लक्ष्मण के जाने के बाद अकेली सीता का रावण ने छलपूर्वक हरण कर लिया और अपने साथ लंका ले गया। रास्ते में जटायु ने सीता को बचाने के लिये रावण से युद्ध किया और रावण ने उसके पंख काटकर उसे अधमरा कर दिया। सीता को न पा कर राम अत्यन्त दुःखी हुये और विलाप करने लगे। रास्ते में जटायु से भेंट होने पर उसने राम को रावण के द्वारा अपनी दुर्दशा होने व सीता को हर कर दक्षिण दिशा की ओर ले जाने की बात बताई। ये सब बताने के बाद जटायु ने अपने प्राण त्याग दिये और राम उसका अन्तिम संस्कार करके सीता की खोज में सघन वन के भीतर आगे बढ़े। रास्ते में राम ने दुर्वासा के शाप के कारण राक्षस बने गन्धर्व कबन्ध का वध करके उसका उद्धार किया और शबरी के आश्रम जा पहुँचे जहाँ पर कि उसके द्वारा दिये

गये झूठे बेरों को उसके भक्ति के वश में होकर खाया। इस प्रकार राम सीता की खोज में सघन वन के अंदर आगे बढ़ते गये।

किष्किन्धाकाण्ड

राम ऋष्यमूक पर्वत के निकट आ गये। उस पर्वत पर अपने मन्त्रियों सहित सुग्रीव रहता था। सुग्रीव ने, इस आशंका में कि कहीं बालि ने उसे मारने के लिये उन दोनों वीरों को न भेजा हो, हनुमान को राम और लक्ष्मण के विषय में जानकारी लेने के लिये ब्राह्मण के रूप में भेजा। यह जानने के बाद कि उन्हें बालि ने नहीं भेजा है हनुमान ने राम और सुग्रीव में मित्रता करवा दी। सुग्रीव ने राम को सान्त्वना दी कि जानकी जी मिल जायेंगीं और उन्हें खोजने में वह सहायता देगा साथ ही अपने भाई बालि के अपने ऊपर किये गये अत्याचार के विषय में बताया। राम ने बालि का छलपूर्वक वध कर के सुग्रीव को किष्किन्धा का राज्य तथा बालि के पुत्र अंगद को युवराज का पद दे दिया। राज्य प्राप्ति के बाद सुग्रीव विलास में लिप्त हो गया और वर्षा तथा शरद् ऋतु व्यतीत हो गई। राम के नाराजगी पर सुग्रीव ने वानरों को सीता की खोज के लिये भेजा। सीता की खोज में गये वानरों को एक गुफा में एक तपस्विनी के दर्शन हुये। तपस्विनी ने खोज दल को योगशक्ति से समुद्रतट पर पहुँचा दिया जहाँ पर उनकी भेंट सम्पाती से हुई। सम्पाती ने वानरों को बताया कि रावण ने सीता को लंका अशोकवाटिका में रखा है। जाम्बवन्त ने हनुमान को समुद्र लांघने के लिये उत्साहित किया।

सुंदरकाण्ड

हनुमान ने लंका की ओर प्रस्थान किया। सुरसा ने हनुमान की परीक्षा ली और उसे योग्य तथा सामर्थ्यवान पाकर आशीर्वाद दिया। मार्ग में हनुमान ने छाया पकड़ने वाली राक्षसी का वध किया और लंकिनी पर प्रहार करके लंका में प्रवेश किया। उनकी विभीषण से भेंट हुई। जब हनुमान अशोक वाटिका में पहुँचे तो रावण सीता को धमका रहा था। रावण के जाने पर त्रिजटा ने सीता को सान्तवना दी। एकान्त होने पर हनुमान ने सीता से भेंट करके उन्हें राम की मुद्रिका दी। हनुमान ने अशोक वाटिका का विध्वंस करके रावण के पुत्र अक्षय कुमार का वध कर दिया। मेघनाथ हनुमान को नागपाश में बांध कर रावण की सभा में ले गया। रावण के प्रश्न के उत्तर में हनुमान ने अपना परिचय राम के दूत के रूप में दिया। रावण ने हनुमान की पूँछ में तेल में डूबा हुआ कपड़ा बांध कर आग लगा दिया, इस पर हनुमान ने लंका का दहन कर दिया। हनुमान सीता के पास पहुँचे। सीता ने अपनी चूड़ामणि दे कर उन्हें विदा किया। वे वापस समुद्र पार आकर सभी वानरों से मिले और सभी वापस सुग्रीव के पास चले गये। हनुमान के कार्य से राम अत्यन्त प्रसन्न हुये। राम वानरों की सेना के साथ समुद्रतट पर पहुँचे। उधर विभीषण ने रावण को समझाया कि राम से बैर न लें इस पर रावण ने विभीषण को अपमानित कर लंका से निकाल दिया। विभीषण राम के शरण में आ गया और राम ने उसे लंका का राजा घोषित कर दिया। राम ने समुद्र से रास्ता देने की विनती की। विनती न मानने पर राम ने क्रोध किया और उनके क्रोध से भयभीत होकर समुद्र ने स्वयं आकर राम की विनती करने के पश्चात् नल और नील के द्वारा पुल बनाने का उपाय बताया।

लंकाकाण्ड

जाम्बवन्त के आदेश से नल-नील दोनों भाइयों ने वानर सेना की सहायता से समुद्र पर पुल बांध दिया। श्री राम ने श्री रामेश्वर की स्थापना करके भगवान शंकर की पूजा की और सेना सहित समुद्र के पार उतर गये। समुद्र के पार जाकर राम ने डेरा डाला। पुल बंध जाने और राम के समुद्र के पार उतर जाने के समाचार से रावण मन में अत्यन्त व्याकुल हुआ। मन्दोदरी के राम से बैर न लेने के लिये समझाने पर भी रावण का अहंकार नहीं गया। इधर राम अपनी वानर सेना के साथ सुबेल पर्वत पर निवास करने लगे। अंगद राम के दूत बन कर लंका में रावण के पास गये और उसे राम के शरण में आने का संदेश दिया किन्तु रावण ने नहीं माना। शान्ति के सारे प्रयास असफल हो जाने पर युद्ध आरम्भ हो गया। लक्ष्मण और मेघनाद के मध्य घोर युद्ध हुआ। शक्तिबाण के वार से

लक्ष्मण मूर्छित हो गये। उनके उपचार के लिये हनुमान सुषेण वैद्य को ले आये और संजीवनी लाने के लिये चले गये। गुप्तचर से समाचार मिलने पर रावण ने हनुमान के कार्य में बाधा के लिये कालनेमि को भेजा जिसका हनुमान ने वध कर दिया। औषधि की पहचान न होने के कारण हनुमान पूरे पर्वत को ही उठा कर वापस चले। मार्ग में हनुमान को राक्षस होने के सन्देह में भरत ने बाण मार कर मूर्छित कर दिया परन्तु यथार्थ जानने पर अपने बाण पर बिठा कर वापस लंका भेज दिया। इधर औषधि आने में विलम्ब देख कर राम प्रलाप करने लगे। सही समय पर हनुमान औषधि लेकर आ गये और सुषेण के उपचार से लक्ष्मण स्वस्थ हो गये। रावण ने युद्ध के लिये कुम्भकर्ण को जगाया। कुम्भकर्ण ने भी रावण के शरण में जाने की असफल मन्त्रणा दी। युद्ध में कुम्भकर्ण ने राम के हाथों परमगति प्राप्त की। लक्ष्मण ने मेघनाद से युद्ध करके उसका वध कर दिया। राम और रावण के मध्य अनेकों घोर युद्ध हुये और अन्त में रावण, राम के हाथों मारा गया। विभीषण को लंका का राज्य सौंप कर राम, सीता और लक्ष्मण के साथ पुष्पक विमान पर चढ़ कर अयोध्या के लिये प्रस्थान किया।

उत्तरकाण्ड

उत्तरकाण्ड, राम कथा का उपसंहार है। सीता, लक्ष्मण और समस्त वानर सेना के साथ राम अयोध्या वापस पहुँचे। राम का भव्य स्वागत हुआ, भरत के साथ सर्वजनों में आनन्द व्याप्त हो गया। वेदों और शिव की स्तुति के साथ राम का राज्याभिषेक हुआ। अभ्यागतों की विदाई दी गई। राम ने प्रजा को उपदेश दिया और प्रजा ने कृतज्ञता प्रकट की। चारों भाइयों के दो-दो पुत्र हुये। रामराज्य एक आदर्श बन गया।

उपरोक्त बातों के साथ ही साथ गोस्वामी तुलसीदास जी ने उत्तरकाण्ड में श्री राम-वशिष्ठ संवाद, नारद जी का अयोध्या आकर रामचन्द्र जी की स्तुति करना, शिव-पार्वती संवाद, गरुड़ मोह तथा गरुड़ जी का काकभुशुण्डि जी से रामकथा एवं राम-महिमा सुनना, काकभुशुण्डि जी के पूर्वजन्म की कथा, ज्ञान-भक्ति निरूपण, ज्ञानदीपक और भक्ति की महान महिमा, गरुड़ के सात प्रश्न और काकभुशुण्डि जी के उत्तर आदि विषयों का भी विस्तृत वर्णन किया है।

जहाँ तुलसीदास जी ने उपरोक्त वर्णन लिखकर रामचरितमानस को समाप्त कर दिया है वहीं आदिकवि वाल्मीकि अपने रामायण में उत्तरकाण्ड में रावण तथा हनुमान के जन्म की कथा सीता का निर्वासन, राजा नृग, राजा निमि, राजा ययाति तथा रामराज्य में कुत्ते का न्याय की उपकथायें, लवकुश का जन्म, राम के द्वारा अश्वमेघ यज्ञ का अनुष्ठान तथा उस यज्ञ में उनके पुत्रों लव तथा कुश के द्वारा महाकवि वाल्मिक रचित रामायण गायन, सीता का रसातल प्रवेश, लक्ष्मण का परित्याग का भी वर्णन किया है। वाल्मीकि रामायण में उत्तरकाण्ड का समापन राम के महाप्रयाण के बाद ही हुआ है।

रामायण की सीख

सनातन धर्म के धार्मिक लेखक तुलसीदास जी के अनुसार सर्वप्रथम श्री राम की कथा भगवान श्री शंकर ने माता पार्वती जी को सुनायी थी। जहाँ पर भगवान शंकर पार्वती जी को भगवान श्री राम की कथा सुना रहे थे वहाँ कागा (कौवा) का एक घोसला था और उसके भीतर बैठा कागा भी उस कथा को सुन रहा था। कथा पूरी होने के पहले ही माता पार्वती को नींद आ गई पर उस पक्षी ने पूरी कथा सुन ली। उसी पक्षी का पुनर्जन्म काकभुशुण्डि के रूप में हुआ। काकभुशुण्डि जी ने यह कथा गरुड़ जी को सुनाई। भगवान श्री शंकर के मुख से निकली श्रीराम की यह पवित्र कथा "अध्यात्म रामायण" के नाम से प्रख्यात है। "अध्यात्म रामायण" को ही विश्व का सर्वप्रथम रामायण माना जाता है।

भारत देश में विदेशियों का सत्ता हो जाने के बाद देव भाषा संस्कृत का ह्रास हो गया और भारतीय लोग उचित ज्ञान के अभाव तथा विदेशी सत्ता के प्रभाव के कारण अपनी ही संस्कति को भूलने लग गये। ऐसी स्थिति को अत्यन्त विकट जानकर जनजागरण के लिए सन्त श्री तुलसीदसा जी ने एक बार फिर से भगवान श्री राम की पवित्र कथा को देसी भाषा में लिपिबद्ध किया। सन्त तुलसीदास जी ने अपने द्वारा लिखित भगवान श्री राम की कल्याणकारी कथा से परिपूर्ण इस ग्रन्थ का नाम "रामचरित्रमानस" रखा। सामान्य रूप से इसे "तुलसी रामायण" के नाम से जाना जाता है। कालान्तर में भगवान श्रीराम की कथा अनेक विद्वानों ने अपने बुद्धि, ज्ञान तथा मतानुसार अनेक बार लिखा है। इस तरह से अनेकों रामायणों की रचना हुई है। दृश्य पदार्थ विज्ञान के इस काल में विज्ञान के द्वारा आयी तकनीकों से दृश्य-श्रव्य (आडियो-विजुअल) माध्यम के आ जाने के बाद सभी रामायणों का अध्ययन व विवादित अंशों को त्यागते हुए श्री रामानन्द सागर ने श्री राम के इस कथा का "रामायण" नाम से उसका दृश्य-श्रव्य रूपान्तरण कर दूरदर्शन के माध्यम से प्रसारित कराया। जिसके फलस्वरूप वर्तमान में शायद ही कोई बचा हो जो रामकथा से परिचित न हो। इसके उपरान्त भी अन्य ने भी दृश्य-श्रव्य माध्यम में इस कथा का प्रस्तुतिकरण करने का प्रयत्न किये परन्तु रामानन्द सागर कृत "रामायण" एक मानक बन चुका है और जनमानस में उसके जीवन्त पात्रों के प्रति ऐसी छवि बन गई कि वे उसके पात्रों के रूप में ही राम के जीवन काल के पात्रों को सत्य रूप में देखते हैं। फलस्वरूप चाहे जितनी बार रामायण का दृश्य-श्रव्य रूपान्तरण क्यों न हो, पर जनमानस में वह रूप नहीं उतरता।

हिन्दू शास्त्रों के अनुसार भगवान राम, विष्णु के अवतार थे, इस अवतार का उद्देश्य मृत्युलोक में मानवजाति को आदर्श जीवन के लिए मागदर्शन देना था। इस प्रकार अन्ततः श्रीराम ने राक्षस जाति के राजा रावण का वध किया और धर्म की पुर्नस्थापना की। आदिकवि वाल्मीकि ने अपने रामायण के उत्तरकाण्ड में रावण तथा हनुमान की जन्म कथा, साता का निर्वासन, राजा नृग, राजा निमि, राजा ययाति तथा रामराज्य में कुत्ते का न्याय की उपकथायें, लव-कुश का जन्म, राम के द्वारा अश्वमेध यज्ञ का अनुष्ठान तथा उस यज्ञ में उनके पुत्रों लव और कुश के द्वारा रामायण गायन, सीता का रसातल प्रवेश, लक्ष्मण का परित्याग का भी वर्णन किया है। और इसका राम के महाप्रयाण के बाद इसका समापन हुआ है।

राम कथा के रामायण में सारे चरित्र अपने धर्म का पालन करते हैं-

1. **राम**-एक आदर्श पुत्र हैं। पिता की आज्ञा उनके लिए सर्वोपरि है। पति के रूप में राम ने सदैव एक पत्नीव्रत का पालन किया। राजा के रूप में प्रजा के हित के लिए स्वयं के हित को तुच्छ समझते हैं। विलक्षण व्यक्तित्व है उनका। वे अत्यन्त वीर्यवान, तेजस्वी, विद्वान, धैर्यशील, जितेन्द्रिय, बुद्धिमान, सुन्दर, पराक्रमी, दुष्टों का दमन करने वाले, युद्ध एवं नीतिकुशल, धर्मात्मा, मर्यादापुरूषोत्तम, प्रजावत्सल, शरणागत को शरण देने वाले, सर्वशास्त्रों के ज्ञाता एवं प्रतिभा सम्पन्न हैं।
2. **सीता**-महान पतिव्रता नारी। सारे वैभव और ऐश्वर्य को ठुकरा कर वे पति के साथ वन चली गई।
3. **भातृ प्रेम**-रामायण भातृ प्रेम का उत्कृष्ट उदाहरण है। जहाँ बड़े भाई के प्रेम के कारण लक्ष्मण उनके साथ वन चले जाते हैं वहीं भरत अयोध्या की राज गद्दी पर, बड़े भाई का अधिकार होने के कारण, स्वयं न बैठ कर राम की पादुका को प्रतिष्ठित कर देते हैं।
4. **कौशल्या**-एक आदर्श माता। अपने पुत्र राम पर कैकेयी के द्वारा किये गये अन्याय को भुला कर वे कैकेयी के पुत्र भरत पर उतनी ही ममता रखतीं हैं जितनी कि अपने पुत्र राम पर।
5. **हनुमान**-एक आदर्श भक्त हैं, वे राम की सेवा के लिए अनुचर के समान सदैव तत्पर रहतें हैं। शक्तिबाण से मूर्छित लक्ष्मण को उनकी सेवा के कारण ही प्राणदान प्राप्त होता है।
6. **रावण**-रावण के चरित्र से सीख मिलती है कि अहंकार नाश का कारण होता है।

रामायण के अन्य चरित्र भी इसी भाँति अपने अपने सद्‌गुणों व दुर्गुणों के क्षेत्र में आदर्श हैं।

रामायण का रचनाकाल

'रामायण' का संधि विच्छेद करने है 'राम' + 'अयन'। 'अयन' का अर्थ है 'यात्रा', इसलिये रामायण का अर्थ है राम की यात्रा। इसमें 4,80,002 शब्द हैं जो महाभारत का चौथाई है। रामायण, आदि कवि वाल्मीकि द्वारा लिखा गया संस्कृत का एक अनुपम महाकाव्य है। इसके 24,000 श्लोक हैं। यह हिन्दू स्मृति का वह अंग हैं जिसके माध्यम से रघुवंश के राजा राम की गाथा कही गयी। इसे आदिकाव्य भी कहा जाता है। रामायण के सात अध्याय हैं जो काण्ड के नाम से जाने जाते हैं। जो ये है-बालकाण्ड, अयोध्याकाण्ड, अरण्यकाण्ड, किष्किन्धाकाण्ड, सुन्दरकाण्ड, लंकाकाण्ड (युद्धकाण्ड), उत्तरकाण्ड।

पद्मपुराण, श्रीमद्भागवत पुराण, कूर्मपुराण, महाभारत, आनन्द रामायण, दशावतारचरित एवं रामचरितमानस में राम के विष्णु का अवतार होने का स्पष्ट उल्लेख है, किन्तु वाल्मीकि रामायण में केवल इसका संकेत मात्र ही है।

रामचरितमानस = राम + चरित + मानस। रामचरितमानस का अर्थ है राम के चरित्र का सरोवर। रामचरितमानस के बालकाण्ड के दोहा क्रमांक 35 से दोहा क्रमांक 42 में तुलसीदास जी ने इस सरोवर के स्वरूप का वर्णन किया है। काकभुशुण्डि की विस्तृत कथा का वर्णन तुलसीदास जी ने रामचरितमानस के उत्तरकाण्ड के दोहा क्रमांक 96 से दोहा क्रमांक 115 तक में किया है।

तुलसीदास कृत "रामचरित्रमानस" के अनुसार, सर्वप्रथम श्री राम की कथा भगवान शंकर ने माता पार्वती जी को सुनाया था। जहाँ पर भगवान शंकर, पार्वती जी को भगवान श्री राम की कथा सुना रहे थे, वहाँ कागा (कौवा) का एक घोसला था और उसके भीतर बैठा कागा भी उस कथा को सुन रहा था। कथा पूरी होने के पहले ही माता पार्वती को ऊँघ आ गई पर उस पक्षी ने पूरी कथा सुन ली। उसी पक्षी का पुनर्जन्म काकाभुषुण्डि के रूप में हुआ। काकभुषुण्डि जी ने यह कथा गरूड़ जी को सुनाई। भगवान श्री शंकर के मुख से निकली श्रीराम की यह पवित्र कथा "आध्यात्म रामायण" के नाम से प्रख्यात है। "आध्यात्म रामायण" को ही विश्व का सर्वप्रथम रामायण माना जाता है। वाल्मीकि ने भगवान श्री राम के इसी वृतान्त को पुनः श्लोकबद्ध किया जिसे "वालमीकि रामायण" के नाम से जाना जाता है।

"आचार्य चतुरसेन" ने अपने ग्रंथ 'वयं रक्षामः' में राक्षसजाति एवं राक्षस संस्कृति का विस्तृत वर्णन किया है।

रामायण का समय त्रेतायुग माना जाता है। कुछ भारतीय विद्वान कहते हैं कि यह 600 ई.पू. से पहले लिखा गया है। उसके पीछे युक्ति यह है कि महाभारत जो इसके बाद आया बौद्ध धर्म के बारे में मौन है यद्यपि उसमें जैन, शैव, पाशुपात आदि अन्य परम्पराओं का वर्णन है। अतः रामायण गौतम बुद्ध के काल के पूर्व का होना चाहिए। भाषा शैली से भी यह पाणिनी के समय से पहले का होना चाहिये।

रामायण का पहला और अन्तिम कांड संभवतः बाद में जोड़ा गया था। अध्याय दो से सात तक ज्यादातर इस बात पर बल दिया जाता है कि राम विष्णु के अवतार थे। कुछ लोगों के अनुसार इस महाकाव्य में यूनानी और कई अन्य सन्दर्भों से पता चलता है कि यह पुस्तक दूसरी सदी ईसा पूर्व से पहले की नहीं हो सकती पर यह धारणा विवादस्पद है। 600 ई.पू. से पहले का समय इसलिये भी ठीक है कि बौद्ध जातक रामायण के पात्रों का वर्णन करते हैं जबकि रामायण में जातक के चरित्रों का वर्णन नहीं है।

रामायण का समय त्रेतायुग का माना जाता है। भारतीय कालगणना के अनुसार समय को चार युगों में बाँटा गया है-सतयुग, त्रेतायुग, द्वापर युग एव कलियुग। एक कलियुग 4,32,000 वर्ष का, द्वापर 8,64,000 वर्ष का, त्रेता युग 12,96,000 वर्ष का तथा सतयुग 17,28,000 वर्ष का होता है। इस गणना के अनुसार रामायण का समय न्यूनतम ८,७०,००० वर्ष (वर्तमान कलियुग के 5,250 वर्ष + बीते द्वापर युग के 8,64,000) सिद्ध होता है। बहुत से विद्वान इसका तात्पर्य इसा पू. 8,000 से लगाते है जो आधारहीन है। अन्य विद्वान इसे इससे भी पुराना मानते हैं।

रामायण की विश्व यात्रा

भारत के इतिहास में राम जैसा विजेता कोई नहीं हुआ। उन्होंने रावण और उसके सहयोगी अनेक राक्षसों का वध कर के न केवल भारत में शांति की स्थापना की बल्कि सुदूर पूर्व और आस्ट्रेलिया तक में सुख और आनंद की एक लहर व्याप्त कर दी। श्री राम अदभुत सामरिक पराक्रम व्यवहार कुशलता और विदेश नीति के स्वामी थे। उन्होंने किसी देश पर अधिकार नहीं किया लेकिन विश्व के अनेकों देशों में उनकी प्रशंसा के विवरण मिलते हैं जिससे पता चलता है कि उनकी लोकप्रियता दूर-दूर तक फैली हुई थी। आजकल मेडागास्कर कहे जाने वाले द्वीप से लेकर आस्ट्रेलिया तक के द्वीप समूह पर रावण का राज्य था। राम विजय के बाद इस सारे भू-भाग पर राम की कीर्ति फैल गयी। राम के नाम के साथ रामकथा भी इस भाग में फैली और बरसों तक यहां के निवासियों के जीवन का प्रेरक अंग बनी रही। श्री लंका और बर्मा में रामायण कई रूपों में प्रचलित है। लोक गीतों के अतिरिक्त रामलीला की तरह के नाटक भी खेले जाते हैं। बर्मा में बहुत से नाम राम के नाम पर हैं। रामावती नगर तो राम नाम के ऊपर ही स्थापित हुआ था। अमरपुर के एक विहार में राम, लक्ष्मण, सीता और हनुमान के चित्र आज तक अंकित हैं। मलयेशिया में रामकथा का प्रचार अभी तक है। वहां मुस्लिम भी अपने नाम के साथ अक्सर राम, लक्ष्मण और सीता नाम जोडते हैं। यहां रामायण को "हिकायत सेरीराम" कहते हैं। थाईलैंड के पुराने रजवाड़ों में भरत की भांति राम की पादुकाएं लेकर राज्य करने की परंपरा पाई जाती है। वे सभी अपने को रामवंशी मनते थे। यहां "अजुधिया" "लवपुरी" और "जनकपुर" जैसे नाम वाले शहर हैं। यहां पर राम कथा को "रामकीर्ति" कहते हैं और मंदिरों में जगह-जगह रामकथा के प्रसंग अंकित हैं। हिन्द चीन के अनाम में कई शिलालेख मिले हैं जिनमें राम का यशोगान है। यहां के निवासियों में ऐसा विश्वास प्रचलित है कि वे वानर कुल से उत्पन्न हैं और श्रीराम नाम के राजा यहां के सर्वप्रथम शासक थे। रामायण पर आधारित कई नाटक यहां के साहित्य में भी मिलते हैं। कम्बोडिया में भी हिन्दू सभ्यता के अन्य अंगों के साथ-साथ रामायण का प्रचलन आज तक पाया जाता है। छठी शताब्दी के एक शिलालेख के अनुसार वहां कई स्थानों पर रामायण और महाभारत का पाठ होता था। जावा में रामचंद्र राष्ट्रीय पुरूषोत्तम के रूप में सम्मानित हैं। वहां की सबसे बड़ी नदी का नाम सरयू है। "रामायण" के कई प्रसंगों के आधार पर वहां आज भी रात-रात भर कठपुतलियों का नाच होता है। जावा के मंदिरों में वाल्मीकि रामायण के श्लोक जगह-जगह अंकित मिलते हैं। सुमात्रा द्वीप का वाल्मीकि रामायण में "स्वर्णभूमि" नाम दिया गया है। रामायण यहां के जन-जीवन में वैसे ही अनुप्राणित है जैसे भारतवासियों के। बाली द्वीप भी थाईलैंड, जावा और सुमात्रा की तरह आर्य संस्कृति का एक दूरस्थ सीमा स्तम्भ है। "रामायण" का प्रचार यहां भी घर घर में है। इन देशों के अतिरिक्त फिलीपाइन, चीन, जापान और प्राचीन अमेरीका तक राम कथा का प्रभाव मिलता है। मैक्सिको और मध्य अमेरीका की मय सभ्यता और इन्का सभ्यता पर प्राचीन भारतीय संस्कृति की जो छाप मिलती है उसमें रामायण कालीन संस्कारों का प्राचुर्य है। पेरू में राजा अपने को सूर्यवंशी ही नहीं "कौशल्यासुत राम" वंशज भी मानते हैं। "रामसीतव" नाम से आज भी "रामसीता उत्सव" मनाया जाता है।

रामकथा के अनेक पात्रों का वर्णन वैदिक साहित्य में भी देखने को मिलता है। उदाहरणार्थ इक्ष्वाकु (अर्थर्ववेद 19-39-9), दशरथ (ऋग्वेद 1-126-4), कैकेय (शतपथ ब्राह्मण 10-6-1-2) तथा जनक (शतपथ ब्राह्मण) आदि। सम्भव है कि तत्कालीन भारत में इस नाम के अन्य पात्र भी रहे हों। उनके साथ जुड़े गुण उन्हें रामकथा से संबंधित करते अवश्य प्रतीत होते हैं, परन्तु यह उल्लेखनीय है कि राम-जन्म की घटना, वैदिक साहित्य के बहुत बाद की है। यह भी सम्भव है कि कालान्तर में इन नामों से संबधित अंश वैदिक साहित्य में जोड़ दिये गए हों। वैदिक साहित्य के बाद जो राम कथाएं लिखी गयीं, उनमें वाल्मीकि रामायण सर्वोपरि है। यह इसी कल्प की कथा है। चूंकि वाल्मीकि ने सम्पूर्ण घटनाचक्र को स्वयं देखा या व्यक्तिशः सुना था, इसलिए उसे सत्य माना जा सकता है। मूल रामकथा के रूप में वाल्मीकि रामायण के अतिरिक्त जो अन्य रामायण लोकप्रिय हैं, उनमें आध्यात्म रामायण, आनन्द रामायण, अद्भुत रामायण, तथा तुलसीकृत रामचरित मानस आदि विशेष उल्लेखनीय हैं। रामकथा पर लिखे गये ग्रन्थों की इस अधिकता के कारण ही गोस्वामी तुलसीदास ने कहा था-'रामायण सत कोटि अपारा'।

वाल्मीकि रामायण के उपरान्त रामकथा में दूसरा प्राचीन ग्रन्थ है "आध्यात्म रामायण"। वाल्मीकि में जहां हमें इतिहास का अधिक प्रभाव परिलक्षित होता है, वहीं "आध्यात्म रामायण" में राम का ईश्वरत्व उभरता दृष्टिगत होता है। इस रामायण को ब्रह्मांड-पुराण के उत्तर-खंड के रूप में भी स्वीकारा जाता है। इसकी कथावस्तु लगभग वाल्मीकि रामायण के समान ही है। मगर इसमें नाम के अनुरूप आध्यात्मिकता अधिक हावी है। "आनन्द रामायण" में भक्ति की प्रधानता है। इसमें राम की विभिन्न लीलाओं तथा उपासना सम्बन्धी अनुष्ठानों की विशेष चर्चा है। इसकी शैली रोचक और मधुर है। इसके प्रत्येक सर्ग में इति श्री शतकोटि रामचरितान्तर्गत श्रीमदानन्द रामायण वाल्मीकिये। लिखा गया है। इससे यह विचार बनता है कि यह ग्रन्थ भी शायद महर्षि वाल्मीकि द्वारा रचित है। मगर कथावस्तु, तथ्य, शैली आदि से यह प्रमाणित नहीं होता। ऐसा लगता है कि इसके रचयिता ने महर्षि वाल्मीकि के प्रति अपनी श्रद्धा व्यक्त करने के लिए ही ऐसा लिख दिया होगा। "अद्भुत रामायण" अपने नाम के अनुरूप कथा-प्रसंगों और वर्णन शैली में अद्भुत ही है। इसमें सीता की महत्ता विशेष रूप में प्रस्तुत की गयी है। उन्हें "आदिशक्ति और आदिमाया" बतलाया गया है, जिसकी स्तुति स्वयं राम भी सहस्रनाम स्तोत्र द्वारा करते हैं। इसमें 27 सर्ग और लगभग 14 हजार श्लोक हैं। इसमें अनेक अद्भुत अन्तर्कथाओं की भी चर्चा है। उदाहरण के लिए लक्ष्मी के अंश से उत्पन्न कन्या के स्वयंवर के समय विष्णु द्वारा देवर्षि नारद और पर्वत ऋषि दोनों का रूप बन्दर के समान करके स्वयं उस कन्या से विवाह कर लेना और बाद में नारद द्वारा विष्णु को पत्नी-वियोग का शाप दिया जाना आदि।

लोकप्रियता की दृष्टि से तुलसीकृत "रामचरित मानस" सबसे आगे है। लोकभाषा में होने के कारण इसने रामकथा को जनसाधारण में अत्यधिक लोकप्रिय बना दिया। इसमें भक्ति-भाव की प्रधानता है तथा राम का ईश्वरत्व पूरी तरह उभर आया है। रामलीलाओं का मंचन भी "रामचरित मानस" के बाद ही प्रारम्भ हुआ। रामलीलाओं के मंचन की दृष्टि से राधेश्याम कृत रामायण का विशेष स्थान है। बरेली (उ.प्र.) निवासी प. राधेश्याम कथावाचक ने अपनी यह रामायण हिन्दी क्षेत्रों की अपेक्षाकृत कम पढ़ी-लिखी जनता के लिए लिखी और तद्नुसार इसे पर्याप्त लोकप्रियता भी प्राप्त हुई। रामकथा के विभिन्न संस्कृत ग्रन्थों पर आधारित होकर विभिन्न प्रादेशिक भाषाओं में भी रामायण लिखी गयीं। नौवीं शताब्दी में तमिल कवि कम्बन ने तमिल भाषा में रामकथा पर अपना ग्रन्थ तैयार किया, जो "कम्ब रामायण" के नाम से विख्यात है। इसी प्रकार तेलुगु भाषा में तीन रामायणों की रचना की गयी, जो आन्ध्रप्रदेश में विशेष रूप से लोकप्रिय हैं। इनमें सर्वप्रथम स्थान "रंगनाथ रामायण" का है, जिसकी रचना 13वीं शताब्दी में तेलुगु कवि श्री गोनबुद्ध रेड्डी ने की। तेलुगु क्षेत्रों में यह रामायण उसी प्रकार लोकप्रिय है, जिस प्रकार हिन्दी क्षेत्रों में रामचरितमानस है। दूसरी "मोल्डा रामायण" है जिसे कवयित्री मोल्डा ने 16वीं शताब्दी में लिखा। इसमें भक्ति भाव के साथ ही साहित्यिक प्रतिभा के भी स्पष्ट दर्शन होते हैं। अन्य प्रादेशिक भाषाओं के समान उड़िया भाषा में भी रामकथा पर काफी बड़ा साहित्य देखने को मिलता है। वहां अब तक रामकथा पर सैकड़ों पुस्तकें लिखी जा चुकी हैं, जिनमें कुछ मौलिक हैं तथा कुछ अनुदित। इनमें सर्वाधिक प्राचीन ग्रन्थ "रूइपादकातेणपदी रामायण" है, जो नौवीं शताब्दी में लिखी गयी। 16वीं शताब्दी में श्री बलराम दास ने "जगमोहन रामायण" की रचना की। श्री पीताम्बर की "दांडी रामायण" तथा श्री अर्जुन दास की "रामविभा रामायण" आदि बहुचर्चित और लोकप्रिय है। इसी प्रकार गुजरात में श्री गिरधारी की "गिरधर रामायण", मराठी में श्री एकनाथ की "भावार्थ रामायण", कन्नड़ में कवि नागचन्द्र की "रामचंद्र चरित पुराण" तथा कुमुदेन्दु की "कुमुदेन्दु रामायण" आदि बहुचर्चित और लोकप्रिय ग्रन्थ हैं। कश्मीरी भाषा में दिवाकर प्रकाश भट्ट ने भी 18वीं शताब्दी के अन्त में रामायण लिखी थी। फादर डाक्टर कामिल बुल्के ने नयी दृष्टि से रामायण की रचना की और रामकथा पर अपने विचार प्रस्तुत किये। निश्चित ही विश्व में रामकथा पर जितने ग्रन्थों की रचना हुई, उतने ग्रन्थ किसी भी भाषा में एक कथा पर नहीं लिखे गये। विश्व की विभिन्न भाषाओं में लगभग पांच सौ अलग-अलग प्रकार की रामायण प्रकाशित की जा चुकी हैं, जिनमें कुछ बहुत अधिक प्रसिद्ध हैं। बड़ी संख्या में रामायण के अन्य भाषाओं में अनुवाद भी प्रकाशित होते रहे हैं। मुगल काल में रामायण का फारसी अनुवाद "मसीही रामायण" भी प्रकाशित हुआ था जो रामकथा की लोकप्रियता का एक प्रमाण है।

1623 ईस्वी में फारसी के प्रसिद्ध कवि शेख साद मसीहा ने भी "दास्ताने राम व सीता" शीर्षक से रामकथा लिखी थी। उर्दू में भी राम कथा पर एक ग्रन्थ रघुवंशी उर्दू रामायण वर्ष 1996 में प्रकाशित हुआ, जिसके लेखक श्री बाबू सिंह बाल्यान हैं। यह एक प्रकार का शोधग्रन्थ है, जिसमें सभी प्रकार की उपलब्ध रामकथाओं तथा उनके लेखकों का विवरण दिया गया है। इस ग्रन्थ में राम के विश्वरूप को अभिव्यक्त करते हुए कहा गया है कि राम ने ईसामसीह, पैगम्बर मोहम्मद, गुरु नानक तथा गौतम बुद्ध के समान किसी प्रकार का कोई नया मत, सम्प्रदाय या धर्म नहीं चलाया। इसलिए वे विश्वव्यापी और महान् हैं। वे सभी धर्मों के अपने हैं। प्राचीन भारत और उसके निकटवर्ती क्षेत्रों में आर्य संस्कृति तथा उसके साथ रामकथा का जो प्रचार-प्रसार हुआ, वह आज भी यथावत कायम है। युग, परिस्थिति और धर्म परिवर्तन के बावजूद विभिन्न क्षेत्रों में रामकथा के प्रभाव में कोई कमी नहीं आयी है। इसके विपरीत उसमें वृद्धि ही हुई है। मुस्लिम बहुल इंडोनेशिया में तो रामायण को राष्ट्रीय पवित्र पुस्तक का गौरव प्राप्त है। वहां अदालतों में प्राय: रामायण पर ही हाथ रखकर शपथ ली जाती है। वहां इस ग्रन्थ का नाम है "काकाविन रामायण" इसमें 26 सर्ग तथा 2778 पद हैं। इंडोनेशिया में राम की अनेक प्रस्तर प्रतिमाएं भी हैं।

मलेशिया में रामकथा के ग्रन्थ का नाम है "हिकायत सिरी राम"। वहां अनेक मुसलमानों के साथ लक्ष्मण या सीता आदि के नाम जुड़े रहते हैं। वहां राम कथा का अक्सर मंचन होता है, जिसमें मुसलमान भी बड़ी संख्या में कलाकार, दर्शक और आयोजक के रूप में भाग लेते हैं। थाईलैंड में रामकथा को "रामकियेन" या "रामकीर्ति" कहा जाता है। यह ग्रन्थ 1807 ईस्वी में लिखा गया था। इस पर वाल्मीकि रामायण का विशेष प्रभाव है। यहां पर हमें अजुधिया, लवपुर तथा जनकपुर जैसे नाम वाले क्षेत्र मिलते हैं। यहां के अधिकांश निवासी बौद्ध धर्म के उपासक हैं। फिर भी यहां राम को बड़ी श्रद्धा के साथ देखा जाता है और उनमें से अनेक अपने नाम के साथ "राम" भी लगाते रहे हैं। उदाहरणार्थ 13वीं शताब्दी के नरेश खुन-राम-खम्हेड़े, "राम" के नाम से ही प्रतिष्ठित थे। राजा भूमिबल-अतुलंतेज भी अपने नाम के साथ "राम" लगाते थे। थाइलैंड के लोगों का यह विश्वास है कि रामायण की सम्पूर्ण घटना उन्हीं के यहां घटित हुई थी। वहां के अनेक मन्दिरों में राम की मूर्तियां आज भी स्थापित हैं। थाइलैंड के निकटवर्ती देश कम्बोडिया पर हिन्दू धर्म का विशेष प्रभाव है और इसलिए वहां रामकथा का भी काफी अधिक प्रचार-प्रसार हैं। वहां रामकथा के ग्रन्थ का नाम है "रामकोर"। वहां रामायण और महाभारत के पाठ भी होते रहते हैं। वहां के मन्दिरों की दीवारों पर रामायण की कथा से सम्बन्धित अनेक प्रसंगों को उत्कीर्ण किया गया है। एक प्राचीन अभिलेख में "रामायण" के रचयिता महर्षि वाल्मीकि का भी उल्लेख आता है। जावा में राम को पुरुषोत्तम के रूप में सम्मानित किया जाता है। वहां अनेक मन्दिरों में वाल्मीकि-रामायण के श्लोक उद्धृत हैं। रामकथा के प्रसंगों के आधार पर वहां कठपुतलियों के नाम होते हैं। वहां "सरयू" नाम से एक नदी भी है। लाओस में रामकथा पर दो ग्रन्थ उपलब्ध हैं। प्रथम "फालाक फालाम" तथा दूसरा "फोमचक्र"। वियतनाम (प्राचीन नाम चम्पा) में प्राचीन काल में हिन्दू राज्य स्थापित था। उस समय वहां रामकथा का बहुत अधिक प्रभाव था, जिसके प्रमाण हमें आज भी यत्र-तत्र देखने को मिलते हैं। बर्मा में 1800 ई. के लगभग "रामायागन" के नाम से रामकथा लिखी गयी। इस ग्रन्थ ने वहां पर्याप्त लोकप्रियता प्राप्त की है। बर्मा में अनेक नाम "राम" पर आधारित हैं। वहां एक गांव का नाम रामवती है। वहां अमरपुर के एक बिहार में राम, लक्ष्मण, सीता और हनुमान के चित्र भी अंकित हैं। राम कथा का प्रचार-प्रसार चीन और जापान में भी विपुल मात्रा में हुआ। मैक्सिको और मध्य अमरीका में भी रामकथा की चर्चा होती है। पेरू में तो राजा अपने को सूर्यवंशीय राम के वंशज ही मानते थे। अंग्रेजी भाषा में वाल्मीकि रामायण का प्रथम अनुवाद फ्रेडरिक सालमन ने 1883 में किया। "रामचरित मानस" का अंग्रेजी अनुवाद सर्वप्रथम एफ.एस. ग्राउज ने सन् 1871 में किया। फैंच भाषा के विद्वान "गार्सा द तासी" ने सुन्दर कांड का अनुवाद किया और डेनीविलि ने फ्रेंच भाषा में स्वतंत्र रूप से रामकथा लिखी। इटली के विद्वान डॉ. लुहजीपियो टे सीटेरी, रामकथा पर शोध करके फ्लोरेंस विश्वविद्यालय से पीएच.डी. की उपाधि प्राप्त कर चुके हैं। हालैंड, जर्मनी और पुर्तगाल में भी रामकथा के अनुवाद हुए हैं तथा मौलिक रचनाएं भी छपी हैं। रूस के प्रसिद्व हिन्दी समर्थक अलैक्सेई बारान्निकोव ने रामचरित मानस का रूसी भाषा में अनुवाद किया और सम्पूर्ण रूस तथा निकटवर्ती अन्य देशों में रामकथा का प्रचार किया। सोवियत लेखिका श्रीमती नतलिया गुलेवा ने रामकथा पर बच्चों के लिए रंगमंचीय नाटक तैयार किये हैं। रूस में

तीसरी से नौंवी शताब्दी के बीच तिब्बती और खेतानी भाषा में लिखी संक्षिप्त रामकथाएं प्राप्त होती हैं, जो उन दिनों काफी लोकप्रिय थीं। अमरीकी विद्वान मीलो क्लेवलैंड ने बाल साहित्य के रूप में रामकथा को "एडवेंचर आफ राम" शीर्षक से लिखकर प्रकाशित करवाया। इस प्रकार यह सूची काफी लम्बी हो सकती है, जो तुलसीदास के इन्हीं शब्दों को प्रमाणित करती है कि "रामायण सतकोटि अपारा"।

विभिन्न भाषाओं में रामायण

भिन्न-भिन्न प्रकार से गिनने पर रामायण तीन सौ से लेकर एक हजार तक की संख्या में विविध रूपों में मिलता है। इनमें से संस्कृत में रचित वाल्मीकि रामायण सबसे प्राचीन माना जाता है। साहित्य शोध भगवान राम के बारे में अधिकारिक रूप से जानने का मूल स्त्रोत महर्षि वाल्मीकि द्वारा रचित रामायण है। इस गौरव ग्रंथ के कारण वाल्मीकि दुनिया के आदि कवि माने जाते हैं। श्रीराम कथा केवल वाल्मीकि रामायण तक सीमित न रही बल्कि मुनि व्यास रचित महाभारत में भी चार स्थलों-रामोपाख्यान, आरण्यकपर्व, द्रोण पर्व तथा शांतिपर्व पर वर्णित है। बौद्ध परंपरा में श्रीराम संबंधित दशरथ जातक, अनामक जातक तथा दशरथ कथानक नामक तीन जातक कथाएं उपलब्ध हैं। रामायण से थोडा भिन्न होते हुए भी वे इतिहास के स्वर्णिम पृष्ठ हैं।

जैन साहित्य में राम कथा संबंधी कई ग्रंथ लिखे गए, जिनमें मुख्य हैं-विमलसूरि कृत पदमचरित्र (प्राकृत), रविषेणाचार्य कृत पद्म पुराण (संस्कृत), स्वयंभू कृत पदमचरित्र (अपभ्रंश), रामचंद्र चरित्र पुराण तथा गुणभद्र कृत उत्तर पुराण (संस्कृत)। जैन परंपरा के अनुसार राम का मूल नाम "पदम" था। दूसरे, अनेक भारतीय भाषाओं में भी राम कथा लिखी गई। हिंदी में कम से कम 11, मराठी में 8, बंगला में 25, तमिल में 12, तेलुगु में 12 तथा उडिया में 6 रामायणें मिलती हैं। हिंदी में लिखित गोस्वामी तुलसीदास कृत रामचरित मानस ने उत्तर भारत में विशेष स्थान पाया। इसके अतिरिक्त भी संस्कृत, गुजराती, मलयालम, कन्नड, असमिया, उर्दू, अरबी, फारसी आदि भाषाओं में राम कथा लिखी गई। महाकवि कालिदास, भास, भट्ट, प्रवरसेन, क्षेमेन्द्र, भवभूति, राजशेखर, कुमारदास, विश्वनाथ, सोमदेव, गुणादत्त, नारद, लोमेश, मैथिलीशरण गुप्त, केशवदास, गुरु गोविंद सिंह, समर्थगुरु रामदास, संत तुकडोजी महाराज आदि चार सौ से अधिक कवियों ने, संतों ने अलग-अलग भाषाओं में राम तथा रामायण के दूसरे पात्रों के बारे में काव्योंध्कविताओं की रचना की है।

विदेशों में भी तिब्बती रामायण, पूर्वी तुर्किस्तानकी खोतानीरामायण, इंडोनेशिया की ककबिनरामायण, जावा का सेरतराम, सैरीराम, रामकेलिंग, पातानीरामकथा, इण्डोचायनाकी रामकेर्ति (रामकीर्ति), खमैररामायण, बर्मा (म्यांम्मार) की यूतोकी रामयागन, थाईलैंड की रामकियेनआदि रामचरित्र का बखूबी बखान करती है। इसके अलावा विद्वानों का ऐसा भी मानना है कि ग्रीस के कवि होमर का प्राचीन काव्य इलियड, रोम के कवि नोनस की कृति डायोनीशिया तथा रामायण की कथा में अद्भुत समानता है।

विश्व साहित्य में इतने विशाल एवं विस्तृत रूप से विभिन्न देशों में विभिन्न कवियों/लेखकों द्वारा राम के अलावा किसी और चरित्र का इतनी श्रद्धा से वर्णन न किया गया।

वर्तमान समय में भारत में रामायण

01. वाल्मीकि रामायण-वाल्मीकि-संस्कृत
02. योगवासिष्ठ या "वशिष्ठ रामायण"-वाल्मीकि-संस्कृत
03. आध्यात्म रामायण-वेद व्यास-संस्कृत
04. आनन्द रामायण-वाल्मीकि-संस्कृत
05. अगस्त्य रामायण-वाल्मीकि-संस्कृत
06. अद्भुत रामायण-वाल्मीकि-संस्कृत
07. रघुवंश-कालिदास-संस्कृत
08. रामचरितमानस-हिन्दी (अवधी)
09. राधेश्याम रामायण-हिन्दी
10. पउमचरिउ या पद्मचरित (जैनरामायण)-अपभ्रंश (विमलसूरि कृत)-हिन्दी
11. जगमोहन रामायण या दाण्डि रामायण या ओड़िआ रामायण-बलराम दास-ओड़िया

12. बिशि रामायण-बिश्वनाथ खुण्टिआ-ओड़िया
13. सुचित्र रामायण-हरिहर-ओड़िया
14. कृष्ण रामायण-कृष्ण चरण पट्टनायक-ओड़िया
15. केशब रामायण-केशब पट्टनायक-ओड़िया
16. रामचन्द्र बिहार-चिन्तामणी-ओड़िया
17. रघुनाथ बिलास-धनञ्जय भञ्ज-ओड़िया
18. बैदेहीशबिलास-उपेन्द्र भञ्ज-ओड़िया
19. नृसिंह पुराण-पीताम्बर दास-ओड़िया
20. रामरसामृत सिन्धु-काह्नु दास-ओड़िया
21. रामरसामृत-राम दास-ओड़िया
22. रामलीला-पीताम्बर राजेन्द्र-ओड़िया
23. बाल रामायण-बलराम दास-ओड़िया
24. बिलंका रामायण-भक्त कवि शारलादास-ओड़िया
25. भास्कर रामायण-तेलुगु
26. रंगनाथ रामायण-तेलुगु
27. रघुनाथ रामायण-तेलुगु
28. भास्कर रामायण-तेलुगु
29. भोल्ल रामायण-तेलुगु
30. कुमुदेन्दु रामायण-कन्नड़
31. तोरवे रामायण-कन्नड़
32. रामचन्द्र चरित पुराण-कन्नड़
33. बत्तलेश्वर रामायण-कन्नड़
34. कथा रामायण-असमिया
35. कृत्तिवास रामायण-बांग्ला
36. भावार्थ रामायण-मराठी
37. राम बालकिया-गुजराती
38. रामावतार या गोबिन्द रामायण-पंजाबी (गुरु गोबिन्द सिंह द्वारा रचित)
39. रामावतार चरित-कश्मीरी
40. रामचरितम्-मलयालम
41. रामावतारम् या कंबरामायण-तमिल
42. मन्त्र रामायण-
43. गिरिधर रामायण
44. चम्पू रामायण
45. आर्ष रामायण या आर्प रामायण
46. अनामक जातक-बौद्ध परंपरा
47. दशरथ जातक-बौद्ध परंपरा
48. दशरथ कथानक-बौद्ध परंपरा
49. रामायण-मैथिली (चन्दा झा)

भारत के बाहर रामायण

01. नेपाली-भानुभक्तकृत रामायण
02. नेपाली-सुन्दरानन्द रामायण
03. नेपाली-आदर्श राघव
04. नेपालभाषा-सिद्धिदास महाजु
05. कंबोडिया-रामकर
06. तिब्बती रामायण
07. पूर्वी तुर्किस्तान-खोतानीरामायण
08. इंडोनेशिया-ककबिनरामायण
09. जावा-सेरतराम, सैरीराम, रामकेलिंग, पातानीरामकथा
10. इण्डोचायना-रामकेर्ति (रामकीर्ति), खमैररामायण
11. बर्मा (म्यांम्मार)-यूतोकी रामयागन
12. थाईलैंड-रामकियेन

रामायण द्वारा प्रेरित अन्य साहित्यिक महाकाव्य

वाल्मीकि रामायण से प्रेरित होकर सन्त तुलसीदास ने रामचरितमानस जैसे महाकाव्य की रचना की जो कि वाल्मीकि के द्वारा संस्कृत में लिखे गये रामायण का हिंदी संस्करण है। रामचरितमानस में हिंदू आदर्शों का उत्कृष्ट वर्णन है इसीलिये इसे हिंदू धर्म के प्रमुख ग्रंथ होने का श्रेय मिला हुआ है और प्रत्येक हिंदू परिवार में भक्तिभाव के साथ इसका पठन-पाठन किया जाता है। रामायण से ही प्रेरित होकर मैथिलीशरण गुप्त ने पंचवटी तथा साकेत नामक खंडकाव्यों की रचना की। रामायण में लक्ष्मण की पत्नी उर्मिला के उल्लेखनीय त्याग को शायद भूलवश अनदेखा कर दिया गया है और इस भूल को साकेत खंडकाव्य रचकर मैथिलीशरण गुप्त जी ने सुधारा है। इनके अलावा और भी अनेक साहित्यकारों ने रामायण से प्रेरणा ले कर अनेक कृतियों की रचना की है।

भाग-3

दूसरायुग: त्रेतायुग

03. वैदिक धर्म-श्रीराम-ईसापूर्व 6000-2500

स. सार्वजनिक प्रमाणित पूर्ण प्रत्यक्ष अवतार

07. अदृश्य काल के सार्वजनिक प्रमाणित काल में सार्वजनिक प्रमाणित अदृश्य प्राकृतिक चेतना से युक्त यज्ञ (अदृश्य कर्म) आधारित त्रेता युग में विष्णु के सातवें अवतार - श्री राम अवतार- रामायण (मानक व्यक्ति चरित्र)

मुख्य-गुण सिद्धान्त - आदर्श चरित्र के गुण तथा छठें अवतार तक के समस्त गुण को प्रसार करने वाला गुण (व्यक्तिगत आदर्श चरित्र के आधार पर विचार प्रसार का सिद्धान्त) सातवें अवतार श्रीराम का गुण था जो अगले अवतार में संचरित हुई।

सातवां अवतार: श्रीराम अवतार

श्रीरामचंद्र की वाणी

श्री राम जन्मभूमि

मुंगेर - राम का जन्म स्थान

रावण

दूसरायुगः त्रेतायुग

सार्वजनिक प्रमाणित अदृश्य मार्ग से मन का आत्मीय केन्द्रित स्थिति अर्थात्

सार्वजनिक प्रमाणित माध्यम – प्रकृति व ब्रह्माण्ड द्वारा आत्मा पर केन्द्रित मन।

यह स्थिति त्रेतायुग की अन्तिम स्थिति है।

7. सातवां अवतार : श्रीराम अवतार
(मानक व्यक्ति चरित्र–रामायण)
सार्वजनिक प्रमाणित पूर्ण प्रत्यक्ष अवतार

सातवां अवतारः श्रीराम अवतार

दूसरायुगः त्रेतायुग
स. सार्वजनिक प्रमाणित पूर्ण प्रत्यक्ष अवतार
७. सातवां अवतार : श्री राम अवतार
(मानक व्यक्ति चरित्र-रामायण)

ईश्वर के अंश अवतार
ब्रह्मा के पूर्ण अवतार
विष्णु के अंश अवतार
महेश के अंश अवतार

शरीर धारण तिथि–
चैत्र शुक्ल पक्ष–नवमी

श्रीराम का जन्म

वैज्ञानिक तथा प्लेनिटेरियम सॉफ्टवेयर के अनुसार राम जन्म 4 दिसम्बर 7,393 ई पूर्व हुआ था, यह गणना हिन्दू कालगणना से मेल खाता है। वाल्मीकि पुराण के अनुसार राम जन्म के दिन पाँच ग्रह अपने उच्च स्थान में स्थापित थे, नौमी तिथि चैत्र शुक्लपक्ष तथा पुनर्वसु नक्षत्र था। जिसके अनुसार सूर्य मेष में 10 डिग्री, मंगल मकर में 28 डिग्री, ब्रहस्पति कर्क में 5 डिग्री पर, शुक्र मीन में 27 डिग्री पर एवं शनि तुला राशि में 20 डिग्री पर था।

वाल्मीकि तथा तुलसीदास नें अपने ग्रंथों में लिखा है कि रामजन्म मध्यान्ह में हुआ था। शोधकर्ता डा0 पी. वी वर्तक के अनुसार वाल्मीकि रामायण जैसी परिस्थितियाँ राम जन्म के दिन दोपहर 12:25 बजे दृश्य थीं।

भगवान राम का जन्म कब हुआ था? पुराण इस बारे में कुछ और कहते हैं जबकि रामायण पर आधारित शोधानुसार नई बात निकलकर सामने आई है। इस शोधानुसार 5114 ईसा पूर्व 10 जनवरी को दिन के 12:05 पर भगवान राम का जन्म हुआ।

हालांकि कुछ शोधकर्ता मानते हैं कि भगवान राम का जन्म 7323 ईसा पूर्व हुआ था। चैत्र मास की नवमी को रामनवमी के रूप में मनाया जाता है। लेकिन असल में वैज्ञानिक शोधकर्ताओं अनुसार राम की जन्म दिनांक वाल्मीकि द्वारा बताए गए ग्रह-नक्षत्रों के आधार पर प्लैनेटेरियम सॉफ्टवेयर अनुसार 4 दिसंबर 7323 ईसा पूर्व अर्थात् आज से 9339 वर्ष पूर्व हुआ था।

वाल्मीकि के अनुसार श्रीराम का जन्म चैत्र शुक्ल नवमी तिथि एवं पुनर्वसु नक्षत्र में जब पांच ग्रह अपने उच्च स्थान में थे तब हुआ था। इस प्रकार सूर्य मेष में 10 डिग्री, मंगल मकर में 28 डिग्री, ब्रहस्पति कर्क में 5 डिग्री पर, शुक्र मीन में 27 डिग्री पर, शनि तुला राशि पर 20 डिग्री पर था। (बाल काण्ड-18, श्लोक 8-9)

शोधकर्ता डा0 पी. वी वर्तक के अनुसार ऐसी स्थिति 7323 ईसा पूर्व दिसम्बर में ही निर्मित हुई थी। लेकिन प्रो0 तोबियस के अनुसार जन्म के ग्रहों के विन्यास के आधार पर राम के जन्म का 7130 वर्ष पूर्व अर्थात् 10 जनवरी 5114 ई0 पूर्व हुआ था उनके अनुसार तब भी ऐसी ही स्थिति बनी थी। तब 12 बजकर 25 मिनट पर आकाश में ऐसा ही दृश्य था जैसा वाल्मिकि रामायण में वणित है।

श्रीराम का परिचय

प्रत्येक निष्ठावान हिन्दू यह विश्वास करता है कि सर्वव्यापी ब्रह्म-भगवान विष्णु-उस समय लौकिक रूप धारण कर प्रकट होते हैं, जब पृथ्वी पर महान पापों के विनाश के लिए तथा धर्म की संस्थापना के लिए उनका अवतरण आवश्यक हो जाता है। यह विश्वास किया जाता है कि अयोध्या के युवराज श्रीराम वस्तुतः भगवान विष्णु के

अवतार थे और वे उनके सप्तम अवतरण थे। वे भारत को राक्षसों के नरमेध और उत्पीड़न से बचाने के लिए, सन्त और साधुओं की रक्षा करने के लिए तथा पूर्ण मर्यादा के आदर्श को प्रदर्शित करने के लिए आये थे।

त्रेतायुग में अयोध्या में दशरथ नामक एक धर्म परायण राजा राज्य करते थे, जो केवल एक महिमावान राजा ही नहीं, प्रत्युत एक महान योद्धा भी थे। वे सूर्यवंश की महान परम्परा के थे। यद्यपि दशरथ की तीन पतिव्रता पत्नियाँ-कौसल्या, कैकेयी और सुमित्रा थी, पर उन्हें अपने सिंहासन के उत्तराधिकार के लिए किसी पुत्र की प्राप्ति नहीं हुई थी। इसलिए उन्होंने प्रसिद्ध ऋषि ऋष्यश्रृंग के निर्देशन में अश्वमेध यज्ञ का आयोजन किया। यज्ञाग्नि से एक भव्य मूर्ति खीर से भरे चरू के साथ प्रकट हुई। रानियों ने इसे ग्रहण किया और कालक्रम से कौसल्या से श्रीराम, कैकेयी से भरत और सुमित्रा से लक्ष्मण और शत्रुघ्न का जन्म हुआ। ये पुत्र भगवान विष्णु के अंश माने जाते हैं। ज्येष्ठ पुत्र राम समस्त दैवी गुणों के आकार थे तथा सभी के प्रेम, वात्सल्य और श्रद्धा के पात्र थे। राजकुमारों को दिया जाने वाला समस्त प्रशिक्षण चारो भाईयों को प्राप्त हुआ। लक्ष्मण की जहाँ राम के प्रति विशेष श्रद्धा थी, वहीं शत्रुघ्न की भरत के प्रति।

जिस समय राम मात्र सोलह वर्ष के थे, उस समय एक दिन ऋषि विश्वामित्र अयोध्या आये और उन्होंने दशरथ से राक्षसों का संहार करने के लिए राम और लक्ष्मण को उनके साथ भेजने के लिए कहा। ये राक्षस उपद्रव किया करते थे तथा ऋषियों को यज्ञ कार्य नहीं करने देते थे। ऋषि विश्वामित्र के आशीर्वाद से तथा शस्त्र विद्या में अपनी शक्ति और निपुणता से राम ने समस्त राक्षसों को मार डाला। ऋषियों का आशीर्वाद प्राप्त कर दोनों भाई प्रसिद्ध नरेश जनक की राजधानी मिथिला में लाये गये। यहाँ राम ने भगवान रूद्र के अलौकिक धनुष को उठाने और उसकी प्रत्यंचा में विलक्षण शक्ति एवं नैपुण्य का प्रदर्शन किया, जहाँ अनेक शक्तिशाली राजा ऐसा करने में असफल हो गये थे। श्रीराम ने धनुष की प्रत्यंचा को इतनी शक्ति के साथ खींचा कि वह महान आयुध एक भयंकर टंकार के साथ टूट गया। राजा जनक ने अपनी प्रतिज्ञा का निर्वाह करते हुए अपनी लाडली और अपार सुन्दर कन्या सीता का विवाह श्रीराम के साथ सम्पन्न किया।

समय बीतने पर दशरथ वृद्ध हो गये और उन्होंने श्रीराम को युवराज पद पर अभिषेक करना चाहा। सारी व्यवस्थाएँ कर ली गयीं, किन्तु एकाएक निष्ठुरहृदया रानी कैकेयी ने अपनी भ्रष्टबुद्धि दासी मन्थरा के भड़काने में आकर दशरथ से दो वरदान माँग लिये, जो उन्होंने कभी देना स्वीकार किया था। पहले वरदान के अनुसार राम को चैदह वर्षो का वनवास करना था और दूसरे वरदान के अनुसार उनके स्वयं के पुत्र भरत को युवराज के रूप में अभिषेक किया जाना था। राम अपने पिता के अत्यन्त आज्ञाकारी थे, अतः वे तत्काल सीता और लक्ष्मण के साथ वनवास के लिए प्रस्थित हुए। इस कठोर आघात को न सह सकने के कारण दशरथ ने अपने प्राणों का परित्याग कर दिया। भरत राम के प्रति अत्यन्त श्रद्धा और प्रेम करते थे। उन्होंने राम को वापस लौटाने का बड़ा प्रयत्न किया, किन्तु इसमें असफल होने पर अन्ततोगत्वा उन्होंने राम की चरणपादुकाओं को ही सिंहासन पर स्थापित किया और राम के नाम पर राज्य का शासन करना प्रारम्भ किया।

राम, लक्ष्मण और सीता पंचवटी में निवास करने लगे। जब राम मारीच राक्षस की माया से कुटी से दूर चले गये थे, तब लंकाधिपति राक्षसराज रावण ने वहाँ से सीता को हर लिया। रावण ने सीता को अपनी रानी बनाने का शक्तिभर प्रयास किया परन्तु राम के चिन्तन में पूर्णतया निमग्न सीता ने अत्यन्त रोष के साथ उसके बुरे प्रस्तावों को तिरस्कृत कर दिया। इसलिए सीता को अशोकवाटिका में बन्दिनी बना लिया गया। राम, लक्ष्मण के साथ सीता की खोज में व्याकुल होकर निकल पड़े, उन्हें मुमूर्षु जटायु और वानरराज सुग्रीव से कुछ सूत्र प्राप्त हुए। उन्होंने सुग्रीव के साथ मैत्री की, उसका अधिकार छीनने वाले भाई बाली के नाश में उसकी सहायता की और सुग्रीव द्वारा प्रदत्त वानरों की सेना के साथ सीता का उद्धार करने के लिए लंका पहुँचे।

राम और रावण के बीच महान युद्ध हुआ और अन्त में रावण अपने सभी निपुण योद्धाओं के साथ मारा गया और सीता को मुक्त किया गया। परन्तु राम आरम्भ में सीता को ग्रहण करने के लिए सहमत नहीं हुए क्योंकि वे इतने दिनों तक रावण द्वारा बन्दिनी रखी गयी थीं। अपनी पवित्रता का प्रमाण देने के लिए सीता ने अग्नि में प्रवेश

किया। जब अग्निदेव स्वंय सीता को लेकर प्रकट हुए और उन्हें निष्कलंक रूप से पवित्र घोषित करते हुए, राम से उन्हें पत्नी के रूप में स्वीकार करने के लिए कहा, तो प्रत्येक व्यक्ति अवर्णनीय उल्लास से भर उठा।

राम के भी हर्ष की कोई सीमा नहीं रही। रावण के भाई विभीषण को लंका के सिंहासन पर आरूढ़ करने के उपरान्त श्रीराम, सीता, लक्ष्मण, विभीषण, सुग्रीव तथा अपने अत्यन्त विश्वस्त एवं प्रकाण्ड भक्त हनुमान के साथ अयोध्या लौटे। चैदह सुदीर्घ वर्षो के उपरान्त वशिष्ठ मुनि ने सीता सहित राम को अयोध्या के अधिपति के रूप में सिंहासन पर बिठाया। इस प्रकार राम के सुदीर्घ समृद्धशाली शासन का प्रारम्भ हुआ, जिसे चारणों ने एक स्वर से अयोध्या का "स्वर्णयुग" निरूपित किया है। वे कहते हैं-

"राम की प्रजा में किसी की अकाल मृत्यु नहीं होती थी। वे लोग रोगों से मुक्त थे। स्त्रियों को अपने पतियों या सन्तानों के अवसान का दुःख नहीं उठाना पड़ता था। कहीं भी कोई लुटेरा, धोखेबाज और झूठा व्यापारी नहीं था, क्योंकि प्रत्येक व्यक्ति अपने पड़ोसी से अपने समान प्रेम करता था। वृक्ष अपनी ऋतु में फलयुक्त होते थे। अन्नागारों को भरने में कभी भी फसल असफल नहीं हुई तथा लोग अपने परिश्रम के फल से सन्तुष्ट थे। सर्वत्र उल्लास, स्वास्थ्य औा आनन्द परिव्याप्त था।"

अमर कवि वाल्मिकि ने श्रीराम के इस दैवी एवं विलक्षण जीवन का वर्णन अपने प्रख्यात महाकाव्य रामायण में किया है, जो आज भी सभी हिन्दुओं का चिरन्तन सहचर बना हुआ है।

श्रीराम अवतार (प्रचलित कथा)

प्रभुत्व को लेकर ब्राह्मण-क्षत्रियों का आपसी विवाद समाप्त हो चुका था सब लोग समझ गये थे कि धर्मसाधना तथा भगवत्प्राप्ति ही मानव-जीवन का एकमात्र लक्ष्य है। समाज की रक्षा के लिए सम्पूर्ण मानव-जाति चार वर्णों में विभक्त हो चुकी थी; सभी वर्ण अपने-अपने कार्य को स्वधर्म मानकर श्रद्धापूर्वक सम्पन्न कर रहे थे। समाज में शान्ति विराज रही थी। साधुगण ईश्वर की प्राप्ति के लिए कठोर तपस्या में लगे थे। परन्तु भगवान की कृपा के बिना उनका दर्शन नहीं मिलता; भगवान यदि स्वयं गुरू रूप में धरा पर अवतीर्ण होकर शिक्षा न दें, तो केवल शास्त्र तथा बुद्धि के द्वारा उन्हें पाने का मार्ग नहीं मिल सकता। अतएव मनुष्य व्याकुल होकर भगवान को पुकारने लगे।

पुलस्त्य-वंशीय विश्वश्रवा के पुत्र रावण, कुम्भकर्ण तथा विभीषण ब्राह्मणोचित शास्त्र आदि की शिक्षा प्राप्त करने के बाद कठोर तपस्या में लग गये। रावण तथा कुम्भकर्ण के मन में भगवत्प्राप्ति की इच्छा न होने के कारण तपस्या के फलस्वरूप उन्हें विभिन्न प्रकार की शक्तियाँ प्राप्त हुई। शक्तिलाभ के पश्चात् वे लंका द्वीप के राजा होकर भोगसुख में दिन बिताने लगे। राक्षसी प्रकृति के सभी लोग उनके पास आ जुटे। धन-जन की दृष्टि से वह सोने की लंका हो गई; परन्तु धर्मरूपी मानव-जीवन की सार-वस्तु वहाँ नहीं रही। रावण अहंकार में उन्मत्त होकर सबको तुच्छ समझता था। उसके अनुचर भारत में जाकर ऋषि-मुनियों पर अत्याचार करने लगे। दक्षिणी भारत में अत्याचार करते-करते वे लोग विंध्य-गिरि को पार कर उत्तरी भारत के तपस्वी ब्राह्मणों के योग-यज्ञ में भी बाधाएँ उत्पन्न करने लगे। रावण इतना शक्तिशाली था कि उसके भय से कोई भी राजा इस अत्याचार का प्रतिकार नहीं कर सका। असहाय, आर्त, उत्पीड़ितों तथा साधुओं की कातर प्रार्थना भगवान तक जा पहुँची।

सूर्यवंशी महाराज दशरथ भारतवर्ष के सर्वश्रेष्ठ राजा थे। उनकी राजधानी अयोध्या आज की किसी भी नगरी की अपेक्षा सौन्दर्य तथा स्वच्छता में हीन नहीं थी। देव-द्विज के प्रति उनमें अचल भक्ति थी। यथासमय सन्तान न होने पर उन्होंने अनेक योग-यज्ञ किये। इसके फलस्वरूप उनके चार पुत्र जन्में-कौशल्या के गर्भ से श्रीराम, सुमित्रा के गर्भ से लक्ष्मण तथा शत्रुधन और कैकेयी के गर्भ से भरत। श्रीराम आयु में बड़े तथा सौन्दर्य-बल-बुद्धि आदि सब विषयों में श्रेष्ठ थे। छोटे भाई उन्हें खूब मानते थे। उपयुक्त आयु होने पर राजा ने उनकी शास्त्र तथा अस्त्र-शिक्षा की समुचित व्यवस्था की। चारों भाई चन्द्रकला की नाईं बढ़ने लगे।

विश्वामित्र मुनि अपनी तपस्या के प्रभाव से सम्पूर्ण भारत में विख्यात थे, परन्तु राक्षसगण अहंकार में उन्मत्त हो उनके तपोवन में तरह तरह के उत्पात करने लगे; यहाँ तक कि उनके लिए यज्ञ करना भी कठिन हो गया

था। विश्वामित्र अपने तपोबल से जान गए कि साधुओं के परित्राण तथा दुष्कर्मियों के विनाश हेतु श्रीहरि दशरथ के घर मानव-शरीर में अवतीर्ण हुये हैं। अतः वे राक्षसों के विनाश हेतु श्रीरामचन्द्र को लेने अयोध्या आए। श्रीराम तब बालक मात्र थे, परन्तु विश्वामित्र के भय से दशरथ ने अपनी अनिच्छा के बावजूद श्रीराम तथा लक्ष्मण को राक्षस-वध के लिए उनके साथ भेजा। श्रीराम-लक्ष्मण ने ताड़का, सुबाहु आदि राक्षसों का विनाश कर अद्भुत शक्ति का प्रदर्शन किया। मायावी मारीच को श्रीराम ने एक ऐसा बाण मारा कि वह आकाश में घूमता हुआ सागर में जा गिरा। तदुपरान्त विश्वामित्र श्रीराम-लक्ष्मण को गौतम मुनि के आश्रम में ले गये। गौतम ने किसी अपराध के कारण अपनी पत्नी को शाप देकर त्याग दिया था। श्रीरामचन्द्र के कृपापूर्वक उनका शापमोचन कर देने पर गौतम ने उन्हें पुनः स्वीकार किया। पतितों का उद्धार ही तो अवतार का कार्य है।

मिथिला का राज्य भी समीप ही था। मिथिला नरेश जनक की सीता नाम की एक कन्या थी। राजा जनक ने एक विशाल लौह धनुष बनवाकर यह घोषणा की कि जो भी इस धनुष पर डोरी चढ़ा देगा, वही सीता का पति होगा। अनेक राजा-महाराजा उस धनुष पर डोरी चढ़ाने को आकर लज्जित हो लौट गये थे। लंकेश्वर रावण भी आकर उस धनुष को थोड़ा-सा टेढ़ा भर कर सका था। विश्वामित्र श्रीराम-लक्ष्मण को मिथिला ले गये। उस धनुष पर डोर चढ़ाना तो सामान्य बात थी; श्रीराम ने धनुष को नचाकर तोड़ डाला। जनक की दो तथा उनके भाई की दो पुत्रियों के साथ श्रीराम आदि चारों भाईयों का विवाह हो गया।

राजा दशरथ अब वृद्ध हो चले थे। अतः राज्यभार उन्होंने ज्येष्ठ पुत्र श्रीराम को सौंपने की इच्छा व्यक्त की। अभिषेक का सारा आयोजन हो गया। सम्पूर्ण राज्य में उत्सव चल रहा था। परन्तु सहसा एक बाधा के कारण सारा आनन्द दारूण शोक में परिणत हो गया।

एक बार दशरथ युद्ध में अत्यन्त घायल हो गये थे। उस समय रानी कैकेयी के काफी प्रयास से उन्हें आरोग्यलाभ हुआ था। उस समय दशरथ द्वारा दो वर देने की इच्छा व्यक्त करने पर कैकेयी ने कहा था कि जब जरूरत होगी तो माँग लेंगी। अब उन्होंने अपने एक वर के द्वारा श्रीराम को चौदह वर्ष के लिए वनवास तथा दूसरे वर से भरत को राजा बनाने की इच्छा प्रकट की। अब सत्य की रक्षा करे या पुत्र की-दशरथ इसका निर्णय करने में असमर्थ होकर बड़े कातर हुये। यह समाचार सुनते ही श्रीराम ने संन्यासी का वेश धारण किया और अयोध्या से निकल पड़े। उनके साथ सीता और लक्ष्मण भी गए। पुत्रशोक में दशरथ का देहावसान हो गया।

भरत उस समय मामा के घर थे। घर लौटकर यह भयानक समाचार पाते ही वे मर्माहत हुये। माता को खूब खरी-खोटी सुनाने के बाद वे श्रीराम को वापस लाने चले। राज्य की समस्त प्रजा भी उनके साथ श्रीराम को लौटा लाने गई। परन्तु श्रीराम किसी भी हालत में पिता का वचन भंग करने को तैयार नहीं हुये। आखिरकार भरत श्रीराम की एक जोड़ी खड़ाऊँ लेकर लौटे। उस खड़ाऊँ को सिंहासन पर रखकर वे संन्यासी के वेश में प्रतिनिधि के समान राज्य चलाने लगे।

श्रीराम ने पहले तो जाकर चित्रकूट पर्वत पर निवास किया और उसके बाद दस वर्ष दण्डकारण्य में शरभंग, सुतीक्ष्ण, अगस्त्य आदि सैकड़ों मुनियों के साथ धर्मचर्चा में बिताए। मुनिगण उनकी कृपा से ईश्वर का दर्शन पाकर कृतार्थ हुये। तदुपरान्त उन्होंने पंचवटी नामक एक अत्यन्त सुन्दर स्थान में अपने निवास हेतु एक कुटीर का निर्माण किया।

दण्डकारण्य में उन्होंने विराध आदि केवल दो-चार दुष्टों का ही संहार किया। वहाँ कोई विशेष युद्ध नहीं हुआ। शूपर्णखा नामक रावण की बहन ने पंचवटी में आकर श्रीराम तथा लक्ष्मण के समक्ष विवाह का प्रस्ताव रखा। तेजस्वी लक्ष्मण ने नाराज होकर शूपर्णखा के नाक व कान काट लिए। इसी पर उनका रावण के साथ मनोमालिन्य हुआ। रावण एक दिन छद्म वेश में आकर सीता को उठा ले गया।

वन में सीता को खोजते-खोजते श्रीराम-लक्ष्मण की सुग्रीव तथा हनुमान के साथ भेंट हुई। प्रथम दर्शन के बाद से ही सुग्रीव तथा हनुमान श्रीराम के बड़े अनुरागी हो गये। सुग्रीव के भाई बाली किष्किन्धा के राजा थे। किसी कारणवश विवाद हो जाने पर बाली ने सुग्रीव को राज्य से बाहर खदेड़ दिया था। सुग्रीव तभी से हनुमान आदि कुछ मित्रों के साथ वन-वन भटक रहे थे। श्रीराम के साथ उनकी मित्रता हो गई। श्रीराम ने प्रतिज्ञा की कि वे बाली

को मारकर सुग्रीव को किष्किन्धा का राजा बनाएँगे और सुग्रीव ने प्रतिज्ञा की कि वे सीता की खोज कराकर उन्हें श्रीराम के पास पहुँचा देंगे।

श्रीराम ने बाली को मारकर सुग्रीव को किष्किन्धा का राजा बना दिया। सुग्रीव ने भी वानरकुल के सैकड़ों लोगों को सीता की खोज में चारों ओर भेजा। काफी तलाश के बाद हनुमान लंका द्वीप गए, सीता को देखा और लौटकर समाचार दिया। फिर श्रीराम, लक्ष्मण तथा सुग्रीव ने अपनी वानर सेना के साथ लंका पर आक्रमण कर दिया। वानर दक्षिणापथ की एक पर्वतीय जाति है। वे लोग धनुष के द्वारा युद्ध करना नहीं जानते थे, परन्तु उनके शरीर में प्रचण्ड बल था। वे लोग पत्थर तथा वृक्षों की डाल फेंककर शत्रुओं पर प्रहार करते थे। असंख्य वानरों ने लंका को घेर लिया। विभीषण बड़े धर्मपरायण थे। उन्होंने रावण को श्रीराम के साथ सन्धि कर लेने की सलाह दी। रावण इस बात पर बड़ा ही क्रुद्ध हुआ और उसने लात मारकर विभीषण को सभा से बाहर निकाल दिया। अपमानित होकर विभीषण श्रीराम की ओर जा मिले। दस महीनों तक युद्ध होने के बाद रावण के पक्ष में कोई भी पुरूष नहीं बचा। सीता का उद्धार हुआ। विभीषण लंका के राजा हुये।

चौदह वर्ष पूरा हो जाने पर श्रीराम अयोध्या लौट आए। अयोध्या में आनन्दोत्सव मनाया जाने लगा। अयोध्या नगरी स्वर्ग में परिणत हुई। अब भी लोग उसे "श्रीरामराज्य" कहते है। जब स्वयं भगवान ही राजा हों, तो वह राज्य ही तो वैकुण्ठ होगा।

परन्तु सुख के साथ दुःख भी लगा ही रहता है। दुष्ट लोग कहने लगे, जो स्त्री एक राक्षस के साथ चली गई थी, श्रीराम ने उसे फिर लाकर क्यों पटरानी बना दिया? यह बात श्रीराम के भी कानों तक पहुँची। श्रीराम ने प्रजा को सन्तुष्ट करने के लिए अपने प्राणों से भी प्रिय सती साध्वी सीता को वाल्मीकि के तपोवन में भेज दिया। उस समय सीता गर्भवती थी; तपोवन में उनके दो जुड़वे पुत्र हुये। वाल्मीकि ने उनका नाम कुश तथा लव रखा। वे बड़े यत्नपूर्वक इनका पालन करते हुये यथाविधि शिक्षा प्रदान करने लगे। वाल्मीकि मुनि ने श्रीराम के बारे में एक काव्य लिखा और लव-कुश को उसे सुरसहित गाना सिखा दिया।

इधर श्रीराम ने एक यज्ञ किया और उसी उपलक्ष्य में अयोध्या में एक बड़ा उत्सव हुआ। लव तथा कुश ने राजसभा में रामायण गाकर सबको मुग्ध कर लिया। उन दिनांक संगीतकला की उतनी उन्नति नहीं हुई थी। बालकों के मुख से रामायण गायन सुनकर उस समय के लोगों को बड़ा आश्चर्य हुआ। दोनों बालकों को लेकर हलचल मच गई। उनका परिचय अब छिपा न रह सका। श्रीराम ने सीता को वाल्मीकि के तपोवन से बुलवाया। श्रीराम का दर्शन करने के पश्चात् सीता समाधियोग से देहत्याग कर चली गई।

एक दिन एक तपस्वी ने आकर श्रीराम से कहा कि वे उन्हें एक गोपनीय बात बताना चाहते है; परन्तु किसी की उपस्थिति में वह बात नहीं हो सकती; बातचीत के दौरान यदि कोई आ पड़े, तो श्रीराम उसका वध या त्याग करने को राजी हों, तभी तपस्वी अपनी बात कहेंगे। श्रीराम इस पर सहमत हुये और लक्ष्मण को पहरे पर नियुक्त कर दिया। परन्तु दुर्भाग्यवश महाक्रोधी दुर्वासा मुनि ने उसी समय आकर श्रीराम से मिलने की इच्छा व्यक्त की। बड़ी समस्या थी। लक्ष्मण धर्मसंकट में पड़े-दुर्वासा नाराज हुये, तो सम्भव है कि राज्य भर को शाप दे दें। अतः "अपने को जो होना है हो"-यह सोचकर लक्ष्मण तपस्वी की बात पूरी होने के पूर्व ही श्रीराम के सम्मुख जा पहुँचे। अतः श्रीराम उनका त्याग करने को बाध्य हुये। लक्ष्मण सरयू नदी में प्रविष्ट होकर समाधियोग से वैकुण्ठ चले गए।

सीता और लक्ष्मण के शोक में श्रीराम, भरत तथा शत्रुधन सभी ने मानव-देह त्याग दिया। अयोध्या के लोगों का श्रीराम के साथ इतना लगाव था कि बहुत से लोग श्रीराम को छोड़कर नहीं रह सके और उनके चिन्तन में देह त्यागकर बैकुण्ठ चले गए, क्योंकि श्रीराम पूर्णब्रह्म भगवान थे।

श्रीरामचंद्र की वाणी

इस पृथ्वी का कोई भी व्यक्ति प्रकृति के इस नियम से मुक्त नहीं हो सकता। अतएव मृतक के लिए शोक करना व्यर्थ है। जब समय आ जाता है तब कोई व्यक्ति बच नहीं पाता। मूढ़ अपने हृदय में अनुभव करता है कि धन परम कल्याणकारी तथा सुख का एकमात्र मार्ग है। वास्तव में वह अज्ञान दुःख और सभी प्रकार की

दुर्भाग्यपूर्ण स्थितियों का जनक है। इस संसार में ऐसा कोई भी व्यक्ति नहीं है जो इस सर्वग्राही काल के मुख का कौर नहीं बनता। काल बड़ा भयंकर है जो भी दृश्यमान है, उसमें से किसी को काल नहीं छोड़ता और उन्हें निगल जाता है। यह महानतम पुरूषों को भी नहीं छोड़ता। परमात्मा स्थिर आकाश है इसके प्रतिबिम्ब शाश्वत नहीं है। जिस प्रकार मात्र आकाश की सत्ता है उसी प्रकार परब्रह्म परमात्मा ही एकमात्र सत्य है समस्त दृश्यमान वस्तुएँ इसके ही प्रतिबिम्ब है। मैं परमात्मा हूँ और तुम मेरे प्रतिबिम्ब हो। मैनें अभी तुम्हें जिस महान गुह्य तत्व को बताया है, उसे उन लोगों में कभी प्रकट न करना जिनकी मुझ पर भक्ति नहीं है। भले ही वे तुम्हें इसके बदले में एक साम्राज्य ही क्यों न दे दे। इससे बढ़कर और उपदेश नहीं है जो तुम्हें प्रदान कर सकता हूँ। अपने गुरू के विवेकयुक्त वचनों को श्रद्धापूर्वक सुनते हुए परमात्मा और जीवात्मा के अभेदत्व का अनुभव करने का प्रयास करो। उनका उपदेश है "तत् त्वम् असि" (तू वह है)। इस स्थिति तक पहुँचने के लिए सर्वोपरि तुम्हें गुरू कृपा प्राप्त करना आवश्यक है। यह शरीर पाँच तत्वों से निर्मित शान्त और नाशवान है। यह आत्मा से भिन्न है। आत्मा, अनादि और अनन्त है। यह अविनाशी है। इसने ही इस शरीर का सृजन किया है। इस पर समुचित रूप से विचार करो और आत्मा को जानने का प्रयास करो। यदि तुम निरन्तर आत्मा का चिन्तन करोगे तो तुम्हारा मन पवित्र हो जायेगा और तुम्हारा अज्ञान तुम्हारे विगत संस्कारों के साथ ठीक वैसे ही उन्मूलित हो जाएगा जैसे प्रतिदिन औषधि लेने से तुम्हारी व्याधि पूर्णतया विलीन हो जाती है। जब मन शुद्ध होता है तब तुम्हें विशुद्ध आनन्द की उपलब्धि होगी। जो योगी मात्र आत्मतत्व पर चिन्तन करते हुए अपने दिन बिताता है, उसे प्रारब्ध के समाप्त होने तक जीवित रहना पड़ता है। उसके बाद वह मुझ परमात्मा मे लीन हो जाता है। जब व्यक्ति गुरू के या ग्रन्थों के उपदेशों के द्वारा जीवात्मा और परमात्मा के एकत्व की अनुभूति करता है तो तत्क्षण अज्ञान का स्रोत कारण और कार्य के साथ, परमात्मा में विलीन हो जाता है। इस स्थिति को मोक्ष कहते हैं। आत्मा चिर मुक्त होती है। जो योगियो की सेवा करता है। जो मेरा अत्यन्त भक्त है और जो विशुद्ध ज्ञान एवं परमानन्द से युक्त है, उसके हाथ की हथेली में मुक्ति रखी हुई है। जो मुझ पर भक्ति करते हैं, वे ज्ञान और वैराग्य प्राप्त करेंगे तथा उन्हें जन्म और मृत्यु के चक्र से मुक्ति मिलेगी। अपने पूर्वजन्म में तुम मुझ पर उत्कट भक्ति करते थे इसीलिए तुम मुझे देख पाए हो। समस्त दुःखों का परित्याग करके मेरे इसी स्वरूप का ध्यान करो। मैनें तुम्हें जो उपदेश दिया है उसे मन में धारण कर लो और तुम मोक्ष प्राप्त करोगे। यह कोई व्यर्थ आशा नहीं प्रत्युत ध्रुव सत्य है। माया के दो रूप है-विक्षेप और आवरण। विक्षेप के द्वारा माया महत्तत्व से ब्रह्म तक सारे संसार की तथा साथ ही स्थूल और सूक्ष्म शरीरों की सर्जना करती है। आवरण के द्वारा माया आत्मा के ज्ञान को ढाँक लेती है। जिन दार्शनिकों का मन मेरी अपनी माया के द्वारा विभ्रमित है वे मुझे जिसने यह मानव शरीर धारण किया है, नहीं पहचान सकते। वे सोचते हैं कि मैं हर्ष और विशाद से प्रभावित हूँ। मैं यह शरीर हूँ। ऐसा विचार अविद्या है तथा भ्रम की जननी है। मैं शरीर नहीं हूँ। मैं आत्मा हूँ ऐसा अनुभव ही विद्या है तथा यह भ्रम को नष्ट करने वाली होती है। अविद्या संसार का कारण है तथा विद्या संसार की विनाशक है। इसलिए जो मोक्ष पाना चाहते हैं उन्हें एकाग्र चित्त से इस ज्ञान को प्राप्त करने का प्रयास करना चाहिए। मैं स्पष्टतः देखता हूँ ऐसे व्यक्ति विरले हैं जो विपत्ति का सामना करते समय हताश नहीं होते या भ्रम से आच्छन्न नहीं होते जो अपने स्वार्थपूर्ण उद्देश्य के पूर्ण हो जाने पर घमण्ड नहीं करते और जो स्त्री के कटाक्ष से विचलित नहीं होते। हम विरले ही ऐसे व्यक्तियो को पाते हैं। वह व्यक्ति "प्रशान्त" की संज्ञा के योग्य होता है जो विलक्षण घटनाओं से परिपूर्ण यौवन के अरण्य को सुरक्षित रूप से पार कर लेता है। जीवन उन लोगों के दुःख का कारण है जिन्होंने विवेक की शक्ति को विकसित नहीं किया है। और जिनका हृदय इन्द्रियों के विषय के सम्पर्क में आने के कारण उत्पीड़ित हो गया है। इसके विपरीत उन लोगों के लिए जीवन का अर्थ आनन्द है, जिन्होंने चरमतत्व के ज्ञान मे प्रशान्ति की उपलब्धि की है। जैसे वर्षा काल मे नदी में भँवरों की एक श्रृंखला पैदा हो जाती है, वैसे ही धन भी मूढ़ जनों को अहंकार और दर्प के भंवर मे चक्राकार घुमाता रहता है। प्रकृति की सुन्दरता बिजली की कौंध के समान अस्थिर है। सभी प्राणी यहाँ तक कि ब्रह्मा, विष्णु एवं रूद्र भी ठीक वैसे ही विनाश की ओर अनुधावित है, जैसे मरूस्थल मे प्रवाहित होने वाली जलधारा। कल्प के बाद कल्प व्यतीत हो जाते हैं, किन्तु काल कहा जाने वाला प्रवाह अप्रभावित और यथावत बना रहता है इस प्रकार काल न तो उत्थान है, न आन्दोलन और न एक स्थिर स्थिति है। जब तक व्यक्ति अंहकारयुक्त होता है तब तक वह दुःख भोगने के लिए

बाध्य है और जब अहंकार नहीं रह जाता है। तब कोई कष्ट नहीं होता है। अतः उत्तम यह है कि बिना अहंकार के रहा जाए। सांसारिक व्यक्ति अपने अपने पूर्व जन्मों में अर्जित पुण्यों के फलस्वरूप ही पतात्मा साधुओं और महात्माओं का सत्संग प्राप्त करते हैं। मैं ईश्वर सबको समदृष्टि से देखता हूँ। कोई विशेष व्यक्ति न तो मेरा अत्यन्त प्रिय है और न मैं किसी से घृणा ही करता हूँ। कल्पवृक्ष के समान मैं वही प्रदान करता हूँ जिसकी मुझसे याचना की जाती है।

भगवान श्रीराम के संबंध में स्वामी विवेकानन्द के उद्गार

"वीर-युग के प्राचीन आदर्श राम, सत्य और मर्यादा के विग्रह, आदर्श पुत्र, आदर्श पति, आदर्श पिता और सर्वोपरि, आदर्श राजा राम को महान ऋषि वाल्मिकी ने हमारे समक्ष प्रस्तुत किया है। कोई भी भाषा इतनी विशुद्ध, इतनी पवित्र, इतनी सुन्दर और इसके साथ ही इतनी सहज नहीं हो सकती, जितनी कि वह भाषा जिसमें महाकवि ने राम का जीवन वर्णित किया है।"

श्री राम जन्मभूमि

हिन्दुओं की मान्यता है कि श्री राम का जन्म अयोध्या में हुआ था और उनके जन्मस्थान पर एक भव्य मन्दिर विराजमान था जिसे मुगल आक्रमणकारी बाबर ने तोड़कर वहाँ एक मस्जिद बना दी।

राष्ट्रीय स्वयंसेवक संघ और भारतीय जनता पार्टी की अगुवाई में इस स्थान को मुक्त करने एवं वहाँ एक नया मन्दिर बनाने के लिये एक लम्बा आन्दोलन चला। 6 दिसम्बर सन् 1992 को यह विवादित ढ़ांचा गिरा दिया गया और वहाँ श्री राम का एक अस्थायी मन्दिर निर्मित कर दिया गया।

इतिहास

राम जन्मभूमि विवाद का संक्षिप्त इतिहास इस प्रकार से है

1. 1528 में राम जन्म भूमि पर मस्जिद बनाई गई थी। हिन्दुओं के पौराणिक ग्रन्थ रामायण और रामचरित मानस के अनुसार यहां भगवान राम का जन्म हुआ था।
2. 1853 में हिन्दुओं और मुसलमानों के बीच इस जमीन को लेकर पहली बार विवाद हुआ।
3. 1859 में अंग्रेजों ने विवाद को ध्यान में रखते हुए पूजा व नमाज के लिए मुसलमानों को अन्दर का हिस्सा और हिन्दुओं को बाहर का हिस्सा उपयोग में लाने को कहा।
4. 1949 में अन्दर के हिस्से में भगवान राम की मूर्ति रखी गई। तनाव को बढ़ता देख सरकार ने इसके गेट में ताला लगा दिया।
5. सन् 1986 में जिला न्यायाधीश ने विवादित स्थल को हिंदुओं की पूजा के लिए खोलने का आदेश दिया। मुस्लिम समुदाय ने इसके विरोध में बाबरी मस्जिद एक्शन कमेटी गठित की।
6. सन् 1989 में विश्व हिन्दू परिषद ने विवादित स्थल से सटी जमीन पर राम मंदिर की मुहिम शुरू की।
7. 6 दिसम्बर 1992 को अयोध्या में बाबरी मस्जिद गिराई गई। परिणामस्वरूप देशव्यापी दंगों में करीब दो हजार लोगों की जानें गईं।
8. उसके दस दिन बाद 16 दिसम्बर 1992 को लिब्रहान आयोग गठित किया गया। आंध्र प्रदेश उच्च न्यायालय के सेवानिवृत मुख्य न्यायाधीश एम.एस. लिब्रहान को आयोग का अध्यक्ष बनाया गया।
9. लिब्रहान आयोग को 16 मार्च 1993 को यानि तीन महीने में रिपोर्ट देने को कहा गया था, लेकिन आयोग ने रिपोर्ट देने में 17 साल लगाए।

10. 1993 में केंद्र के इस अधिग्रहण को सुप्रीम कोर्ट में चुनौती मिली। चुनौती देने वाला शख्स मोहम्मद इस्माइल फारुकी था। मगर कोर्ट ने इस चुनौती को ख़ारिज कर दिया कि केंद्र सिर्फ इस जमीन का संग्रहक है। जब मलिकाना हक का फैसला हो जाएगा तो मालिकों को जमीन लौटा दी जाएगी। हाल ही में केंद्र की और से दायर अर्जी इसी अतिरिक्त जमीन को लेकर है।
11. 1996 में राम जन्मभूमि न्यास ने केंद्र सरकार से यह जमीन मांगी लेकिन मांग ठुकरा दी गयी। इसके बाद न्यास ने हाई कोर्ट का दरवाजा खटखटाया जिसे 1997 में कोर्ट ने भी ख़ारिज कर दिया।
12. 2002 में जब गैर-विवादित जमीन पर कुछ गतिविधियां हुई तो असलम भूरे ने सुप्रीम कोर्ट में याचिका लगाई।
13. 2003 में इस पर सुनवाई के बाद सुप्रीम कोर्ट ने यथास्थिति कायम रखने का आदेश दिया। कोर्ट ने कहा कि विवादित और गैर-विवादित जमीन को अलग करके नहीं देखा जा सकता।
14. 30 जून 2009 को लिब्रहान आयोग ने चार भागों में 700 पन्नों की रिपोर्ट प्रधानमंत्री डॉ0 मनमोहन सिंह और गृह मंत्री पी. चिदम्बरम को सौंपा।
15. जांच आयोग का कार्यकाल 48 बार बढ़ाया गया।
16. 31 मार्च 2009 को समाप्त हुए लिब्रहान आयोग का कार्यकाल को अंतिम बार तीन महीने अर्थात् 30 जून तक के लिए बढ़ा गया।
17. 2010 में इलाहाबाद उच्च न्यायालय की लखनऊ पीठ ने निर्णय सुनाया जिसमें विवादित भूमि को रामजन्मभूमि घोषित किया गया। न्यायालय ने बहुमत से निर्णय दिया कि विवादित भूमि जिसे रामजन्मभूमि माना जाता रहा है, उसे हिंदू गुटों को दे दिया जाए। न्यायालय ने यह भी कहा कि वहाँ से रामलला की प्रतिमा को नहीं हटाया जाएगा। न्यायालय ने यह भी पाया कि चूंकि सीता रसोई और राम चबूतरा आदि कुछ भागों पर निर्मोही अखाड़े का भी कब्जा रहा है इसलिए यह हिस्सा निर्मोही अखाड़े के पास ही रहेगा। दो न्यायधीशों ने यह निर्णय भी दिया कि इस भूमि के कुछ भागों पर मुसलमान प्रार्थना करते रहे हैं इसलिए विवादित भूमि का एक तिहाई हिस्सा मुसलमान गुटों को दे दिया जाए। लेकिन हिंदू और मुस्लिम दोनों ही पक्षों ने इस निर्णय को मानने से अस्वीकार करते हुए सर्वोच्च न्यायालय का दरवाजा खटखटाया।
18. उच्चतम न्यायालय ने 7 वर्ष बाद निर्णय लिया कि 11 अगस्त 2017 से तीन न्यायधीशों की पीठ इस विवाद की सुनवाई प्रतिदिन करेगी। सुनवाई से ठीक पहले शिया वक्फ बोर्ड ने न्यायालय में याचिका लगाकर विवाद में पक्षकार होने का दावा किया और 70 वर्ष बाद 30 मार्च 1946 के ट्रायल कोर्ट के फैसले को चुनौती दी जिसमें मस्जिद को सुन्नी वक्फ बोर्ड की सम्पत्ति घोषित अर दिया गया था।
19. सर्वोच्च न्यायालय ने कहा है कि 5 दिसंबर 2017 से इस मामले की अंतिम सुनवाई शुरू की जाएगी।
20. सर्वोच्च न्यायालय ने कहा है कि 5 फरवरी 2018 से इस मामले की अंतिम सुनवाई शुरू की जाएगी।
21. 9 नवंबर 2019 को सुप्रीम कोर्ट अर्थात् सर्वोच्च न्यायालय के आदेश देने के बाद यह विवादित मामला सदैव के लिए हल हो गया और जन्मभूमि स्थान पर श्रीराम मन्दिर निर्माण का रास्ता खुल गया।

मुंगेर - राम का जन्म स्थान

(साभार- प्रस्तुत शोध-सत्य पं0 नरेश चन्द्र मिश्र, निवासी - लखी सराय, बिहार प्रदेश, भारत द्वारा प्रस्तुत है जो जौनपुर, उत्तर प्रदेश, भारत से प्रकाशित "खुला सच" मासिक पत्रिका के अप्रैल, 2001 के अंक में प्रकाशित हुई थी।)

प्रचलित अयोध्या की बाबरी मस्जिब और उसी में श्रीराम की जन्मभूमि प्रसंग पर धर्म की आड़ में मजहबी जुनून में कितनी खून की होली खेली गयी है, कहना व्यर्थ है। फिर भी प्रशासन मौन है, इतिहास और पुरातत्वविद् किंकर्तव्यविमूढ़ है। किसी ने भी कभी इतिहास और पुरातत्व के आईने में देखने और जानने का प्रयत्न नहीं किया कि अयोध्या विवादास्पद भी तो हो सकती है। रामायण के अन्त में कह दिया गया है कि राम के स्वर्गारोहण पर अयोध्या लुप्त हो गयी। पुनः कृतयुग में राजा ऋषभ इसे बसायेंगे। अतएव वह अयोध्या अद्यतन भविष्य के गर्भ में है। दीर्घ अन्तराल पर रामायण कालीन साक्ष्य हमें सही रूप में प्राप्त हो सकते हैं, यदि उनके भौगोलिक परिवेश पर सावधानीपूर्वक ध्यान दिया जाये।

आज की आम धारणा है कि रामायण कल्पना प्रसूत है। कतिपय स्थानों के उत्खनन से भी साक्ष्य नहीं मिलने के कारण उक्त धारणा को बल मिला है। डा0 बी0 बी0 लाल के सहयोग के रूप में वर्षों तक उत्खनन के अनन्तर भी रामायण कालीन साक्ष्य प्राप्त नहीं करने पर डा0 स्वरूप प्रसाद गुप्त अपनी झुंझलाहट व्यक्त करते हुये कहते हैं-"तब क्या ये सब स्थान वे नहीं, जिनका नाम हमें रामायण में मिलता है? तो कौन से नये नन्दिग्राम, श्रंगेश्वरपुर, प्रयाग और चित्रकूट हैं, वहाँ हम जायें? बतलायें न ये इतिहासकार, हम वहीं चलें। (साभार-पांचजन्य, 11 फरवरी, 1990, पृष्ठ-9)"

उत्खनन के बाद भी साक्ष्य प्राप्त नहीं करने पर अयोध्या, चित्रकूट आदि की गरिमा पर प्रश्नवाचक चिन्ह लगाना प्रस्तुत आलेख का अभीष्ट नहीं। हमारी धार्मिक मान्यता उनसे जुड़ी है, पर इतिहास को हमारी धार्मिक मान्यता नहीं चाहिए, उसे पुरातत्व साक्ष्य चाहिए। ये साक्ष्य चाहे कल्प-भेद के ही नाम पर क्यों न हो। यद्यपि इतिहास में कल्पभेद का स्थान नहीं, पर इससे क्या? इतिहास को साक्ष्य चाहिए और उसे प्रस्तुत करना ही मेरे प्रयत्न का अभिष्ट है।

महर्षि वाल्मीकि ने सर्वप्रथम रामायण की रचना की। "रामायण सत कोटि अपारा" का वही उत्स बनी। मगर उसकी मूल प्रति आज है कहाँ? प्रो0 जैकोबी और फ्रांस के पुरातत्वविद् लेवी आदि विद्वानों ने स्वीकार किया है कि वाल्मीकि ने रामायण में सिर्फ पाँच काण्डों की ही रचना की थी। बालकाण्ड और उत्तरकाण्ड बाद में जोड़े गये, जिनकी रचना उन्होंने नहीं की थी। रेवरेण्ड फादर बुल्के ने अपनी पुस्तक "राम कथा" में लिखा है कि रामायण वस्तुतः राम के वनवास काल के पर्यटन का प्रतीक है। आगे चलकर लोगों में जब क्रमशः इस भावना ने जन्म लिया कि रावण कौन था, दशरथ की किस पत्नी से किस पुत्र का जन्म हुआ आदि जिज्ञासा शान्ति हेतु बालकाण्ड और उत्तरकाण्ड रचे गये। इस प्रकार वाल्मीकि ने सिर्फ राम के वनवास काल का वर्णन किया। बाद में लोगों ने तोड़-मरोड़कर राम का सम्पूर्ण चरित्र उपस्थित करने के नाम पर जिस रामायण की रचना की, वही प्रति वाल्मीकि कृत अभिंहित हुई। इसी आधार पर बाद की लिखी रामायण तो "हिज मास्टर्स वायस" मात्र रही। इतिहास भी साक्षी है, मौर्य शासन काल से रामायण में संशोधन सह परिवर्द्धन होता रहा, जो 16वीं शताब्दी तक रहा। इसी अन्तराल में सम्राट विक्रमादित्य ने वीरान सरयू नदी के तट पर एक मन्दिर की स्थापना की और वहीं अयोध्या नाम की नगरी बसी। यह मात्र जनश्रुति है, जिसका उद्घाटन मार्टिन, टिफेन्थेलर और कर्निंधम ने किया। फिर तो बिना भू-भाग की पहचान किये जनश्रुति को ही आधार मानकर यत्र-तत्र रामायण कालीन स्थान के कल्पना तीर्थ की स्थापना कर ली गयी।

गड़बड़ी वहीं से शुरू होती है जब महाराज दशरथ अपनी पुत्री शान्ता अपने मित्र अंगाधिपति लोमपाद को गोद देते हैं। इसके साथ ही रामायण में लोमपाद की भूमिका समाप्त कर दी गयी। फिर कहीं उस नाम की चर्चा तक नहीं होती। यह कैसा दोनों के बीच मित्रता का विचित्र सम्बन्ध था, चिन्त्य है। अगर दशरथ अपना पुत्र गोद देते

तो कम से कम लोमपाद का उत्तराधिकारी तो बनता, किन्तु पुत्री को गोद देना अपने में विचित्र घटना है। बाद में तो दशरथ को चार पुत्र हुए, मित्रता के नाम पर एक भी तो लोमपाद को गोद देते, पर ऐसा नहीं हुआ।

मत्स्य पुराण अध्याय-48 में लिखा है-आनववंशी राजा बलि के ज्येष्ठ पुत्र अंग अंगाधिपति हुए। उनकी छठीं पीढ़ी में राजा दशरथ हुए, जिनकी पुत्री शान्ता थी। यथा-

तस्य सत्यरथः पुत्रस्तस्माद् दशरथ किल।
लोमपाद इति ख्यातस्तस्य शान्ता सुता भवत्।।
अथ दाशरथीवीरः चतुरंगो महायशः।
ऋष्यश्रृंग प्रसादेन यज्ञे स्वकुलवर्धन।।

अर्थात् - उनका (चित्राथ का) पुत्र सत्यरथ हुआ। उससे दशरथ का जन्म हुआ, जो लोमपाद के नाम से विख्यात थे। उनको शान्ता नाम की एक कन्या हुई। ऋष्यश्रृंग के प्रसाद से कुलवर्धन चतुरंग का जन्म हुआ।

महर्षि सूत जी का यह कथन बड़ा महत्व रखता है। यह बड़ी विचित्र बात है कि एक दशरथ ने दूसरे दशरथ को अपनी पुत्री शान्ता गोद दी। दोनों निःसन्तान दशरथ की पुत्री थी? रामायण के अनुसार भी अगर शान्ता उस दशरथ की पुत्री थी, जिसके पुत्र राम, लक्ष्मण, भरत और शत्रुध्न हुए, तब भी स्वीकार करना होगा कि लोमपाद ही वह दशरथ थे।

इसी तरह दशरथ कोशलेश नहीं, अंगाधिपति थे। दशरथ और उनकी पत्नी कौशल्या दोनों का सम्बन्ध कौशल से हो, जंचने वाली बात नहीं है। यद्यपि रामायणकार ने इस भ्रम के निवाराणार्थ दो कोशल की रचना कर डाली है। यदि वे इक्ष्वाकुकुल से सम्बन्धित रहते, तो यज्ञ रक्षार्थ सिद्धाश्रम जाते हुए महर्षि विश्वामित्र, मार्ग में राम से यह कभी नहीं कहते कि यह देश पहले कुकुत्स्थ (इक्ष्वाकु पौत्र) के वंश में था। जैसा कि वाल्मीकि रामायण में लिखा है। यहाँ यह भी विचारणीय है कि इक्ष्वाकु के पुत्र निमि ही प्रथम जनक हुए, जिनकी परम्परा के जनक की पुत्री ही और भतीजियों की दशरथ के पुत्रों से शादी हुई। इस तरह दोनों का कुल इक्ष्वाकु हो जाता और संगोत्रीय विवाह का दोष होता है।

प्रचलित रामायण के अनुसार इक्ष्वाकु ने अयोध्या नाम की नगरी बसायी थी। मत्स्य पुराण अध्याय-12 के अनुसार इक्ष्वाकु के पौत्रों ने सुमेरू पर्वत के उत्तर और दक्षिण पाश्र्व में अपनी राजधानी बनायी थी। यथा-

इक्ष्वाकोः पुत्रतामाप विकुक्षिर्नाम देवराष्ट्र।
ज्येष्ठः पुत्र शतस्यासीद दशपंच च तत्सुता।।
मेरोरूत्तर तस्ते तु जाताः पार्थिव सत्तमाः।
चतुर्दशोत्तरचान्यच्छतमस्य तथा भवन्।
मेरोर्दक्षिण तौ वे राजानः सम्प्रकीर्तिता।।

अर्थात्-देवराज विकुक्षि इक्ष्वाकु के पुत्र के रूप में उत्पन्न हुये। वे इक्ष्वाकु के सौ पुत्रों में ज्येष्ठ थे। उनके पन्द्रह पुत्र थे, जो सुमेरू गिरि की उत्तर दिशा में श्रेष्ठ राजा हुए। विकुक्षि के एक सौ चौदह पुत्र और हुए थे, जो सुमेरू गिरि की दक्षिण दिशा के शासक कहे गये हैं।

मत्स्य आदि पुराणों में मेरू-सुमेरू पर्वत की जो भौगोलिक स्थिति दी गयी है, उसके अनुसार बिहार राज्य के अन्तर्गत मुंगेर प्रमण्डल मुख्यालय से दक्षिण-पश्चिम आज मैरा पहाड़ के नाम से जाना जाता है। उक्त पुराणों के अनुसार मेरू पर्वत की पश्चिम दिशा में विपुल पर्वत (राजगृह का), पूर्व दिशा में मन्दराचल (भागलपुर के बांसी का), दक्षिण दिशा में गन्धमादन (जमुई जिला का) और उत्तर दिशा में सुपाश्र्व (लखीसराय का) है। आनन्द रामायण के अनुसार राम, सीता के साथ पुष्पक विमान द्वारा गया शहर से पूर्व दिशा की ओर चलकर मगध होते मेरू पर्वत पर आये थे। इस पर्वत के उत्तर और दक्षिण में बहने वाली नदी "मोरवे" कहलाती है। मैरा पहाड़ और मोरवे नदी, मेरू का अपभ्रंश है। स्थानीय इसे श्रृंगी ऋषि पहाड़ कहते हैं क्योंकि यही विभाण्डक ऋषि के पुत्र श्रृंगी ऋषि का आश्रम था। वाल्मीकि रामायण बालकाण्ड के अनुसार अंगाधिपति लोमपाद की राजधानी से इसकी दूरी 3

योजन (12 कोस) बतलायी गयी है, जो मुंगेर शहर से ठीक मिल जाती है। आज भी इस पर्वत के उत्तर पाश्र्व में सुमेरू बाबा की पूजा होती है।

इसी पर्वत के उत्तर दिशा में दो कोस की दूरी पर "अयोध्या" नामक गाँव है। पुनः उत्तर दिशा में दो कोस की दूरी पर गंगा नदी के तट पर "सूर्यगढ़ा" नामक प्रसिद्ध स्थान है, जो सूर्य और सूर्यवंशी राजाओं के गढ़ के नाम मत्स्य पुराण उक्ति सार्थक करता है। सरकार ने तो इसे पर्यटन केन्द्र के रूप में विकसित करना भी प्रारम्भ कर दिया है। सूर्यगढ़ा से लगभग 3 कोस पश्चिम "मानो" नामक गाँव सूर्यपुत्र, वैवश्यत मनु का तथा यहाँ से 4 कोस पश्चिम "नरीगढ़" मनुपुत्र नरिष्यन्त के गढ़ का प्रतीक है, जो कोसों के क्षेत्र में जंगल में परिणत है। गाँव "अयोध्या" से 2 कोस पश्चिम "गोहरी" नामक गाँव है। "गोहरी", "गो" और "हरी" से बना है। यहीं पर महर्षि वशिष्ठ का आश्रम था। यहीं से उनकी गौ (कामधेनु) हरी (हरण) गयी थी। पुत्रशोकार्थ महर्षि वशिष्ठ जिस सुमेरू पर्वत के श्रृंग से कूदकर प्राणान्त करना चाहते थे, वह गोहरी गाँव से मात्र दो कोस पूर्व दिशा में है। कालिदास प्रणीत "रघुवंश" के दिलीप वृत्त के अनुसार अयोध्या और वशिष्ठ आश्रम के मध्य वन खण्ड का प्रसंग है, वह इस स्थान को देखने से यथार्थ प्रतीत होता है।

उक्त मेरू पर्वत के दक्षिण पाश्र्व में भी इक्ष्वाकु राजा की राजधानी थी। जमुई जिले का सम्पूर्ण भू-भाग दण्डकाय था। अरण्य तो आज कट चुका है परन्तु दण्ड के नाम पर "दण्ड" नामक गाँव है। इसी के समीप "काकन" नामक गाँव है। जनश्रुति के अनुसार यही किष्किन्धा है। पुरातत्वविद् बी0 सी0 भट्टाचार्य ने भी "द जैन आइकानोग्राफी" के पृष्ठ-65 में इसे किष्किन्धा ही स्वीकार किया है।

उक्त मेरू पर्वत का उत्तरी श्रृंग "नीलगिरि" कहलाता था। शिखर पर स्वच्छ जलपूर्ण सरोवर है। यही पर ऋक्षराज से बालि और सुग्रीव का जन्म हुआ था। काकभुशुण्डि जी ने भी राम की बाल लीला के दर्शन हेतु यहीं जन्म लिया था। दुर्गम चढ़ाई के बाद सन् 1938 में मुझे इस सरोवर के दर्शन का सौभाग्य प्राप्त हुआ था। उसी के समीप प्रस्तर निर्मित कूप तथा प्रस्तर निर्मित गदा है जो 30-35 लोगों से भी नहीं उठ सके। इसी पर्वत पर विभाण्डक, श्रृंगी, पुलस्य, विश्रवा आदि ऋषियों के आश्रम थे। यहीं कुबेर, विभीषण और सूपर्णखा ने जन्म लिया था।

इसी पर्वत के उत्तर-दक्षिण पाश्र्व में "उरेन पहाड़ी" पर वनवास काल में राम ने चित्रकूट की पर्णशाला बनायी थी। इसलिए तो वाल्मीकि ने चित्रकूट में भरत और सीताजी को नीलगिरि कानन का दर्शन कराया है। तुलसीदास ने भी लिखा है-

गिरि सुमेरू उत्तर दिसि दूरी। नील सैल इक सुन्दर भूरि।

रामायण काल से पीछे की ओर मुड़कर देखें तो यहीं भगवान शंकर और पार्वती का क्रीड़ास्थल था। यहीं उन्होंने कामदेव को जलाया था, इसलिए इसका नाम "अंग देश" पड़ा। यहीं पर मनुपुत्र सुद्युम्न का लिंग परिवर्तन हुआ था क्योंकि सुमेरू गिरि की तलहटी में सुद्युम्न शिकार खेलने आये थे और शिवजी द्वारा उनका स्थान प्रभावित था कि जो नरसंज्ञक जीव इस क्षेत्र में प्रवेश करेगा, उसका लिंग परिवर्तित हो जायेगा। भागवत पुराण स्कन्ध-9, अध्याय-1 में इसकी विशेष चर्चा है। राजधानी से चलकर विश्वामित्र के साथ राम और लक्ष्मण ने यहीं रात्रिवास किया था। इस स्थान का परिचय देते हुए विश्वामित्र ने राम से कहा था-

अनंग, इति विश्यातस्तदा प्रभूति राघव।
सचांग विषयः श्रीमान् यत्रांगं स मुमोचह।।

(वाल्मीकि रामायण, बालकाण्ड)

अर्थात्-हे राम! तबसे (कामदेव के जलने पर) वह अनंग नाम से विख्यात हुआ और यह स्थान अंग देश कहलाया क्योंकि यहीं उसने अपना अंग त्यागा था।

वाल्मीकि रामायण के अनुसार राजधानी से सिद्धाश्रम विश्वामित्र के यज्ञ रक्षार्थ राम और लक्ष्मण पैदल चले। प्रथम रात्रिवास दो कोस की दूरी पर गंगा नदी के तट पर किया और दूसरा रात्रिवास यहाँ (उरेन पहाड़ी पर) किया। राम की राजधानी मुंगेर शहर से दो कोस की दूरी पर सीताकुण्ड के पास थी। वहाँ से इस स्थान की दूरी लगभग 12 कोस की है। प्रातः काल यहाँ से प्रस्थान कर सायंकाल के पूर्व ताड़का को राम ने मारा। वह स्थान यहाँ

से 6 कोस दक्षिण की टेका पहाड़ी है। यहाँ रात्रिवास कर प्रातः काल राम सिद्धाश्रम पहुँचे थे। यहीं महर्षि विश्वामित्र के यज्ञ की रक्षा राम-लक्ष्मण ने लगातार 6 दिनों तक की। विश्वामित्र ने दशरथ से सिर्फ 10 दिनों के लिए राम और लक्ष्मण को माँगा था, जिसमें पूरे 6 दिना यज्ञ रक्षार्थ व शेष चार दिन मार्ग तय हेतु थे। महर्षि के साथ पैदल चलकर राम तीसरे दिन सिद्धाश्रम पहुँच गये थे। राम की राजधानी से इसकी दूरी लगभग 20 कोस की है। इससे भी राजधानी से तीसरे दिन यहाँ पहुँचने की बात पुष्ट होती है। वाल्मीकि रामायण के अरण्य काण्ड में सिद्धाश्रम को दण्डकारण्य में बतलाया गया हे। इससे भी सिद्धाश्रम के अंग क्षेत्र में तथा दण्डकारण्य में होने की पुष्टि होती है। सिद्धाश्रम का वह स्थान वर्तमान "अड़सार", "अमरथ", "अगहरा" और "मरिचा" नामक गाँवों का क्षेत्र है, जो जमुई जिला मुख्यालय से पश्चिम की ओर लगभग 5 कोस की दूरी पर है। पुराण पुरूष (विष्णु) के आँखों से निःसृत अश्रु से बना सरोवर अश्रुसर अपभ्रंश होकर आज "अड़सार" कहा जाता है। सिद्धाश्रम में एक दिव्य आम्रवृक्ष पर दिव्य शिवलिंग उद्भूत हुआ, वही आम्रस्थ शिव का प्रतीक "अमरथ" गाँव है। एक बार वशिष्ठ जी ने राम से कहा था कि सिद्धाश्रम की भूमि पापों को हरने वाली "धहरा" है, वही अधहारा का प्रतीक "अगहरा" गाँव है। ताड़का पुत्र मारीच सिद्धाश्रम में रहता था। "मरिचा" नामक गाँव उसकी याद दिलाता है। "एकात्म उपपुराण" से सिद्धाश्रम को जाना जा सकता है।

मेरू पर्वत के उत्तर जिस "उरेन" की चर्चा उपर कर आया हूँ, वहीं चित्रकूट में राम ने वनवास काल में अपनी पर्णकुटी बनायी थी। चित्रकूट को "उत्पलारण्य" कहा जाता है। वहीं अरण्य का अपभ्रंश आज "उरेन" है। मेरू गिरि के उत्तर नीलगिरि कानन में चित्रकूट में राम की पर्णकुटी थी। चित्रकूट के पूर्व दिशा में कज्जल पर्वत का नाम आया है। (देखें "माया" पत्रिका, 31 दिसम्बर, 1990, पृष्ठ-15)। उक्त कज्जल गिरि और उसी के नाम पर "कजरा" नामक स्टेशन है जो किउल-जमालपुर पूर्वी रेलमार्ग पर अवस्थित है। इसी चित्रकूट से चलकर राम ने अत्रि ऋषि से भेंट की थी। वह अत्रिवन अपभ्रंश होकर अटवन/ईटीन कहा जाता है। यहाँ रात्रिवास कर राम प्रातः काल प्रस्थान कर दण्डकारण्य में प्रवेश कर जाते हैं। यहाँ से दो कोस की दूरी पर दण्डकारण्य की सीमा दक्षिण में शुरू हो जाती है। बिहार राष्ट्र भाषा परिषद्, पटना से प्रकाशित ग्रन्थ "पुराण परिशीलन" में भी चित्रकूट और दण्डकारण्य को सटा हुआ बताया गया है।

दक्षिण दिशा में जहाँ दण्डकारण्य की सीमा प्रारम्भ होती है, वहाँ से लगभग 4 कोस दक्षिण में विन्ध्याचल है। "महाभारत" में दी गयी भौगोलिक स्थिति के अनुसार आज यह मगध के दक्षिण सीमा का काम करता है। इसी पर्वत पर गिद्धराज जटायु का ज्येष्ठ बन्धु "सम्पाति" का निवास स्थान था। ये दोनों भाई दशरथ के परम मित्र थे। यह स्थान गिद्धेश्वर कहा जाता है। आज भी यहाँ बहुसंख्यक गिद्धों का वास रहता है। यहाँ रहस्यमयी गुफा है जिसका जिक्र रामायण में आया है। इसी विन्ध्य पर्वत पर वानरों ने "लोध्रवनी" में सीता की खोज की थी। वह स्थान गिद्धेश्वर से लगभग 3 कोस पर दुर्गम पहाड़ पर स्थित लोधवनी/लोधापानी है, जहाँ अति प्राचीन गढ़ का भग्नावशेष तथा प्रस्तर कूप आदि हैं। "इन्द्र लिवन" में हनुमान जी के पहुँचने का प्रसंग रामायण में आया है। लोधवनी से 3 कोस पश्चिम का "शक्र-शक्राणी (इन्द्र-इन्द्राणी)" नामक पर्वत है। एक स्वतन्त्र लेख में मैंने इसे इन्द्र की पुरी सप्रमाण सिद्ध की है यहाँ इसकी विशेष चर्चा अप्रासंगिक होगी।

सिद्धाश्रम में महर्षि विश्वामित्र का यज्ञ सम्पन्न होने पर महर्षि के साथ राम और लक्ष्मण धनुर्यज्ञ में सम्मिलित होने जनकपुर के लिए प्रस्थान करते हैं। 12 कोस की दूरी तय करने पर उत्तर दिशा में शिलवे पहाड़ तले आते हैं और वहाँ शिला बनी अहल्या का राम उद्धार करते हैं। अहल्या के शिला होने के कारण यह पहाड़ "शिलवे" कहा जाने लगा। यहीं गौतम ऋषि का आश्रम था। उनकी तपस्या से प्रसन्न होकर शिवजी ज्योतिर्लिंग के रूप में प्रकट हुए थे। स्थानीय "पंचवदन" के नाम से इनकी पूजा करते हैं। वरूण के कहने पर गौतम ने एक हाथ गहरा गड्ढा खोदा था जिसे वरूण ने अक्षय जल से भर दिया था। आज भी वह अक्षय जल ज्यों का त्यों स्वच्छ, शीतल और स्वादिष्ट है।

इसी पर्वत पर मुद्गल ऋषि का भी आश्रम था। जनकपुर से बारात सहित राम जब इस स्थान के समीप पहुँचे, धनुर्यज्ञ में पराजित राजाओं ने भयानक आक्रमण कर बाण से भरत को मूर्छित कर दिया। राम के

आदेशानुसार लक्ष्मण इसी आश्रम से संजीवनी आदि बूटी ले गये थे। आज भी वह पर्वत जड़ी-बूटीयों तथा मधु से मीठे क्षीरी वृक्षों से भरा है। बाहर के लोग पर्याप्त मात्रा में वहाँ से संजीवनी और लक्ष्मण आदि बूटी ले जाते हैं। आनन्द रामायण में इसका पूरा विवरण है। विन्ध्य गिरि संलग्न शिलवे पर्वत स्थिति मुद्गल ऋषि के नाम पर मुद्गलपुर आज "मुंगेर" के नाम से विख्यात है। शिलवे पहाड़ अंजना नदी के तट पर है। इसी नदी के तट पर श्वेताम्बर जैन के 24वें तीर्थंकर महावीर केवली (कैवल्य प्राप्त) हए थे। तब से यह केवली का अपभ्रंश किउली नदी कहलाती है। अंजना मुद्गल ऋषि की पोती तथा गौतम की पुत्री थी इसलिये यह गौतमी नदी भी कहलायी।

अंजना से हनुमान जी का जन्म हुआ था। जमुई पूर्वी रेलवे स्टेशन से एक माइल की दूरी पर दक्षिण दिशा में आज भी अंजना नदी बहती है। उसी के "बनरीदह" नामक स्थान में हनुमान जी का जन्म हुआ था। प्रतिवर्ष मकर संक्रान्ति के अवसर पर बड़ा भारी मेला वहाँ लगता है। उसी के समीपवर्ती मेरू पर्वत पर उनके पिता केशरी का राज्य था। वाल्मीकि रामायण, उत्तर काण्ड के पंचतिस सर्ग में इसका उल्लेख है। पाश्चात्यविद् W.W. Hunter ने Statistical Account of Bengal Vol.XV, Page-22 में पूरा विवरण देकर उसी स्थान को हनुमान जी का जन्म स्थान बतलाया है।

अंजना नदी के समीपस्थ पर्वत पर मोहिनी के प्रभाव से शिवजी के अमोघ वीर्य का पतन हुआ था। इसे सप्तर्षियों ने पत्रसम्पुट द्वारा अंजना के कर्णरन्ध्र में प्रवेश कराया था जिससे हनुमान जी की उत्पत्ति हुई थी। आज भी उक्त पर्वत पर पतनेश्वर महादेव का मन्दिर है जो अमोघ वीर्य पतन की याद दिलाता है।

महर्षि विश्वामित्र के आश्रम सिद्धाश्रम की चर्चा उपर कर चुका हुँ। महर्षि अगस्त्य का आश्रम भी उसी के पास था क्योंकि महर्षिद्वय समानरूप से ताड़का राक्षसी से प्रभावित थे। इसीलिए तो ताड़का के पति सुन्द को अगस्त्य ने मारा तथा ताड़का को विश्वामित्र ने राम से मरवाया। इसे दूसरे रूप में यों समझा जा सकता है-राम, सीता और लक्ष्मण के साथ मन्दाकिनी गंगा के तट पर सुतीक्ष्ण ऋषि से मिलकर अगस्त्य जी से मिलने को उनके आश्रम का पता पूछते हैं। सुतीक्ष्ण जी कहते हैं-यहाँ से सीधे दक्षिण की ओर 16 कोस की दूरी पर पिप्पली वन है, जहाँ मारकण्डेय ऋषि का आश्रम है। वहाँ से 4 कोस दूर दक्षिण में अगस्त्य का आश्रम है। आज भी गंगा से लगभग 16 कोस की दूरी पर "पिपरा" नामक गाँव पिप्पली वन की याद दिलाता है और "कण्डे" गाँव मार्कण्डेय का स्थान सूचित करता है। यहाँ से 4 कोस दक्षिण विन्ध्य पर्वत है। इसी के तलहटी में अगस्त्य ऋषि का आश्रम था। विश्वामित्र का सिद्धाश्रम भी इसी विन्ध्य की तलहटी में मात्र 3 कोस पूर्व दिशा में था। जहाँ अगस्त्य जी का आतिथ्य ग्रहण तथा रात्रिवास कर प्रातः काल ऋषि के परामर्श के अनुसार राम पंचवटी के लिए प्रस्थान किये। महुआ के जंगल को पारकर सीधे उत्तर दिशा में पाकड़ वन पार कर 8 कोस की दूरी पर पंचवटी वन में पहुँचे। आज का "पंचमहुआ" गाँव तथा "पकड़ीबरावां" स्थान महुआ और पाकड़ वन की याद दिलाता है। पंचवटी का वन बड़ा भयानक तथा सघन था। ब्रह्माजी ने उस सघन वन को काटने हेतु लक्ष्मण को तीक्ष्ण धार का दिव्यास्त्र दिया। जंगल की कटाई के क्रम में तपस्यारत शूपर्णखा के पुत्र साम्ब का सर कट गया। वहीं पर स्वच्छ जल पूर्ण कमल के फूलों से सुशोभित सरोवर के तट पर लक्ष्मण ने गिद्धराज जटायु की सहायता से पर्णकुटी बनायी। पंचवटी का वह स्थान नवादा जिला के अन्तर्गत साम्बे, सरकटी और अपसर गाँवों के नाम पर पहचाना जा सकता है। साम्बे गाँव शूपर्णखा पुत्र साम्ब का, सरकटी उसके सर कटने का तथा अपसर सरोवर का प्रतीक है। आज भी वहाँ बहुत दूर तक फैला सरोवर है। वहाँ उत्खनन से सातवीं शताब्दी की प्रस्तर मूर्तियाँ मिली हैं जो राम, लक्ष्मण और सीता की हैं। (देखें-नवभारत टाइम्स, पटना, 10 जून 1990, पृष्ठ-2)

सीता हरण के बाद राम पम्पासर पहुँचे। वह पम्पासर आज के बड़े गाँव का प्रसिद्ध सरोवर है। यह नालन्दा के पास है। बुकानन ने भी अपने यात्रा वृतान्त में बड़ागाँव का प्राचीन नाम पम्पापुर बतलाया है। सूर्यपुराण (भाषा) में इसी सरोवर को पम्पासर कहा है। देखें- Journal of Francis Buchartan Kept During The Survey of the Districe of Patna and Gaya in 1811-1812, P.P.95.

रावण वध के अनन्तर ब्रह्महत्या पाप की निवृत्ति हेतु अगस्त्य मुनि के परामर्श पर राम ने मुंगेर के सीताकुण्ड स्थान पर एक सौ अश्वमेध यज्ञ किया। यज्ञ स्थल से दो कोस की दूरी पर उत्तरवाहिनी गंगा तट पर

वाल्मीकि का आश्रम था तथा यज्ञ स्थल के समीप ही राम की राजधानी थी। सीता ने एक बार संयोग व्रत का नौ दिनों का अनुष्ठान किया। वह वाल्मीकि आश्रम में रहती थी। उस व्रत के लिए नित्य कमल का फूल लाने राम की राजधानी के सरोवर पर ठीक मध्यान्हकाल में लव पहुँच जाता था। यह सब आनन्द रामायण से जाना जा सकता है। आज भी सीताकुण्ड के समीप वृहत् स्तूप है जिसे गढ़ की संज्ञा दी जाती है। उत्खनन से साक्ष्य प्राप्त हो सकते हैं।

रामायण कालीन साक्ष्य/प्रमाण मत्स्य पुराण और वाल्मीकि रामायण में हैं। उक्त ग्रन्थों की प्रचलित प्रतियों के सावधानीपूर्वक अध्ययन से रामायण कालीन स्थलों पर कोई सहज ही पहुँच सकता है जो मुंगेर के भू-भाग में लुप्त और सहस्त्राब्दियों से सुप्त पड़े हैं। यहाँ की फिजा, यहाँ की मिट्टी, आज स्वयं अपनी कहानी सुना रही है। इसकी कहानी सुनिये और यहाँ की मिट्टी देखिये।

रावण

परिचय

रावण श्रीरामायण का एक केंद्रीय प्रतिचरित्र है। रावण लंका का राजा था। वह अपने दस सिरों के कारण भी जाना जाता था, जिसके कारण उसका नाम दशानन (दश = दस, आनन = मुख) भी था। किसी भी कृति के लिये नायक के साथ ही सशक्त खलनायक का होना अतिआवश्यक है। श्रीरामकथा में रावण ऐसा पात्र है, जो श्रीराम के उज्ज्वल चरित्र को उभारने काम करता है। किंचित मान्यतानुसार रावण में अनेक गुण भी थे। वह एक कुशल राजनीतिज्ञ, महापराक्रमी, अत्यन्त बलशाली, अनेकों शास्त्रों का ज्ञाता प्रकान्ड विद्वान पंडित एवं महाज्ञानी था। रावण के शासन काल में लंका का वैभव अपने चरम पर था इसलिये उसकी लंकानगरी को सोने की लंका अथवा सोने की नगरी भी कहा जाता है। वर्तमान श्रीलंका के प्राचीन तमिल पोर्ट त्रिंकोमाली में रावण की मूर्ति आज भी स्थापित है।

रावण के दस सिर

रावण के दस सिर होने की चर्चा श्रीरामायण में आती है। वह कृष्णपक्ष की अमावस्या को युद्ध के लिये चला था तथा एक-एक दिन क्रमशः एक-एक सिर कटते हैं। इस तरह दसवें दिन अर्थात् शुक्लपक्ष की दशमी को रावण का वध होता है। श्रीरामचरितमानस में यह भी वर्णन आता है कि जिस सिर को श्रीराम अपने बाण से काट देते हैं पुनः उसके स्थान पर दूसरा सिर उभर आता था। विचार करने की बात है कि क्या एक अंग के कट जाने पर वहाँ पुनः नया अंग उत्पन्न हो सकता है? वस्तुतः रावण के ये सिर कृत्रिम थे-आसुरी माया से बने हुये। मारीच का चाँदी के बिन्दुओं से युक्त स्वर्ण मृग बन जाना, रावण का सीता के समक्ष श्रीराम का कटा हुआ सिर रखना आदि से सिद्ध होता है कि राक्षस मायावी थे। वे अनेक प्रकार के इन्द्रजाल (जादू) जानते थे। तो रावण के दस सिर और बीस हाथों को भी कृत्रिम माना जा सकता है। कुछ विद्वान मानते हैं कि रावण के दस सिरों की बात प्रतीकात्मक है-उसमें दस मनुष्यों की जितनी बुद्धि थी और दस आदमियों का बल था!

रावण द्वारा भगवान शंकर की स्तुति

उसने भगवान महादेव की सुंदर स्तुती की "जटाटवीगलज्जलप्रवाहपावितस्थले गलेऽवलम्ब्य लम्बितां भुजङ्गतुङ्गमालिका... भोलेनाथ ने स्तुति से प्रसन्न होके उससे कहा कि रावण यद्यपि मैं नृत्य तभी करता हूँ जब क्रोध

में होता हूँ, इसलिये क्रोध में किये नृत्य को तांडव नृत्य नाम से संसार जानता है. किंतु आज तुमने अपनी इस सुंदर स्रोत से और सुंदर गायन से मेरा मन प्रसन्नता पूर्वक नृत्य करने को हो गया। रावण द्वारा रचित और गाया हुआ यह स्रोत शिव तांडव स्रोत कहलाया क्यूँकि भगवान शिव का नृत्य तांडव कहलाता है परन्तु वह क्रोध में होता है लेकिन इस स्रोत में भगवान प्रसन्नता पूर्वक नृत्य करते हैं। इसके उपरांत भगवान शिव ने रावण को प्रसन्न होके चंद्रहास नामक तलवार दी, जिसके हाथ में रहने पर उसे तीन लोक में कोई युद्ध में नहीं हरा सकता था।

रावण का अत्याचार

रावण के नाम का फायदा ऊठाया दूसरे राक्षसों ने, उसके नाम पर कर वसूली, सिद्ध, संतों, मुनि जनों का अपमान होने लगा। राक्षसों ने देवताओं से अपना बैर निकालने के लिये, वो कभी गायों को (पृथ्वी समझ कर कि ब्रह्मा जी के पास गयी थी, इसका भेद पूछने के लिये) और ब्राह्मणों इसलिये कि स्वर्ग में बहुत कम देवता ही रह गये हैं शायद ये रूप बदल कर देवता ही ब्राह्मण हैं और संत बन के देवताओं की मदद कर रहे हैं, राक्षस जहाँ तहाँ सभी को त्रास देने और मारने लगे। जिससे पृथ्वी पर भार और बढ गया लेकिन रावण ने इन सब पर ध्यान नहीं दिया।

रावण के गुण

रावण में कितना ही राक्षसत्व क्यों न हो, उसके गुणों विस्मृत नहीं किया जा सकता। ऐसा माना जाता है कि रावण शंकर भगवान का बड़ा भक्त था। वह महा तेजस्वी, प्रतापी, पराक्रमी, रूपवान तथा विद्वान था।

वाल्मीकि उसके गुणों को निष्पक्षता के साथ स्वीकार करते हुये उसे चारों वेदों का विश्वविख्यात ज्ञाता और महान विद्वान बताते हैं। वे अपने श्रीरामायण में हनुमान का रावण के दरबार में प्रवेश के समय लिखते हैं-

अहो रूपमहो धैर्यमहोत्सवमहो द्युतिः।
अहो राक्षसराजस्य सर्वलक्षणयुक्तता।

आगे वे लिखते हैं "रावण को देखते ही श्रीराम मुग्ध हो जाते हैं और कहते हैं कि रूप, सौन्दर्य, धैर्य, कान्ति तथा सर्वलक्षणयुक्त होने पर भी यदि इस रावण में अधर्म बलवान न होता तो यह देवलोक का भी स्वामी बन जाता।"

रावण जहाँ दुष्ट था और पापी था, वहीं उसमें शिष्टाचार और ऊँचे आदर्श वाली मर्यादायें भी थीं। श्रीराम के वियोग में दुःखी सीता से रावण ने कहा है, "हे सीते! यदि तुम मेरे प्रति काम-भाव नहीं रखती तो मैं तुझे स्पर्श नहीं कर सकता।" शास्त्रों के अनुसार वन्ध्या, रजस्वला, अकामा आदि स्त्री को स्पर्श करने का निषेध है अतः अपने प्रति अ-कामा सीता को स्पर्श न करके रावण शास्त्रोचित मर्यादा का ही आचरण करता है।

वाल्मीकि श्रीरामायण और श्रीरामचरितमानस दोनों ही ग्रंथों में रावण को बहुत महत्त्व दिया गया है। राक्षसी माता और ऋषि पिता की सन्तान होने के कारण सदैव दो परस्पर विरोधी तत्त्व रावण के अन्तःकरण को मथते रहते हैं।

बौद्धिक संपदा का संरक्षणदाता-रावण

रावण के ही प्रसंग में श्रीकृष्ण जुगनू का अभिमत है-"....लंकापति रावण पर विजय का पर्व अक्सर यह याद दिलाता है कि रावण की सभा बौद्धिक संपदा के संरक्षण की केंद्र थी। उस काल में जितने भी श्रेष्ठजन थे, बुद्धिजीवी और कौशलकर्ता थे, रावण ने उनको अपने आश्रय में रखा था। रावण ने सीता के सामने अपना जो परिचय दिया, वह उसके इसी वैभव का विवेचन है। अरण्यकाण्ड का 48वां सर्ग इस प्रसंग में द्रष्टव्य है।

उस काल का श्रेष्ठ शिल्पी मय, जिसने स्वयं को विश्वकर्मा भी कहा, उसके दरबार में रहा। उस काल की श्रेष्ठ पुरियों में रावण की राजधानी लंका की गणना होती थी-यथेन्द्रस्यामरावती। मय के साथ रावण ने वैवाहिक संबंध भी स्थापित किया। मय को विमान रचना का भी ज्ञान था। कुशल आयुर्वेदशास्त्री सुषेण उसके ही दरबार में

था जो युद्धजन्य मूर्च्छा के उपचार में दक्ष था और भारतीय उपमहाद्वीप में पाई जाने वाली सभी औषधियों को उनके गुणधर्म तथा उपलब्धि स्थान सहित जानता था। शिशु रोग निवारण के लिए उसने पुख्ता प्रबंध किया था। स्वयं इस विषय पर ग्रंथों का प्रणयन भी किया।

श्रेष्ठ वृक्षायुर्वेद शास्त्री उसके यहाँ थे जो समस्त कामनाओं को पूरी करने वाली पर्यावरण की जनक वाटिकाओं का संरक्षण करते थे-सर्वकाफलैर्वृक्षैः संकुलोद्यान भूषिता। इस कार्य पर स्वयं उसने अपने पुत्र को तैनात किया था। उसके यहाँ रत्न के रूप में श्रेष्ठ गुप्तचर, श्रेष्ठ परामर्शदाता और कुलश संगीतज्ञ भी तैनात थे। अंतपुर में सैकड़ों औरतें भी वाद्यों से स्नेह रखती थीं।

उसके यहाँ श्रेष्ठ सड़क प्रबंधन था और इस कार्य पर दक्ष लोग तैनात थे तथा हाथी, घोड़े, रथों के संचालन को नियमित करते थे। वह प्रथमतः भोगों, संसाधनों के संग्रह और उनके प्रबंधन पर ध्यान देता था। इसी कारण नरवाहन कुबेर को कैलास की शरण लेनी पड़ी थी। उसका पुष्पक नामक विमान रावण के अधिकार में था और इसी कारण वह वायु या आकाशमार्ग उसकी सत्ता में था-यस्य तत् पुष्पकं नाम विमानं कामगं शुभ्। वीर्यावर्जितं भद्रे येन यामि विहायस्।

उसने जल प्रबंधन पर पूरा ध्यान दिया, वह जहां भी जाता, नदियों के पानी को बांधने के उपक्रम में लगा रहता था-नद्यश्च स्तिमतोदकाः, भवन्ति यत्र तत्राहं तिष्ठामि चरामि च। कैलास पर्वतोत्थान के उसके बल के प्रदर्शन का परिचायक है, वह "माउंट लिफ्ट" प्रणाली का कदाचित प्रथम उदाहरण है। भारतीय मूर्तिकला में उसका यह स्वरूप बहुत लोकप्रिय रहा है। बस.... उसका अभिमान ही उसके पतन का कारण बना। वरना नीतिज्ञ ऐसा कि श्रीराम ने लक्ष्मण को उसके पास नीति ग्रहण के लिए भेजा था, विष्णुधर्मोत्तरपुराण में इसके संदर्भ विद्यमान हैं।

रावण के अवगुण

वाल्मीकि, रावण के अधर्मी होने को उसका मुख्य अवगुण मानते हैं। उनके श्रीरामायण में रावण के वध होने पर मन्दोदरी विलाप करते हुये कहती है, "अनेक यज्ञों का विलोप करने वाले, धर्म व्यवस्थाओं को तोड़ने वाले, देव-असुर और मनुष्यों की कन्याओं का जहाँ-तहाँ से हरण करने वाले! आज तू अपने इन पाप कर्मों के कारण ही वध को प्राप्त हुआ है।" तुलसीदास जी केवल उसके अहंकार को ही उसका मुख्य अवगुण बताते हैं। उन्होंने रावण को बाहरी तौर से श्रीराम से शत्रु भाव रखते हुये हृदय से उनका भक्त बताया है। तुलसीदास के अनुसार रावण सोचता है कि यदि स्वयं भगवान ने अवतार लिया है तो मैं जा कर उनसे हठपूर्वक वैर करूंगा और प्रभु के बाण के आघात से प्राण छोड़कर भव-बन्धन से मुक्त हो जाऊंगा।

रावण का उदय

पद्मपुराण, श्रीमद्भागवत पुराण, कूर्मपुराण, श्रीरामायण, महाभारत, आनन्द श्रीरामायण, दशावतारचरित आदि ग्रंथों में रावण का उल्लेख हुआ है। रावण के उदय के विषय में भिन्न-भिन्न ग्रंथों में भिन्न-भिन्न प्रकार के उल्लेख मिलते हैं।

वाल्मीकि द्वारा लिखित श्रीरामायण महाकाव्य के समय में, रावण लंकापुरी का सबसे शक्तिशाली राजा था।

पद्मपुराण तथा श्रीमद्भागवत पुराण के अनुसार हिरण्याक्ष एवं हिरण्यकशिपु दूसरे जन्म में रावण और कुम्भकर्ण के रूप में पैदा हुये।

वाल्मीकि श्रीरामायण के अनुसार रावण पुलस्त्य मुनि का पोता था अर्थात् उनके पुत्र विश्रवा का पुत्र था। विश्वश्रवा की वरवर्णिनी और कैकसी नामक दो पत्नियां थी। वरवर्णिनी के कुबेर को जन्म देने पर सौतिया डाहवश कैकसी ने कुबेला (अशुभ समय-कु-बेला) में गर्भ धारण किया। इसी कारण से उसके गर्भ से रावण तथा कुम्भकर्ण जैसे क्रूर स्वभाव वाले भयंकर राक्षस उत्पन्न हुये।

तुलसीदास जी के श्रीरामचरितमानस में रावण का जन्म शाप के कारण हुआ था। वे नारद एवं प्रतापभानु की कथाओं को रावण के जन्म कारण बताते हैं।

भागवत पुराण, मार्कण्डेय पुराण के अनुसार महर्षि कश्यप का विवाह दक्ष वंश की 13 कन्याओं से हुआ जिनके नाम हैं-1. दिति, 2. दनु, 3. क्रोधवशा, 4. ताम्रा, 5. काष्ठा, 6. अरिष्ठा, 7. सुरसा, 8. इला, 9. मुनी, 10. सुरभि, 11. शरमा और 12. तिमिय 13. अदिति। इन 13 स्त्रीयों से 13 मानव जातियाँ बनीं और इनसे इस वंश का विस्तार होता गया। ये वंश ईरान तथा मध्य ऐशिया में अपना राज्य कायम किये हुये थे। कश्यप एक गोत्र का भी नाम है। यह बहुत व्यापक गोत्र है। जिसका गोत्र नहीं मिलता उसके लिए कश्यप गोत्र की कल्पना कर ली जाती है, क्योंकि एक परम्परा के अनुसार सभी जीवधारियों की उत्पत्ति कश्यप से हुई। इन्ही से ही सृष्टि का सृजन हुआ और जिसके परिणामस्वरूप महर्षि कश्यप जी "सृष्टि के सृजक" कहलाए।

रावण के माता पक्ष वंश

कश्यप की 1. दिति नामक स्त्री के दूसरे पुत्र दैत्य से दैत्य जाति की स्थापना हुई। दैत्यों की एक शाखा मय सभ्यता के रूप में जानी जाती थी। मय का राज्य मयेरिका जाना जाता था जिसकी राजधानी मयसिको तथा वर्तमान नाम अमेरिका हो गया। दूसरी शाखा मेसोपोटामिया तथा तीसरी शाखा बेबीलोन में थी। जो असुर सभ्यता के नाम से जानी जाती थी। असुरों की राजधानी असीरिया थी। दिति के गर्भ से परम् दुर्जय हिरण्यकश्यपु और हिरण्याक्ष नामक दो पुत्र एवं सिंहिका नामक एक पुत्री पैदा की। श्रीमद्भागवत् के अनुसार इन तीन संतानों के अलावा दिति के गर्भ से कश्यप के 49 अन्य पुत्रों का जन्म भी हुआ, जोकि मरून्दण कहलाए। कश्यप के ये पुत्र निःसंतान रहे। देवराज इन्द्र ने इन्हें अपने समान ही देवता बना लिया। जबकि हिरण्याकश्यपु को चार पुत्रों अनुहल्लाद, हल्लाद, परम भक्त प्रहल्लाद, संहल्लाद आदि की प्राप्ति हुई। इसी वंश में राजा बलि, बाणासुर, कुंभ, निकुंभ थे। राजा बलि, प्रहल्लाद के पुत्र विरोचन के पुत्र थे और बलि के पुत्र का नाम वाणासुर था। बलि का राज्य वर्तमान केरल प्रदेश में था जिसे पाताल लोक कहा गया है।

इसी वंश के सुमाली की चार कन्याओं (1. कैकसी, 2. कुम्भीनर्सी, 3. राका 4. पुष्पोत्कटा) का विवाह पुलस्त्य के पुत्र विश्रवा (रावण के पिता) से हुआ था। भृगु ऋषि तथा हिरण्यकश्यपु की पुत्री दिव्या के पुत्र शुक्राचार्य दैत्यों के गुरू थे। शुक्राचार्य की पुत्री का नाम देवयानी व पुत्र शंद और अर्मक थे। देवयानी का विवाह चन्द्रवंशी राजा ययाति से हुआ था।

रावण के पिता पक्ष वंश

ब्रह्मा के 10 मानस पुत्रों में से चौथे कान (ज्ञान के मानकीकरण के अनुसार सुनकर ज्ञान प्राप्त करने वाले) से पुलस्त्य थे। पुलस्त्य के पुत्र विश्रवा थें। विश्रवा का विवाह सुमाली की चार कन्याओं से हुआ था जिनकी 1. कैकसी रानी से रावण, 2. कुम्भीनसी रानी से कुम्भकर्ण, 3. राका रानी से विभीषण और 4. पुष्पोत्कटा रानी से सूपर्णखा का जन्म हुआ था। इस प्रकार रावण के पिता शुद्ध आर्य वंश और माता शुद्ध दैत्य वंश की थी।

श्रीराम-रावण युद्ध

जाम्बवन्त के आदेश से नल-नील दोनों भाइयों ने वानर सेना की सहायता से समुद्र पर पुल बांध दिया। श्री राम ने श्री रामेश्वर की स्थापना करके भगवान शंकर की पूजा की और सेना सहित समुद्र के पार उतर गये। समुद्र के पार जाकर राम ने डेरा डाला। पुल बंध जाने और राम के समुद्र के पार उतर जाने के समाचार से रावण मन में अत्यन्त व्याकुल हुआ। मन्दोदरी के राम से बैर न लेने के लिये समझाने पर भी रावण का अहंकार नहीं गया। इधर राम अपनी वानरसेना के साथ सुबेल पर्वत पर निवास करने लगे। अंगद राम के दूत बन कर लंका में रावण के पास गये और उसे राम के शरण में आने का संदेश दिया किन्तु रावण ने नहीं माना। शान्ति के सारे प्रयास असफल हो जाने पर युद्ध आरम्भ हो गया। लक्ष्मण और मेघनाद के मध्य घोर युद्ध हुआ। शक्तिबाण के वार से लक्ष्मण मूर्छित हो

गये। उनके उपचार के लिये हनुमान सुषेण वैद्य को ले आये और संजीवनी लाने के लिये चले गये। गुप्तचर से समाचार मिलने पर रावण ने हनुमान के कार्य में बाधा के लिये कालनेमि को भेजा जिसका हनुमान ने वध कर दिया। औषधि की पहचान न होने के कारण हनुमान पूरे पर्वत को ही उठा कर वापस चले। मार्ग में हनुमान को राक्षस होने के सन्देह में भरत ने बाण मार कर मूर्छित कर दिया परन्तु यथार्थ जानने पर अपने बाण पर बिठा कर वापस लंका भेज दिया। इधर औषधि आने में विलम्ब देख कर राम प्रलाप करने लगे। सही समय पर हनुमान औषधि लेकर आ गये और सुषेण के उपचार से लक्ष्मण स्वस्थ हो गये। रावण ने युद्ध के लिये कुम्भकर्ण को जगाया। कुम्भकर्ण ने भी रावण के शरण में जाने की असफल मन्त्रणा दी। युद्ध में कुम्भकर्ण ने राम के हाथों परमगति प्राप्त की। लक्ष्मण ने मेघनाद से युद्ध करके उसका वध कर दिया। राम और रावण के मध्य अनेकों घोर युद्ध हुये और अन्त में रावण राम के हाथों मारा गया। विभीषण को लंका का राज्य सौंप कर राम, सीता और लक्ष्मण के साथ पुष्पक विमान पर चढ़ कर अयोध्या के लिये प्रस्थान किया।

भाग-4

लव और कुश (त्रेतायुग)

लव और कुश (त्रेतायुग)

लव कुश द्वारा प्रस्तुत रामायण

"लव कुश" नाम की स्थिति

लव कुश पर आधारित निर्मित सिनेमा

लव-कुश जन्म भूमि

सार्वभौम सत्य-सिद्धान्त अनुसार राम कथा

सार्वभौम सत्य-सिद्धान्त अनुसार व्याख्या

लव और कुश (त्रेतायुग)

चौदह वर्ष के पश्चात् जब श्री राम अयोध्या लौटे तो प्रजा ने उनका स्वागत किया व उन्हें अपना राजा स्वीकार किया। श्रीराम के राज्य में प्रजा सुखी व सुरक्षित थी। राम अपनी प्रजा के सुख-दु:ख का ध्यान रखते थे। सायं काल में वह अपनी महारानी "सीता" के साथ अपने दूतों से मिलते थे जो उन्हें अयोध्या के बारे में जानकारी देते थे। एक दिन उनके दूत ने बताया कि उनके राज्य में एक धोबी है जो कल अपनी पत्नी को पीट रहा था। और पीटते-पीटते बोल रहा था कि मैं राम नहीं हूँ। जो दूसरे के घर रही औरत को अपना लूँ। यह सुनकर राम चिन्तित हो गए। उन्होंने सोचा कि यदि आज यह विचार एक व्यक्ति का है और कल कहीं पूरी प्रजा इस बात को स्वीकार कर ले तो। प्रजा का मेरे प्रति विश्वास समाप्त हो जाएगा। और प्रजा के प्रति मेरा कर्तव्य सर्वोपरि है। इसलिए मुझे सीता का त्याग करना होगा। वह चिन्तित थे कि वह यह बात सीता को कैसे कहें। इसलिए राम ने लक्ष्मण को बुलवाया और कहा कि तुम सीता को वन में छोड़ आओ। लक्ष्मण ने इस बात का विरोध किया परन्तु श्रीराम ने कहा कि यह मेरा आदेश है। लक्ष्मण न चाहते हुए रथ ले आए और कुछ ही क्षण में वह सीता को लेकर वन की ओर चल दिए। वन पहुँच कर लक्ष्मण के हृदय में विचार आने लगे कि वह सीता को इस भयानक वन में कैसे छोड़ दें परन्तु भईया का आदेश तो मानना ही होगा।

अश्वमेध यज्ञ का अनुष्ठान

सब भाइयों के आग्रह को मानकर रामचन्द्र जी ने वशिष्ठ, वामदेव, जाबालि, कश्यप आदि ऋषियों को बुलाकर परामर्श किया। उनकी स्वीकृति मिल जाने पर वानरराज सुग्रीव को सन्देश भेजा गया कि वे विशाल वानर सेना के साथ यज्ञोत्सव में भाग लेने के लिये आवें। फिर विभीषण सहित अन्य राज-महाराजाओं को भी इसी प्रकार के सन्देश और निमन्त्रण भेजे गये। संसार भर के ऋषि-महर्षियों को भी सपरिवार आमन्त्रित किया गया। कुशल कलाकारों द्वारा नैमिषारण्य में गोमती तट पर विशाल एवं कलापूर्ण यज्ञ मण्डप बनाने की व्यवस्था की गई। विशाल हवन सामग्री के साथ आगन्तुकों के भोजन, निवास आदि के लिये बहुत बड़े पैमाने पर प्रबन्ध किया गया। नैमिषारण्य में दूर-दूर तक बड़े-बड़े बाजार लगवाये गये। सीता की सुवर्णमय प्रतिमा बनवाई गई। लक्ष्मण को एक विशाल सेना और शुभ लक्षणों से सम्पन्न कृष्ण वर्ण अश्व के साथ विश्व भ्रमण के लिये भेजा गया। देश-देश के राजाओं ने श्रीराम को अद्भुत उपहार भेंट करके अपने पूर्ण सहयोग का आश्वासन दिया। आगत याचकों को मनचाही वस्तुएँ संकेतमात्र से ही दी जा रही थीं। उस यज्ञ को देखकर ऋषि-मुनियों का कहना था कि ऐसा यज्ञ पहले कभी नहीं हुआ। यह यज्ञ एक वर्ष से भी अधिक समय तक चलता रहा। इस यज्ञ में सम्मिलित होने के लिये महर्षि वाल्मीकि भी अपने शिष्यों सहित पधारे। जब उनके निवास की समुचित व्यवस्था हो गई तो उन्होंने अपने दो शिष्यों लव और कुश को आज्ञा दी कि वे दोनों भाई नगर में सर्वत्र घूमकर रामायण काव्य का गान करें। उनसे यह भी कहा

कि जब तुमसे कोई पूछे कि तुम किसके पुत्र हो तो तुम केवल इतना कहना कि हम ऋषि वाल्मीकि के शिष्य हैं। यह आदेश पाकर सीता के दोनों पुत्र रामायण का सस्वर गान करने के लिये चल पड़े।

भरत व लक्ष्मण के पुत्रों के लिये राज्य व्यवस्था

यज्ञ की समाप्ति पर सुग्रीव, विभीषण आदि सहित राजाओं तथा ऋषि-मुनियों एवं निमन्त्रित जनों को अयोध्यापति राम ने सब प्रकार से सन्तुष्ट कर विदा किया। इसके पश्चात् उन्होंने राजकाज में मन लगाया। प्रजा का पालन करते हुये उन्होंने असंख्य यज्ञ एवं धार्मिक अनुष्ठान किये। उनके राज्य की महिमा दूर-दूर तक फैल रही थी। प्रजा सब प्रकार से सुखी और सम्पन्न थी पुत्रों एवं पौत्रों की समृद्धि एवं श्रद्धा से घिरी हुई माता कौसल्या ने इस संसार का त्याग किया। उनकी मृत्यु के पश्चात् कैकेयी, सुमित्रा भी परलोकगामिनी हो गईं। भरत के पुत्र तक्ष और पुष्कल जब बड़े हुये तो कैकेयनरेश तथा भरत के मामा युधाजित ने श्रीराम के पास सन्देश भेजा कि सिन्धु नदी के दोनों तटों पर गन्धर्व देश बसा हुआ है। उस प्रदेश में गन्धर्वराज शैलूष अपने तीन करोड़ महापराक्रमी गन्धर्वों के साथ राज्य करते हैं। यदि आप उस प्रदेश को जीत कर सिन्धु देश के दोनों ओर के प्रान्तों को तक्ष और पुष्कल को सौंप दें तो अति उत्तम हो। कैकेय नरेश की आज्ञा को शिरोधार्य कर श्रीराम ने भरत को गन्धर्व देश पर आक्रमण का आदेश दिया। कैकेय नरेश युधाजित भी अपनी सेना लेकर भरत के साथ आ मिले। दोनों सेनाओं ने मिलकर गन्धर्वों की राजधानी पर धावा बोल दिया। दोनों ओर की सेनाएँ भयंकर गर्जन-तर्जन करती हुई परस्पर युद्ध करने लगी। देखते-देखते समर भूमि में रक्त की नदियाँ बह गईं। सैनिकों के रुण्ड-मुण्ड उस शोणित-सरिता में जल-जन्तुओं की भाँति बहते दिखाई देने लगे। सात दिन तक यह भयानक युद्ध चलता रहा। अन्तिम दिन वीर भरत ने संवर्त नामक अस्त्र का प्रयोग करके गन्धर्व सेना का सर्वनाश कर दिया। इस प्रकार गन्धर्वों को परास्त कर भरत ने दो सुन्दर नगरों की स्थापना की। एक का नाम तक्षशिला रखा और तक्ष को वहाँ का राजा बनाया। दूसरे का नाम पुष्कलावत रखकर उस पुष्कल को सौंप दिया। नये अधिपतियों के शासन में दोनों नगरों ने अभूतपूर्व उन्नति की। पाँच वर्ष पश्चात् भरत अयोध्या लौट आये। इसके पश्चात् श्रीरामचन्द्र ने भरत के परामर्श से लक्ष्मण के पुत्र अंगद के लिये कारूमथ में और चन्द्रकान्त के लिये चन्द्रकान्त नगर का निर्माण किया और उन्हें वहाँ का राजा बनाया। राजाकाज की समुचित व्यवस्था करने के लिये उन्होंने अंगद के साथ लक्ष्मण को और चन्द्रकान्त के साथ भरत को भेजा जो एक वर्ष तक वहाँ का समुचित प्रबन्ध करके अयोध्या लौट आये।

लव-कुश द्वारा रामायण गान

जब लव-कुश अपने रामायण गान से पुरवासियों एवं आगन्तुकों का मन मोहने लगे तब एक दिन श्रीराम ने उन दोनों बालकों को अपनी राजसभा में बुलाया। उस समय राजसभा में श्रेष्ठ नैयायिक, दर्शन एवं कल्पसूत्र के विद्वान, संगीत तथा छन्द कला मर्मज्ञ, विभिन्न शास्त्रों के ज्ञाता, ब्रह्मवेत्ता आदि मनीषि विद्यमान थे। लव-कुश को देखकर सबको ऐसा प्रतीत होता था मानो दोनों श्रीराम के ही प्रतिरूप हैं। यदि इनके सिर पर जटाजूट और शरीर पर वल्कल न होते तो इनमें और श्रीराम में कोई अन्तर दिखाई न देता। दोनों भाइयों ने अपराह्न तक प्रारम्भिक बीस सर्गों का गान किया और उस दिन का कार्यक्रम समाप्त किया। पाठ समाप्त होने पर श्रीराम ने भरत को आदेश दिया कि दोनों भाइयों को अट्ठारह हजार स्वर्ण मुद्राएँ दी जायें, किन्तु लव-कुश ने उसे लेने से इन्कार कर दिया और कहा कि हम वनवासी हैं, हमें धन की क्या आवश्यकता है? इससे श्रीराम सहित सब श्रोताओं को भारी आश्चर्य हुआ। उन्होंने पूछा, यह काव्य किसने लिखा है और इसमें कितने श्लोक हैं? यह सुनकर उन मुनिकुमारों ने बताया, महर्षि वाल्मीकि ने इस महाकाव्य की रचना की है। इसमें चौबीस हजार श्लोक और एक सौ उपाख्यान हैं। इसमें कुल पाँच सर्ग और छः काण्ड हैं। इसके अतिरिक्त उत्तरकाण्ड इसका सातवाँ काण्ड है। आपका चरित्र ही इस महाकाव्य का विषय है। यह सुनकर रघुनाथ जी ने यज्ञ समाप्त होने के पश्चात् सम्पूर्ण महाकाव्य सुनने की इच्छा प्रकट की। इस काव्य-कथा को सुनकर उन्हें पता चला कि कुश और लव सीता के ही सुपुत्र हैं।

सीता का रसातल प्रवेश

सीता के त्याग और तपस्या का वृतान्त सुनकर रामचन्द्रजी ने अपने विशिष्ट दूत के द्वारा महर्षि वाल्मीकि के पास सन्देश भिजवाया, "यदि सीता का चरित्र शुद्ध है और वे आपकी अनुमति ले यहाँ आकर जन समुदाय में अपनी शुद्धता प्रमाणित करें और मेरा कलंक दूर करने के लिये शपथ करें तो मैं उनका स्वागत करूँगा।" यह सन्देश सुनकर वाल्मीकि ने कहलवाया, "ऐसा ही होगा। सीता वही करेंगीं जो श्रीराम चाहेंगे क्योंकि पति स्त्री के लिये परमात्मा होता है।" यह उत्तर पाकर सीता शपथ के अवसर पर राजा राम ने सब ऋषि-मुनियों, नगरवासियों आदि को उस समय सभागार में उपस्थित रहने के लिये निमन्त्रित किया।

दूसरे दिन सीता जी का शपथ ग्रहण देखने के लिये नाना देशों से पधारे ऋषि-मुनि, विद्वान, नागरिक सहस्त्रों की संख्या में उस सभा भवन में आकर उपस्थित हो गये। निश्चित समय पर वाल्मीकि सीता को लेकर आये। आगे-आगे महर्षि वाल्मीकि थे और उनके पीछे दोनों हाथ जोड़े, नेत्रों में आँसू बहाती सीता आ रही थीं। वे मन ही मन श्रीराम का चिन्तन कर रही थीं। उस समय महर्षि के पीछे आती हुई सीता इस प्रकार जान पड़ती थीं मानो सृष्टिकर्ता ब्रह्माजी के पीछे श्रुति चली आ रही हो। काषायवस्त्रधारिणी सीता की दीन-हीन दशा देखकर वहाँ उपस्थित सभी लोगों का हृदय दुःख से भर आया और वे शोक से विकल हो आँसू बहाने लगे। वाल्मीकि बोले, "श्रीराम! मैं तुम्हें विश्वास दिलाता हूँ कि सीता पवित्र और सती है। कुश और लव आपके ही पुत्र हैं। मैं कभी मिथ्याभाषण नहीं करता। यदि मेरा कथन मिथ्या हो तो मेरी सम्पूर्ण तपस्या निष्फल हो जाय। मेरी इस साक्षी के बाद सीता स्वयं शपथपूर्वक आपको अपनी निर्दोषिता का आश्वासन देंगीं।" महर्षि के इन उत्तम वचनों को सुनकर और सभा के मध्य में जानकी को प्रांजलिभूत खड़ी देखकर रघुनन्दन बोले, "हे ऋषिश्रेष्ठ! आपका कथन सत्य है और आपके निर्दोष वचनों पर मुझे पूरण विश्वास है। वास्तव में वैदेही ने अपनी सच्चरित्रता का विश्वास मुझे अग्नि के समक्ष दिला दिया था परन्तु लोकापवाद के कारण ही मुझे इन्हें त्यागना पड़ा। आप मुझे इस अपराध के लिये क्षमा करें।"

तत्पश्चात् श्रीराम सभी ऋषि-मुनियों, देवताओं और उपस्थित जनसमूह को लक्ष्य करके बोले, हे मुनि एवं विज्ञजनों! मुझे महर्षि वाल्मीकि जी के कथन पर पूर्ण विश्वास है परन्तु यदि सीता स्वयं सबके समक्ष अपनी शुद्धता का पूर्ण विश्वास दें तो मुझे प्रसन्नता होगी। राम का कथन समाप्त होते ही सीता हाथ जोड़कर, नेत्र झुकाये बोलीं, "मैंने अपने जीवन में यदि श्रीरघुनाथजी के अतिरिक्त कभी किसी दूसरे पुरुष का चिन्तन न किया हो तो मेरी पवित्रता के प्रमाणस्वरूप भगवती पृथ्वी देवी अपनी गोद में मुझे स्थान दें।"

सीता के इस प्रकार शपथ लेते ही पृथ्वी फटी। उसमें से एक सिंहासन निकला। उसी के साथ पृथ्वी की अधिष्ठात्री देवी भी दिव्य रूप में प्रकट हुईं। उन्होंने दोनों भुजाएँ बढ़ाकर स्वागतपूर्वक सीता को उठाया और प्रेम से सिंहासन पर बिठा लिया। देखते-देखते सीता सहित सिंहासन पृथ्वी में लुप्त हो गया। सारे दर्शक स्तब्ध से यह अभूतपूर्व दृश्य देखते रहे। सम्पूर्ण वातावरण मोहाच्छन्न सा हो गया। इस सम्पूर्ण घटना से राम को बहुत दुःख हुआ। उनके नेत्रों से अश्रु बहने लगे। वे दुःखी होकर बोले, "मैं जानता हूँ, माँ वसुन्धरे! तुम ही सीता की सच्ची माता हो। राजा जनक ने हल जोतते हुये तुमसे ही सीता को पाया था, परन्तु तुम मेरी सीता को मुझे लौटा दो या मुझे भी अपनी गोद में समा लो।" श्रीराम को इस प्रकार विलाप करते देख ब्रह्मादि देवताओं ने उन्हें नाना प्रकार से सान्त्वना देकर समझाया।

लक्ष्मण का परित्याग एवं महाप्रयाण

जब इस प्रकार राज्य करते हुये श्रीरघुनाथजी को बहुत वर्ष व्यतीत हो गये तब एक दिन काल तपस्वी के वेश में राजद्वार पर आया। उसने सन्देश भिजवाया कि मैं महर्षि अतिबल का दूत हूँ और अत्यन्त आवश्यक कार्य से श्री रामचन्द्र जी से मिलना चाहता हूँ। सन्देश पाकर राजचन्द्रजी ने उसे तत्काल बुला भेजा। काल के उपस्थित होने पर श्रीराम ने उन्हें सत्कारपूर्वक यथोचित आसन दिया और महर्षि अतिबल का सन्देश सनाने का आग्रह किया। यह सुनकर मुनिवेषधारी काल ने कहा, यह बात अत्यन्त गोपनीय है। यहाँ हम दोनों के अतिरिक्त कोई तीसरा व्यक्ति नहीं रहना चाहिये। मैं आपको इसी शर्त पर उनका सन्देश दे सकता हूँ कि यदि बातचीत के समय कोई

व्यक्ति आ जाये तो आप उसका वध कर देंगे। श्रीराम ने काल की बात मानकर लक्ष्मण से कहा, तुम इस समय द्वारपाल को विदा कर दो और स्वयं ड्योढ़ी पर जाकर खड़े हो जाओ। ध्यान रहे, इन मुनि के जाने तक कोई यहाँ आने न पाये। जो भी आयेगा, मेरे द्वारा मारा जायेगा। जब लक्ष्मण वहाँ से चले गये तो उन्होंने काल से महर्षि का सन्देश सुनाने के लिये कहा। उनकी बात सुनकर काल बोला, मैं आपकी माया द्वारा उत्पन्न आपका पुत्र काल हूँ। ब्रह्मा जी ने कहलाया है कि आपने लोकों की रक्षा करने के लिये जो प्रतिज्ञा की थी वह पूरी हो गई। अब आपके स्वर्ग लौटने का समय हो गया है। वैसे आप अब भी यहाँ रहना चाहें तो आपकी इच्छा है। यह सुनकर श्रीराम ने कहा, जब मेरा कार्य पूरा हो गया तो फिर मैं यहाँ रहकर क्या करूँगा? मैं शीघ्र ही अपने लोक को लौटूँगा। जब काल रामचन्द्र जी से इस प्रकार वार्तालाप कर रहा था, उसी समय राजप्रासाद के द्वार पर महर्षि दुर्वासा रामचन्द्र से मिलने आये। वे लक्ष्मण से बोले, मुझे

तत्काल राघव से मिलना है। विलम्ब होने से मेरा काम बिगड़ जायेगा। इसलिये तुम उन्हें तत्काल मेरे आगमन की सूचना दो। लक्ष्मण बोले, वे इस समय अत्यन्त व्यस्त हैं। आप मुझे आज्ञा दीजिये, जो भी कार्य हो मैं पूरा करूँगा। यदि उन्हीं से मिलना हो तो आपको दो घड़ी प्रतीक्षा करनी होगी। यह सुनते ही मुनि दुर्वासा का मुख क्रोध से तमतमा आया और बोले, तुम अभी जाकर राघव को मेरे आगमन की सूचना दो। यदि तुम विलम्ब करोगे तो मैं शाप देकर समस्त रघुकुल और अयोध्या को अभी इसी क्षण भस्म कर दूँगा। ऋषि के क्रोधयुक्त वचन सुनकर लक्ष्मण सोचने लगे, चाहे मेरी मृत्यु हो जाये, रघुकुल का विनाश नहीं होना चाहिये। यह सोचकर उन्होंने रघुनाथजी के पास जाकर दुर्वासा के आगमन का समाचार जा सुनाया। रामचन्द्र जी काल को विदा कर महर्षि दुर्वासा के पास पहुँचे। उन्हें देखकर दुर्वासा ऋषि ने कहा, रघुनन्दन! मैंने दीर्घकाल तक उपवास करके आज इसी क्षण अपना व्रत खोलने का निश्चय किया है। इसलिये तुम्हारे यहाँ जो भी भोजन तैयार हो तत्काल मँगाओ और श्रद्धापूर्वक मुझे खिलाओ। रामचन्द्र जी ने उन्हें सब प्रकार से सन्तुष्ट कर विदा किया। फिर वे काल कि दिये गये वचन को स्मरण कर भावी भ्रातृ वियोग की आशंका से अत्यन्त दुःखी हुये। अग्रज को दुःखी देख लक्ष्मण बोले, प्रभु! यह तो काल की गति है। आप दुःखी न हों और निश्चिन्त होकर मेरा वध करके अपनी प्रतिज्ञा पूरी करें। लक्ष्मण की बात सुनकर वे और भी व्याकुल हो गये। उन्होंने गुरु वशिष्ठ तथा मन्त्रियों को बुलाकर उन्हें सम्पूर्ण वृतान्त सुनाया। यह सुनकर वशिष्ठ जी बोले, राघव!

आप सबको शीघ्र ही यह संसार त्याग कर अपने-अपने लोकों को जाना है। इसका प्रारम्भ सीता के प्रस्थान से हो चुका है। इसलिये आप लक्ष्मण का परित्याग करके अपनी प्रतिज्ञा पूरी करें। प्रतिज्ञा नष्ट होने से धर्म का लोप हो जाता है। साधु पुरुषों का त्याग करना उनके वध करने के समान ही होता है। गुरु वशिष्ठ की सम्मति मानकर श्री राम ने दुःखी मन से लक्ष्मण का परित्याग कर दिया। वहाँ से चलकर लक्ष्मण सरयू के तट पर आये। जल का आचमन कर हाथ जोड़, प्राणवायु को रोक, उन्होंने अपने प्राण विसर्जन कर दिये।

महाप्रयाण

लक्ष्मण का त्याग करके अत्यन्त शोक विह्वल हो रघुनन्दन ने पुरोहित, मन्त्रियों और नगर के श्रेष्ठिजनों को बुलाकर कहा, आज मैं अयोध्या के सिंहासन पर भरत का अभिषेक कर स्वयं वन को जाना चाहता हूँ। यह सुनते ही सबके नेत्रों से अश्रुधारा बह चली। भरत ने कहा, मैं भी अयोध्या में नहीं रहूँगा, मैं आपके साथ चलूँगा। आप कुश और लव का अभिषेक कीजिये। प्रजाजन भी कहने लगे कि हम सब भी आपके साथ चलेंगे। कुछ क्षण विचार करके उन्होंने दक्षिण कौशल का राज्य कुश को और उत्तर कौशल का राज्य लव को सौंपकर उनका अभिषेक किया। कुश के लिये विन्ध्याचल के किनारे कुशावती और लव के लिये श्रावस्ती नगरों का निर्माण कराया फिर उन्हें अपनी-अपनी राजधानियों को जाने का आदेश दिया। इसके पश्चात् एक द्रुतगामी दूत भेजकर मधुपुरी से शत्रुघ्न को बुलाया। दूत ने शत्रुघ्न को लक्ष्मण के त्याग, लव-कुश के अभिषेक आदि की सारी बातें भी बताईं। इस घोर कुलक्षयकारी वृतान्त को सुनकर शत्रुघ्न अवाक् रह गये। तदन्तर उन्होंने अपने दोनों पुत्रों सुबाहु और शत्रुघाती को अपना राज्य बाँट दिया। उन्होंने सबाहु को मधुरा का और शत्रुघाती को विदिशा का राज्य सौंप तत्काल अयोध्या के लिये प्रस्थान

किया। अयोध्या पहुँचकर वे बड़े भाई से बोले, मैं भी आपके साथ चलने के लिये तैयार होकर आ गया हूँ। कृपया आप ऐसी कोई बात न कहें जो मेरे निश्चय में बाधक हो। इसी बीच सुग्रीव भी आ गये और उन्होंने बताया कि मैं अंगद का राज्यभिषक करके आपके साथ चलने के लिये आया हूँ। उनकी बात सुनकर रामचन्द्रजी मुस्कुराये और बोले, बहुत अच्छा। फिर विभीषण से बोले, विभीषण! मैं चाहता हूँ कि तुम इस संसार में रहकर लंका में राज्य करो। यह मेरी हार्दिक इच्छा है। आशा है, तुम इसे अस्वीकार नहीं करोगे। विभीषण ने भारी मन से रामचन्द्र जी का आदेश स्वीकार कर लिया। श्रीराम ने हनुमान को भी सदैव पृथ्वी पर रहने की आज्ञा दी। जाम्बवन्त, मैन्द और द्विविद को द्वापर तथा कलियुग की सन्धि तक जीवित रहने का आदेश दिया। अगले दिन प्रातःकाल होने पर धर्मप्रतिज्ञ श्री रामचन्द्र जी ने गुरु वशिष्ठ जी की आज्ञा से महाप्रस्थानोचित सविधि सब धर्मकृत्य किये। तत्पश्चात् पीताम्बर धारण कर हाथ में कुशा लिये राम ने वैदिक मन्त्रों के उच्चारण के साथ सरयू नदी की ओर प्रस्थान किया। नंगे पैर चलते हुये वे सूर्य के समान प्रकाशमान मालूम पड़ रहे थे। उस समय उनके दक्षिण भाग में साक्षात् लक्ष्मी, वाम भाग में भूदेवी और उनके समक्ष संहार शक्ति चल रही थी। उनके साथ बड़े-बड़े ऋषि-मुनि और समस्त ब्राह्मण मण्डली थी। वे सब स्वर्ग का द्वार खुला देख उनके साथ चले जाते थे। उनके साथ उनके राजमहल के सभी आबालवृद्ध स्त्री-पुरुष भी चल रहे थे। भरत व शत्रुघ्न भी अपने-अपने रनवासों के साथ श्रीराम के संग-संग चल रहे थे। सब मन्त्री तथा सेवकगण अपने परिवारों सहित उनके पीछे हो लिये। उन सबके पीछे मानो सारी अयोध्या ही चल रही थी। मस्त ऋक्ष और वानर भी किलकारियाँ मारते, उछलते-कूदते, दौड़ते हुये चले। इस समस्त समुदाय में कोई भी दुःखी अथवा उदास नहीं था, बल्कि सभी इस प्रकार प्रफुल्लित थे जैसे छोटे बच्चे मनचाहा खिलौना पाने पर प्रसन्न होते हैं। इस प्रकार चलते हुये वे सरयू नदी के पास पहुँचे। उसी समय सृष्टिकर्ता ब्रह्माजी सब देवताओं और ऋषियों के साथ वहाँ आ पहुँचे। श्रीराम को स्वर्ग ले जाने के लिये करोड़ों विमान भी वहाँ उपस्थित हुये। उस समय समस्त आकाशमण्डल दिव्य तेज से दमकने लगा। शीतल-मंद-सुगन्धित वायु बहने लगी, आकाश में गन्धर्व दुन्दुभियाँ बजाने लगे, अप्सराएँ नृत्य करने लगीं और देवतागण फूल बरसाने लगे। श्रीरामचन्द्रजी ने सभी भाइयों और साथ में आये जनसमुदाय के साथ पैदल ही सरयू नदी में प्रवेश किया। तब आकाश से ब्रह्माजी बोले, हे राघव! हे विष्णु! आपका मंगल हो। हे विष्णुरूप रघुनन्दन! आप अपने भाइयों के साथ अपने स्वरुपभूत लोक में प्रवेश करें। चाहें आप चतुर्भुज विष्णु रूप धारण करें और चाहें सनातन आकाशमय अव्यक्त ब्रह्मरूप में रहें। पितामह ब्रह्मा जी की स्तुति सुनकर श्रीराम वैष्णवी तेज में प्रविष्ट हो विष्णुमय हो गये। सब देवता, ऋषि-मुनि, मरुदगण, इन्द्र और अग्नदेव उनकी पूजा करने लगे। नाग, यक्ष, किन्नर, अप्सराएँ तथा राक्षस आदि प्रसन्न हो उनकी स्तुति करने लगे। तभी विष्णुरूप श्रीराम ब्रह्माजी से बोले, हे सुव्रत! ये जितने भी जीव स्नेहवश मेरे साथ चले आये हैं, ये सब मेरे भक्त हैं, इस सबको स्वर्ग में रहने के लिये उत्तम स्थान दीजिये। ब्रह्मा जी ने उन सबको ब्रह्मलोक के समीप स्थित संतानक नामक लोक में भेज दिया। वानर और ऋक्ष आदि जिन-जिन देवताओं के अंश से उत्पन्न हुये थे, वे सब उन्हीं में लीन हो गये। सुग्रीव ने सूर्यगण्डल में प्रवेश किया। उस समय जिसने भी सरयू में डुबकी लगाई वहीं शरीर त्यागकर परमधाम का अधिकारी हो गया।

लव कुश द्वारा प्रस्तुत रामायण

हम कथा सुनाते राम सकल गुणधाम की,
हम कथा सुनाते राम सकल गुणधाम की,
ये रामायण है पुण्य कथा श्री राम की,
जम्बुद्वीपे, भरत खंडे. आर्यावर्ते, भारतवर्षे,
इक नगरी है विख्यात अयोध्या नाम की,
यही जन्म भूमि है परम पूज्य श्री राम की,
हम कथा सुनाते राम सकल गुणधाम की,
ये रामायण है पुण्य कथा श्री राम की,
ये रामायण है पुण्य कथा श्री राम की,
रघुकुल के राजा धर्मात्मा, चक्रवर्ती दशरथ पुण्यात्मा,
संतति हेतु यज्ञ करवाया, धर्म यज्ञ का शुभ फल पाया,
नृप घर जन्मे चार कुमारा, रघुकुल दीप जगत आधारा,
चारों भ्रातों के शुभ नामा, भरत, शत्रुघ्न, लक्ष्मण रामा,
गुरु वशिष्ठ के गुरुकुल जाके, अल्प काल विद्या सब पाके,
पूरण हुयी शिक्षा, रघुवर पूरण काम की,
हम कथा सुनाते राम सकल गुणधाम की,
ये रामायण है पुण्य कथा श्री राम की,
मृदु स्वर, कोमल भावना, रोचक प्रस्तुति ढंग,
इक इक कर वर्णन करें, लव कुश राम प्रसंग,
विश्वामित्र महामुनि राई, तिनके संग चले दोउ भाई,
कैसे राम ताड़का मारी, कैसे नाथ अहिल्या तारी,
मुनिवर विश्वामित्र तब, संग ले लक्ष्मण राम,
सिया स्वयंवर देखने, पहुंचे मिथिला धाम,
जनकपुर उत्सव है भारी,
जनकपुर उत्सव है भारी,
अपने वर का चयन करेगी सीता सुकुमारी,
जनकपुर उत्सव है भारी,
जनक राज का कठिन प्रण, सुनो सुनो सब कोई,
जो तोड़े शिव धनुष को, सो सीता पति होई,
को तोरी शिव धनुष कठोर, सबकी दृष्टि राम की ओर,
राम विनय गुण के अवतार, गुरुवार की आज्ञा शिरधार,
सहज भाव से शिव धनु तोड़ा, जनकसुता संग नाता जोड़ा,
रघुवर जैसा और न कोई, सीता की समता नही होई,
दोउ करें पराजित कांति कोटि रति काम की,
हम कथा सुनाते राम सकल गुणधाम की,
ये रामायण है पुण्य कथा सिया राम की,
सब पर शब्द मोहिनी डारी, मन्त्र मुग्ध भये सब नर नारी,
यूँ दिन रैन जात हैं बीते, लव कुश ने सबके मन जीते,

वन गमन, सीता हरण, हनुमत मिलन,
लंका दहन, रावण मरण, अयोध्या पुनरागमन.
सविस्तार सब कथा सुनाई, राजा राम भये रघुराई,
राम राज आयो सुख दाई, सुख समृद्धि श्री घर घर आई,
काल चक्र नें घटना क्रम में ऐसा चक्र चलाया,
राम सिया के जीवन में फिर घोर अँधेरा छाया,
अवध में ऐसा, ऐसा इक दिन आया,
निष्कलंक सीता पे प्रजा नें मिथ्या दोष लगाया,
अवध में ऐसा, ऐसा इक दिन आया,
चल दी सिया जब तोड़ कर सब नेह नाते मोह के,
पाषाण हृदयों में न अंगारे जगे विद्रोह के,
ममतामयी माँओं के आँचल भी सिमट कर रह गए,
गुरुदेव ज्ञान और नीति के सागर भी घट कर रह गए,
न रघुकुल न रघुकुलनायक,
कोई न सिय का हुआ सहायक,
मानवता को खो बैठे जब, सभ्य नगर के वासी,
तब सीता को हुआ सहायक, वन का इक सन्यासी,
उन ऋषि परम उदार का वाल्मीकि शुभ नाम,
सीता को आश्रय दिया ले आए निज धाम,
रघुकुल में कुलदीप जलाए,
राम के दो सुत सिय नें जाए,

श्रोतागण, जो एक राजा की पुत्री है, एक राजा की पुत्रवधू है, और एक चक्रवर्ती राजा की पत्नी है, वही महारानी सीता वनवास के दुःखों में अपने दिन कैसे काटती है. अपने कुल के गौरव और स्वाभिमान के रक्षा करते हुए, किसी से सहायता मांगे बिना कैसे अपना काम वो स्वयं करती है, स्वयं वन से लकड़ी काटती है, स्वयं अपना धान कूटती है, स्वयं अपनी चक्की पीसती है, और अपनी संतान को स्वावलंबी बनने की शिक्षा कैसे देती है अब उसकी एक करुण झांकी देखिये-

जनक दुलारी कुलवधू दशरथजी की,
राजरानी होके दिन वन में बिताती है,
रहते थे घेरे जिसे दास दासी आठों याम,
दासी बनी अपनी उदासी को छिपती है,
धरम प्रवीना सती, परम कुलीना,
सब विधि दोष हीना जीना दुःख में सिखाती है,
जगमाता हरिप्रिया लक्ष्मी स्वरूपा सिया,
कूटती है धान, भोज स्वयं बनती है,
कठिन कुल्हाड़ी लेके लकड़ियाँ काटती है,
करम लिखे को पर काट नहीं पाती है,
फूल भी उठाना भारी जिस सुकुमारी को था,
दुःख भरे जीवन का बोझ वो उठाती है,

अर्धांगिनी रघुवीर की वो धर धीर,
भरती है नीर, नीर नैन में न लाती है,
जिसकी प्रजा के अपवादों के कुचक्र में वो,
पीसती है चाकी स्वाभिमान को बचाती है,
पालती है बच्चों को वो कर्मयोगिनी की भाँति,
स्वाभिमानी, स्वावलंबी, सबल बनाती है,
ऐसी सीता माता की परीक्षा लेते दुःख देते,
निठुर नियति को दया भी नही आती है,
उस दुखिया के राज दुलारे, हम ही सुत श्री राम तिहारे,
सीता मां की आँख के तारे, लव कुश हैं पितु नाम हमारे,
हे पितु, भाग्य हमारे जागे, राम कथा कही राम के आगे।
पुनि पुनि कितनी हो कही सुनाई, हिय की प्यास बुझत न बुझाई।
सीता राम चरित अतिपावन, मधुर सरस अरु अति मनभावन।

लव और कुश ने कहा, महर्षि वाल्मीकि रचित रामायण महाकाव्य यहाँ समाप्त होता है। यह महाकाव्य आयु तथा सौभाग्य को बढ़ाता है और पापों का नाश करता है। इसका नियमित पाठ करने से मनुष्य की सभी कामनाएँ पूरी होती हैं और अन्त में परमधाम की प्राप्ति होती है। सूर्यग्रहण के समय कुरुक्षेत्र में एक बार स्वर्ण का दान करने से जो फल मिलता है, वही फल प्रतिदिन रामायण का पाठ करने या सुनने से होता है। यह रामायण काव्य गायत्री का स्वरूप है। यह चरित्र धर्म, अर्थ, काम और मोक्ष चारों पुरुषार्थों को देने वाला है। इस प्रकार इस पुराण महाकाव्य का आप श्रद्धा और विश्वास के साथ नियमपूर्वक पाठ करें। आपका कल्याण होगा।

लव-कुश जन्म भूमि

त्रेता युग के श्रीराम के काल से स्थापित और रामायण का अन्त जिस नाम से होता है वह है-लव और कुश है। सर्वप्रथम श्रीराम कथा लव और कुश ने कही थी और सुनने वाले स्वयं भगवान श्रीराम ही थे। वर्तमान समय में "लव-कुश विचारधारा" पत्रिका, "लव-कुश समाज", "लव-कुश छात्रावास", वाराणसी में नई सड़क पर शाकाहारी भोजन का प्रसिद्ध "लव कुश होटल", उदयपुर(राजस्थान, भारत) में "लव कुश स्टेडियम" भी स्थापित है। दिल्ली में "लव कुश रामलीला कमेटी" वर्षों से रामलीला आयेजित करती आ रही है। "लव-कुश" पर कई बार फिल्में भी बन चुकी हैं। प्रायः जुड़वा पुत्रों के नाम लव और कुश ही लोग रखना चाहते हैं।

लव-कुश का जन्म कहां हुआ, सीता पाताल में कैसे और कहां समाईं इसका रहस्य बरकरार है। देश के अनेक स्थल सबूत भी देते हैं लेकिन इन सबूतों में कहां तक सच्चाई है ये बताने वाला तो यहां फिलहाल कोई नहीं है और लव-कुश जन्मभूमि के रूप में अनेक स्थल भारत देश के अनेक प्रदेशों में उपलब्ध हैं कुछ का विवरण निम्न प्रकार है-

1.बिठूर (कानपुर, उ0 प्र0)

उत्तर प्रदेश के कानपुर शहर से 17 किलोमीटर दूर बिठूर में महर्षि वाल्मीकि आश्रम है। लव-कुश की जन्म स्थली कही जाने वाले बिठूर में हर दिन हजारों की संख्या में लोग यहां दर्शन के लिए आते हैं। केवल शहर के ही नहीं, बल्कि कानपुर आने वाले सैलानी भी भगवान राम से जुड़ी इस स्थली के मोह से दूर नहीं हो पाते हैं। सीता रसोई, वाल्मीकि आश्रम आदि के अस्तित्व आज भी यहां विराजमान हैं। यहां माता सीता का एक मंदिर भी है। मंदिर में माता सीता की प्रतिमा अपने पुत्र लव और कुश के साथ है। मंदिर के पुजारी के मुताबिक आठ लाख साल पहले माता सीता बिठूर आईं थी और यहीं पर लव-कुश का जन्म हुआ था। लव-कुश ने इसी स्थान पर वाल्मीकि से शिक्षा भी प्राप्त की थी। वहीं राम जानकी मन्दिर में लव-कुश के बाण आज भी रखे हुए हैं। गंगा नदी के किनारे बसे इस स्थान पर एक ओर सीता रसोई भी बनी हुई है। यहीं पर सीता जी भोजन बनाती थीं। उस समय उपयोग किए गए बर्तन भी सीता रसोई में मौजूद हैं। पुजारी ने बताया कि लव-कुश यहीं पर मां गंगा में स्नान करते थे और यहीं पर बाण चलाना, घुड़सवारी आदि भी सीखी थी।

भगवान राम ने जब अश्वमेघ यज्ञ कराया था, तो कोई भी राजा उस समय उनके घोड़े को पकड़ने की हिम्मत नहीं कर पाया था। वाल्मीकि रामायण में उल्लेख है कि जब वह घोडा बिठूर पहुंचा तो लव-कुश ने उसे बांध लिया था। इसके बाद राम भक्त हनुमान यहां घोड़ा छुडाने के लिए आये थे। लव-कुश से युद्ध में वह परास्त हो गए और उन्हें यहीं पर बंधक बना लिया गया था। आज भी यहां पर वह स्थल बना हुआ है, जहां पर हनुमान जी को कैद किया गया था। इसके बाद घोड़ा छुड़ाने पहुंचे लक्ष्मण जी को भी यहीं पर बंधक बना लिया गया था।

बताया जाता है कि यहीं पर सीता जी पाताल में समाई थीं। हनुमान और लक्ष्मण की कोई खबर न मिलने पर भगवान राम स्वयं युद्ध के लिए यहां पहुंचे थे। युद्ध के बीच में ही उन्हें पता चला था कि जिन लव-कुश से वे युद्ध कर रहे हैं, वे उनके ही पुत्र हैं। इसके बाद माता सीता से राम की मुलाकात भी यहीं पर हुई थी। जब राम ने माता सीता को स्पर्श करने की कोशिश की तो वे धरती में समा गईं। यह स्थान भी यहां मौजूद हैं। सुबह शाम इस स्थल पर पूजा की जाती है।

नई पीढ़ी को शायद न पता हो कि जब राजा रामचंद्र जी ने मां सीता का अयोध्या से परित्याग किया। तब लक्ष्मण जी उनको वन में छोड़ने के लिए रथ से निकले। मार्ग में उन्नाव के निकट (कुशुम्भी) नामक स्थान पर माता सीता को प्यास लगी। इस पर लक्ष्मण जी ने उन्हें यहीं पर जल पिलाया और तब सीता ने लक्ष्मण जी को बताया कि राजा राम ने उनका परित्याग कर दिया है। इसके बाद सीता माता बिठूर (कानपुर) पहुंची जहां पर आज भी वाल्मीकि आश्रम स्थित है। यहीं पर लव-कुश का जन्म हुआ और उनका पूरा बचपन भी यहीं व्यतीत हुआ था।

विशेष बात यह है कि कानपुर के बिरहाना रोड पर स्थित तपेश्वरी मंदिर में ही लव-कुश का मुंडन और कर्ण छेदन हुआ था। इसी कारण इस पूरे क्षेत्र को कर्णपुर कहा जाता था, जो बाद में कानपुर हो गया।

2.बालैनी (बागपत, उ0 प्र0)

मेरठ के पास स्थित बागपत का नाम तो सभी ने सुना होगा। वहां एक बहुत ही प्रसिद्ध मंदिर है, पुरा महादेव। कांवड़ के समय वहां पर लाखों श्रद्धालु गंगाजल लाकर भोले शंकर का जलाभिषेक करते हैं। लेकिन क्या आपको पता है कि बागपत में ही एक जगह ऐसी भी है, जहां भगवान राम और माता सीता के बेटे लव व कुश का जन्म हुआ था। मेरठ से करीब 27 किलोमीटर दूर बागपत का एक गांव है बालैनी। यह गांव बागपत शहर से भी करीब 23 किलोमीटर दूर है। मेरठ से बागपत की तरफ जाते समय करीब 27 किलोमीटर दूर अंदर की तरफ एक रास्ता कटता है। इस रास्ते पर आप चलेंगे तो आखिर में आपको एक आश्रम दिखाई देगा। बताते हैं कि इस आश्रम को पहले ब्रह्मतुंग नाम से जाना जाता था। बाद में इसे नागेश्वर महादेव के नाम से पहचान मिली। वहीं, बाल्मीकि आश्रम के नाम से प्रसिद्ध यह स्थान अब बालैनी कहा जाने लगा है। हर साल आखातीज यानि अक्षय तृतीया के अवसर पर यहां लव-कुश का जन्मदिवस मनाया जाता है।

3.सीतामढ़ी (संत रविदास नगर भदोही, उ0 प्र0)

धर्मनगरी काशी-प्रयागराज के मध्य भदोही के दक्षिणांचल में गंगा तट पर बसा सीतामढ़ी महर्षि बाल्मिकी की तपोस्थली है। धार्मिक मान्यता के अनुसार तेत्रायुग में इसी पवित्र स्थली पर लव-कुश कुमारों ने प्रभु श्रीराम के अश्वमेध यज्ञ के घोड़े को बांधा था और उनकी चतुरंगिणी सेना को पराजित किया था। मां सीता अग्नि परीक्षा के दौरान यहीं धरती में समाहित हुई थीं। अनादिकाल से अषाढ़ मास की शुक्लपक्ष को नवमी मेले का आयोजन होता है। यह मेला पूरे नौ दिन चलता है। भागीरथी यानी मां गंगा इस पवित्र तीर्थ स्थल को छूती हुई चंद्राकार होते हुए निकलती हैं। महर्षि बाल्मिकी की तपोस्थली ठीक गंगा तट पर है। जहां आप पहुंच कर उस तेत्रायुग की तपोस्थली का अवलोकन कर सकते हैं।

जब प्रभु श्रीराम ने अयोध्या की प्रजा के विश्वास की रक्षा के लिए मां सीता का अग्नि परीक्षा के लिए निर्वासन किया था तो घोर जंगल था। तुलसीदास ने अपनी कवितावली में इस स्थान का उल्लेख भी किया है, 'जहां बाल्मिकी भयो व्याध ते मुनींद्र, साधुए सिय को निवास लव-कुश जनम थलु। बारिपुर, दिगपुर बीच बिलसति भूमि। ये सभी सभी गांव आज भी मौजूद हैं। जंगल होने के प्रमाण भी मिलते हैं। निर्वासन के दौरान इसी तपोभूमि में लव-कुश कुमारों का जन्म हुआ था। बाद में जब प्रभु श्रीराम ने अश्वमेध का यज्ञ का घोड़ा छोड़ा तो उसे बांधने वाले लव-कुश कुमार ही थे।

अखिल भारतीय रामायण मेले को स्थानीय लोग नवमी या फिर लव-कुश मेले के रुप में पुकारते हैं। पूरे नौ दिन तक धार्मिक प्रवचन का आयोजन होता है। मेले का आयोजन अनादिकाल से होता चला आ रहा है। अंतिम दिन भव्य मेला लगता है, जिसे देखने कई जिलों से लोग पहुंचते हैं। जिला प्रशासन की तरफ से बिजली, पानी के साथ साफ-सफाई का विशेष ख्याल रखा जाता है। पर्यटक स्थल पर पहुंचने के बाद पूरा प्राकृतिक वातावरण आपको मिलेगा। प्रयागराज से राष्टीय राजमार्ग से चल कर भीटी और वाराणसी से आने पर जंगीगंज नामक स्थल पर उतर कर सड़क मार्ग से पहुंचा जा सकता है। दोनों स्थलों से सीतामढ़ी की दूरी 11 किमी के आसपास है। पर्यटन स्थल तक निजी साधन चलते हैं।

भारत के पर्यटन मानचित्र पर सीता समाहित स्थल बेहद तेजी से उभरा है। पूरे साल देश और दुनिया से पर्यटक आते हैं, अब तो विदेशी सैलानियों की भी आमद बढ़ने लगी है। इस पूरे इलाके को दिल्ली के उद्योगपति पुंज परिवार ने विकसित किया है। सबसे बड़ा वातानुकूलित हाल के साथ सीबीएसई आधारित कॉलेज, बीएड कालेज जैसी सुविधाएं हैं। तीन सितारा होटल भी है, पर्यटक भोजन और रात्रि विश्राम भी कर सकते हैं। पूरे इलाके

को पुंज परिवार ने बेहद अच्छे तरीके से विकसित किया है। लायड पुंज ट्रस्ट की तरफ से हर साल गरीब बेटियों के सामूहिक विवाह का आयोजन होता है। बेहद रमणीक और प्राकृतिक छटा से सम्पन्न सुरम्य स्थल है।

दिल्ली की पुंज लायड संस्था ने अच्छा विकास कराया है। जिस जगह मां सीता धरती में समाहित हुई थीं एक दो मंजिला भव्य मंदिर का निर्माण कराया है। मंदिर के नीचले तल में धरती में समाहित होती मां सीता की भव्य प्रतिमा है। जबकि उपरी तल पर कांच की कलात्मक के साथ मां सीता की मनमोहक प्रतिमा स्थापित की गई है। परिसर में 108 फीट आसमान को नापती महाबली बजरंगबली की प्रतिमा पर्यटकों को दूर से अपनी तरफ आकर्षित करती है। यह एशिया की सबसे उंची हनुमान प्रतिमा है। कैलाश पर्वत पर शिव की जटा से निकलती गंगा मन को मोह लेती हैं। सीता माता के केश भी एक घास के रुप में बिखरी पड़े हैं। मान्यता है कि उसे आपस में बांधने से सारी मनोकामनाएं पूरी होती हैं। इसे बगही माता केस के नाम से लोग जानते हैं। झील और फौव्वारे रात की रोशनी में सुंदरता नयनाभिराम बनाते हैं।

4.वनदेवी मंदिर कहीनौर, (मऊ, उ0 प्र0)

जनपद मुख्यालय से लगभग 12 किलोमीटर दूर दक्षिण पश्चिम दिशा में प्रकृति के मनोरम एवं रमणीय परिवेश में स्थित है जगत जननी सीता माता का मन्दिर वनदेवी। आज यह स्थान श्रद्धालुओं के आकर्षण का केन्द्र बिन्दु है। वनदेवी मन्दिर अपनी प्राकृतिक गरिमा के साथ-साथ पौराणिक एवं सांस्कृतिक मूल्यों का प्रेरणा स्रोत भी है। जनश्रुतियों एवं भौगोलिक साक्ष्यों के आधार पर यह स्थान महर्षि वाल्मीकि की साधना स्थली के रूप में विख्यात रहा है। महर्षि का आवास इसी स्थान के आस-पास कहीं रहा होगा। कहा जाता है कि माता सीता ने भी अपने अखण्ड पतिव्रत धर्म का पालन करते हुए यहीं पर अपने पुत्रों लव-कुश को जन्म दिया था। यह स्थान साहित्य साधना के आदि पुरुष महर्षि वाल्मीकि एवं सम्पूर्ण भारतीयता का प्रतीक भगवान राम तथा माता सीता से जुड़ा हुआ है।

जनश्रुति के अनुसार नर्वर के रहने वाले सिधनुआ बाबा को स्वप्न दिखाई दिया कि देवी की प्रतिमा जंगल में जमीन के अन्दर दबी पड़ी है। देवी ने बाबा को उक्त स्थल की खुदाई कर पूजा पाठ का निर्देश दिया। स्वप्न के अनुसार बाबा ने निर्धारित स्थल पर खुदाई प्रारम्भ की तो उन्हें मूर्ति दिखाई दी। बाबा के फावड़े की चोट से मूर्ति क्षतिग्रस्त भी हो गयी। बाबा जीवन पर्यन्त वहाँ पूजन-अर्चन करते रहे। वृद्धावस्था में उन्होंने उक्त मूर्ति को अपने घर लाकर स्थापित करना चाहा लेकन वे सफल नहीं हुए और वहीं उनका प्राणांत हो गया। बाद में वहाँ मन्दिर बनवाया गया। वनदेवी मन्दिर अनेक साधु-महात्मा एवं साधकों की तपस्थली भी रहा है। इस क्षेत्र में रहे अनेक साधु-महात्माओं में लहरी बाबा की विशेष ख्याति है। यहाँ श्रद्धालुओं को मानसिक एवं शारीरिक व्याधि से छुटकारा मिलता है।

5.वाल्मीकि आश्रम (चित्रकूट, उ0 प्र0)

मर्यादा पुरुषोत्तम भगवान श्रीराम की तपोभूमि चित्रकूट के प्रवेश द्वार के नाम से विख्यात झांसी-मिर्जापुर राष्ट्रीय राजमार्ग में जिले के बगरेही गांव के समीप स्थित लव-कुश की जन्मभूमि एवं रामायण के रचयिता महर्षि वाल्मीकि की कर्मस्थली वाल्मीकि आश्रम केंद्र और प्रदेश सरकारों की उपेक्षा का शिकार है। रामायण की रचना कर भगवान श्रीराम के आदर्श और चरित्र की गौरवगाथा को जन-जन तक पहुंचाने वाले आदि कवि महर्षि वाल्मीकि ने इसी आश्रम में रहकर रामायण की रचना की थी। इसके अलावा इस आश्रम की सबसे बड़ी विशेषता यह है कि अयोध्या लौटने के बाद जब भगवान श्रीराम ने माता सीता को अपने राज्य से निकाला था, तब उन्होंने इसी आश्रम में शरण ली थी। इसी आश्रम में लव और कुश का जन्म हुआ। इसी आश्रम ने महर्षि वाल्मीकि की देख-रेख में राजकुमार लव और कुश की शिक्षा-दीक्षा हुई थी।

6.प्रतापगढ़ (उ0 प्र0)

रामायण काल के दौरान जब राम ने सीता को वनवास दिया तो उस कालखंड में सीता माता ने जिस स्थान पर लव और कुश को जन्म दिया वह स्थान आज भी प्रतापगढ़ में मौजूद है। यहां पर सीता माता का मंदिर बना हुआ है. जहां प्रतिवर्ष मेला लगता है और लाखों की संख्या में श्रद्धालु पहुंचते हैं। सीता माता मेले के नाम से प्रसिद्ध इस मेले में दूर-दूर से सीता माता के दर्शन के लिए श्रद्धालु आते हैं और मन्नते मांगते हैं। यह वह स्थान है जहां पर लव और कुछ ने अश्वमेध के घोड़ों को पकड़ा था और राम को युद्ध के लिए ललकारा था। वह पेड़ आज भी यहां पर मौजूद है, जिस पर हनुमान जी को बांधा गया था। सीता माता का मंदिर जहां बना हुआ है वहां से देखने पर साफ तौर पर पता चलता है कि यही वह स्थान है जहां पर धरती दो भागों में फटी और सीता माता उसमें समा गई। यहां पर स्थित वाल्मीकि आश्रम में आज भी लोग लव-कुश पालने को झूला झूलाते हुए देखे जा सकते हैं। इतने सारे पौराणिक स्थानों के होने के कारण इस इलाके का नाम सीतामाता वन्य जीव अभ्यारण रखा गया है।

7. वाल्मीकि नगर (बिहार)

वाल्मीकि नगर जो वर्तमान में बिहार प्रान्त के अंतर्गत राष्ट्रीय अंतर्राष्ट्रीय सीमाओं को छूती एक-दूसरे से गले मिलते बिहार, नेपाल और उत्तर प्रदेश के बीच वाल्मीकि नगर का यह स्थान महर्षि वाल्मीकि स्थान के नाम से जाना जाता है। वन और नदियाँ यहां की शोभा में चार में चाँद लगाती है।

प्राचीन मिथिला की पश्चमी सीमा पश्चिमी चंपारण में पड़ने वाला यह पावन तीर्थ स्थल है। त्रेता काल से लेकर आज तक यहाँ की महिमा का गुणगान हम अपने धर्म शास्त्रों के माध्यम से सुनते और पढ़ते चले आ रहे हैं। यही पर माता जानकी वणदेवी बनकर महर्षि वाल्मीकि के आश्रम में लव और कुश को जन्म दिया। यहीं अश्वमेघ का घोड़ा लव और कुश ने पकड़ा था जिसे मर्यादा पुरुषोत्तम श्री राम ने छोड़ा था। यहीं माता सीता धरती में समाई थी।

यहीं वह पवित्र भूमि है जहाँ आल्हा और उदल की कुलदेवी माता नरदेवी का प्राचीन मंदिर विद्यमान है। प्रकृति के प्रांगण में बसा यह स्थान अपनी कहानी अपने आप कहती प्रतीत होती है। वास्तव में यहीं त्रिवेणी संगम है।

स्वर्ण भद्रा, ताम्रभाद्र और नारायणी जैसी प्राचीन देव नदियां का संगम इसी स्थान पर है। आज स्वर्ण भद्रा को सरस्वती, ताम्रभद्रा को तमसा कहा जाता है। सदानीरा नारायणी से मिलकर ये दोनों नदियां त्रिवेणी संगम बनाती हैं। यहाँ से आगे बिहार में बहने वाली एक प्रसिद्ध नदी निकलती है जिसे गंडक नदी के नाम से जाना जाता है। वैसे गज और ग्राह की प्रिसिद्ध लड़ाई भी इसी क्षेत्र से शुरू हुई थी। आदि कवि वाल्मीकि ने रामायण जैसी महान कृति की रचना इसी आश्रम में की थी। खुदाई में यहाँ से निकली कई भव्य मूर्तियां इस स्थान की प्रमाणिकता प्रदर्शित करती नजर आती हैं।

यहाँ की सबसे अधिक पूजनीय एवं प्रसिद्ध है- सीता माता का समाधी स्थल। कहा जाता है अंत समय में जब सीता ने धरती माता से अपने गोद में लेने के लिए प्रार्थना की। धरती माता प्रकट होकर सीता को लेकर देखते ही देखते जमीन के भीतर लेकर चली गई। यहाँ का चन्देश्वर महादेव मंदिर यहाँ आने वालों केलिए श्रद्धा और आस्था का केंद्र बना हुआ है। प्राचीन काल से आराधित इस शिवालय में अंकुरित महादेव हैं। इस जगह महात्मा गांधी एवं आजादी के बाद प्रथम प्रधान मंत्री पं० जवाहरलाल नेहरू भी आए। कहा जाता है की स्वप्न देखने के बाद जब खुदाई की गई तो उसमें से यह शिव लिंग निकला। जनश्रुति के अनुसार आदि कवि वाल्मीकि के द्वारा यह शिव लिंग सेवित था, जो कालांतर में जमींदोज हो गया था।

8.तुरतुरिया (छत्तीसगढ़)

छत्तीसगढ़ के दक्षिण कौशल के दण्डकारण्य में स्थित तुरतुरिया रायपुर से कोई 125 किलोमीटर पूर्वोत्तर में स्थित है। यहां रायपुर से जाने के लिए राष्ट्रीय राजमार्ग 53 में पटेवा से रायतुम बार नवापारा होते हुए तुरतुरिया पहुँचा जा सकता है। यहा प्रतिवर्ष पौष पूर्णिमा में तीन दिवसीय मेले का आयोजन भी किया जाता है। यह

क्षेत्र अभ्यारण्य के अंतर्गत है। धूल भरी कच्ची सड़कों से सैकड़ों वाहनों में लोग मेला सहित अन्य दिनों में भी यहां की खूबसूरती एवं मेला के दिन मन्नत पूरी होने की किवदन्तियों के कारण आते हैं और यहां के मंदिरों के दर्शन लाभ लेते हुए मन्नत मांग कर लौटते हैं।

सनातन धर्म की आस्था इस धरती से जुड़ी है रामायण कालीन महर्षि वाल्मिकी आश्रम एवं वैदेही विहार के रूप में माता सीता तथा लव-कुश की यादों को सहेजे यह धरती शांत मन को प्रफुल्लित करने वाली है। यहां शक्तिस्वरूपा मां काली की प्रतिमा सघन वृक्षों एवं पहाड़ों में विराजित है, जहां क्षेत्रवासी अपनी मुरादें पूरी करने प्रति वर्ष छेरछेरा पुन्नी मेले में आते हैं और इन्हें तुरतुरिया माता के नाम से पुकारते हैं। ग्राम ठाकुर दिया से तुरतुरिया पहुंचने के 4 किमी. मार्ग पर जान-लेवा घाटियों से होकर गुजरना पड़ता है। बलौदा बाजार जिले का और महासमुंद जिले की सरहद पर तुरतुरिया स्थित है। माना जाता है इसी जगह वाल्मीकी के आश्रम में माता सीता ने लव-कुश को जन्म दिया था। सुप्रीम कोर्ट से राम मंदिर निर्माण के फैसले के कुछ दिनों बाद ही छत्तीसगढ़ सरकार ने रामवनगमन के स्थलों की पहचान कर इन्हें पर्यटन स्थल के रुप में विकसित करने की घोषणा की है। इसके बाद से यहां के लोगों में लव-कुश जन्म स्थली तुरतुरिया में भी भव्य मंदिर निर्माण एवं इसे प्रदेश के प्रमुख पर्यटन स्थल बनाने की उम्मीद जाग गयी है।

यह स्थान रामचरित मानस में भी (त्रेतायुग) उल्लखित है। इस उल्लेख में दण्डकारण्य दक्षिण कौसल में स्थित तुरतुरिया में महर्षि वाल्मीकि आश्रम का वर्णन किया गया है। माना जाता है कि इसी स्थान पर भगवान राम ने माता सीता को वन में छोड़ने सुमन्त को भेजा था। यहीं महर्षि वाल्मीकि आश्रम आज भी मौजूद है। माना जाता है कि इसी स्थान पर माता सीता ने लव-कुश को जन्म भी दिया था।

वैदेही मंदिर

तुरतुरिया में माता सीता के निवास स्थान के पास वाल्मीकि आश्रम के पास ही वैदेही विहार है। वैदेही (बिना शरीर वाली) यानी माता सीता इसी स्थान पर निवासरत थी। माना जाता है कि माता सीता अपने जीवन के अंतकाल में यही धरती के गर्भ में समा गई थी।

काली मंदिर

वैदेही विहार के पास ही मां काली का मंदिर भी है। यहां मां काली की काफी पुरातन मूर्ति स्थापित है। यहां मान्यता अनुसार प्रतिवर्ष हजारों दर्शनार्थी मन्दिर दर्शन के लिए आते हैं और मन्नते मांगने नवरात्र में ज्योत भी जलवाते हैं।

लव-कुश की मूर्ति

वैदेही मन्दिर के पास ही लव-कुश की एक मूर्ति घोड़े को पकड़े खड़े रहने की है। ये मूर्ति यहां खुदाई के दौरान मिली है। जानकारों के अनुसार लव-कुश जिस घोड़े को पकड़े हैं, वह अश्वमेघ का घोड़ा है। ये मूर्तियां ही भगवान राम एवं सीता के यहां प्रवास का प्रणाण माना जाता है।

मातागढ़

वैदेही विहार से लगभग 800 सीढ़ी ऊपर मातागढ़ मन्दिर है। यहां चारों ओर आम, कटहल जैसे फल सब्जियों के पेड़-पौधे देखकर ऐसा लगता है कि जंगल में समय गुजारते वक्त यहां जंगल के बीचों बीच फल एवं सब्जियों के पेड़ पौधे लगाए गए थे। इस मंदिर की देवी को सन्तान दात्री भी कहा जाता है। जानकारों के अनुसार इस मंदिर में सन्तान की मन्नत के लिए लोग अधिक आते हैं। यहां मन्नते पूरी होने की चर्चा भी आम है। नीचे वैदेही विहार का मुख्य मंदिर मातागढ़ को ही माना जाता है।

9.सीताबाड़ी (राजस्थान)

भारत में कई मेले और त्योहार मनाए जाते हैं। जिनके पीछे एक पूरा इतिहास छिपा होता है। भारत के प्रत्येक त्योहार और मेले के पीछे एक रोचक कहानी और कारण होता है, जो उस त्योहार की महत्ता को प्रदर्शित

करता है। भारत में सीताबाड़ी का मेला एक ऐसा ही उत्सव है जो भगवान राम की पत्नी देवी सीता को समर्पित है। सीता माता को एक आदर्श पत्नी के रूप में जाना जाता है, जिन्होंने कभी अपने सतीत्व को भंग नहीं किया। रावण की कैद में रहने के बाद भी वह सदैव पतिव्रता नारी रहीं। बारां जिले में केलवाड़ा कस्बे के पास स्थित सीताबाड़ी मंदिर भारत के प्रसिद्ध धार्मिक स्थलों में से एक माना जाता है। इसका हिंदूओं के लिए धार्मिक और ऐतिहासिक महत्त्व है। सीताबाड़ी को वो पवित्र जगह माना जाता है जहां भगवान श्री राम ने अपनी पत्नी को समाज से निकालने के बाद रहने की शरण दी थी। कहा जाता है जब भगवान राम ने सीता का त्याग कर दिया था, तब माता सीता अपने निर्वासन के बाद यहीं ठहरी थी, यहां महर्षि वाल्मीकि का आश्रम था और इसी आश्रम में माता सीता ने अपने दोनों पुत्र लव और कुश को जन्म दिया था, महर्षि वाल्मीकि ने लव-कुश को यहीं शिक्षा-दीक्षा दी और उन्हें धनुर्विद्या में पारंगत किया। श्रीराम की सेना और लव-कुश के बीच युद्ध भी यहीं हुआ माना जाता है जिसमें लव-कुश ने विजय प्राप्त की थी। मंदिर में भगवान राम, माता सीता और लक्ष्मण की बहुत ही सुंदर मूर्तियां विराजित हैं। यहां भक्त दूर-दूर से माता सीता और भगवान राम के दर्शन करने आते हैं। सीताबाड़ी के प्रसिद्ध जल कुंड में स्नान करके अपने मोक्ष की कामना करते हैं। यह मेला प्रतिवर्ष जून के महीने में सीताबाड़ी मेला नाम से लगता है, जिसमें दूर दराज से बड़ी संख्या में लोग पहुंचते हैं।

प्राकृतिक सौंदर्य से भरपूर और मन को हर्षित करने वाला वनवासी क्षेत्र केलवाड़ा राजस्थान की आदिवासी संस्कृति की छटा तो बिखेरता ही है, वहीं कस्बे के पास स्थित सीताबाड़ी मंदिर त्रेता युग की यादें लोगों के मन में उद्वेलित कर देता है। भक्त मंदिर में दर्शन कर अपने आपको सभी भगवानों की कृपा का पात्र मानते हैं। सीताबाड़ी मंदिर के पास माता सीता और श्रीराम के अनुज लक्ष्मण के खूबसूरत मंदिर स्थित हैं। यहां सात जलकुंड बने हैं, जिनमें वाल्मीकि कुंड, सीता कुंड, लक्ष्मण कुंड, सूरज कुंड और लव-कुश कुंड प्रमुख जलकुंड हैं। सीताबाड़ी मंदिर के पास घने जंगल में सीता कुटी बनी हुई है। कहा जाता है कि निर्वासन के दौरान माता सीता रात्रि में यहीं विश्राम किया करती थीं।

सीताजी को उनके देवर लक्ष्मण जी ने उनके निर्वासन की अवधि में सेवा के लिए इसी स्थान पर जंगल में वाल्मीकि ऋषि के आश्रम में छोड़ा था। एक किंवदंती है कि जब सीताजी को प्यास लगी, तो सीताजी के लिए पानी लाने के लिए लक्ष्मणजी ने इस स्थान पर धरती में एक तीर मार कर जलधारा उत्पन्न की थी, जिसे लक्ष्मण बभुका कहा जाता है। इस जलधारा से निर्मित कुंड को लक्ष्मण कुंड कहा जाता है। लव-कुश का जन्म स्थान होने के कारण सीताबाड़ी को लव-कुश नगरी भी कहा जाता है।

10.पल्पल्ली (वायनाड, केरल)

केरल का वायनाड जिला रामायण काल से ही महत्वपूर्ण स्थान है और राम भक्तों के लिए यह जगह तीर्थस्थल है। केरल का एकमात्र लव-कुश मंदिर वायनाड जिले के कलपेट्टा से 32 किलोमीटर की दूरी पर और सुल्तान बाथरी से 25 किलोमीटर की दूरी पर सेठा लव-कुश मंदिर, पल्पल्ली में स्थित है। यह केरल राज्य में एकमात्र ज्ञात मंदिर है, जो भगवान राम के पुत्रों लव और कुश को समर्पित है। मानी जाती है लव-कुश की जन्म स्थली पल्पल्ली मंदिर की प्राथमिक आराध्य सीता देवी हैं। जानकारी के अनुसार, जब माता सीता को अयोध्या का त्याग करना पड़ा, उस समय वह गर्भवती थीं और उन्हें वाल्मीकि आश्रम में शरण मिली। यहीं उन्होंने अपने जुड़वा पुत्रों लव और कुश को जन्म दिया। वायनाड में प्रचलित लोक कथाओं की मानें तो सीता ने एक लंबा अरसा अपने दोनों पुत्रों लव और कुश के साथ वायनाड में बिताया था। यहां स्थित सीता देवी की मूर्ति को स्थानीय भाषा में जदयथा अम्मा के नाम से जाना जाता है। यह माना जाता है कि लव और कुश इस स्थान पर अपनी धनुर्विद्या को नए आयाम दिए। बताया जाता है कि इस स्थान का मूल नाम सिसुमाला था और बाद में इसका नाम बदलकर ससीमला हो गया। वायनाड के लोक साहित्य में लव-कुश की धनुर्विद्या की कई कहानियां सुनने को मिलती हैं। लव-कुश की तीरंदाजी की निशानी कलपेट्टा से करीब 25 किलोमीटर की दूरी पर स्थित हैं एडक्कल की गुफाएं। इन गुफाओं के बारे में कहा जाता है कि इनका निर्माण लव और कुश ने अपनी तीरंदाजी धार देते समय अपने वाणों से किया था।

बाद में अपने वाणों की क्षमता से इन गुफाओं को उन्होंने विस्तार दिया। इन गुफाओं में 400 से अधिक सांकेतिक चिन्ह और नक्काशीदार आकृतियां मौजूद हैं। लव और कुश के साथ ही माता सीता की तपस्थली होने के कारण ससीमला को एक पवित्र स्थान माना जाता है। यह पजहस्सी राजा का प्रिय तीर्थ था। यहां बड़ी संख्या में श्रद्धालु और पर्यटक आते हैं। पल्पल्ली, कलपेट्टा और सुल्तान बाथरी से बस सेवा द्वारा जुड़ा हुआ है। एडक्कल की गुफाओं और लव-कुश के संबंध के बारे में लिखित में बहुत कुछ नहीं मिलता है लेकिन वायनाड की लोक कथाएं इनके आपसी संबंध को पुख्ता करती हैं।

11.रामतीर्थ (अमृतसर, पंजाब)

जिले में स्थित रामतीर्थ वह स्थान है जहां मर्यादा पुरुषोत्तम भगवान श्रीराम की पत्नी सीता ने परित्यक्ता का जीवन व्यतीत किया था। श्री वाल्मीकि तीर्थ के नाम से विख्यात यह पावन स्थल पंजाब के अमृतसर से करीब 10 किमी दूर राम तीर्थ में स्थित है। मान्यता है कि इसी स्थान पर आदि कवि महर्षि वाल्मीकि ने रामायण की रचना की थी।

धूना साहिब के महंत मलकीत नाथ कहते हैं कि इस स्थान की मान्यता सतयुग से है। यहीं बैठकर भगवान वाल्मीकि ने आदि ग्रंथ रामायण की रचना की थी। मलकीत नाथ कहते हैं कि यह वही स्थल है जहां मर्यादा पुरुषोत्तम भगवान श्रीराम द्वारा माता सीता का त्याग किए जाने पर वह इसी जगह पर रहीं और यहीं पर उन्होंने दो पुत्रों लव और कुश को जन्म दिया था। धूना साहिब के ही एक अन्य सेवादार कहते हैं कि मंदिर के सामने सीता कुंड है। इसी कुंड से पानी लाकर माता सीता रसोई बनाती थीं। यह मंदिर आज भी यहां मौजूद हैं। वे कहते हैं कि यहां से करीब दो किमी दूर पर सीतलानी गांव है। मान्यता है कि उसी जगह पर श्रीराम के कहने पर लक्ष्मण और सुमंत ने माता को लाकर छोड़ा था। इस गांव का नाम सीतलानी भी माता सीता के नाम पर पड़ा है।

रामायण और रामचरित मानस के उत्तरकांड की घटनाओं का उल्लेख करते हुए मलकीत नाथ कहते हैं कि रामतीर्थ ही वह स्थान है जो त्रेतायुग में भगवान श्रीराम से जुड़ी कई घटनाओं का साक्षी रहा है। वे कहते हैं कि यहीं पर भगवान वाल्मीकि जी ने लव और कुश को धनुर्विद्या सिखाई थी।

ऐसे हुआ था कुश का जन्म

श्री वाल्मीकि तीर्थ के संतों ने एक कथा का उल्लेख करते हुए बताया कि एक बार माता सीता और उनकी देख-रेख में लगी ऋषि पत्नी रजनी लव को महर्षि वाल्मीकि के पास छोड़ नहाने चलीं गईं। वहां सीता ने देखा कि एक बंदरी अपने दो बच्चों के साथ पानी पीने आई है। पानी में उसके दोनों बच्चे अठखेलियां कर रहे थे। इसे देख सीता के भी मन में हुआ कि उनके भी दो बच्चे होते। इधर, जब सीता स्नान के बाद आश्रम में लौटीं तो देखा कि लव के साथ एक बच्चा और खेल रहा है। पूछने पर वाल्मीकि ने कहा कि बेटी यह भी तुम्हारा ही बच्चा है और इसे मैंने अपने आसन के कुशा से जीवन दिया है। इसलिए इसका नाम कुश होगा।

लवकुश ने रोका था अश्वमेध का घोड़ा

रामतीर्थ के सांधु संतों ने श्री रामकथा का उल्लेख करते हुए कहा कि यहीं पर लव कुश ने भगवान श्रीराम के अश्वमेधघ यज्ञ का घोड़ा रोका था। वो इस कथा को प्रमाणिकता देते हुए कहते हैं कि अमृतसर में स्थित श्री दुग्र्याणा मंदिर के पास आज का जो बड़ा हनुमान मंदिर है वहीं पर लव कुश ने हनुमान को बरगद के पेड़ में बांधा था। इसके अलावा लक्ष्मणसर, राम तलाई और रामतीर्थ भगवान श्रीराम की सेना, भगवान के तीनों भाइयों और हनुमान के साथ हुए युद्ध का साक्षी है। यही नहीं, इसी राम तीर्थ में माता सीता लव और कुश को भगवान श्रीराम को सौंपकर खुद धरती में समा गई थी। भगवान श्री वाल्मीकि, राम, सीता, लव-कुश और श्रीराम से जुड़ी घटनाएं और रामतीर्थ शोध एवं अनुसंधान का विषय हो सकता है, लेकिन लोगों का यह भी तर्क है कि आस्था को किसी प्रमाण या अनुसंधान और अन्वेषण की आवश्यकता नहीं होती।

लोग बनाते हैं घरौंदा, मांगते हैं मन्नत

धूना साहिब और सीता रसोई के पास ही लोग ईंटों का घरौंदा बनाकर अपना घर होने या फिर विदेश जाने की मन्नत मांगते हैं। यही नहीं सीता माता मंदिर में लोग गुल्ली-डंडा चढ़ाकर संतान सुख की मन्नत मांगते हैं। मन्नत पूरी होने पर यहां आकर लोग भगवान की पूजा-अर्चना करते हैं।

अन्य दर्शनीय स्थल

लगभग 40 बीघे में फैले वाल्मीकि तीर्थ परिसर में मंदिरों की लंबी श्रृंखला है। यहां 80 फुट ऊंची हनुमान जी की प्रतिमा दूर से ही श्री रामधुन की अलख जगा रही है। यहां कार्तिक पूर्णिमा को पांच दिन का मेला लगता है। इस मेले में देश-विदेश के श्रद्धालु और सैलानी भाग लेते हैं।

भव्य है भगवान वाल्मीकि का मंदिर

रामतीर्थ में सरोवर के बीचों-बीच भगवान वाल्मीकि का भव्य मंदिर बना है। दूर से किसी राजमहल का आभास कराते इस मंदिर का निर्माण पंजाब की तत्कालीन अकाली-भाजपा सरकार ने करीब तीन सौ करोड़ रुपये की लागत से करवाया था। रामतीर्थ में स्थित मंदिर और परिक्रमा की डिजाइन गुरुनानक देव विश्वविद्यालय के आर्किटेक्ट विभाग ने किया था और निर्माण पीडब्ल्यूडी ने करवाया था।

वाल्मीकि मंदिर के गर्भगृह में स्थापित अष्टधातु से बनी 800 किलो वजन की करीब 5 फुट पांच इंच ऊंची भगवान भगवान वाल्मीकि की मूर्ति की प्राण प्रतिष्ठा पूर्व मुख्यमंत्री प्रकाश सिंह बादल ने की थी। इसके पीछे मुख्यमंत्री प्रकाश सिंह बादल का उद्देश्य प्रदेश के धार्मिक स्थलों को पर्यटन के नक्शे पर लाना और राज्य में टूरिज्म उद्योग को बढ़ावा देना था। वाल्मीकि मंदिर के पुजारी हीरा नाथ ने बताया कि इस मंदिर की देखरेख के लिए तत्कालीन बादल सरकार ने श्राइनबोर्ड का गठन कर रखा है।

12.सीता धाम (अशोक नगर)

अशोक नगर जिला स्थित जिले की मुंगावली जनपद की ग्राम पंचायत जसैया में मौजूद है करीला की पहाड़ी। इसी पहाड़ी पर स्थित है सीता धाम। कुछ लोग वैदेही धाम भी कहते हैं। सीता धाम मंदिर अपने आप में विशिष्ट है क्योंकि यहां माता सीता, लव, कुश और ऋषि वाल्मीकि की मूर्तियां विराजमान हैं। प्रभु राम की मूर्ति नहीं है। इसके उलट देश के विभिन्न मंदिरों में श्रीराम-जानकी साथ विराजमान हैं। मान्यता है कि इसी जगह माता सीता ने लव-कुश को जन्म दिया था। शनिवार को रंग-पंचमी के हजारों रंग यहां दिखे। रंग-बिरंगे परिधानों में मृदंग और नगड़िया की थाप पर गायक दल के साथ के साथ थिरकती बेड़िया समुदाय की राई नृत्यांगनाएं, भक्तिभाव से नृत्य करते युवा और बुजुर्ग, मनौती पूरी होने पर सिर पर पूजन की थाल लिए मंगल गीत गाते मंदिर में प्रवेश करतीं महिलाएं और जयकारों से गूंजता वैदेही धाम...। जहां देखो वहां भीड़ ही भीड़। करीला ट्रस्ट के अनुसार करीब 30 लाख लोगों के जुटने का अनुमान है। सुरक्षा में 2500 पुलिसकर्मी लगाए गए हैं। 10 एम्बुलेंस हैं। पानी का इंतजाम करने 250 टैंकर लगाए गए हैं। मुख्य अस्पताल के साथ 10 अस्थाई अस्पताल बनाए गए। इस साल मेले में मध्य प्रदेश उप्र, गुजरात, राजस्थान व महाराष्ट्र सहित देशभर से लगभग 30 लाख लोग पहुंचे हैं। -महेंद्र सिंह यादव, अध्यक्ष, करीला ट्रस्ट

13.अघोरा पर्वत (ठाणे, महाराष्ट्र)

ठाणे जिले के शाहपुर शहर से 48 किमी ऊपर अघोरा पर्वत है। श्री राम के समय सीता माता इस पर्वत पर आई थीं। लव और कुश का जन्म पहाड़ के इस पथरीले हिस्से में हुआ था। ऐसा पवित्र स्थान ठाणे जिले के एक छोर पर है और पर्यटक, राज्य और देश के भक्त राम नवमी के साथ-साथ छुट्टियों पर भी इस पर्वत पर आ रहे हैं।

माता सीता ने जिस स्थान पर श्री राम के समय लव-कुश को जन्म दिया था, उस पहाड़ पर पत्थर पर नक्काशी की गई है। यहीं पर सीता माई अपने दो बच्चों के साथ रहती थीं। इस पर्वत के तल पर वाल्मीकि ऋषि का आश्रम है। इस आश्रम में लव-कुश ने धनुर्विद्या का ज्ञान ऋषि वाल्मीकि से सीखा है। वाल्मीकि ऋषियों को लव और

कुश दादा कहा जाता था, इसलिए इसका नाम अजोबा पर्वत पड़ा। इस आश्रम में ऋषि वाल्मीकि की समाधि है। ऐतिहासिक काल के वीरगाल हैं, जिस स्थान पर ऋषि तपस्या करते थे, वह स्थान भी भगवान शिव का ही है। भक्त आज भी उस स्थान पर लव और कुश के पैरों के निशान देख सकते हैं। इसलिए, भक्त ऋषि वाल्मीकि के आश्रम में आ रहे हैं और आश्रम की सेवा कर रहे हैं।

यह अजोबा पर्वत सह्याद्री पर्वत श्रृंखला की एक सीधी रेखा में है। इसके एक तरफ, रतनगढ़, अलंग मदन कुलंग, कोंकणडाडा, सांदंडारी के साथ-साथ राज्य की सबसे ऊँची कलसुबाई चोटी को इस अजोबा पर्वत से देखा जा सकता है। साथ ही पहाड़ के दक्षिण में मालशेज घाट का क्षेत्र है।

लव कुश पर आधारित निर्मित सिनेमा

Lav Kush (1951) - Hindi - Cast - Prem Adib, Nirupa Roy, Amirbai Karnataki, Umakant, Badri Prasad, Dinesh, Mahesh etc.

Lava Kusa (1963) -Telugu and Tamil - Cast - N. T. Rama Rao, Anjali Devi, Kanta Rao, Sobhan Babu, Chittor V. Nagaiah etc.

Lav Kush (1967) - Hindi - Cast - Ashim Kumar, Jayshree Gadkar, Babloo etc.

Lab Kush (1997) - Bengali - Cast - Jaya Prada, Jeetendra etc.

Lav Kush (1997) - Hindi - Cast - Jaya Prada, Jeetendra etc.

Lav Kush (1997) - Bengali - Stars: Master Adil, Beena Banerjee, Aditi Chatterji etc.

Luv Kush (2007) - Hindi - Animated

Luv Kush(2010) - Nepali - Cast: Rajesh Hamal, Niruta Singh, Rekha Thapa, Ramit Dhungana, Mithala Sharma etc.

भाग-5

लवकुश (कलियुग)

सार्वभौम सत्य-सिद्धान्त अनुसार "रामायण"

ऋषि और लव कुश सिंह "विश्वमानव"

विद्रोही या सार्वजनिक प्रमाणित कृष्णकला समाहित विश्वमानव कला

जन्म

लव कुश सिंह "विश्वमानव"

समाज रचना और व्यापार का आधार

सृष्टि, ईश्वरीय समाज और व्यापार

विश्व सरकार के लिए पुनः भारत द्वारा शून्य आधारित अन्तिम आविष्कार

सार्वभौम सत्य-सिद्धान्त के अनुसार काल, युग बोध एवं अवतार

"सम्पूर्ण मानक"   का विकास भारतीय आध्यात्म-दर्शन का मूल और अन्तिम लक्ष्य

जग के सत्य हैं तीन नाम, लवकुश, कृष्ण और राम ।
तम, रज और सत्व के ये परिणाम। शंकर, विष्णु और ब्रह्मा के समान ।
समझो इनको मिलेगा पूर्ण ज्ञान।

सार्वभौम सत्य-सिद्धान्त अनुसार "रामायण"

अद्दश्य काल के सार्वजनिक प्रमाणित काल में सार्वजनिक प्रमाणित अद्दश्य प्राकृतिक चेतना से युक्त यज्ञ आधारित त्रेता युग में विष्णु के सातवें अवतार-श्री राम अवतार तक वेद, सहिंता, ब्राह्मण, अरण्यक, मूल उपनिषद्, वेदांग अर्थात् सूत्र सहित्य: शिक्षा कल्प-व्याकरण-निरूक्त-छन्द-ज्योतिष, कल्प सूत्र साहित्य: श्रोत शुल्क-गृह्य-धर्म, व्यक्त बहुदेववाद; अव्यक्त ऐकेश्वरवाद तथा अधिकतम पुराण रचना ऋषि-मुनियों, क्षत्रिय राजाओं द्वारा कर्म करते-करते उत्पन्न व्यावहारिक ज्ञान और चिन्तन द्वारा ये साहित्य पूर्ण किये जा चुके थे। जिसमें व्यक्ति के पूर्ण जीवन के लिए चार आश्रम-ब्रह्मचर्य, गृहस्थ, वानप्रस्थ और सन्यास की भी व्यवस्था थी। समाज के पूर्णता के लिए परशुराम अवतार काल के वर्णाश्रम-ब्राह्मण, क्षत्रिय, वैश्य और शूद्र के अपने-अपने गुण व कर्म आधारित उपविभाग जातियों अर्थात् कई नेतृत्व मनों या विचारों में बँटना प्रारम्भ हो गया था। परन्तु तब तक ये समाज को अपना प्रभाव नहीं डाले थें। "परशुराम परम्परा" कुछ राजाओं द्वारा स्थापित किये जा चुके थे। कुछ इसे स्वीकार न करने के लिए द्दढ़ हो गये थे। साहित्यों के पूर्ण स्थापित प्रभाव वाले क्षेत्र अयोध्या के राजा दशरथ के यहाँ राम का जन्म हुआ जो पूर्णतया आविष्कृत ज्ञान साहित्यों द्वारा ब्रह्मचर्य आश्रम में संस्कारित किये गये। राम के कर्तव्य पथ का समय होते ही श्रद्धेय श्रेष्ठ जनों माता-कैकेयी और पिता राजा दशरथ द्वारा चौदह वर्ष वनवास (साथ में पत्नी-सीता और भाई-लक्ष्मण स्वेच्छा से) के समय राजा बलि और राजा रावण के वध के उपरान्त लंका तक "परशुराम परम्परा" का प्रसार राम ने किया। साथ ही उन्होंने दो यज्ञ-आयोजनों की परम्परा स्थापित की। प्रथम-नये राजा के पद सम्भालने पर अन्य राजाओं के साथ विचार-विमर्श हेतु राजसूय यज्ञ। दूसरा-अश्वमेघ यज्ञ जो अपनी व्यवस्था की सर्वोच्चता की घोषणा का प्रतीक होता था। अश्वमेघ यज्ञ में सर्वोच्चता का प्रतीक घोड़ा छोड़ा जाता था जो घोड़ा पकड़कर युद्ध में पराजित कर देता था उसे राजा बना दिया जाता था। राम द्वारा छोड़े गये घोड़े को "लव" और "कुश" नाम के दो शुद्धात्मा बालक ने घोड़े के पकड़कर राम की सेना को लगभग हरा चुके थे। परन्तु बालकों की माता सीता जिन्हें राम द्वारा वर्णाश्रम विभाजित गुण एवं कर्मों पर आधारित जाति के प्रभाव में आकर वनगमन दिया गया था, की उपस्थिति द्वारा एक-दूसरे के पिता-पुत्र रूप में परिचय के उपरान्त यह युद्ध रूक गया।

ईश्वर के सातवें प्रत्यक्ष अंशावतार तथा ब्रह्मा (एकात्म ज्ञान व वाणी) के पूर्णावतार के रुप में व्यक्त श्रीराम का मुख्य गुण आदर्श पारिवारिक व्यक्ति का चरित्र तथा अवतारी गुण में "परशुराम परम्परा" का प्रसार था। "परशुराम परम्परा", ईश्वर के छठें प्रत्यक्ष अंशावतार श्री परशुराम द्वारा व्यक्तिवादी (असुर) और समाजवादी (सुर) दोनों के गिश्रित व्यवस्था द्वारा दी गयी वह साकार शरीर आधारित व्यवस्था है। जिसके अनुसार श्रीराम के नाम को बेचने वाले सिर्फ उनके नाम से मन्दिर तथा चरित्र की बात करते हैं उनके मूल कार्य-"परशुराम परम्परा" का नाम ही नहीं लेते। श्रीराम की कार्य शैली पूर्णतः प्रकृति और व्यक्ति द्वारा निर्मित परिस्थितियों के अधीन थी।

यहाँ ध्यान देने योग्य यह है कि राम सार्वजनिक प्रमाणित अद्दश्य प्राकृतिक चेतना अर्थात् द्दश्य मानव निर्मित परिस्थितियों में प्राथमिकता के साथ वर्तमान में कार्य करना, से युक्त थे। क्योंकि उनका सम्पूर्ण कार्य उस समय पूर्ण हुआ जब उन पर उनके श्रद्धेय श्रेष्ठ जन का आज्ञा पालन उनकी विवशता बन गयी थी। चूंकि राम के पूर्व का युग, सतयुग और उनके श्रद्धेय श्रेष्ठजन भी सत्य रूप थे इसलिए उनका आदेश राम के लिए मानना आवश्यक बन गया। परिणामस्वरूप राम का मार्ग "आर्दश चरित्र" और "सत्य मार्ग" ही एक मात्र था। अर्थात् इस काल में श्रेष्ठजनों का प्रभाव पुत्रों या आश्रितों पर पड़ना शुरू हो गया था। मूल रूप से राम काल में रक्त-सम्बन्ध ठीक था सिर्फ राज्य सम्बन्ध ही खराब थे। नारी में अपने पराये का भाव कैकेयी द्वारा जन्म लेकर तथा धोबी के बातों से सीता के वनगमन द्वारा रिश्ता सम्बन्ध और समाज पर जाति के प्रभाव का बीज पड़ चुका था। राम काल में ही प्रेम और समर्पण आधारित भक्ति का बीज दास्य और सख्य प्रेम के रूप में पूर्ण व्यक्त हो चुका था। "परशुराम परम्परा" में भी अपूर्णता थी इसका प्रमाण शुद्धत्मा बालकों "लव और कुश" द्वारा अश्वमेघ यज्ञ में छोड़े गये घोड़े को पकड़ युद्ध करने से व्यक्त होता है। सीता का मन पूर्ण सुखमय गृहस्थ जीवन न पाने के कारण अपूर्ण रह गया था। लक्ष्मण का मन अपने बड़े भाई के कारण इच्छाओं के दमन के कारण अपूर्ण रह गया था। लक्ष्मण की पत्नी उर्मिला का मन

पहले पति का साथ के लिए अपूर्ण रहा जो चौदह वर्ष बाद पूर्ण हुआ परन्तु लक्ष्मण की भाँति राम और सीता की सेवा के लिए अपूर्ण रह गया। "लव और कुश" की शुद्धात्मा मन भी "परशुराम-परम्परा" में सुधार के लिए अपूर्ण रह गया। राम और सीता के सानिध्य, प्रेम-सख्य व दास के लिए अनेकों नर-नारियों के मन भी अव्यक्त रहकर ही अपूर्ण हो गये थें।

राम का कार्य मुख्य रूप से गणराज्य व्यवस्था के प्रसार व स्थापना पर आधारित रहा जो उन्होंने अवतारी (सार्वभौम सत्य-सिद्धान्त से युक्त संयुक्त) कार्य के आगे कार्य किये इसलिए उन्हें अवतार कहा गया।

शासक और मार्गदर्शक आत्मा सर्वव्यापी है। इसलिए एकात्म का अर्थ संयुक्त आत्मा या सार्वजनिक आत्मा है। जब एकात्म का अर्थ संयुक्त आत्मा समझा जाता है तब वह समाज कहलाता है। जब एकात्म का अर्थ व्यक्तिगत आत्मा समझा जाता है तब व्यक्ति कहलाता है। व्यक्ति (अवतार) संयुक्त आत्मा का साकार रुप होता है जबकि व्यक्ति (पुनर्जन्म) व्यक्तिगत आत्मा का साकार रुप होता है। शासन प्रणाली में समाज का समर्थक दैवी प्रवृत्ति तथा शासन व्यवस्था प्रजातन्त्र या लोकतन्त्र या स्वतन्त्र या मानवतन्त्र या समाजतन्त्र या जनतन्त्र या बहुतन्त्र या स्वराज कहलाता है और क्षेत्र गण राज्य कहलाता है ऐसी व्यवस्था सुराज कहलाती है। शासन प्रणाली में व्यक्ति का समर्थक असुरी प्रवृत्ति तथा शासन व्यवस्था राज्यतन्त्र या राजतन्त्र या एकतन्त्र कहलाता है और क्षेत्र राज्य कहलाता है ऐसी व्यवस्था कुराज कहलाती है। सनातन से ही दैवी और असुरी प्रवृत्तियों अर्थात् दोनों तन्त्रों के बीच अपने-अपने अधिपत्य के लिए संघर्ष होता रहा है। जब-जब समाज में एकतन्त्रात्मक या राजतन्त्रात्मक अधिपत्य होता है तब-तब मानवता या समाज समर्थक अवतारों के द्वारा गणराज्य की स्थापना की जाती है। या यूँ कहें गणतन्त्र या गणराज्य की स्थापना-स्वस्थता ही अवतार का मूल उद्देश्य अर्थात् लक्ष्य होता है शेष सभी साधन अर्थात् मार्ग।

रावण राज्य, व्यक्ति का समर्थक असुरी प्रवृत्ति तथा शासन व्यवस्था राज्यतन्त्र या राजतन्त्र या एकतन्त्र था। रावण इस कारण ही असुर की श्रेणी में रखे गये न कि माँस-मदिरा के प्रयोग के कारण। तामसिक प्रवृत्ति से युक्त रावण एक ज्ञानी ब्राह्मण थे।

"परशुराम परम्परा (अवतारी परम्परा)" के प्रचार-प्रसार और स्थापना के लिए निकले श्रीराम जिसका माध्यम था-वनवास, के दौरान रावण की बहन सुपर्णखा से दुव्र्यवहार के कारण रावण ने श्रीराम की पत्नी सीता का हरण कर अपनी ताकत का प्रदर्शन किया था। इस कारण श्रीराम-रावण युद्ध हुआ और श्रीराम की विजय हुयी। फलस्वरूप रावण के राज्य लंका में "परशुराम परम्परा" की स्थापना हुयी।

हिन्दू धर्म में पुराणों के अनुसार शिवजी जहाँ-जहाँ स्वयं प्रगट हुए उन बारह स्थानों पर स्थित शिवलिंगों को ज्योतिर्लिंगों के रूप में पूजा जाता है। ये संख्या में 12 है। 12 ज्योतिर्लिंगों के नाम शिव पुराण (शतरुद्र संहिता, अध्याय 42/2-4) के अनुसार हैं। जिनकी अपनी-अपनी कथाएँ भी हैं। एक मतानुसार बारह ज्योतिर्लिंगों को बारह राशियों से जोड़कर भी देखा जाता है। ये राशियां इस प्रकार से हैं-1.मेष-सोमनाथ, 2.वृष-श्रीशैल, 3.मिथुन-महाकाल, 4.कर्क-अमलेश्वर, 5.सिंह-वैद्यनाथ, 6.कन्या-भीमशंकर, 7.तुला-रामेश, 8.वृश्चिक-नागेश, 9.धनु-विश्वेशं, 10.मकर-त्र्यम्बकं, 11. कुंभ-केदार, 12. मीन-घृष्णेशं। ये राशियां चंद्र राशि समझें।

साधारण भाषा व सार्वभौम परिभाषा के रूप में जिन शिवलिंगों की कथा पौराणिक या अवतारों की कथा से जुड़ी होती है सिर्फ वही ज्योर्तिलिंग की योग्यता रखते हैं।

श्रीवैद्यनाथ ज्योतिर्लिङ्ग-झारखंड देवघर जिला (झारखंड) राज्य के संथाल परगना क्षेत्र में जसीडीह स्टेशन के पास देवघर (वैद्यनाथधाम) नामक स्थान पर श्रीवैद्यनाथ ज्योतिर्लिङ्ग सिद्ध होता है, क्योंकि यही चिताभूमि है। महाराष्ट्र में पासे परभनी नामक जंक्शन है, वहां से परली तक एक ब्रांच लाइन गयी है, इस परली स्टेशन से थोड़ी दूर पर परली ग्राम के निकट श्रीवैद्यनाथ को भी ज्योतिर्लिङ्ग माना जाता है। परंपरा और पौराणिक कथाओं से देवघर स्थित श्रीवैद्यनाथ ज्योतिर्लिङ्ग को ही प्रमाणिक मान्यता है। जो रावण की एक कथा से सम्बन्धित है।

ज्योतिर्लिङ्ग के इतिहास में पहली बार ऐसा हुआ है कि श्रीराम-रावण की कथा में रावण को खलनायक पक्ष में रखने के बावजूद उनकी कथा से भी जुड़ा ज्योतिर्लिङ्ग है और वह श्रीराम के ज्योतिर्लिङ्ग से पहले ही स्थापित

था। जो यह सिद्ध करता है कि रावण में कमी के रूप में उसका एकतन्त्रात्मक सोच और शासन थी। वर्तमान स्थिति में भी देखा जाये तो किसी की बहन के साथ दुर्व्यवहार का परिणाम ही तो युद्ध था।

शास्त्र रचना, मानव मन को सार्वभौम एकात्म करने के लिए लिखी जाती रहीं हैं। मानव मन के विभिन्न रूप ही उसके अलग-अलग पात्र होते हैं जो अन्य शरीर में स्थापित हो व्यक्त रहते हैं। रामायण, मानव मन के सर्वोच्च ज्ञानी मन के दो मूल रूप व्यक्तिवाद और सार्वभौमवाद के आधार पर स्थापित है। रावण, व्यक्तिवाद के और राम, सार्वभौमवाद के प्रतीक हैं जबकि ज्ञान में दोनों बराबर हैं। व्यक्तिवाद के कारण रावण खलनायक पक्ष में और सार्वभौमवाद के कारण राम नायक पक्ष में हैं। जबकि "सार्वभौम मैं (सार्वभौम आत्मा)" जो दोनों में विद्यमान है, वो या तो व्यक्तिवाद और सार्वभौमवाद से मुक्त है या बद्ध है, और वह नायक भी है, खलनायक भी है।

ऋषि और लव कुश सिंह "विश्वमानव"

मानव के पूर्ण संस्कारण क्रिया के विभिन्न चरणों में गति देने वाले महापुरूषों, विभिन्न मुख्य विषयों एवं भविष्य के प्रति कर्मरत महापुरूषों के साथ "मन के मानक" प्रस्तुत करने वाले "अन्तिम समन्वयाचार्य" लव कुश सिंह "विश्वमानव" और उनके समन्वयक सार्वभौम सत्य-सिद्धान्त से तुलानात्मक अध्ययन। इनमें यदि कोई भी सकारात्मक या नकारात्मक विषयों के साथ तुलना न आ पाया हो तो यह न समझना चाहिए कि वे लव कुश सिंह "विश्वमानव" में विद्यमान नहीं है कि परन्तु वे सूक्ष्म और आवश्यक न होने के कारण प्रस्तुत करना आवश्यक नहीं समझा गया है। व्यक्तिगत प्रमाणित मन और आत्मा से सार्वजनिक प्रमाणित मन के मानक अर्थात् आत्मा या स्व या मैं के दृश्यरूप के व्यक्त होने तक की यात्रा पूर्ण अव्यक्त से पूर्ण व्यक्त होने की क्रिया है। मन हो या मन का मानक उसके व्यक्त होने का माध्यम शरीर ही है लेकिन मन के मानक के व्यक्तकर्ता मानव शरीर के साथ यह आवश्यक हो जाता है कि उनके पूर्व सभी महापुरूषों के जीवन, ज्ञान, कर्म, नीति के सत्य अंशों सहित सम्पूर्ण शास्त्र का उनमें समावेश हो अर्थात् मन के मानक का व्यक्तकर्ता मानव सम्पूर्ण ब्रह्माण्ड का दर्पण हो, ब्रह्माण्ड के समक्ष इस भाँति खड़ा हो कि बिना उसे आत्मसात् किये ब्रह्माण्डीय विकास का कोई रास्ता न हो। वे स्वयं सम्पूर्ण शास्त्र का जीवन्त मूर्ति हो। यह कुछ इस भाँति होता है जैसे उसे असंख्य, अनन्त, असीमित व्यापक के व्यक्त होने की तैयारी के लिए समय समय पर महापुरूषों ने आकर विभिन्न दिशाओं से अपना-अपना योगदान दे मन का निर्माण मानवों में कर रखा हो ताकि जब वह विश्वात्मा व्यक्त हो तो वह मात्र अपने स्वरूप को उन निर्मित मनों से जोड़कर स्वयं को व्यक्त कर दे, जैसे ईंट, पत्थर, छड़, सीमेन्ट, बालू इत्यादि और मानव की शक्ति से मिलकर एक सुन्दर भवन का निर्माण हो जाता है। और वह ईंट, पत्थर, छड़ इत्यादि किसी ने पहले से उस मानव के लिए ला रखा हो जिसे भवन का निर्माण करना है। इस प्रकार यह भी आसानी से सिद्ध हो जाता है कि प्रत्येक महापुरूषों में विश्वात्मा ही है लेकिन उनमें सिर्फ कोई विशेष गुण ही मुख्य रूप से प्राथमिकता के साथ व्यक्त हुआ। प्रत्येक की अन्तिम इच्छा जो शरीर त्याग के बाद सूक्ष्म शरीर में विद्यमान रहती है, उस विश्वात्मा में लीन हो शान्ति, स्थिरता, एकता, मोक्ष प्राप्त कर रही है। कभी-कभी अन्तिम इच्छा शरीर त्याग के पूर्व किसी दूसरे योग्य शरीर में संचारित कर दी जाती है। जिससे उनका कार्य जो वे न कर सकें दूसरे शरीर द्वारा समयानुसार पूर्ण हो सके। जैसा कि श्री रामकृष्ण परमहंस ने स्वामी विवेकानन्द में शरीर त्याग के दो-तीन दिन पूर्व संचरित कर दिया था। समयान्तराल अधिक होने के कारण स्वामी विवेकानन्द शरीर त्याग कर सूक्ष्म शरीर में रहे पुनः समयानुसार होने पर लव कुश सिंह "विश्वमानव" के रूप में व्यक्त हो गये।

चेतना शक्ति द्वारा मानव को पशुमानव से ईश्वर मानव के रूप मे संस्कारित करने के पूर्ण चक्र में मुख्य चार चरण है। वे है देश-काल बद्ध कर्म, देश-काल मुक्त ज्ञान, देश-काल बद्ध कर्म, देश-काल मुक्त कर्मज्ञान। जिसमें प्रथम दो व्यक्तिगत प्रमाणित अदृश्य आध्यात्म विज्ञान तथा अन्तिम दो सार्वजनिक प्रमाणित दृश्य आध्यात्म विज्ञान आधारित आध्यात्म के दो चरण हैं। ये दोनों चरण एक दूसरे के दृश्य और अदृश्य रूप हैं जबकि "आत्मा" या

"मैं" या "स्व" या "ब्रह्म" या "शिव" दोनों में विद्यमान और व्याप्त है। दृश्य चरण में ये दृश्य, अदृश्य चरण में ये अदृश्य होते हैं।

देश-काल बद्ध कर्म से देश-काल मुक्त ज्ञान का चरण मानव सभ्यता का विकास, सांख्य दर्शन, वैदिक संस्कृति, वेद और वेद आधारित साहित्यों की रचना का काल रहा। देश-काल मुक्त ज्ञान से देश-काल बद्ध कर्म का चरण ज्ञानयुक्त कर्म की ओर श्रीकृष्ण द्वारा प्रेरित करने का समय रहा है। देश-काल बद्ध कर्म से देश-काल मुक्त कर्मज्ञान का वर्तमान और भविष्य का चरण मानव को परिणाम के ज्ञान से युक्त कर्म की ओर लव कुश सिंह "विश्वमानव" द्वारा प्रेरित करने का समय है और होगा। यही अन्तिम चरण है।

देश-काल मुक्त ज्ञान से देश-काल मुक्त कर्मज्ञान के व्यक्त होने के बीच के समय में संत, अन्य धर्म, सम्प्रदाय, भक्ति, योग, नीति, बुद्धि, ज्ञान, वेदान्त इत्यादि के विकास और मानव मन के निर्माण का समय रहा है। संत सम्प्रदाय के कबीर, नानक, रविदास इत्यादि समभाव अर्थात् अद्वैत योग के अन्तर्गत आ जाते हैं जो व्यक्ति के लिए सत्य ज्ञान तो देते हैं लेकिन ब्रह्माण्डीय विकास के लिए कर्म की ओर प्रेरित नहीं करते हैं। जिन्हें व्यक्तिगत सन्तोष, निवृत्ति, मोक्ष इत्यादि प्राप्त करना है उनके लिए ये पूर्ण सत्य हैं लेकिन यह कहना कि ये या इनमें कोई ही सर्वोपरि है, शुद्ध अज्ञानता और उनके प्रति अंधभक्ति है परन्तु जिन्हें असन्तुष्ट प्रवृति और सभी के साथ मोक्ष प्राप्त करना हो वे समभाव या अद्वैत योग के साथ कर्म की ओर प्रेरित होते हैं।

विभिन्न सम्प्रदायों का जन्म तो श्रीकृष्ण के समय में ही होने लगा था इसके कारण ही उन्होंने सभी विचारों का समन्वय करते हुये गीता उपदेश देकर प्रथम समन्वयाचार्य के रूप में स्वयं को व्यक्त भी किये। सत्य ज्ञान व्यक्तिगत प्रमाणित होता है। इसी कारण उनके द्वारा कहा गया आत्मा के लिए ये शब्द "आदि में मैं हूँ और अन्त में भी मैं हूँ" सत्य होते हुये भी आज तक सार्वजनिक प्रमाणित और सर्वमान्य नहीं हो सका। धर्म-सम्प्रदायों के बढ़ने के कारण वह मानव समाज में आपसी मदभेदों और साम्प्रदायिक दंगों का कारण बना जिसका मुख्य उद्देश्य अपने-अपने धर्म सम्प्रदायों की सर्वोच्चता सिद्ध करना था। परिणामस्वरूप सार्वजनिक प्रमाणित आधार पर इनके बीच स्वयं को प्रयोगशाला बनाकर श्री रामकृष्ण परमहंस "जितने मत उतने पथ" का संदेश देकर समन्वय प्रक्रिया का भाव जगत से प्रारम्भ किये और उन्ही के सिद्धान्तों को स्वामी विवेकानन्द ने विश्वव्यापी रूप से ज्ञान जगत और भौतिक जगत के माध्यम द्वारा समन्वय स्थापित करने का प्रयत्न किये। पुनः उसी क्रम में आगे बढ़ाते हुये अन्तिम चरण में सत्य ज्ञान का दृश्यरूप सार्वजनिक प्रमाणित देश काल मुक्त सार्वभौम सत्य-सिद्धान्त को लेकर अन्तिम सामन्वयाचार्य के रूप मे वर्तमान समय में लव कुश सिंह "विश्वमानव" सम्पूर्ण विश्व के समक्ष व्यक्त हैं जिससे "आदि में मैं था और अन्त में भी मैं हूँ" का सार्वजनिक रूप और सर्वमान्य होने की विवशता व्यक्त है। परिणामस्वरूप भारतीय ऋषि-मुनियों का प्राचीन आविष्कार आत्मा ही एक सत्य है विश्वव्यापी स्तर पर पूर्ण रूप से सिद्ध हो चुका है। दृश्य काल के लिए वेद, ईश्वर नाम, उपनिषद, पुराण , शास्त्र और बुसधैव-कुटुम्बकम के लिए उसके विश्वव्यापी स्थापनार्थ योजना-नीति का निर्माण ऋषि कार्य है। जसके उदाहरण लव कुश सिंह "विश्वमानव" हैं।

"सृष्टि" का अर्थ होता है- सम्पूर्ण ब्रह्माण्ड की रुकी स्थिति के आगे एकात्मता के साथ नवनिर्माण। "सृष्टि करने की स्थिति" में भूतकाल की चर्चा की स्थिति आ जाने पर उसे "सृष्टि रूकना" कहते हैं ऐसी ही स्थिति महाभारत युद्ध के समय श्रीकृष्ण के समक्ष आ गया था जब अर्जुन ने युद्ध से मना कर दिया था परिणामस्वरूप श्रीकृष्ण "गीता" उपदेश के लिए भूतकाल की चर्चा में उलझ गये थे। **"रचना" का अर्थ होता है-** उपलब्धता पर आधारित एकात्मता के साथ नवनिर्माण। **"विकास" का अर्थ होता है-** उपलब्धता पर आधारित नवनिर्माण। विकास का कोई लक्ष्य नहीं होता। जब विकास एकात्मता की ओर होती है तो वह रचना बन जाती है। विकास लक्ष्य विहिन होता है इसलिए कालान्तर में वह विनाश का रुप ले लेती है।

वर्तमान में "पुनर्निर्माण" के अन्तर्गत वही कार्य हैं जो सरकार के वैधानिक प्रक्रिया के अनुसार, उसके सहयोग और उससे मुक्त अवस्था में रहकर व्यक्ति स्वयं सामाजिक, आर्थिक और मानसिक नवनिर्माण के लिए कर सकता है। क्योंकि इस संसार में कुछ भी सुधार के लिए नहीं है, या तो वह पूर्ण है या वह विकसित करने के लिए है। वृक्ष की शाखा को पुनः तने में नहीं समेटा जा सकता बल्कि उसे विकसित कर बीज तक अवश्य पहुँचाया जा

सकता है, जिससे पुनः वृक्ष का नवनिर्माण हो। किसी व्यक्ति का सुधार नहीं होता बल्कि वह विकसित होता है। और वह नया मानव बनता है। समस्त सुधारों का एक मात्र रास्ता है-नवनिर्माण। इसलिए वातावरण को बदलना आवश्यक है जिससे व्यक्ति स्वयं बदल जायेगा और यही एक मात्र उपाय है।

सभी नवनिर्माण मुख्यतः तीन क्षेत्रों में होते हैं-शारीरिक, आर्थिक व मानसिक। जिस प्रकार किसी व्यक्ति (व्यष्टि) का शारीरिक, आर्थिक व मानसिक नवनिर्माण होता है उसी प्रकार व्यक्ति-समूह या देश (समष्टि) का शारीरिक, आर्थिक व मानसिक नवनिर्माण होता है। "पुनर्निर्माण" व्यष्टि व समष्टि दोनों के लिए नवनिर्माण का एक मात्र उपाय है।

पौराणिक कथाओं में एवं आधारित फिल्म या दूरदर्शन के धारावाहिकों में दिखाया जाता है कि नारद जी देव लोक जाते हैं और पृथ्वी की समस्याओं को देवताओं के समक्ष रखते हैं और उस अनुसार देवतागण अपने कार्य क्षेत्रानुसार समस्या पर चिन्तन करते हैं एवं हल निकालकर पृथ्वीवासियों को उपलब्ध कराते हैं।

शिक्षा में सुधार, सामाजिक परिवर्तन या कोई अन्य समस्या पर सम्मेलन, सेमिनार, संवाद इत्यादि केवल समस्या विषय पर चिन्तन हैं। जैसे पौराणिक कथाओं में देवताओं का समस्या पर चिन्तन होता है लेकिन समस्या का हल ही ना निकले तो चिन्तन केवल एक आयोजन मात्र बनकर रह जाता है। हाँ, देश-विदेश में इस प्रकार के होने वाले आयोजन से निकले विचार उनके लिए महत्वपूर्ण जरूर बन जाता है जो कहीं दूर से इसे आकड़ें के रूप में देखते हुये मनुष्यों के लिए आवश्यकता समझते हुये हल पर कार्य करने वाले होते हैं। इसलिए ही तो कहा गया है-

भक्त वही, जो भगवान को बेच सके,
चेला वही, जो गुरू से कुछ ले सके,
संत वही, जो समाज को कुछ दे सके,
और
अवतार वही, जो पृथ्वी की आवाज सुन सके।

वो आवाज सुनी गयी और उसका हल तैयार किया गया। जो निम्न मूल सिद्धान्त पर आधारित है। यदि यह सार्वजनिक रूप से सत्य है, स्वीकार है तो यह समझना चाहिए कि सार्वभौम समस्या समाधान के लिए विकसित प्रणाली पूर्णतया सार्वभौम सत्य सैद्धान्तिक है क्योंकि प्रणाली का विकास इन पर ही आधारित है चाहे वह समष्टि समाधान के लिए हो या व्यष्टि समाधान के लिए।

ये सिद्धान्त हैं-

1. **सम्पूर्ण ब्रह्माण्ड में कुछ भी स्थिर नहीं है।**
2. **सभी स्वयं की स्थिरता और शान्ति के लिए गतिशील हैं।**
3. **उस सार्वभौम एकात्म (सार्वभौम आत्मा) का कोई नाम नहीं हैं, उसका नाम मानवीय भाषा के केवल शब्द हैं।**

समष्टि (संयुक्त) समाधान

समष्टि रचना के लिए आवश्यक कार्य है- उपलब्ध संसाधनों का ज्ञान और उस पर एकात्म (सार्वभौम आत्मा) आधारित विकास की योजना। समष्टि समाधान के लिए निम्नलिखित प्रणाली को प्रेरणा के रूप में विकसित किया गया है जिसे इस दिशा से कार्य करने वाले राष्ट्रीय पार्टी/सामाजिक संस्था/दल/रचनात्मक/आन्दोलन/मोर्चा इत्यादि को मार्ग प्राप्त हो जाये। वे इसका प्रयोग बिना किसी के अनुमति के कर सकते हैं।

- विश्व राजनीतिक पार्टी संघ (World Political Party Organisation - WPPO)
- राष्ट्रीय क्रान्ति मोर्चा
- राष्ट्रीय सहजीवन आन्दोलन

- स्वराज-सुराज आन्दोलन
- विश्व एकीकरण आन्दोलन (सैद्धान्तिक)
- विश्वव्यापी स्थापना का स्पष्ट मार्ग
- एक विश्व - श्रेष्ठ विश्व के निर्माण के लिए आवश्यक कार्य

व्यष्टि (व्यक्तिगत) समाधान

व्यष्टि रचना के लिए आवश्यक कार्य है- एकात्म (सार्वभौम आत्मा) आधारित पूर्ण ज्ञान की शिक्षा। "सत्य मानक शिक्षा" का विवादमुक्त पाठ्यक्रम प्राप्त किया जा चुका है और वह मैकाले शिक्षा पाठ्यक्रम को बदले बिना "पूरक शिक्षा पाठ्यक्रम" के रूप में उपलब्ध है। इस आधार पर "सत्य मानक शिक्षा" का पाठ्यक्रम और उसे जन-जन तक पहुँचाने के लिए योजना बनाया गया है। राष्ट्र के पूर्णत्व के लिए पूर्ण शिक्षा निम्नलिखित शिक्षा का संयुक्त रूप है-

अ-सामान्यीकरण (Generalisation) शिक्षा

ज्ञान के लिए-यह शिक्षा व्यक्ति और राष्ट्र का बौद्धिक विकास कराती है जिससे व्यक्ति व राष्ट्रीय सुख में वृद्धि होती है।

ब-विशेषीकरण (Specialisation) शिक्षा

कौशल के लिए-यह शिक्षा व्यक्ति और राष्ट्र का कौशल विकास कराती है जिससे व्यक्ति व राष्ट्रीय उत्पादकता में वृद्धि होती है।

स-सत्य नेटवर्क (REAL NETWORK) – समाज में प्रकाशित होने के लिए

वर्तमान समय में विशेषीकरण की शिक्षा, भारत में चल ही रहा है और वह कोई बहुत बड़ी समस्या भी नहीं है। समस्या है सामान्यीकरण शिक्षा की। व्यक्तियों के विचार से सदैव व्यक्त होता रहा है कि-मैकाले शिक्षा पद्धति बदलनी चाहिए, राष्ट्रीय शिक्षा नीति व पाठ्यक्रम बनना चाहिए। ये तो विचार हैं। पाठ्यक्रम बनेगा कैसे?, कौन बनायेगा? पाठ्यक्रम में पढ़ायेंगे क्या? ये समस्या थी। और वह हल की जा चुकी है। जो भारत सरकार के सामने सरकारी-निजी योजनाओं जैसे ट्रांसपोर्ट, डाक, बैंक, बीमा की तरह निजी शिक्षा के रूप में "पुनर्निर्माण-सत्य शिक्षा का राष्ट्रीय तीव्र मार्ग (RENEW-Real Education National Express Way)" द्वारा पहली बार इसके आविष्कारक द्वारा प्रस्तुत है।

सत्य सिद्धान्त के सम्पूर्ण विषयों में व्याप्त शाखाओं का सम्पूर्ण ज्ञान से युक्त हो एक साथ सभी दिशाओं से लव कुश सिंह "विश्वमानव" को देखने पर उनके विश्वरूप को तथा जीवन, कर्म और ज्ञान को एक साथ सभी दिशाओं से देखने पर लव कुश सिंह "विश्वमानव" के दिव्यरूप को देखा जा सकता है। विश्वरूप और दिव्यरूप को देखने के लिए पहले ज्ञान की व्याप्त शाखा और फिर दिव्य दृष्टि "अनेक दिशाओं से एक साथ देखना" से युक्त होना आवश्यक है। व्याप्त रूप इस प्रकार है।

01. धर्म प्रवर्तक और उनका धर्म चक्र मार्ग से

स्वर्णयुग धर्म
(धर्म ज्ञान का अन्त)
पहले विभिन्न धर्म प्रवर्तक और अब अन्त में "मैं" और मेरा "विश्वधर्म"

02. आचार्य और दर्शन चक्र मार्ग से

पहले विभिन्न आचार्य तथा उनके दर्शन और अब अन्त में "मैं" और मेरा "कर्मवेदांत" और "विकास दर्शन"

03. गुरू चक्र मार्ग से

पहले विभिन्न गुरू और अब अन्त में विश्वगुरू "मैं"

04. संत चक्र मार्ग से
पहले विभिन्न संत और अब अन्त में विश्वसंत "मैं"

05. समाज और सम्प्रदाय चक्र मार्ग से
पहले विभिन्न समाज सुधारक और अब अन्त में मेरा "ईश्वरीय समाज"

06. सत्य शास्त्र-साहित्य चक्र मार्ग से
पहले विभिन्न सत्य शास्त्र-साहित्य और अब अन्त में मेरा "विश्वशास्त्र"

07. कृति चक्र मार्ग से
पहले विभिन्न कृति और अब अन्त में मेरी कृति "सत्यकाशी ब्रह्माण्डीय एकात्म विज्ञान विश्वविद्यालय"

08. भूतपूर्व धार्मिक-राजनैतिक-सामाजिक नेतृत्वकर्ता चक्र मार्ग से
पहले विभिन्न भूतपूर्व धार्मिक-राजनैतिक-सामाजिक नेतृत्वकर्ता और अब अन्त में "मैं"

09. वर्तमान धार्मिक-राजनैतिक-सामाजिक नेतृत्वकर्ता चक्र मार्ग से
पहले विभिन्न वर्तमान धार्मिक-राजनैतिक-सामाजिक नेतृत्वकर्ता और अब अन्त में "मैं"

10. "भारत माता मन्दिर (ऋषिकेश) "
पहले भारतमाता मन्दिर और अब अन्त में उसमें "मैं" और "विश्वधर्म मन्दिर"

11. प्रकृति, काल और पुर्नजन्म चक्र मार्ग से

प्रकृति चक्र
पहले सर्वोच्च सत्-रज-तम मार्ग के श्रीकृष्ण, स्वामी विवेकानन्द एवं रावण और अब अन्त में "मैं"

पुर्नजन्म चक्र
पहले श्रीकृष्ण, स्वामी विवेकानन्द एवं रावण और अब अन्त में उनका पुनर्जन्म "मैं"

काल चक्र
पहले सर्वोच्च काल मार्ग के श्रीकृष्ण एवं स्वामी विवेकानन्द और अब अन्त में काल "मैं"

12. आत्मा चक्र मार्ग से
पहले सभी आत्मा और अब अन्त में विश्वात्मा "मैं"

13. मनु चक्र मार्ग से
पहले अदृश्य सात मनु और अब दृश्य आठवाँ सावर्णि मनु "मैं"

14. पहले सभी ऋषि और व्यक्तिगत प्रमाणित अदृश्य "मैं", अब अन्त में विश्व ऋषि और सार्वजनिक प्रमाणित दृश्य "सार्वभौम मैं"

विद्रोही या सार्वजनिक प्रमाणित कृष्णकला समाहित विश्वमानव कला

मैं कभी भी किसी भी जीवन में विद्रोही नहीं था और न हूँ, क्योंकि विद्रोह तो उसे कहते है जो सामाजिक धारा, इन्द्रिय, सांसारिकता और सांसारिक प्रबन्ध का पूर्ण विरोध करता है। व्यक्तिगत प्रमाणित अदृश्य रूप से सर्वप्रथम मैं (सार्वभौम आत्मा) "लव कुश" के रूप में व्यक्ति "राम" के विरूद्ध चलकर "राम" में ही समाहित हो गया। व्यक्तिगत प्रमाणित दृश्य रूप से मध्य में मैं (सार्वभौम आत्मा) "कृष्ण" के रूप में समाज की धारा के विरूद्ध चलकार समाज की धारा में ही व्यक्तिगत रूप से समाहित हो गया। इसलिए धारा के विरूद्ध अर्थात "राधा" प्रिय होते हुये भी मेरा लक्ष्य "राधा" नहीं थी, यही मेरा व्यक्तिगत प्रमाणित दृश्य कला अर्थात् व्यक्तिगत प्रमाणित दृश्य कृष्णकला थी। सार्वजनिक प्रमाणित दृश्य रूप से अन्त में मैं (सार्वभौम आत्मा) "विश्वमानव" के रूप में विश्व की धारा के विरूद्ध चलकर विश्व की धारा में ही सार्वजनिक रूप से समाहित हो गया। यह मेरी सार्वजनिक प्रमाणित कृष्ण कला है। जो मुझे प्रिय होते हुये भी मेरा लक्ष्य नहीं है। क्या मैं (सार्वभौम आत्मा) "लव कुश", "कृष्ण" और "विश्वमानव" के रूप में एक ही नही हूँ? क्या मेरी प्रिय कला-समाज के विरूद्व "राधा" और "कृष्णकला" एक ही नहीं है।

प्रत्येक पूर्णावतार के जीवन में उसके व्यक्त होने की कला तथा अगले पूर्णावतार के व्यक्त होने की कला का संकेत रूप दिया रहता है। ब्रह्मा के पूर्णावतार श्रीराम के जीवन मे वर्तमान परिस्थितियों पर कर्म करना राम कला थी जबकि लव कुश का व्यवहार-विरूद्व फिर समाहित होना अगले पूर्णावतार की कला का व्यक्तिगत प्रमाणित अदृश्य संकेत रूप था। विष्णु के व्यक्तिगत प्रमाणित पूर्णावतार श्रीकृष्ण के जीवन में रामकला समाहित समाज की धारा के विरूद्व चलकर समाज की धारा में ही समाहित हो जाना कृष्ण कला थी। जो कि अगले पूर्णावतार की कला का व्यक्तिगत प्रमाणित दृश्य संकेत रूप था। शिव-शंकर के पूर्णावतार तथा विष्णु के सार्वजनिक प्रमाणित पूर्णावतार के जीवन में कृष्णकला का सार्वजनिक प्रमाणित दृश्य रूप है। जबकि विश्व की धारा जहाँ तक पहुँच चुकी है, वहाँ से स्वयं को जोड़ लेना "विश्वमानव कला" है।

मनुष्य जीवन इसलिए प्राप्त होता है कि वह आत्मोन्नति कर इस पृथ्वी पर ही यथार्थ स्वर्ग की अनुभूति करे। परन्तु सामान्यतः ऐसा देखने को नहीं मिलता है। हम यहाँ विभिन्न प्रकार की समस्याओं में मायाग्रस्त हो जाते हैं। इन विभिन्न समस्याओं अर्थात माया के बीच रहते हुये भी किस प्रकार अनासक्त होकर माया पर नियंत्रण अर्थात मायापति हो जीवन का सफलतम भोग और संचालन करें, यही जीने की कला है। व्यक्तिगत, व्यक्तिगत समाहित सामाजिक तथा व्यक्तिगत और सामाजिक समाहित सार्वजनिक जीवन तीनों का संग्रहणीय, संक्रमणीय, गुणात्मक स्तर में जीने की कला का सफलतम सर्वोच्च और अन्तिम अभिनयकर्ता क्रमशः व्यक्तिगत प्रमाणित श्री कृष्ण और सार्वजनिक प्रमाणित श्री लव कुश सिंह "विश्वमानव"हैं। जिनकी कला को क्रमशः कृष्ण कला और विश्वमानव कला के रूप में जानते हैं। इस कला को ही कर्मज्ञान या जीने की कला कहते है। इस कर्मज्ञान का पूर्ण व्यक्त अन्तिम रूप अन्तिम अवतार श्री लव कुश सिंह "विश्वमानव" द्वारा व्यक्त हुआ है।

आत्मा-शिव-ईश्वर-ब्रह्म तत्व के पूर्ण व्यक्त स्वरूप की व्याख्या कथा रूप में व्यक्तिगत प्रमाणित साकार प्रक्षेपण करने वाले शास्त्र को पुराण कहते हैं। जिसमें पूर्ण व्यक्त आत्मा शिव-ईश्वर-ब्रह्म रूप एकात्म ज्ञान और कर्म समाहित एकात्म ध्यान है। एकात्म ज्ञान का प्रक्षेपण ब्रह्मा, एकात्म ज्ञान समाहित एकात्म कर्म का प्रक्षेपण विष्णु तथा एकात्म ज्ञान और एकात्म कर्म समाहित एकात्म ध्यान का प्रक्षेपण शिव-शंकर हैं। अर्थात ब्रह्मा, विष्णु में तथा विष्णु, शिव-शंकर में समाहित हैं जिस प्रकार ब्रह्मा, विष्णु में तथा विष्णु, शिव-शंकर में समाहित हैं उसी प्रकार उनके साकार सगुण दृश्य पूर्णावतार क्रमशः श्री राम, श्री कृष्ण में तथा श्री कृष्ण, श्री लव कुश सिंह "विश्वमानव" में समाहित हैं। परिणामस्वरूप रामकला, कृष्णकला में तथा कृष्णकला का विश्वमानव कला में समाहित होना सिद्धान्ततः सत्य भी है।

विश्वमानव कला वही भोगेश्वर का अन्तिम सत्य कर्मज्ञान है जो योगेश्वर श्री कृष्ण के जीवन में अदृश्य व्यक्तिगत प्रमाणित अंश रूप में था। जिसे उन्होंने गीतोपनिषद में व्यक्त ही नहीं किया और इसे स्वयं अपने साथ ले गये, जो अब भोगेश्वर विश्वमानव द्वारा सार्वजनिक प्रमाणित रूप से व्यक्त हुई। ऐसा क्यों हुआ? ऐसा इसलिए हुआ कि बिना उचित समय के कोई ज्ञान समाज को प्राप्त नहीं होता। वर्तमान में सम्पूर्ण मानव जाति कर्मज्ञान के भूख में व्याकुल है जिसके बिना सारे दुर्गुण तेजी से बढ़ रही है। व्यवस्था सम्भालने के लिए बुद्धिजीवी, ज्ञानी, धर्मज्ञानी, नेता, समाजशास्त्री प्रयत्नशील है परन्तु स्थिति और भी खराब होती जा रही है। योगेश्वर श्री कृष्ण एकात्म कर्म करते हुए ज्ञान दे गये और एकात्म कर्मज्ञान ले गये। भोगेश्वर विश्वमानव एकात्म ध्यान द्वारा एकात्म कर्म करते हुये एकात्म कर्मज्ञान दे गये और स्वयं को सभी और सभी को स्वयं में एकाकार कर दिये।

इस कर्मज्ञान की सत्यता का प्रमाण क्या है। सम्पूर्ण क्रियाकलापों को संचालित वाले मूल दो कर्ता मानव और प्रकृति दोनों का कर्मज्ञान यही है। प्रकृति तो पूर्ण धारण कर सफलतापूर्वक कार्य कर रही है। मानव जाति में जो भी सफलता प्राप्त कर रहे हैं। वे इसके आंशिक धारण में तथा जो असफलता प्राप्त कर रहे हैं। वे पूर्णतः अज्ञानता और धारणमुक्त हैं बावजूद इसके कर्मज्ञान से प्रकृति या अन्य मानव या संयुक्त मन द्वारा प्रभावित और संचालित हैं। पूर्ण धारण करके ही श्रीकृष्ण अदृश्य व्यक्तिगत प्रमाणित योगेश्वर विश्वात्मा प्रथम समन्वयाचार्य श्रीकृष्ण के रूप में तथा श्री लव कुश सिंह, दृश्य सार्वजनिक प्रमाणित भोगेश्वर विश्वात्मा अन्तिम समन्वयाचार्य विश्वमानव के रूप में व्यक्त हुये। इस कर्मज्ञान को श्री कृष्ण और विश्वमानव ने आविष्कृत किया, स्वयं जीया और सार्वजनिक रूप से मानवजाति के कल्याणार्थ व्यक्त किया। इससे बढ़कर इस कर्मज्ञान की सत्यता का प्रमाण क्या हो सकता है। श्रीकृष्ण और श्री लव कुश सिंह "विश्वमानव" का कर्मक्षेत्र सम्पूर्ण ब्रह्माण्ड था परन्तु अन्य मानव का कर्मक्षेत्र छोटा हो सकता है। लेकिन कर्मज्ञान तो सभी का एक ही होगा।

चूंकि मानव कर्म करते-करते ज्ञान प्राप्त कर प्रकृति के क्रियाकलापों को धीरे-धीरे अपने अधीन करने की ओर अग्रसर है इसलिए पूर्णतः प्रकृति के पद पर बैठने के लिए प्रकृति द्वारा धारण की गई सन्तुलित कार्यप्रणाली को मानव द्वारा अपनाना ही होगा। अन्यथा वह सन्तुलित कार्य न कर अव्यवस्था उत्पन्न कर देगा। यह वैसे ही है जैसे किसी कर्मचारी को प्रबंधक (मैंनेजर) के पद पर बैठा दिया जाये तो सन्तुलित कार्‌य संचालन के लिए मैंनेजर की सन्तुलित कार्यप्रणाली को उसे अपनाना ही होगा। अन्यथा वह सन्तुलित कार्य न कर अव्यवस्था उत्पन्न कर देगा।

काल चक्र मार्ग के

(विस्तृत विवरण अध्याय – पाँच में उपलब्ध है। संक्षिप्त रूप से यहाँ दिया गया है।)

03. काल चक्र के द्वितीय और अन्तिम भाग
दृश्य काल में विश्वात्मा के जन्म का अन्तिम भाग–
भोगेश्वर श्री लव कुश सिंह "विश्वमानव"
(स्वामी विवेकानन्द की अगली एवं पूर्ण ब्रह्म की अन्तिम कड़ी)

शरीर नाम :

धर्मयुक्त नाम – लव कुश सिंह

धर्मनिरपेक्ष एवं समभाव युक्त नाम – अदृश्य योगेश्वर समाहित दृश्य भोगेश्वर विश्वमानव

1. जन्म परिचय

– तिथि – मास – सोमवार, 16 अक्टूबर 1967 (आश्विन, शुक्ल पक्ष–त्रयोदशी, रेवती नक्षत्र)

– समय – 2.15 ए.एम स्थान – रिफाइनरी टाउनशिप अस्पताल, बेगूसराय (बिहार)

– अस्थायी निवास – नियामतपुर कलाँ, पुरुषोत्तमपुर, मीरजापुर (उ0 प्र0)

– स्थायी निवास – स्वयं द्वारा घोषित – सत्यकाशी क्षेत्र (उ0 प्र0)

– गुरु – कर्म गुरु – ब्रह्मलीन श्री श्री 108 सत्ययोगानन्द (अप्रत्यक्ष कर्म सम्बन्ध) ज्ञान गुरु – कोई नहीं।

– शिक्षा – बी0 एससी0 (जीव), तकनीकी पी0 जी0 डिप्लोमा (कम्प्यूटर प्रोग्रामिंग)

– स्वरुप – धर्म (व्यक्त रुप), धर्मनिरपेक्ष एवं सर्वधर्मसमभाव (अव्यक्त रुप), मानवता का पुजारी (समष्टि धर्म)

– सर्वोच्च व्यक्त रुप – अन्तिम भोगेश्वर (कर्मवेद द्वारा कर्मज्ञान का विश्वरुप) अर्थात् योगेश्वर का दृश्य रुप, राजनीतिज्ञ, मनोवैज्ञानिक, गृहस्थ युक्त, सन्यासी, अभिनेता, प्रेमी, दार्शनिक, वक्ता साहित्यकार, समाजशास्त्री, भविष्यवक्ता, व्यापारी।

– व्यक्त रुप का स्थल – विष्णु महायज्ञ और ज्ञान यज्ञ, गोपालपुरम्, छोटा सत्यकाशी, सत्यकाशी उत्तर प्रदेश, अन्तिम दिन दिनांक–सोमवार, 22 जून 1998 (आषाढ़ मास शिवरात्रि, अदृश्य काल का अन्तिम दिन, अदृश्य काल का अन्तिम एवं सदी का सर्वाधिक लम्बा यज्ञ विष्णु महायज्ञ एवं ज्ञान यज्ञ का अन्तिम दिन, विश्वमानव द्वारा यज्ञ की पूर्णाहूति का दिन, विश्वमानव के ऐतिहासिक भोगेश्वर रुप (योगेश्वर अर्थात् ज्ञान के विश्व रुप का दृश्य रुप अर्थात् कर्म ज्ञान का विश्वरूप अर्थात् उपलब्ध संसाधन का ईश्वरत्व भाव से भोग) का दिन)

– जन्म समय के महत्व पूर्ण सम्बन्धों की स्थिति –

देश सम्बन्ध – खराब था। रिश्ता सम्बन्ध– खराब था।

रक्त सम्बन्ध – खराब था। समाज और राज्य सम्बन्ध – खराब था।

– जीवन नीति – शैव रुप में ज्ञान प्राप्ति एवं शैव रुप में धर्म स्थापना।

2. ज्ञान परिचय :

– सर्वोच्च कथन – मैं (आत्मा) तब भी था, मैं (आत्मा) आज भी हूँ, मैं (आत्मा) आगे भी रहूँगा वर्तमान से योग कराने के लिए ही मैं (आत्मा) व्यक्त होता हूँ।

– सर्वोच्च संदेश – परिणाम के ज्ञान से युक्त एवं समभाव (अद्वैत) में स्थित होकर कर्म करो और परिणाम की इच्छा मुझ (आत्मा) पर छोड़ दो, एवं दिनांक 23 जून सन् 1998 ई0 से व्यक्तिगत प्रमाणित पूर्ण दृश्य काल का प्रथम / अन्तिम युग – स्वर्ण युग प्रारम्भ।

– धर्म स्थापना की आवश्यकता की पहचान – देश सम्बन्ध, रिश्ता सम्बन्ध, रक्त सम्बन्ध तथा समाज और राज्य सम्बन्ध खराब होना।

– ज्ञान से व्यक्त साहित्य – कर्मवेद : प्रथम, अन्तिम तथा पंचमवेद (धर्म युक्त नाम) अर्थात् विश्वमानक – शून्य श्रृंखला : मन की गुणवत्ता का विश्व मानक, पुराण रहस्य समाहित "विश्वशास्त्र" शास्त्र–साहित्य

– लेखक – स्वयं

– ज्ञान को व्यक्त करने के लिए प्रयुक्त धर्म / धर्मनिरपेक्ष / सर्वधर्मसमभाव शब्द :–

– ईश्वर नाम :–"TRADE CENTRE" (दृश्य काल का समष्टि ईश्वर नाम)

– दर्शन :– कर्म वेदान्त दर्शन या विकास दर्शन (व्यष्टि एवं समष्टि)

3. कर्म परिचय :

– सर्वोच्च कर्म – धर्म (समष्टि) अद्वैत वेदान्त, मानवता, समता, एकता की स्थापना, ईश्वर को ही ईश्वर के रुप में व्यक्त करना। साधु जन का मुक्ति, दुष्टों का वध (बदलाव), प्राच्य एवं पाश्चात्य में एकता और स्वस्थ लोकतन्त्र एवं स्वस्थ समाज सहित एकता के लिए विवादमुक्त तन्त्रों पर आधारित संविधान।

– कर्म की नीति – राजनीतिक, शारीरिक एवं मानसिक सत्यीकरण (बदलाव)

– कर्म द्वारा निर्माण – स्वयं एवं अपने उद्देश्य के लिए सत्यकाशी क्षेत्र का निर्धारण एवं धर्मनिरपेक्ष और सर्वधर्मसमभाव आधारित मिशन – प्राकृतिक सत्य मिशन

जन्म

सोमवार, 16 अक्टुबर, 1967 (आश्विन, शुक्त पक्ष-त्रयोदशी, रेवती नक्षत्र)

-भारत का मध्यम स्वतन्त्रता-आर्थिक व मानसिक स्वतन्त्रता का समय।

-भारत में एकदलीय सरकार।

-स्वामी विवेकानन्द के चिरशान्ति में लीन होने के 65 वर्ष 3 माह 11 दिन बाद का समय।

-लियोनिड (लियो-सिंह राशि) उल्काओं का अमेरिका में प्रथम बौछार के 10 माह 29 दिन बाद का समय।

-अंक 7 (दिनांक 16 का 1 व 6 जोड़ने पर)-एक ऐसा जन्मांक जो शुभ माना जाता है।

-दिनांक 16-एक ऐसा दिनांक जो माह के बीच में रहकर संतुलन स्थापित करता है।

-श्रीराम की जन्म तिथि नवमी (9) है, श्रीकृष्ण की जन्म तिथि अष्टमी (8) है। 9 के अंक का किसी अंक से गुणा करें, सारांश (अंको का योग) 9 ही रहता है। 8 का गुणा घटता-बढ़ता रहता है। अंक 8 लौकिक-संसारी है, 9 जटिल है जस का तस रहता है। डा0 लोहिया का कहना था-"राम मनुष्य हैं, मर्यादा और आदर्श पर चलते हुए देव बनते हैं, लेकिन कृष्ण देवता हैं। वे लोक संग्रह के लिए मनुष्य बनते हैं, देवत्व से नीचे उतरते हैं। राम और कृष्ण, भारतीय प्रज्ञा के सम्राट हैं।" इसी क्रम में लव कुश सिंह का जन्म तिथि त्रयोदशी (13) है। प्रत्येक मास में कृष्ण पक्ष की तेरहवीं तिथि की रात्रि मास शिवरात्रि तथा फाल्गुन मास की कृष्ण पक्ष की तेरहवीं तिथि की रात्रि महाशिवरात्रि कहलाती है। हिन्दू धर्म में मनुष्य के जन्म के बारहवीं तिथि के संस्कार को बरही तथा शरीर से मुक्त होने के तेरहवीं तिथि के अन्तिम संस्कार को तेरहवीं कहते हैं अर्थात् तेरह का अंक शिवशंकर का प्रतीक और दिन सोमवार जो शिव-शंकर का दिन माना जाता है।

-माह अक्टुबर-एक ऐसा माह जिसमें सार्वाधिक महापुरूषों और सार्वजनिक जीवन में सफल व्यक्तियों ने जन्म ग्रहण किया। जैसे-डा0 एनी वुड बेसेन्ट, अग्रणी थियोसोफिस्ट, (1 अक्टुबर), राष्ट्रपिता महात्मा गाँधी (2 अक्टुबर), "जय जवान-जय किसान" का नारा देने वाले व काशी क्षेत्र के निवासी भूतपूर्व द्वितीय प्रधानमंत्री लाल बहादुर शास्त्री (2 अक्टुबर), फिल्म अभिनेता राजकुमार (8 अक्टुबर), फिल्म अभिनेत्री रेखा (10 अक्टुबर), "सम्पूर्ण क्रान्ति" के उद्घोषक लोक नायक जय प्रकाश नारायण (11 अक्टुबर), नानाजी देशमुख व महानायक फिल्म अभिनेता अमिताभ बच्चन (11 अक्टुबर), "मिसाइल मैन" के नाम से विख्यात पूर्व राष्ट्रपति ए. पी. जे. अब्दुल कलाम (15 अक्टुबर), "ड्रीम गर्ल" के नाम से विख्यात अभिनेत्री हेमामालिनी (16 अक्टुबर), अभिनेता शमशेर राजकपूर उर्फ शम्मी कपूर (21 अक्टुबर), भारत के पूर्व राष्ट्रपति के. आर. नारायणन (27 अक्टुबर), माइक्रोसाफ्ट के संस्थापक विलियम हेनरी गेट्स-।।। (28 अक्टुबर), भारत के शारीरिक एकीकरण करने वाले लौहपुरूष सरदार बल्लभ भाई पटेल (31 अक्टुबर) इत्यादि।

-माह अक्टुबर (विश्व स्तर पर) एक ऐसा माह जिसमें सार्वाधिक जीवन के विभिन्न क्षेत्रों से जुड़े विश्व दिवसों का आयोजन व निर्धारण हो चुका था-विश्व प्रौढ़ दिवस एवं विश्व संगीत दिवस (1 अक्टूबर), महात्मा गाँधी के जन्म दिवस पर अन्तर्राष्ट्रीय अहिंसा दिवस (2 अक्टूबर), विश्व प्राकृतिक दिवस (3 अक्टूबर), विश्व आवास दिवस एवं विश्व पशु कल्याण दिवस (4 अक्टूबर), विश्व पारिस्थितिक दिवस (5 अक्टूबर), विश्व शिक्षक दिवस (5 अक्टूबर), विश्व प्राणी दिवस (6 अक्टूबर), विश्व डाक दिवस (9 अक्टूबर), विश्व मानसिक स्वास्थ्य दिवस (10 अक्टूबर), विश्व मानक दिवस (14 अक्टूबर), विश्व खाद्य दिवस (16 अक्टूबर), विश्व मितव्ययिता दिवस (28 अक्टूबर)।

-माह अक्टुबर (भारत देश स्तर पर) एक ऐसा माह जिसमें सार्वाधिक जीवन के विभिन्न क्षेत्रों से जुड़े राष्ट्रीय दिवसों का आयोजन व निर्धारण हो चुका था। जैसे-राष्ट्रीय स्वैच्छिक रक्तदान दिवस व वयोबृद्ध दिवस (1 अक्टूबर), राष्ट्रीय अखण्डता दिवस (4 अक्टूबर), वायुसेना दिवस (8 अक्टूबर), प्रादेशिक सेना दिवस (9 अक्टूबर),

सफेद छड़ी दिवस (15 अक्टूबर), सीमा सुरक्षा दिवस व पुलिस स्मरण दिवस (21 अक्टूबर), राष्ट्रीय एकता दिवस (31 अक्टूबर) इत्यादि।

-बिहार के बेगूसराय जिले के रिफाइनरी टाउनशिप में स्थित इण्डियन आयल कार्पोरेशन के अस्पताल में लव कुश सिंह का जन्म समय 02. 15 ए. एम. बजे। इनकी माता का नाम श्रीमती चमेली देवी तथा पिता का नाम श्री धीरज नारायण सिंह जो इण्डियन आयल कापरिशन लि0 (आई. ओ. सी. लि.) के बरौनी रिफाइनरी में कार्यरत थे और उत्पादन अभियंता के पद से सन् 1995 में स्वैच्छिक सेवानिवृत हो चुके हैं। दादा का नाम स्व. राजाराम व दादी का नाम श्रीमती दौलती देवी था। जन्म के समय दादा स्वर्गवासी हो चुके थे।

1870 ईस्वी में बेगूसराय, मुंगेर जिले के सब-डिवीजन के रूप में स्थापित हुआ। 1972 (लवकुश सिंह "विश्वमानव" के जन्म के 5 वर्ष बाद) में बेगूसराय, बिहार राज्य का स्वतन्त्र जिला बना जो मध्य बिहार में स्थित है। बेगूसराय, बिहार के औद्योगिक नगर के रूप में जाना जाता है। यहाँ मुख्य रूप से तीन बड़े उद्योग हैं-इण्डियन आयल कारपोरेशन लिमिटेड का बरौनी तेलशोधक कारखाना, बरौनी थर्मल पावर स्टेशन और हिन्दुस्तान फर्टिलाइजर।

लव कुश सिंह "विश्वमानव"

आविष्कारकर्ता-मन (मानव संसाधन) का विश्व मानक एवं पूर्ण मानव निर्माण की तकनीकी
अगला दावेदार-भारत सरकार का सर्वोच्च नागरिक सम्मान-"भारत रत्न"

परिचय

अपने विशेष कला के साथ जन्म लेने वाले व्यक्तियों के जन्म माह अक्टुबर के सोमवार, 16 अक्टुबर 1967 (आश्विन, शुक्ल पक्ष-त्रयोदशी, रेवती नक्षत्र) समय 02.15 ए.एम. बजे को रिफाइनरी टाउनशिप अस्पताल (सरकारी अस्पताल), बेगूसराय (बिहार) में श्री लव कुश सिंह का जन्म हुआ और टाउनशिप के E1-53, E2-53, D2F-76, D2F-45 और साइट कालोनी के D-58, C-45 में रहें। इनकी माता का नाम श्रीमती चमेली देवी तथा पिता का नाम श्री धीरज नारायण सिंह जो इण्डियन आयल कार्पोरेशन लि0 (आई.ओ.सी.लि.) के बरौनी रिफाइनरी में कार्यरत थे और उत्पादन अभियंता के पद से सन् 1995 में स्वैच्छिक सेवानिवृत हो चुके हैं। जो कि ग्राम-नियामतपुर कलाँ, पुरूषोत्तमपुर, मीरजापुर (उ0प्र0) पिन-231305 के निवासी हैं। दादा का नाम स्व.राजाराम व दादी का नाम श्रीमती दौलती देवी था। जन्म के समय दादा स्वर्गवासी हो चुके थे जो कभी कश्मीर के राजघराने में कुछ समय के लिए सेवारत भी थे। मार्च सन् 1991 में इनका विवाह चुनार क्षेत्र के धनैता (मझरा) ग्राम में शिव कुमारी देवी से हुआ और जनवरी सन् 1994 में पुत्र का जन्म हुआ। मई सन् 1994 में शिव कुमारी देवी की मृत्यु होने के उपरान्त वे लगभग घर की जिम्मेदारीयों से मुक्त रह कर भारत देश में भ्रमण करते हुये चिंतन व विश्वशास्त्र के संकलन कार्य में लग गये। किसी भी व्यक्ति का नाम उसके अबोध अवस्था में ही रखा जाता है अर्थात् व्यक्ति का प्रथम नाम प्रकृति प्रदत्त ही होता है। लव कुश सिंह नाम उनकी दादी स्व0 श्रीमती दौलती देवी के द्वारा उन्हें प्राप्त हुआ।

भारत देश के ग्रामीण क्षेत्र से एक सामान्य नागरिक के रूप में सामान्य से दिखने वाले श्री लव कुश सिंह एक अद्भुत नाम-रूप-गुण-कर्म के महासंगम हैं जिसकी पुनरावृत्ति असम्भव है। इनकी शिक्षा न्यू प्राइमरी स्कूल (प्राथमिक), रिफाइनरी टाउनशिप, बेगूसराय (बिहार), माधव विद्या मन्दिर इण्टरमीडिएट कालेज, पुरूषोत्तमपुर, मीरजापुर, उ0प्र0 (दसवीं-1981, 13 वर्ष 6 माह में), प्रभु नारायण राजकीय इण्टर कालेज, रामनगर, वाराणसी, उ0प्र0 (बारहवीं-1983, 15 वर्ष 6 माह में) और बी.एससी.(जीव विज्ञान) में 17 वर्ष 6 माह के उम्र में सन् 1985 ई0 में तत्कालिन गोरखपुर विश्वविद्यालय से सम्बद्ध श्री हरिश्चन्द्र स्नातकोत्तर महाविद्यालय, वाराणसी से पूर्ण हुई। तकनीकी शिक्षा में कम्प्यूटर प्रोग्रामिंग एण्ड सिस्टम एनालिसिस में स्नातकोत्तर डिप्लोमा इण्डिया एजुकेशन सेन्टर, एम-92, कनाट प्लेस, नई दिल्ली से सन् 1988 में पूर्ण हुई। परन्तु जिसका कोई प्रमाण पत्र नहीं है वह ज्ञान अद्भुत है। अपने तीन भाई-बहनों व एक पुत्र में वे सबसे बड़े व सबसे कम प्रमाणित शिक्षा प्राप्त हैं। एक अजीब पारिवारिक स्थिति यह है कि प्रारम्भ निरक्षर माँ से होकर अन्त "विश्वशास्त्र" को व्यक्त करने वाले श्री लव कुश सिंह तक एक ही परिवार में हैं।

सभी धर्मशास्त्रों और भविष्यवक्ताओं के अनुसार और सभी को सत्य रूप में वर्तमान करने के लिए "विश्वशास्त्र" को व्यक्त करने वाले श्री लव कुश सिंह समय रूप से संसार के सर्वप्रथम वर्तमान में रहने वाले व्यक्ति हैं क्यूँकि वर्तमान की परिभाषा है-पूर्ण ज्ञान से युक्त होना और कार्यशैली की परिभाषा है-भूतकाल का अनुभव, भविष्य की आवश्यकतानुसार पूर्णज्ञान और परिणाम ज्ञान से युक्त होकर वर्तमान समय में कार्य करना। स्वयं को आत्म ज्ञान होने पर प्रकृति प्रदत्त नाम के अलावा व्यक्ति अपने मन स्तर का निर्धारण कर एक नाम स्वयं रख लेता है। जिस प्रकार "कृष्ण" नाम है "योगेश्वर" मन की अवस्था है, "गदाधर" नाम है "रामकृष्ण परमहंस" मन की अवस्था है, "सिद्धार्थ" नाम है "बुद्ध" मन की अवस्था है, "नरेन्द्र नाथ दत्त" नाम है "स्वामी विवेकानन्द" मन की अवस्था है, "रजनीश" नाम है "ओशो" मन की अवस्था है। उसी प्रकार लव कुश सिंह ने अपने नाम के साथ "विश्वमानव" लागाकर मन की अवस्था को व्यक्त किया है और उसे सिद्ध भी किया है। व्यक्तियों के नाम, नाम है "भोगेश्वर विश्वमानव" उसकी चरम विकसित, सर्वोच्च और अन्तिम अवस्था है जहाँ समय की धारा में चलते-चलते मनुष्य वहाँ विवशतावश पहुँचेगा ऐसा उनका मानना है। जिस प्रकार श्रीकृष्ण के जन्म से पहले ही ईश्वरत्व उन पर झोंक दिया गया था अर्थात् जन्म लेने वाला देवकी का आठवाँ पुत्र ईश्वर ही होगा, यह श्रीकृष्ण को ज्ञात होने पर जीवनभर वे जनभावना को उस ईश्वरत्व के प्रति विश्वास बनाये रखने के लिए संघर्ष करते रहे, उसी प्रकार इस "लव-कुश" का नाम उन्हें ज्ञात होने पर वे भी इसे सिद्ध करने के लिए जीवनभर संघर्ष करते रहे जिसका परिणाम आपके समक्ष है।

श्री लव कुश सिंह "विश्वमानव"ने कभी किसी पद पर सरकारी नौकरी नहीं की इस सम्बन्ध में उनका कहना था कि-"नौकरी करता तो यह नहीं कर पाता। पद पर रहता तो केवल पद से सम्बन्धित ही विशेषज्ञता आ पाती। वैसे भी पत्र-व्यवहार या पुस्तक का सम्बन्ध ज्ञान और विचार से होता हैं उसमें व्यक्ति के शरीर से क्या मतलब? क्या कोई लंगड़ा या अंधा होगा तो उसका ज्ञान-विचार भी लंगड़ा या अंधा होगा? क्या कोई किसी पद पर न हो तो उसकी सत्य बात गलत मानी जायेगी? विचारणीय विषय है। परन्तु इतना तो जानता हूँ कि यह आविष्कार यदि सीधे-सीधे प्रस्तुत कर दिया जाता तो सभी लोग यही कहते कि इसकी प्रमाणिकता क्या है? फिर मेरे लिए मुश्किल हो जाता क्योंकि मैं न तो बहुत ही अधिक शिक्षा ग्रहण किया था, न ही किसी विश्वविद्यालय का उच्चस्तर का शोधकर्ता था। परिणामस्वरूप मैंने ऐसे पद "कल्कि अवतार" को चुना जो समाज ने पहले से ही निर्धारित कर रखा था और पद तथा आविष्कार के लिए व्यापक आधार दिया जिसे समाज और राज्य पहले से मानता और जानता है।"

भारत अपने शारीरिक स्वतन्त्रता व संविधान के लागू होने के उपरान्त वर्तमान समय में जिस कर्तव्य और दायित्व का बोध कर रहा है। भारतीय संसद अर्थात् विश्वमन संसद जिस सार्वभौम सत्य या सार्वजनिक सत्य की खोज करने के लिए लोकतन्त्र के रूप में व्यक्त हुआ है। जिससे स्वस्थ लोकतंत्र, समाज स्वस्थ, उद्योग और पूर्ण मानव की प्राप्ति हो सकती है, उस ज्ञान से युक्त विश्वात्मा श्री लव कुश सिंह "विश्वमानव" वैश्विक व राष्ट्रीय बौद्धिक क्षमता के सर्वोच्च और अन्तिम प्रतीक के रूप में व्यक्त हैं।

निःशब्द, आश्चर्य, चमत्कार, अविश्वसनीय, प्रकाशमय इत्यादि ऐसे ही शब्द उनके और उनके शास्त्र के लिए व्यक्त हो सकते हैं। विश्व के हजारों विश्वविद्यालय जिस पूर्ण सकारात्मक एवं एकीकरण के विश्वस्तरीय शोध को न कर पाये, वह एक ही व्यक्ति ने पूर्ण कर दिखाया हो उसे कैसे-कैसे शब्दों से व्यक्त किया जाये, यह सोच पाना और उसे व्यक्त कर पाना निःशब्द होने के सिवाय कुछ नहीं है।

"विश्वशास्त्र" के शास्त्राकार श्री लव कुश सिंह "विश्वमानव" अपने परिचितों से केवल सदैव इतना ही कहते रहे कि-"कुछ अच्छा किया जा रहा है" के अलावा बहुत अधिक व्याख्या उन्होंने कभी नहीं की। और अन्त में कभी भी बिना इस शास्त्र की एक भी झलक दिखाये एकाएक यह शास्त्र प्रस्तुत कर दिया जाये तो इससे बड़ा आश्चर्य क्या हो सकता है। जो इस स्तर पर है कि-"विश्व बुद्धि बनाम एकल बुद्धि। और उसका परिणाम ये है कि भारत को वर्तमान काल में विश्वगुरू और संयुक्त राष्ट्र संघ तक के लिए सार्वभौम सत्य-सैद्धान्तिक स्थापना योग्य मार्गदर्शन अभी ही उपलब्ध हो चुका है जिससे भारत जब चाहे तब उसका उपयोग कर सके।

जो व्यक्ति कभी किसी वर्तमान गुरू के शरणागत होने की आवश्यकता न समझा, जिसका कोई शरीरधारी प्रेरणा स्रोत न हो, किसी धार्मिक व राजनीतिक समूह का सदस्य न हो, इस कार्य से सम्बन्धित कभी

सार्वजनिक रूप से समाज में व्यक्त न हुआ हो, जिस विषय का आविष्कार किया गया, वह उसके जीवन का शैक्षणिक विषय न रहा हो, 50 वर्ष के अपने वर्तमान अवस्था तक एक साथ कभी भी 50 लोगों से भी न मिला हो, यहाँ तक कि उनको इस रूप में 50 आदमी भी न जानते हों, यदि जानते भी हो तो पहचानते न हों और जो पहचानते हों वे इस रूप को जानते न हों, वह अचानक इस शास्त्र को प्रस्तुत कर दें तो इससे बडा चमत्कार क्या हो सकता है।

जिस व्यक्ति का जीवन, शैक्षणिक योग्यता और कर्मरूप शास्त्र तीनों का कोई सम्बन्ध न हो अर्थात् तीनों तीन व्यक्तित्व का प्रतिनिधित्व करते हों, इससे बड़ी अविश्वसनीय स्थिति क्या हो सकती है।

मूल पाशुपत शैव दर्शन सहित अनेक मतों का सफल एकीकरण के स्वरूप श्री लव कुश सिह "विश्वमानव" के जीवन, कर्म और ज्ञान के अनेक दिशाओं से देखने पर अनेक दार्शनिक, संस्थापक, संत, ऋषि, अवतार, मनु, व्यास, व्यापारी, रचनाकर्ता, नेता, समाज निर्माता, शिक्षाविद्, दूरदर्शिता इत्यादि अनेक रूप दिखते हैं।

"वर्तमान में विश्व (WORLD) पृथ्वी की सीमा तक के अर्थों में अधिकतम प्रयोग होता है। परन्तु मानवीय व्यक्तिगत दृष्टि में प्रत्येक मनुष्य का विश्व, जगत्, संसार, सृष्टि व दुनिया उतना ही बड़ा होता है जितने क्षेत्र तक का उसका ज्ञान होता है।

इस प्रकार व्यक्ति का अपने व्यक्तिगत दृष्टि से विश्व को देखना उसका प्राथमिक विश्व तथा व्यक्ति का अपने सार्वभौम दृष्टि से विश्व को देखना उसकी अन्तिम व पूर्ण दृष्टि होती है।

संवेदना के अनुभव की सीमा ही व्यक्ति का शरीर होता है। जिस व्यक्ति की संवेदना उसके अपने शरीर तक होता है उसके शरीर की सीमा उसके अपने शरीर तक ही होती है। इसी प्रकार जो व्यक्ति अपने परिवार, मुहल्ला, गाँव, जिला, प्रदेश, देश, पृथ्वी और ब्रह्माण्ड तक की संवेदना का अनुभव करता है उस व्यक्ति का शरीर उस स्तर का होता है। अनन्त ब्रह्माण्ड तक के शरीर का अनुभव ही "अंह ब्रह्मास्मि" कहलाता है और अपने शरीर के सुख-दुःख का अनुभव करते हुए अपने उस शारीरिक सीमा के लिए कर्म करता है।

इस प्रकार मैं लव कुश सिंह "विश्वमानव" अनन्त ब्रह्माण्ड तक की संवेदना का अनुभव कर उसे सत्य, शिव और सुन्दर की ओर दिशा देने के लिए यह "विश्वशास्त्र" व्यक्त किया हूँ।"

- लव कुश सिंह "विश्वमानव"

"प्रत्येक व्यक्ति केवल अपने ही विश्व को देखता है, इसलिए उस विश्व की उत्पत्ति उसके बन्धन के साथ होती है और उसकी मुक्ति से वह विश्व मय हो जाता है। तथापि वह औरों के लिए, जो बन्धन में हैं, अवशेष रहता है। नाम और रुप से ही विश्व बना है। समुद्र की तरंग, उस हद तक ही तरंग कहला सकती है, जब तक कि नाम और रुप से वह सीमित है। यदि तरंग लुप्त हो जाये तो वह समुद्र ही है। यह नाम और रुप माया कहलाता है। और पानी ब्रह्म।"

- स्वामी विवेकानन्द

समाज रचना और व्यापार का आधार

"आकाश शब्द मंय" अर्थात् आकाश शब्द रूप में है। विचार ही आविष्कार का जन्मदाता है। फिर वही व्यापार का मूल होता है। आध्यात्म जगत हो या भौतिक जगत विचार द्वारा ही आविष्कार और व्यापार चल रहे हैं। आविष्कारकों के साथ निम्न विचार अवश्य जुड़ जाते हैं। उनके सत्य अर्थ को जानना आवश्यक है-

1. **"बहुत पहुँचे हुये हैं"** - इसका अर्थ होता है- पहला अन्तर्जगत के सम्बन्ध में - आध्यात्मिक सार्वभौम सत्य-सिद्धान्तों का अनुभव, दूसरा बाह्य जगत के सम्बन्ध में - उच्च पीठासीन राजनेता और धर्माचार्य से सम्बन्ध। जिससे कल्याण व स्वार्थ का कार्य सम्पन्न कर सकें। तीसरा कोई अर्थ नहीं होता।

2. **"दर्शन"** - इसका अर्थ होता है- पहला अन्तर्जगत के सम्बन्ध में - उनके सम्पूर्ण रूप जीवन, ज्ञान व कर्म को देखना, दूसरा बाह्य जगत के सम्बन्ध में - केवल शरीर, संसाधन और महिमामण्डन को देखना। तीसरा कोई अर्थ नहीं होता। दूसरे प्रकार के दर्शन से दर्शन करने वाले को कोई लाभ नहीं होता।

3. **"आशीर्वाद"** - इसका अर्थ होता है- पहला अन्तर्जगत के सम्बन्ध में - उनसे अपने कल्याणार्थ शब्द सुनना।, दूसरा बाह्य जगत के सम्बन्ध में - उनसे अपने कल्याण के लिए कार्य लेना या उनके ज्ञान को अपने कल्याण के लिए जीवन में उपयोग करना। तीसरा कोई अर्थ नहीं होता। पहले प्रकार के आशीर्वाद से आशीर्वाद लेने वाले को कोई लाभ नहीं होता।

अ. भौतिक जगत द्वारा आविष्कार और व्यापार

भौतिक जगत में जैसे ही कोई आविष्कार होता है वह व्यापार बन जाता है परन्तु आविष्कारक का जीवन व्यापार नहीं बन पाता है। केवल आविष्कारक का ज्ञान और उत्पाद ही व्यापार में परिवर्तित होता है। पुनः आविष्कारक के ज्ञान और उत्पाद पर आधारित अन्य आविष्कार भी होने लगते हैं जैसे- बिजली का आविष्कार हुआ तो बिजली का आविष्कार जिस सिद्धान्त से हुआ वह और उस पर आधारित अनेक आविष्कार जैसे बल्ब, मोटर, जेनरेटर, बैटरी इत्यादि अनेक आविष्कार हो गये और उस पर आधारित अनकों प्रकार के व्यापार विकसित हो गये। लेकिन आविष्कारक का जीवन व्यापार नहीं बन पाया। वर्तमान समय में भौतिक जगत ने इतने अधिक आविष्कार दिये हैं कि मनुष्य के जन्म के पूर्व से ही वह भौतिक आविष्कारों का उपभोक्ता बन चुका है। और यह क्रम जारी भी है। भौतिक आविष्कारों से मनुष्य को संसाधन प्राप्त होता है।

ब. आध्यात्म जगत द्वारा आविष्कार और व्यापार

आध्यात्म जगत में जैसे ही कोई आविष्कार होता है वह व्यापार बन जाता है जो आविष्कारक के जीवन, ज्ञान और कर्म से जुड़ा होता है। पुनः आविष्कारक के जीवन, ज्ञान और कर्म पर आधारित अन्य आविष्कार भी होने लगते हैं। जैसे - श्रीराम, श्रीकृष्ण, शिव-शंकर, बुद्ध, माँ वैष्णों देवी, सांई बाबा, विश्व के तमाम धर्म संस्थापकों के जीवन, ज्ञान व कर्म पर अनेकों व्यापार विकसित हो गये हैं। भारतीय आध्यात्म और दर्शन जगत ऐसे उदाहरणों से भरा हुआ है। वर्तमान समय में आध्यात्म जगत ने इतने अधिक आविष्कार दिये हैं कि मनुष्य के जन्म के पूर्व से ही वह आध्यात्मिक आविष्कारों द्वारा ही संचालित है। और यह क्रम जारी भी है। आध्यात्मिक आविष्कारों से मनुष्य को सुख व ईश्वरत्व की ओर विकास प्राप्त होता है।

श्री विष्णु पुराण (तृतीय अंश, अध्याय-दो) में लिखा है कि -स्थितिकारक भगवान विष्णु चारों युगों में इस प्रकार व्यवस्था करते हैं- समस्त प्राणियों के कल्याण में तत्पर वे सर्वभूतात्मा सत्ययुग में कपिल आदिरूप धारणकर परम ज्ञान का उपदेश करते हैं। त्रेतायुग में वे सर्वसमर्थ प्रभु चक्रवर्ती भूपाल होकर दुष्टों का दमन करके त्रिलोक की रक्षा करते हैं। तदन्तर द्वापरयुग में वे वेदव्यास रूप धारण कर एक वेद के चार विभाग करते हैं और सैकड़ों शाखाओं में बाँटकर बहुत विस्तार कर देते हैं। इस प्रकार द्वापर में वेदों का विस्तार कर कलियुग के अन्त में भगवान कल्किरूप धारणकर दुराचारी लोगों को सन्मार्ग में प्रवृत्त करते हैं। इसी प्रकार, अनन्तात्मा प्रभु निरन्तर इस सम्पूर्ण जगत् के उत्पत्ति, पालन और नाश करते रहते हैं। इस संसार में ऐसी कोई वस्तु नहीं है जो उनसे भिन्न हो।

श्री विष्णु पुराण (तृतीय अंश, अध्याय-तीन) में लिखा है कि - वेद रूप वृक्ष के सहस्त्रों शाखा-भेद हैं, उनका विस्तार से वर्णन करने में तो कोई भी समर्थ नहीं है अतः संक्षेप यह है कि प्रत्येक द्वापरयुग में भगवान विष्णु व्यासरूप से अवतीर्ण होते हैं और संसार के कल्याण के लिए एक वेद के अनेक भेद कर देते हैं। मनुष्यों के बल, वीर्य और तेज को अलग जानकर वे समस्त प्राणियों के हित के लिए वेदों का विभाग करते हैं। जिस शरीर के द्वारा एक वेद के अनेक विभाग करते हैं भगवान मधुसूदन की उस मूर्ति का नाम वेदव्यास है।

इस वैवस्वत मनवन्तर (सातवाँ मनु) के प्रत्येक द्वापरयुग में व्यास महर्षियों ने अब तक पुनः-पुनः 28 बार वेदों के विभाग किये हैं। पहले द्वापरयुग में ब्रह्मा जी ने वेदों का विभाग किया। दूसरे द्वापरयुग के वेदव्यास प्रजापति हुए। तीसरे द्वापरयुग में शुक्राचार्य जी, चौथे द्वापरयुग में बृहस्पति जी व्यास हुए, पाँचवें में सूर्य और छठें में भगवान मृत्यु व्यास कहलायें। सातवें द्वापरयुग के वेदव्यास इन्द्र, आठवें के वशिष्ठ, नवें के सारस्वत और दसवें के त्रिधामा कहे जाते हैं। ग्यारहवें में त्रिशिख, बारहवें में भरद्वाज, तेरहवें में अन्तरिक्ष और चौदहवें में वर्णी नामक व्यास हुए। पन्द्रहवें में त्रव्यारूण, सोलहवें में धनंन्जय, सत्रहवें में क्रतुन्जय और अठ्ठारवें में जय नामक व्यास हुए। फिर उन्नीसवें व्यास भरद्वाज हुए, बीसवें गौतम, इक्कीसवें हर्यात्मा, बाइसवें वाजश्रवा मुनि, तेइसवें सोमशुष्पवंशी तृणाबिन्दु, चौबीसवें भृगुवंशी ऋक्ष (वाल्मीकि) पच्चीसवें मेरे (पराशर) पिता शक्ति, छब्बीसवें मैं पराशर, सत्ताइसवें जातुकर्ण और अठ्ठाइसवें कृष्णद्वैपायन। अगामी द्वापरयुग में द्रोणपुत्र अश्वत्थामा वेदव्यास होंगे।

"कल्कि" अवतार के सम्बन्ध में कहा गया है कि उसका कोई गुरू नहीं होगा, वह स्वयं से प्रकाशित स्वयंभू होगा जिसके बारे में अथर्ववेद, काण्ड 20, सूक्त 115, मंत्र 1 में कहा गया है कि "ऋषि-वत्स, देवता इन्द्र, छन्द गायत्री। अहमिद्धि पितुष्परि मेधा मृतस्य जग्रभ। अहं सूर्य इवाजिनि।। "अर्थात् "मैं परम पिता परमात्मा से सत्य ज्ञान की विधि को धारण करता हूँ और मैं तेजस्वी सूर्य के समान प्रकट हुआ हूँ।" जबकि सबसे प्राचीन वंश स्वायंभुव मनु के पुत्र उत्तानपाद शाखा में ब्रह्मा के 10 मानस पुत्रों में से मन से मरीचि व पत्नी कला के पुत्र कश्यप व पत्नी अदिति के पुत्र आदित्य (सूर्य) की चौथी पत्नी छाया से दो पुत्रों में से एक 8वें मनु - सावर्णि मनु होंगे जिनसे ही वर्तमान मनवन्तर 7वें वैवस्वत मनु की समाप्ति होगी। ध्यान रहे कि 8वें मनु - सावर्णि मनु, सूर्य पुत्र हैं। अर्थात् कल्कि अवतार और 8वें मनु - सावर्णि मनु दोनों, दो नहीं बल्कि एक ही हैं और सूर्य पुत्र हैं।

"सार्वभौम" गुण 8वें सावर्णि मनु का गुण है। अवतारी श्रृंखला अन्तिम होकर अब मनु और मनवन्तर श्रृंखला के भी बढ़ने का क्रम है क्योंकि यही क्रम है। वैदिक-सनातन-हिन्दू धर्म के पुराणों में 14 मनुओं का वर्णन किया गया है। इन्हीं के नाम से मन्वन्तर चलते हैं। जो निम्नलिखित हैं-

1. मनुर्भरत वंश की प्रियव्रत शाखा

अ. पौराणिक वंश

वंश	अवतार	काल
01. स्वायंभुव मनु	यज्ञ	भूतकाल
02. स्वारचिष मनु	विभु	भूतकाल
03. उत्तम मनु	सत्यसेना	भूतकाल
04. तामस मनु	हरि	भूतकाल

05. रैवत मनु	वैकुण्ठ	भूतकाल

2. मनुर्भरत वंश की उत्तानपाद शाखा

06. चाक्षुष मनु	अजित	भूतकाल

ब. ऐतिहासिक वंश

07. वैवस्वत मनु	वामन	वर्तमान

स. भविष्य के वंश

08. सावर्णि मनु	सार्वभौम	भविष्य
09. दत्त सावर्णि मनु	रिषभ	भविष्य
10. ब्रह्म सावर्णि मनु	विश्वकसेन	भविष्य
11. धर्म सावर्णि मनु	धर्मसेतू	भविष्य
12, रूद्र सावर्णि मनु	सुदामा	भविष्य
13. दैव सावर्णि मनु	योगेश्वर	भविष्य
14. इन्द्र सावर्णि मनु	वृहद्भानु	भविष्य

पहले मनु - स्वायंभुव मनु से 7वें मनु - वैवस्वत मनु तक शारीरिक प्राथमिकता के मनु का कालक्रम हैं। 8वें मनु - सावर्णि मनु से 14वें और अन्तिम - इन्द्र सावर्णि मनु तक बौद्धिक प्राथमिकता के मनु का कालक्रम है इसलिए ही 9वें मनु से 14वें मनु तक के नाम के साथ में "सावर्णि मनु" उपनाम की भाँति लगा हुआ है। अर्थात् 9वें मनु से 14वें मनु में सार्वभौम गुण विद्यमान रहेगा और बिना "विश्वशास्त्र" के उनका प्रकट होना मुश्किल होगा।

मनुष्य की रचना "पावर और प्राफिट (शक्ति और लाभ)" के लिए नहीं बल्कि असीम मस्तिष्क क्षमता के विकास के लिए हुआ है। फलस्वरूप वह स्वयं को ईश्वर रूप में अनुभव कर सके, जहाँ उसे किसी गुरू की आवश्यकता न पड़ें, वह स्वंयभू हो जाये, उसका प्रकाश वह स्वयं हो। एक गुरू का लक्ष्य भी यही होता है कि शिष्य मार्गदर्शन प्राप्त कर गुरू से आगे निकलकर, गुरू तथा स्वयं अपना नाम और कृति इस संसार में फैलाये, ना कि जीवनभर एक ही कक्षा में (गुरू में) पढ़ता रह जाये। एक ही कक्षा में जीवनभर पढ़ने वाले को समाज क्या नाम देता है, समाज अच्छी प्रकार जानता है। "विश्वशास्त्र" से कालक्रम को उसी मुख्यधारा में मोड़ दिया गया है। एक शास्त्राकार, अपने द्वारा व्यक्त किये गये पूर्व के शास्त्र का उद्देश्य और उसकी सीमा तो बता ही सकता है परन्तु व्याख्याकार ऐसा नहीं कर सकता। स्वयं द्वारा व्यक्त शास्त्र के प्रमाण से ही स्वयं को व्यक्त और प्रमाणित करूँगा- शास्त्राकार महर्षि व्यास (वर्तमान में लव कुश सिंह "विश्वमानव")

शब्द से सृष्टि की ओर...
सृष्टि से शास्त्र की ओर...
शास्त्र से काशी की ओर...
काशी से सत्यकाशी की ओर...
और सत्यकाशी से अनन्त की ओर...
एक अन्तहीन यात्रा...............................

वर्तमान सृष्टि चक्र की स्थिति भी यही हो गयी है कि अब अगले अवतार के मात्र एक विकास के लिए सत्यीकरण से काल, मनवन्तर व मनु, अवतार, व्यास व शास्त्र सभी बदलेंगे। इसलिए देश व विश्व के धर्माचार्यों, विद्वानों, ज्योतिषाचार्यों इत्यादि को अपने-अपने शास्त्रों को देखने व समझने की आवश्यकता आ गयी है क्योंकि कहीं श्री लव कुश सिंह "विश्वमानव" और "आध्यात्मिक सत्य" आधारित कार्य "विश्वशास्त्र" वही तो नहीं है? और यदि नहीं तो वह कौन सा कार्य होगा जो इन सबको बदलने वाली घटना को घटित करेगा?

शनिवार, 22 दिसम्बर, 2012 से प्रारम्भ हो चुका है-

1. काल के प्रथम रूप अदृश्य काल से दूसरे और अन्तिम दृश्य काल का प्रारम्भ।
2. मनवन्तर के वर्तमान 7वें मनवन्तर वैवस्वत मनु से 8वें मनवन्तर सावर्णि मनु का प्रारम्भ।

3. अवतार के नवें बुद्ध से दसवें और अन्तिम अवतार-कल्कि महावतार का प्रारम्भ।
4. युग के चौथे कलियुग से पाँचवें युग स्वर्ण युग का प्रारम्भ।
5. व्यास और द्वापर युग में आठवें अवतार श्रीकृष्ण द्वारा प्रारम्भ किया गया कार्य "नवसृजन" के प्रथम भाग "सार्वभौम ज्ञान" के शास्त्र "गीता" से द्वितीय अन्तिम भाग "सार्वभौम कर्मज्ञान", पूर्णज्ञान का पूरक शास्त्र", लोकतन्त्र का "धर्मनिरपेक्ष धर्मशास्त्र" और आम आदमी का "समाजवादी शास्त्र" द्वारा व्यवस्था सत्यीकरण और मन के ब्रह्माण्डीयकरण और नये व्यास का प्रारम्भ।

जिस प्रकार लोग आत्मा की महत्ता को न समझकर शरीर को ही महत्व देते हैं उसी प्रकार लोग भले ही पढ़कर ही विकास कर रहें हो परन्तु वे शास्त्राकार लेखक की महत्ता को स्वीकार नहीं करते। जबकि वर्तमान समय में चाहे जिस विषय में हो प्रत्येक विकास कर रहे व्यक्ति के पीछे शास्त्राकार, लेखक, आविष्कारक, दार्शनिक की ही शक्ति है जिस प्रकार शरीर के पीछे आत्मा की शक्ति है।

सदैव मानव समाज को एकात्म करने के लिए शास्त्र-साहित्य की रचना करना लेखक का काम रहा है। सामूहिक रूप से ऐसे कार्य करने वाले को व्यास कहते हैं। चाहे वह आध्यात्म दर्शन (अदृश्य विज्ञान) के क्षेत्र में हो या पदार्थ विज्ञान (दृश्य विज्ञान) के क्षेत्र में हो। इस प्रकार सभी लेखकों के आदर्श आदि पुरूष व्यास ही हैं।

मात्र एक विचार- "ईश्वर ने इच्छा व्यक्त की कि मैं एक हूँ, अनेक हो जाऊँ" और "सभी ईश्वर हैं", यह प्रारम्भ और अन्तिम लक्ष्य है। आध्यात्म जगत द्वारा आविष्कार और व्यापार कें मुख्य रूप में इस प्रकार हैं-

01. सत्युग (सार्वभौम सत्य)

01. वैदिक/सनातन धर्म-ऋषि-मुनि गण ई0पूर्व 6000-2500 चार वेद और वैदिक साहित्य

1. ईश्वर कृत - ऋगवेद, सामवेद, यजुवेद व अथर्ववेद

2. ऋषि-मुनि कृत - संहिता, ब्राह्मण कृत ब्राह्मण (कर्म काण्ड) व आरण्यक (ज्ञान काण्ड), उपनिषद्, वेदांग या सूत्र-साहित्य शिक्षा (स्वर विज्ञान), कल्प (धर्मानुष्ठान)-श्रौत सूत्र, शुल्व सूत्र, गृह्य सूत्र, धर्म सूत्र, व्याकरण, निघण्टु, निरूक्त (व्युत्पत्ति), छन्द, ज्योतिष, उपांग - सांख्य दर्शन (प्रकृति आधारित), वैशेषिक दर्शन (काल या समय आधारित), मीमांसा दर्शन (कर्म आधारित), चार्वाक दर्शन, अपौरूषेय दर्शन, योग दर्शन (पुरूषार्थ आधारित), न्याय दर्शन (परमाणु आधारित), वेदांत दर्शन (ब्रह्म आधारित)

उपवेद- आयुर्वेद, धनुर्वेद, गान्धर्वेद, अथर्वेद।

पुराण - मत्स्य, मार्कण्डेय, भागवत, भविष्य, ब्रह्म, ब्रह्माण्ड, ब्रह्म बैवर्त, वायु, विष्णु, बाराह, बामन, अग्नि, नारदीय, पद्म, लिंग, गरूण, कूर्म, स्कन्द।

02. त्रेतायुग यज्ञ (अदृश्य कर्म)

1. भगवान परशुराम कृत - परशुराम परम्परा - साकार आधारित लोकतंत्र व्यवस्था।
2. महाकाव्य- वाल्मीकि रचित - रामायण - आदर्श मानक व्यक्ति चरित्र का प्रस्तुतीकरण।

03. द्वापरयुग (भक्ति और प्रेम)

01. वेदान्त अद्वैत धर्म - श्रीकृष्ण - ई0 पूर्व 3000 - गीता - अद्वैत दर्शन

भगवान श्री कृष्ण कृत - साकार आधारित परशुराम परम्परा का नाश, पूर्ववर्ती सभी मतों का समन्वय व एकीकरण करत हुये निराकार आधारित लोकतंत्र व्यवस्था के प्रारम्भ का बीज शास्त्र "गीता/ गीतोपनिषद्"

व्यास रचित - महाभारत - आदर्श मानक व्यक्ति चरित्र समाहित आदर्श मानक सामाजिक व्यक्ति चरित्र अर्थात् व्यक्तिगत प्रमाणित आदर्श मानक वैश्विक व्यक्ति चरित्र का प्रस्तुतीकरण।

04. कलियुग संघ और योजना (दृश्य कर्म)

01. बौद्ध - भगवान बुद्ध - ई0पू0 1567-487 - बौद्ध दर्शन
02. कन्फ्यूसी - कन्फ्यूसियश - ई0पूर्व 551-479
03. टोईज्म - लोओत्से - ई0पूर्व 604-518
04. जैन - भगवान महावीर - ई0पूर्व 539-467 - जैन दर्शन
05. पारसी - जरथ्रुसट - ई0 पूर्व 6 - जेन्दा अवेस्ता
06. ईसाई - ईसा मसीह - सन् 33 ई0 - बाईबल
07. इस्लाम - मुहम्मद पैगम्बर - सन् 670ई0 - कुरआन शरीफ
08. वेदान्त अद्वैत धर्म - आदि शंकराचार्य - सन् 830 ई0 - अद्वैत दर्शन
09. वेदान्त विशिष्टाद्वैत धर्म - रामानुज - सन् 1200 ई0 - विशिष्टाद्वैत दर्शन
10. वेदान्त द्वैत - माध्वाचार्य - सन् 1300 ई0 - द्वैत दर्शन
11. भक्ति धर्म - चौतन्य महाप्रभु - सन् 1485-1533ई0 - भक्तियोग दर्शन
12. सिक्ख - गुरु नानक - सन् 1510 ई0 - गुरुग्रन्थ साहिब
13 वेदान्त अद्वैत धर्म - स्वामी विवेकानन्द - सन् 1863-1902ई0 - विश्व धर्म दर्शन

05. सत्ययुग/स्वर्णयुग (सार्वभौम सत्य-सिद्धान्त)

14. विश्व धर्म / वेदान्त धर्म / अद्वैत धर्म / एकता धर्म / लोकतन्त्र धर्म / समष्टि धर्म / प्राकृतिक धर्म / सत्य धर्म / संयुक्तमन धर्म / ईश्वर धर्म / हिन्दू धर्म / सार्वजनिक धर्म / दृश्यधर्म / मानवधर्म / धर्मनिरपेक्ष धर्म - लव कुश सिंह "विश्वमानव" - सन् 2012 ई0 - पूर्ववर्ती सभी धर्मों व मतों का समन्वय व एकीकरण करते हुये निराकार आधारित लोकतंत्र व्यवस्था का वृक्ष शास्त्र विश्व-नागरिक धर्म का धर्मयुक्त धर्मशास्त्र-कर्मवेदः प्रथम, अन्तिम तथा पंचम वेदीय श्रृंखला विश्व-राज्य धर्म का धर्मनिपेक्ष धर्मशास्त्रः विश्वमानक शून्य-मन की गुणवत्ता का विश्वमानक श्रृंखला, आदर्श मानक सामाजिक व्यक्ति चरित्र समाहित आदर्श मानक वैश्विक व्यक्ति चरित्र अर्थात् सार्वजनिक प्रमाणित आदर्श मानक वैश्विक व्यक्ति चरित्र का प्रस्तुतीकरण।

पूर्ण प्रत्यक्ष अवतार से पूर्ण प्रेरक अवतार तक की यात्रा यहीं समाप्त होती है।

उपरोक्त मुख्य मूल आविष्कार के उपरान्त अनेक आविष्कार पर आविष्कार होते गये और मनुष्य आविष्कारक के जीवन, ज्ञान व कर्म से सम्बन्धित व्यापार से अपने जीवन को विकास की ओर ले जा रहा है। कोई भी विचारधारा (आविष्कार) चाहे उसकी उपयोगिता कालानुसार समाज को हो या न हो, यदि वह संगठन का रूप लेकर अपना आय स्वयं संचालित करने लगती है तो उसके साथ व्यक्ति जीवकोपार्जन, श्रद्धा व विश्वास से जुड़ता है न कि ज्ञान के लिए।

सृष्टि, ईश्वरीय समाज और व्यापार

"सृष्टि" का अर्थ होता है- सम्पूर्ण ब्रह्माण्ड की रुकी स्थिति के आगे एकात्मता के साथ नवनिर्माण। "सृष्टि करने की स्थिति" में भूतकाल की चर्चा की स्थिति आ जाने पर उसे "सृष्टि रूकना" कहते हैं ऐसी ही स्थिति महाभारत युद्ध के समय श्रीकृष्ण के समक्ष आ गया था जब अर्जुन ने युद्ध से मना कर दिया था परिणामस्वरूप श्रीकृष्ण "गीता" उपदेश के लिए भूतकाल की चर्चा में उलझ गये थे। **"रचना" का अर्थ होता है-** उपलब्धता पर आधारित एकात्मता के साथ नवनिर्माण। **"विकास" का अर्थ होता है-** उपलब्धता पर आधारित नवनिर्माण। विकास का कोई लक्ष्य नहीं होता। जब विकास एकात्मता की ओर होती है तो वह रचना बन जाती है। विकास लक्ष्य विहिन होता है इसलिए कालान्तर में वह विनाश का रुप ले लेती है।

मनुष्य, अपने कर्मों का फल तुरन्त या इसी जीवन में चाहता है। अवतार, संत, महापुरूष गण प्रेरणा प्रदान करने के लिए अनेक कर्म उत्पन्न कर देते हैं। उसमें से एकाध कर्म स्वयं के लिए रखते हैं क्योंकि जीवन के समय को व्यतीत करने के लिए कुछ कर्म चाहिए होते हैं। "कर्म किये बिना कोई रह नहीं सकता"- ये श्रीकृष्ण की वाणी है। अप्रत्यक्ष कर्म (प्रेरणा या मार्गदर्शन) अन्य जिनके लिए उपयोगी हों, उनके लिए होता है। वो उसे करें ना करें अवतार, संत, महापुरूष गण को कोई मतलब नहीं होता। जिस प्रकार सूर्य के प्रकाश के भिन्न-भिन्न उपयोग हैं उसी प्रकार शास्त्र के भी भिन्न-भिन्न उपयोग होते हैं। कोई राजनीति करता है, कोई ज्ञानी बनता है, कोई समाज निर्माण करता है, कोई पुनः व्याख्या कर गुरू बन जाता है। और इन सबसे शास्त्राकार को कोई मतलब नहीं होता जिस प्रकार सूर्य के प्रकाश का उपयोग कर लेने से सूर्य को कोई मतलब नहीं होता।" अर्थात् मनुष्य पेड़ लगाता है स्वंय फल खाने की इच्छा से जबकि ईश्वर और उनके अवतार पेड़ लगाते हैं दूसरों के लिए।

ईश्वरीय समाज कोई संगठन नहीं है बल्कि यह मानव जीवन के व्यष्टि व समष्टि क्षेत्र के अनेक विषयों की ओर से ईश्वर (सार्वभौम सत्य-सिद्धान्त) से योग कराने के लिए प्रणाली का विस्तार है जिससे वे किसी भी संस्थागत धर्म/समाज से जुड़े होने के बावजूद भी सीधे ईश्वर (सार्वभौम सत्य-सिद्धान्त) से जुड़ सकें। ज्ञान के इस युग और उसी ओर बढ़ते काल क्रम में ज्ञान-कर्मज्ञान मनुष्य की विवशता है। ईश्वरीय समाज पूरी स्वतन्त्रता के साथ मनुष्य को सिर्फ "जानने के लिए" सिद्धान्त के लिए कार्य करता है न कि "मानने के लिए"।

अनिर्वचनीय कल्कि महाअवतार भोगेश्वर श्री लव कुश सिंह "विश्वमानव" के अवतरण से पुनः पूर्वानुसार उनके जीवन, कर्म व ज्ञान से अनेक दिशाओं में व्यष्टि व समष्टि केन्द्रित नये आविष्कार व व्यापार को दिशा मिली है। इन दिशाओं के कार्यों में से आविष्कारक श्री लव कुश सिंह "विश्वमानव" कुछ में शामिल हैं वे प्रत्यक्ष कार्य हैं तथा कुछ उनके मार्गदर्शन से अन्य के लिए उपलब्ध है वे अप्रत्यक्ष अर्थात् प्रेरक कार्य हैं। मनुष्य, अपने कर्मों का फल तुरन्त या इसी जीवन में चाहता है। अवतार, संत, महापुरूष गण प्रेरणा प्रदान करने के लिए अनेक कर्म उत्पन्न कर देते हैं। उसमें से एकाध कर्म स्वयं के लिए रखते हैं क्योंकि जीवन के समय को व्यतीत करने के लिए कुछ कर्म चाहिए होते हैं। कर्म किये बिना कोई रह नहीं सकता, ये श्रीकृष्ण की वाणी है। अप्रत्यक्ष कर्म (प्रेरणा या मार्गदर्शन) अन्य जिनके लिए उपयोगी हो, उनके लिए होता है। वो उसे करें ना करें अवतार, संत, महापुरूष गण को कोई मतलब नहीं होता। जिस प्रकार सूर्य के प्रकाश के भिन्न-भिन्न उपयोग है उसी प्रकार शास्त्र के भी भिन्न-भिन्न उपयोग होते हैं। कोई राजनीति करता है, कोई ज्ञानी बनता है, कोई समाज निर्माण करता है, कोई पुनः व्याख्या कर गुरू बन जाता है। और इन सबसे शास्त्राकार को कोई मतलब नहीं होता जिस प्रकार सूर्य के प्रकाश का उपयोग कर लेने से सूर्य को कोई मतलब नहीं होता।" अर्थात् मनुष्य पेड़ लगाता हैं स्वंय फल खाने की इच्छा से जबकि ईश्वर और उनके अवतार पेड़ लगाते हैं दूसरों के लिए। जो निम्न प्रकार हैं-

अ. ज्ञान से जुड़ा व्यापार - नयी प्रणाली और व्यापार

01. भारतीय आध्यात्म एवं दर्शन आधारित स्वदेशी विपणन प्रणाली: 3-एफ (3-F: Fuel-Fire-Fuel)
02. कार्पोरेट विश्वमानक मानव संसाधन विकास प्रशिक्षण

(Corporate World Standard Human Resources Development Training)

03. विश्व राजनीति पार्टी संघ (World Political Party Organisation - WPPO)

04. नयी पीढ़ी के लिए नया विषय - ईश्वर शास्त्र, मानक विज्ञान, एकात्म विज्ञान

05- विश्वशास्त्र पर आधारित आडियो-विडियो

06. मनोरंजन - नयी प्रणाली और व्यापार

01. फिल्म

02. टी0 वी सिरियल –

03. गीत

ब. जीवन से जुड़ा व्यापार - रियल स्टेट - नयी प्रणाली और व्यापार

01. "सत्यकाशी महायोजना" (वाराणसी-विन्ध्याचल-शिवद्वार-सोनभद्र के बीच का क्षेत्र)

02. डिजिटल प्रापर्टी और एजेन्ट नेटवर्क (Digital Property & Agent Network)

स. कर्म से जुड़ा व्यापार - नयी प्रणाली और व्यापार

01. उत्पाद ब्राण्ड

02. कैलेण्डर

03. शिक्षा ब्राण्ड - सत्य मानक शिक्षा (परियोजना पुनर्निर्माण- PROJECT RENEW)

04. राष्ट्र् निर्माण के पुस्तक

अ. ज्ञान से जुड़ा व्यापार - नयी प्रणाली और व्यापार

01. भारतीय आध्यात्म एवं दर्शन आधारित
स्वदेशी विपणन प्रणाली: 3-एफ (3-F: Fuel-Fire-Fuel)

02. कार्पोरेट विश्वमानक मानव संसाधन विकास प्रशिक्षण

(Corporate World Standard Human Resources Development Training)

विश्व के गुणवत्ता युक्त उत्पादन के लिए मनुष्य के द्वारा दो मूल निर्माण विधि हैं-

1. उद्योग में गुणवत्तायुक्त उत्पाद निर्माण और उत्पादन की जापानी विधि
(Japanese Institute of Plant Engineers-JIPE) - WCM-TPM-5S
2. गुणवत्तायुक्त मानव निर्माण और उत्पादन की भारतीय विधि
(Rishi/Saint/Avatar) - WCM-TLM-SHYAM.C

03. विश्व राजनीति पार्टी संघ (World Political Party Organisation - WPPO)

04. नयी पीढ़ी के लिए नया विषय - ईश्वर शास्त्र, मानक विज्ञान, एकात्म विज्ञान

श्री लव कुश सिंह "विश्वमानव" द्वारा "ईश्वर", "मानक", "एकात्म" की अन्तिम परिभाषा का आविष्कार पूर्ण हो जाने से नागरिक शास्त्र (Civics), भौतिकशास्त्र (Physics) की भाँति ईश्वर शास्त्र (Godics), मानक विज्ञान (Standard Science) और एकात्म विज्ञान (Integration Science) शैक्षणिक विषय का मार्ग मिल गया है।

05- विश्वशास्त्र पर आधारित आडियो-विडियो

अनिर्वचनीय कल्कि महाअवतार भोगेश्वर श्री लव कुश सिंह "विश्वमानव" के विचार विश्वस्तरीय हैं जिसके कारण ज्ञान से युक्त विश्वशास्त्र पर आधारित आडियो-विडियो के लिए भी मार्ग मिला है।

06. मनोरंजन - नयी प्रणाली और व्यापार

01. फिल्म

अनिर्वचनीय कल्कि महाअवतार भोगेश्वर श्री लव कुश सिंह "विश्वमानव" के विचार विश्वस्तरीय हैं जिसके कारण मनोरजन और ज्ञान से युक्त परिकल्पना पर उन्होंने फिल्म, टी0 वी0 सिरियल और गानों के लिए भी मार्ग मिला है। जिसका और भी विस्तृत रूप आगे दिया गया है। श्री लव कुश सिंह विश्वमानव द्वारा लिखे/विचार प्रस्तुत किये गये फिल्म-

क्र.सं. टाइटल	**फिल्म/सिरियल**	**भाषा**	**स्थिति**
1. विश्वगुरू - द ब्रेन टर्मिनेटर (रिप्रेजेन्टेटिव सिनेमा आफ इण्डिया)	बालीवुड फिल्म	हिन्दी, अंग्रेजी व बंग्ला	पूर्ण
2. द डर्टी साधु- अण्डरस्टैण्डिंग ट्रांसडेन्ट	बालीवुड फिल्म	हिन्दी, अंग्रेजी	पूर्ण
3. माय टेन वाइफ आन अर्थ (अण्डरस्टैण्डिंग फिमेल)	बालीवुड फिल्म	हिन्दी	पूर्ण
4. अगरबत्ती पे करोड़पत्ती	बालीवुड फिल्म	हिन्दी	पूर्ण
5. डेमोक्रेसी - द रियल ऐम	बालीवुड फिल्म	हिन्दी, अंग्रेजी	पूर्ण
6. 9डी	हॉलीवुड फिल्म	हिन्दी, अंग्रेजी	पूर्ण
7. किरनिया (एक नारी की कहानी)	भोजपुरी फिल्म	भोजपुरी	पूर्ण
8. जय माँ कल्कि	बालीवुड फिल्म	हिन्दी	पूर्ण

02. टी0 वी सिरियल –

श्री लव कुश सिंह विश्वमानव द्वारा लिखे/विचार प्रस्तुत किये गये टी.वी सिरियल के स्क्रिप्ट "महाभारत" के बाद "विश्वभारत"

9. विश्वभारत	टी.वी.सिरियल	हिन्दी	विचार

03. गीत

अनिर्वचनीय कल्कि महाअवतार भोगेश्वर श्री लव कुश सिंह "विश्वमानव" के जीवन, ज्ञान व कर्म से सम्बन्धित गीत रचना का भी मार्ग मिल गया है।

ब. जीवन से जुड़ा व्यापार - रियल स्टेट - नयी प्रणाली और व्यापार

01. "सत्यकाशी महायोजना" (वाराणसी-विन्ध्याचल-शिवद्वार-सोनभद्र के बीच का क्षेत्र)

श्रीराम के कारण चित्रकूट पर्यटन व धार्मिक क्षेत्र बना, श्रीकृष्ण के कारण मथुरा, द्वारिका पर्यटन व धार्मिक क्षेत्र बना, भगवान बुद्ध के कारण सारनाथ, कुशीनगर, बोधगया, वैष्णों देवी के कारण कटरा, सांई बाबा के कारण शिरडी पर्यटन व धार्मिक क्षेत्र बना। अनिर्वचनीय कल्कि महाअवतार भोगेश्वर श्री लव कुश सिंह "विश्वमानव" के अवतरण और उनके "विश्वशास्त्र" के कारण सत्यकाशी (वाराणसी-विन्ध्याचल-शिवद्वार-सोनभद्र के बीच का क्षेत्र) स्थापित है। सत्यकाशी क्षेत्र में ही

"विश्वशास्त्र" की अधिकतम रचना हुई है और अनिर्वचनीय कल्कि महाअवतार भोगेश्वर श्री लव कुश सिंह "विश्वमानव" के निवास क्षेत्र सहित लीला भूमि क्षेत्र भी यही क्षेत्र है। भगवान बुद्ध के कारण काशी के उत्तर में काशी का प्रसार हुआ, विश्वशास्त्र के कारण काशी के दक्षिण में काशी का प्रसार हो रहा है।

कितना विचित्र संयोग है कि विन्ध्य क्षेत्र से ही भारत का मानक समय निर्धारित होता है और इसी क्षेत्र से युग परिवर्तन की घोषणा हो रही है। यह भी विचित्रता ही है कि व्यासजी द्वारा काशी को शाप देने के कारण विश्वेश्वर ने व्यासजी को काशी से निष्कासित कर दिया था और वे गंगा पार आ गये और गंगा पार सत्यकाशी क्षेत्र से ही उनके बाद "विश्वशास्त्र" रचना हुई है।

हम सभी साधारण जीवन में ऐसा देखते हैं कि जहाँ कहीं भी कोई फैक्ट्री, नगर निर्माण या विस्तार का कार्य प्रारम्भ हो जाता है। वहाँ एक अलग ही दुनियाँ बसने लगती है और एक व्यापक जन समुदाय को अपने जीवन संचालन के लिए मार्ग प्राप्त हो जाता है। जो किसी जाति, सम्प्रदाय या धर्म आधारित नहीं होती। वह सिर्फ व्यक्ति की योग्यता पर आधारित और वह पीढ़ी दर पीढ़ी के लिए होती है।

सार्वभौम सत्य-सिद्धान्त और समाज समर्थित सत्यकाशी योजना जिसका क्षेत्र है- वाराणसी-विन्ध्याचल-शिवद्वार-सोनभद्र के बीच का भगवान विष्णु और भगवान शिव से जुड़ा क्षेत्र। जो धर्मक्षेत्र से व्यापक सार्थक एवं पौराणिक आधारों पर प्रश्न करता है कि- क्यों काशी नरेश होते हुए भी उनका किला काशी शहर में नहीं? क्यों देवकी के आठवें पुत्र कृष्ण के बदले में पुत्री को कंस ने मारना चाहा तो वह विन्ध्य पर्वत पर आ बसीं? क्यों समष्टि (समाज या सार्वजनिक) धर्म के स्थापनार्थ विष्णु के पाँचवे अवतार वामन अवतार ने जब राजा बलि से तीन पग जमीन मांगा तब अवतार ने पहला पग चुनार क्षेत्र में ही रखा जिसके कारण इसका पुराना नाम चरणाद्रिगढ़ था? क्यों ब्रह्मलीन श्री श्री 1008 सत्ययोगानन्द "भुईधरा बाबा" (भगवान रामकृष्ण की अगली कड़ी) ने सदी का सबसे लम्बा (दि0 13.11.97 से 22.06.98 तक) तथा अदृश्य काल का अन्तिम यज्ञ- विष्णु महायज्ञ और ज्ञानयज्ञ चुनार क्षेत्र में ही आयोजित किये? क्यों विश्व का अन्तिम शास्त्र "विश्वशास्त्र" इसी क्षेत्र से व्यक्त हुआ? क्यों विश्वव्यापी धर्म स्थापना (समष्टि धर्म स्थापना) पाँचवे अवतार वामन अवतार के बाद पुनः इस क्षेत्र से प्रारम्भ हो रहा है।

उपरोक्त प्रश्नों का जबाब भी सत्यकाशी योजना के जन्मदाता गण व्यापकता के साथ देते हैं। भौतिकवादी काशी वासीयों से मुक्त-शिवभक्त काशी नरेश की सत्यता के लिए प्रकृतिक चक्र द्वारा इनका किला काशी शहर में नहीं जिससे वे अन्त में अन्तिम काशी-सत्यकाशी के सत्यकाशी नरेश भी कहलायें। चुनार क्षेत्र पाँचवें अवतार वामन के चरणों से एक श्राप द्वारा ग्रसित हो चुका था कि इस क्षेत्र में जन्म लेने वाले व्यक्ति की चाहें जितना भी समष्टि (समाज) धर्म के लिए प्रयत्न क्यों न करें वे व्यष्टि(व्यक्तिगत) धर्म से अधिक न उठ सकेंगे। जब तक की इस क्षेत्र से बाहर जन्म लेकर कोई पुनः समष्टि धर्म स्थापनार्थ नहीं आ जाता। यह सब इसलिए है कि प्राकृतिक चक्र द्वारा विकसित और सन्तुलित क्षेत्र जो वाराणसी-विन्ध्याचल-शिवद्वार-सोनभद्र के बीच स्थित है। बस यहीं है पुराणों में वर्णित सात काशीयों में अन्तिम काशी-सत्यकाशी। यदि काशी (वाराणसी), शिवाकाशी, उत्तरकाशी और दक्षिण काशी (वैदुर्यपत्तन, बरकला, केरल प्रदेश) को मुख्य काशी माना जाय तो सत्यकाशी पंचम काशी है। और दो काशीयों को और सम्मिलित किया जाता है तो सत्यकाशी सप्तम काशी होगी। इस प्रकार शिव पुराण में वर्णित सात काशीयों में सत्यकाशी पंचम, अन्तिम तथा सप्तम काशी होगी।

इस प्रकार हम देखते है कि आध्यात्मिक, सार्थक, दूरदर्शी, प्रमाणित, पौराणिक, समाज समर्थित काशी की परम्परा का पालन करते हुए सत्यकाशी योजना है। जबकि लक्ष्य एक व्यापक जनसमुदाय को एक नयी दिशा द्वारा संरक्षण, विकास और आजिविका प्रदान करना है। इसलिए उचित स्थान पर इसका निर्माण आवश्यक है। श्री लव कुश सिंह "विश्वमानव" कृत "विश्वशास्त्र" से मुख्यतः

सत्यकाशी क्षेत्र के लिए निम्नलिखित विषय व्यक्त हुये हैं जो रियल स्टेट के व्यवसाय को व्यापक रूप से विकसित करता है-

अनिर्वचनीय कल्कि महाअवतार भोगेश्वर श्री लव कुश सिंह "विश्वमानव" के अवतरण से पुनः पूर्वानुसार उनके जीवन से अनेक दिशाओं में नये आविष्कार व व्यापार को दिशा मिली है। जो निम्न प्रकार हैं -श्री लव कुश सिंह "विश्वमानव" कृत "विश्वशास्त्र" से मुख्यतः सत्यकाशी क्षेत्र के लिए निम्नलिखित विषय व्यक्त हुये हैं (पूर्ण विवरण के लिए "विश्वशास्त्र" अध्याय - दो देखें) -

01. चार शंकराचार्य पीठ के उपरान्त 5वाँ और अन्तिम पीठ "सत्यकाशी पीठ"
02. "सत्यकाशी महोत्सव" व "सत्यकाशी गंगा महोत्सव" आयोजन
03. सार्वभौम देवी माँ कल्कि देवी मन्दिर - माँ वैष्णों देवी की साकार रूप
04. भोगेश्वर नाथ - 13वाँ और अन्तिम ज्योतिर्लिङ्ग
05. सत्यकाशी पंचदर्शन
06. ज्ञान आधारित मनु-मनवन्तर मन्दिर
07. ज्ञान आधारित विश्वात्मा मन्दिर
08. विश्वधर्म मन्दिर - धर्म के व्यावहारिक अनुभव का मन्दिर
09. नाग मन्दिर
10. विश्वशास्त्र मन्दिर (Vishwshastra Temple)
11. एक दिव्य नगर - सत्यकाशी नगर
12. होटल शिवलिंगम् - शिवत्व का एहसास
13. इन्द्रलोक - ओपेन एयर थियेटर
14. हस्तिनापुर - महाभारत का लाइट एण्ड साउण्ड प्रोग्राम
15. सत्य-धर्म-ज्ञान केन्द्रः तारामण्डल की भाँति शो द्वारा कम समय में पूर्ण ज्ञान
16. सत्यकाशी आध्यात्म पार्क
17. वंश नगर - मनु से मानव तक के वंश पर आधारित नगर
18. 8वें सांवर्णि मनु - सम्पूर्ण एकता की मूर्ति (Statue of Complete Unity)
19. विस्मृत भारत रत्न स्मारक (Forgotten Bharat Ratna Memorial)
20. विश्वधर्म उपासना स्थल - उपासना और उपासना स्थल के विश्वमानक (WS-00000) पर आधारित
21. सत्यकाशी ब्रह्माण्डीय एकात्म विज्ञान विश्वविद्यालय
(Satyakashi Universal Integration Science University-SUISU)

02. डिजिटल प्रापर्टी और एजेन्ट नेटवर्क (Digital Property & Agent Network)

स. कर्म से जुड़ा व्यापार - नयी प्रणाली और व्यापार

01. उत्पाद ब्राण्ड

अनिर्वचनीय कल्कि महाअवतार भोगेश्वर श्री लव कुश सिंह "विश्वमानव" के अवतरण से शब्द को बल मिला है इस प्रकार ये शब्द एक "ब्राण्ड" के रूप में व्यक्त हुये हैं जिसे उपयोग में लाया जा सकता है। पेय जल के लिए हमारा ब्राण्ड - "मोक्षदायिनी काशी", "जीवनदायिनी काशी", और "जरगो फ्रेश"

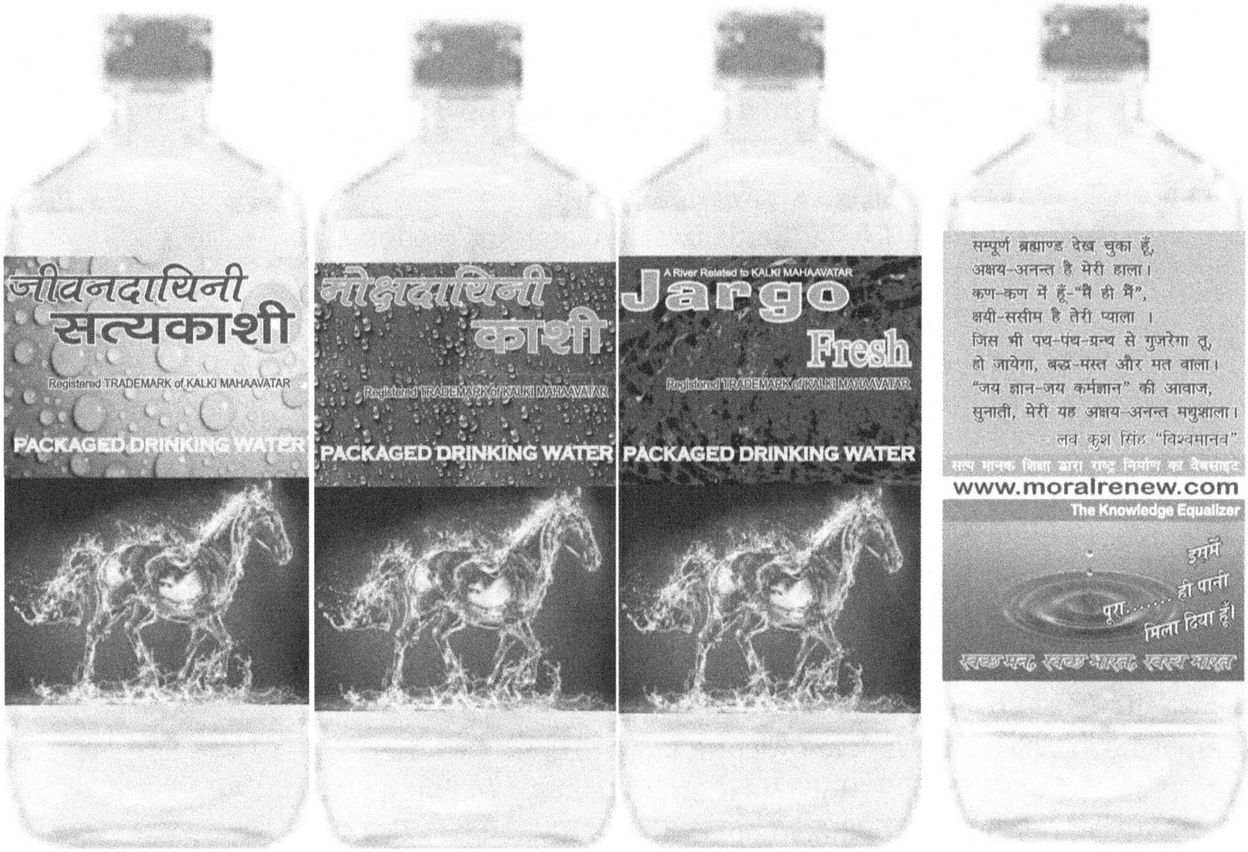

02. कैलेण्डर

जिस प्रकार अनेक धर्म संस्थापकों के जन्मदिन से नया कैलेण्डर समाज में स्थापित है उसी प्रकार काल, मनवन्तर, युग, शास्त्र और अनिर्वचनीय कल्कि महाअवतार भोगेश्वर श्री लव कुश सिंह "विश्वमानव" के अवतरण से विश्वधर्म के प्रवर्तक की योग्यता के अधिकार से उनके जन्मदिन 16 अक्टुबर 1967 से नये कैलेण्डर की शुरूआत हो गई है।

03. शिक्षा ब्राण्ड - सत्य मानक शिक्षा (परियोजना पुनर्निर्माण- PROJECT RENEW)

राष्ट्र के पूर्णत्व के लिए पूर्ण शिक्षा निम्नलिखित शिक्षा का संयुक्त रूप है-

वर्तमान समय में विशेषीकरण की शिक्षा, भारत में चल ही रहा है और वह कोई बहुत बड़ी समस्या भी नहीं है। समस्या है सामान्यीकरण शिक्षा की। व्यक्तियों के विचार से सदैव व्यक्त होता रहा है कि - मैकाले शिक्षा पद्धति बदलनी चाहिए, राष्ट्रीय शिक्षा नीति व पाठ्यक्रम बनना चाहिए। ये तो विचार हैं। पाठ्यक्रम बनेगा कैसे?, कौन बनायेगा? पाठ्यक्रम में पढ़ायेंगे क्या? ये समस्या थी। और वह हल की जा चुकी है। जो भारत सरकार के सामने सरकारी-निजी योजनाओं जैसे ट्रांसपोर्ट, डाक, बैंक, बीमा की तरह निजी शिक्षा के रूप में पुनर्निर्माण - सत्य शिक्षा का राष्ट्रीय तीव्र मार्ग (RENEW – Real Education National Express Way) द्वारा पहली बार इसके आविष्कारक द्वारा प्रस्तुत है। जो राष्ट्र निर्माण का व्यापार है। इसके अन्तर्गत निम्नलिखित नये शैक्षिक पाठ्यक्रम व्यक्त हुये हैं-

अ - सामान्यीकरण (Generalisation) शिक्षा - यह शिक्षा व्यक्ति और राष्ट्र का बौद्धिक विकास कराती है जिससे व्यक्ति व राष्ट्रीय सुख में वृद्धि होती है।

सत्य शिक्षा (REAL EDUCATION)

01. पूर्ण ज्ञान में प्रमाण पत्र (Certificate in Complete Knowledge-CCK)
02. ईश्वर शास्त्र व व्यापार ज्ञान में प्रमाण पत्र
(Certificate in Godics & Business Knowledge-CGBK)
03. अवतार ज्ञान में प्रमाण पत्र (Certificate in Avatar Knowledge-CAK)
04. गुरू ज्ञान में प्रमाण पत्र (Certificate in Guru Knowledge-CGK)
05. संस्थागत धर्म में डिप्लोमा (Diploma in Institutional Religion-DIR)
06. पूर्ण शिक्षा में स्नातक (Bachelor in Complete Education-BCE)
07. पूर्ण शिक्षा में परास्नातक (Master in Complete Education-MCE)

सत्य पेशा (REAL PROFESSION)

08. दृश्य योग, ध्यान और चेतना में प्रमाण पत्र
(Certificate in visible Yoga, Meditation & Consciousness - CVYMC)
09. डब्ल्यू.सी.एम-टी.एल.एम-श्याम.सी में प्रमाण पत्र
(Certificate in WCM-TLM-SHYAM.C Technology-CWT)
10. डब्ल्यू.एस.ओ-0 और कर्मज्ञान में प्रमाण पत्र
(Certificate in WSO-0 & Work Knowledge-CWWK)
11. पुराण लेखन कला में प्रमाण पत्र (Certificate in Art of Puran writing-CAPW)
12. सार्वभौम विचार पर आधारित फिल्म लेखन में प्रमाण पत्र
(Certificate in Art of Universal thought based Film writing-CAUFW)

सत्य पुस्तक (REAL BOOK)

13. विशाल ज्ञान विज्ञान सबका समाधान (Vishal Gyan Vigyan sabka samadhan-VGVSS)
14. विश्वशास्त्र: द नालेज आफ फाइनल नालेज
(VISHWSHASTRA: THE KNOWLEDGE OF FINAL KNOWLEDGE - VKFK)

सत्य स्थिति (REAL STATUS)

15. जीवन का पैमाना (Scale Your Life) - ईश्वर चक्र पर स्वयं की स्थिति का ज्ञान
(Know Your Position on GOD CYCLE -KYPGC)

सत्य एस्टेट एजेन्ट (REAL ESTATE AGENT)

16. रियल इस्टेट एजेन्ट में प्रमाण पत्र (Certificate in Real Estate Agent - CRE)

सत्य किसान (REAL KISAN)

17. रियल किसान में प्रमाण पत्र (Certificate in Real Kisan - CRK)

ब - विशेषीकरण (Specialisation) शिक्षा - यह शिक्षा व्यक्ति और राष्ट्र का कौशल विकास कराती है जिससे व्यक्ति व राष्ट्रीय उत्पादकता में वृद्धि होती है।

01. सत्य कौशल (REAL SKILL)
02. सत्य डिजीटल कोचिंग (REAL DIGITAL COACHING)

स - सत्य नेटवर्क (REAL NETWORK)) - समाज में प्रकाशित होने के लिए

01. डिजिटल ग्राम नेटवर्क (Digital Village Network)
02. डिजिटल नगर वार्ड नेटवर्क (Digital City Ward Network)
03. डिजिटल एन.जी.ओ/ट्रस्ट नेटवर्क (Digital NGO/Trust Network)
04. डिजिटल विश्वमानक मानव नेटवर्क (Digital World Stanadard Human Network)
05. डिजिटल नेतृत्व नेटवर्क (Digital Leader Network)
06. डिजिटल जर्नलिस्ट नेटवर्क (Digital Journalist Network)
07. डिजिटल शिक्षक नेटवर्क (Digital Teacher Network)
08. डिजिटल शैक्षिक संस्थान नेटवर्क (Digital Educational Institute Network)
09. डिजिटल लेखक-ग्रन्थकार-रचयिता नेटवर्क (Digital Author Network)
10. डिजिटल गायक नेटवर्क (Digital Singer Network)
11. डिजिटल खिलाड़ी नेटवर्क (Digital Sports Man Network)
12. डिजिटल पुस्तक विक्रेता नेटवर्क (Digital Book Saler Network)
13. डिजिटल होटल और आहार गृह नेटवर्क (Digital Hotel & Resturant Network)

01. राष्ट्र निर्माण के पुस्तक

व्यक्ति (व्यष्टि) से राष्ट्र (समष्टि) तक के सत्यीकरण और पूर्ण निर्माण के लिए विभिन्न विषयों पर छोटी पुस्तिकाएँ। काल, मनवन्तर, युग, शास्त्र परिवर्तन और अनिर्वचनीय कल्कि महाअवतार भोगेश्वर श्री लव कुश सिंह "विश्वमानव" के अवतरण से राष्ट्र निर्माण से सम्बन्धित अनेक पुस्तक-पुस्तिकाओं का मार्ग मिल गया है जिससे "पावर और प्राफिट" की ओर बढ़ गये मनुष्यता को मस्तिष्क के विकास को ओर भी विकास का मार्ग उपलब्ध होगा।

130 करोड़ की जनसंख्या वाला भारत देश में हिन्दी भाषी जनसंख्या 70 करोड़ है। और लाल किताब - पीला किताब, धर्म ग्रन्थ इत्यादि बिकते रहते हैं। और वो किताब जिसे "विश्वशास्त्र" कहा जा रहा है जो एक काल, मनवन्तर, युग परिवर्तन से लेकर विश्व सरकार के गठन तक का मार्गदर्शन से युक्त हो जो व्यक्ति के पूर्ण ज्ञान, पूर्ण शिक्षा पाठ्यक्रम सहित नीति आयोग तक के लिए उपयोगी है। "विश्वशास्त्र" त्रिलोक के अदृश्य कल्पना/कथा नहीं बल्कि इस लोक के व्यावहारिक ज्ञान का शास्त्र है। सभी शिक्षा एक तरफ, "विश्वशास्त्र" एक तरफ। सभी पुस्तक शास्त्र एक तरफ, "विश्वशास्त्र" एक तरफ। हर घर का शान और प्राण "विश्वशास्त्र", धरती के नागरिक का जीवनशास्त्र "विश्वशास्त्र", स्वर्ण युग का शास्त्र "विश्वशास्त्र" की स्थिति है।

भारत में हिन्दी भाषा जानने वालों की स्थिति ये है- 1. बिहार (जनसंख्या-, 103,804,637 साक्षरता - 63.82 प्रतिशत), 2. छत्तीसगढ़ (जनसंख्या-25,540,196, साक्षरता - 71.04 प्रतिशत), 3. हरियाणा (जनसंख्या-25,353,081, साक्षरता - 76.64 प्रतिशत), 4. हिमाचल प्रदेश (जनसंख्या- 6,856,509, साक्षरता - 83.78 प्रतिशत), 5. झारखण्ड (जनसंख्या- 32,966,238, साक्षरता - 67.63 प्रतिशत), 6. मध्य प्रदेश (जनसंख्या- 72,597,565, साक्षरता - 70.63 प्रतिशत), 7. महाराष्ट्र (जनसंख्या- 112,372,972, साक्षरता - 82.91 प्रतिशत), 8. पंजाब (जनसंख्या- 27,704,236, साक्षरता - 76.68 प्रतिशत), 9. राजस्थान (जनसंख्या- 68,621,012, साक्षरता - 67.06 प्रतिशत), 10. उत्तर प्रदेश (जनसंख्या- 199,581,477, साक्षरता - 69.72 प्रतिशत), 11. उत्तराखण्ड (जनसंख्या-10,116,752, साक्षरता - 79.63 प्रतिशत), 12. पश्चिम बंगाल (जनसंख्या- 91,347,736, साक्षरता - 77.08 प्रतिशत), 13. चण्डीगढ़ (जनसंख्या- 1,054,686, साक्षरता - 86.43 प्रतिशत), 14. दिल्ली (जनसंख्या- 16,753,235, साक्षरता - 86.34 प्रतिशत)

हमारे द्वारा राष्ट्र निर्माण श्रृंखला से सम्बन्धित व्यक्ति के बौद्धिक विकास के लिए बस स्टेशन व रेलवे स्टेशनों, प्रदर्शनी, स्टाल, सीधे स्कूल-कालेज से विक्रय होने वाली "विश्वशास्त्र" पर आधारित निम्नलिखित समझ पर केन्द्रित अनेक पुस्तिका विक्रय करने के लिए उपलब्ध है। जिसे विद्यार्थी को संग्रह करने और इस रूप में प्राप्त करना असंभव है।

"आध्यात्मिक सत्य एवं दार्शनिक विरासत" के आधार पर "काल, मनु ,युग, व्यास, शास्त्र परिवर्तन", "मन में अन्तर (मनवन्तर) को समाप्त करने और मन के नवीनीकरण" के लिए "सार्वभौम सत्य-सिद्धान्त" पर आधारित "विश्वशास्त्र - द नालेज आफ फाइनल नालेज" शास्त्र को The Knowledge Equalizer के रूप में निम्नलिखित शीर्षक में 64 भागों में प्रकाशित किया कर दिया गया जिसमें परिचय, ज्ञान, कर्मज्ञान कार्यवाही योजना इत्यादि सभी कुछ हैं-

भाग के अनुसार

01. विश्वशास्त्र - विषय-प्रवेश
02. विश्वशास्त्र - अध्याय-एक: ईश्वर
03. विश्वशास्त्र - अध्याय-दो: जीवन परिचय
04. विश्वशास्त्र - अध्याय-तीन: ज्ञान परिचय
05. विश्वशास्त्र - अध्याय-चार: कर्म परिचय (सार्वजनिक प्रमाणित दृश्य महायज्ञ)
06. विश्वशास्त्र - अध्याय-पाँच (भाग - 01): सार्वजनिक प्रमाणित विश्वरूप
07. विश्वशास्त्र - अध्याय-पाँच (भाग - 02): सार्वजनिक प्रमाणित विश्वरूप
08. विश्वशास्त्र - परिशिष्ट

मुख्य शास्त्र

01. विश्वशास्त्र - द नालेज आफ फाइनल नालेज

सारांश के अनुसार

02. मैं सत्यकाशी से कल्कि महावतार बोल रहा हूँ (समष्टि गीता - यथार्थ प्रकाश)

शीर्षक के अनुसार

03. विश्वस्तरीय फिल्म लेखन कला
04. प्रारम्भिक सत्य - अन्तिम दृष्टि
05. सत्य धर्म - युग परिवर्तक दृष्टि
06. सत्य दार्शनिक-दर्शन और कर्म वेदान्त-विकास दर्शन
07. सत्य शास्त्र एवं पुराण रहस्य-महर्षि व्यास कला
08. संत एवं गुरू और विश्व संत एवं गुरू
09. समाज और ईश्वरीय समाज
10. सत्य शास्त्र और विश्वशास्त्र
11. कृति और विश्व कृति
12. भारत माता मन्दिर और विश्वधर्म मन्दिर
13. महाभारत और विश्वभारत

14. संविधान और विश्व संविधान
15. शिक्षा और पूर्ण शिक्षा
16. देवता और सार्वभौम देवता कल्कि
17. देवीयाँ और सार्वभौम देवी माँ क्ल्कि
18. द्वादश ज्योतिर्लिंग और 13वां अन्तिम ज्योतिर्लिंग
19. काशी - मोक्षदायिनी और जीवनदायिनी
20. सत्यकाशी - स्वर्णयुग का तीर्थ
21. काशी - रहस्योद्घाटन
22. 2020 - मन का नवीनीकरण
23. ईश्वर का संक्षिप्त इतिहास
24. अवतार - अन्तिम सत्य दृष्टि
25. भविष्यवाणियाँ और कल्कि अवतार
26. स्वामी विवेकानन्द और कल्कि अवतार
27. मनु, मनवन्तर और कल्कि महावतार
28. व्यास, शास्त्र और कल्कि महावतार
29. ऋषि, ऋषि परम्परा और कल्कि महावतार
30. दूसरा आगमन या अन्तिम आगमन
31. परिवर्तन-काल, मनु, युग, व्यास और शास्त्र
32. राम, रावण और सार्वभौम एकात्म
33. मैं, व्यक्तिगत या सार्वभौम
34. लव कुश (त्रेतायुग) और लवकुश (कलियुग)
35. कल्कि महावतार आ चुके हैं (ACTION PLAN)
36. लव कुश सिंह (कल्कि महाअवतार)-जीवन, ज्ञान, कर्म और विश्वरूप
37. वैश्विक बुद्ध - बुद्ध का भाग दो और अन्तिम
38. बुड्ढा कृष्ण - कृष्ण का भाग दो और अन्तिम
39. सम्पूर्ण क्रान्ति-अन्तिम कार्य योजना
40. पुनर्निर्माण (RENEW)-समस्या, समाधान और राष्ट्र निर्माण की योजना
41. पुनर्निमाण (RENEW)- ग्राम एवं नगर वार्ड प्रेरक
42. विश्वशास्त्र द नालेज आफ फाइनल नालेज-परिचय
43. एन्टायर पालिटिक्स - पूर्ण पाठ्यक्रम
44. वसुधैव-कुटुम्बकम्
45. कर्मवेद: प्रथम, अन्तिम तथा पंचम वेद
46. आठवें अवतार श्रीकृष्ण के अनकहे संदेश
47. अयोध्या नहीं, मुंगेर है राम जन्मभूमि
48. विश्वमानव-भूतपूर्व नेतृत्वकर्ताओं का स्पष्टिकरण
49. विश्वमानव-वर्तमान नेतृत्वकर्ताओं का स्पष्टिकरण
50. विश्वमानव-वार्ता, वक्तव्य एवं वाणियाँ
51. विश्वमानव-पत्रावली, प्रसारण और अन्तिम पत्र
52. सत्य जनहित आह्वान
53. विश्व शान्ति-अन्तिम सत्य दृष्टि

54. नई विश्व व्यवस्था का रहस्य
55. समाजवाद - ब्रह्माण्डीय विकास का अवतारी मार्ग
56. भारतवाद - राष्ट्रवाद की मुख्यधारा
57. 100 वर्षीय संयुक्त राष्ट्र को अग्रिम सन्देश
58. सार्वभौम एकात्म-नव विश्व निर्माण
59. गणराज्य, संघ, मानकीकरण संगठन और सम्पूर्ण मानक
60. व्यापार केन्द्र (TRADE CENTRE)-दृश्य सत्य
61. मन का विश्वमानक और पूर्ण मानव निर्माण की तकनीकी-WCM-TLM-SHYAM.C
62. मानक विपणन प्रणाली (3F-Fire-Fuel-Fire)
63. स्वर्णयुग का मानक आदर्श नागरिक-दिशा निर्देश
64. विश्वधर्म: परिचय (स्वर्णयुग का धर्म)

व्यक्ति और विभागीय स्तर पर सफाई-सुधार का पहला प्रारूप की पुस्तक - डा0 रमेश कुमार द्वारा लिखित "विशाल ज्ञान विज्ञान सबका समाधान" है

समष्टि धर्म शास्त्र, लोक तन्त्र में आविष्कृत
।। विश्वशास्त्र ।।
द नॉलेज ऑफ फाइनल नॉलेज
ज्ञान-कर्मज्ञान
पर आधारित
ॐ
व्यष्टि धर्म शास्त्र
राज तन्त्र में आविष्कृत
पहनावा, खानपान
पूजा-पद्धति पर आधारित

विश्व सरकार के लिए पुनः भारत द्वारा शून्य आधारित अन्तिम आविष्कार

शून्य का प्रथम आविष्कार का परिचय

शून्य (0), दशमलव संख्या प्रणाली में संख्या है। यह दशमलव प्रणाली का मूलभूत आधार भी है। किसी भी संख्या को शून्य से गुणा करने से शून्य प्राप्त होता है। किसी भी संख्या को शून्य से जोड़ने या घटाने पर वही संख्या प्राप्त होती है।

शून्य का आविष्कार किसने और कब किया यह आज तक अंधकार के गर्त में छुपा हुआ है परन्तु सम्पूर्ण विश्व में यह तथ्य स्थापित हो चुका है कि शून्य का आविष्कार भारत में ही हुआ है। ऐसी भी कथाएँ प्रचलित हैं कि पहली बार शून्य का आविष्कार बाबिल में हुआ और दूसरी बार माया सभ्यता के लोगों ने इसका आविष्कार किया पर दोनों ही बार के आविष्कार संख्या प्रणाली को प्रभावित करने में असमर्थ रहे तथा विश्व के लोगों ने इसे भुला दिया। फिर भारत में हिन्दुओं ने तीसरी बार शून्य का आविष्कार किया। हिन्दुओं ने शून्य के विषय में कैसे जाना यह आज भी अनुत्तरित प्रश्न है। अधिकतम विद्वानों का मत है कि पाँचवीं शताब्दी के मध्य में शून्य का आविष्कार किया गया। सन् 498 में भारतीय गणितज्ञ एवं खगोलवेक्ता आर्यभट्ट ने कहा "स्थानं स्थानं दसा गुणम्" अर्थात् दस गुना करने के लिए संख्या के आगे शून्य रखो। और शायद यही संख्या के दशमलव सिद्धान्त का उद्भव रहा होगा। आर्यभट्ट द्वारा रचित गणितीय खगोलशास्त्र ग्रन्थ आर्यभट्टीय के संख्या प्रणाली में शून्य तथा उसके लिए विशिष्ट संकेत सम्मिलित था। इसी कारण से उन्हें संख्याओं को शब्दों में प्रदर्शित करने का अवसर मिला। प्राचीन बक्षाली लिपि में, जिसका कि सही काल अब तक निश्चित नहीं हो पाया है परन्तु निश्चित रूप से उसका काल आर्यभट्ट के काल से प्राचीन है, शून्य का प्रयोग किया गया है और उसके लिए उसमें संकेत भी निश्चित है। उपरोक्त उदाहरणों से स्पष्ट है कि भारत में शून्य का प्रयोग ब्रह्मगुप्त रचित ग्रन्थ ब्रह्मस्फुट सिद्धान्त में पाया गया है। इस ग्रन्थ में नकारात्मक संख्याओं और बीजगणितीय सिद्धान्तों का भी प्रयोग हुआ है। 7वीं शताब्दी जो ब्रह्मगुप्त का काल था, शून्य से सम्बन्धित विचार कम्बोडिया तक पहुँच चुके थे और दस्तावेजों से ज्ञात होता है कि बाद में ये कम्बोडिया से चीन तथा अन्य मुस्लिम संसार में फैल गये। इस बार भारत में हिन्दुओं के द्वारा आविष्कृत शून्य ने समस्त विश्व की संख्या प्रणाली को प्रभावित किया और सम्पूर्ण विश्व को जानकारी मिली। मध्य-पूर्व में स्थित अरब देशों ने भी शून्य को भारतीय विद्वानों से प्राप्त किया। अन्ततः 12वीं शताब्दी में भारत का यह शून्य पश्चिम में यूरोप तक पहुँचा।

शून्य आधारित अन्तिम आविष्कार का परिचय

आविष्कार विषय- "व्यक्तिगत मन और संयुक्तमन का विश्व मानक और पूर्णमानव निर्माण की तकनीकी है जिसे धर्म क्षेत्र से कर्मवेद-प्रथम, अन्तिम तथा पंचमवेदीय श्रृंखला तथा शासन क्षेत्र से WS-0: मन की गुणवत्ता का विश्व मानक श्रृंखला तथा WCM-TLM-SHYAM.C तकनीकी कहते है। सम्पूर्ण आविष्कार सार्वभौम सत्य-सिद्वान्त अर्थात् सम्पूर्ण ब्रह्माण्ड में व्याप्त अटलनीय, अपरिवर्तनीय, शाश्वत व सनातन नियम पर आधारित है, न कि मानवीय विचार या मत पर आधारित।"

सम्पूर्ण ब्रह्माण्ड में व्याप्त एक ही सत्य-सिद्धान्त द्वारा व्यक्तिगत व संयुक्त मन को एकमुखी कर सर्वोच्च, मूल और अन्तिम स्तर पर स्थापित करने के लिए शून्य पर अन्तिम आविष्कार WS-0: श्रृंखला की निम्नलिखित पाँच शाखाएँ हैं।

01. डब्ल्यू.एस.(WS)-0 -विचार एवं साहित्य का विश्वमानक

02. डब्ल्यू.एस.(WS)-00 -विषय एवं विशेषज्ञों की परिभाषा का विश्वमानक

03. डब्ल्यू.एस.(WS)-000 -ब्रह्माण्ड (सूक्ष्म एवं स्थूल) के प्रबन्ध और क्रियाकलाप का विश्वमानक

04. डब्ल्यू.एस.(WS)-0000 -मानव (सूक्ष्म तथा स्थूल) के प्रबन्ध और क्रियाकलाप का विश्वमानक
05. डब्ल्यू.एस.(WS)-00000 -उपासना और उपासना स्थल का विश्वमानक

इस प्रकार विश्व सरकार के लिए पुनः भारत द्वारा शून्य आधारित अन्तिम आविष्कार पूर्ण हुआ है।
(आविष्कार के विस्तृत जानकारी के लिए "विश्वशास्त्र" अध्याय-तीन देखें)

मानक का अर्थ है-"वह सर्वमान्य पैमाना, जिससे हम उस विषय का मूल्यांकन करते है। जिस विषय का वह पैमाना होता है।" इस प्रकार मन की गुणवत्ता का मानक व्यक्ति तथा संयुक्त व्यक्ति (अर्थात् संस्था, संघ, सरकार इत्यादि) के मूल्याकंन का पैमाना है चूँकि आविष्कार का विषय सर्वव्यापी ब्रह्माण्डीय नियम पर आधारित है। इसलिए वह प्रत्येक विषयों से सम्बन्धित है जिसकी उपयोगिता प्रत्येक विषय के सत्यरूप को जानने में है। चूँकि मानव कर्म करते-करते ज्ञान प्राप्त करते हुऐ प्रकृति के क्रियाकलापों को धीरे-धीरे अपने अधीन करने की ओर अग्रसर है इसलिए पूर्णतः प्रकृति के पद पर बैठने के लिए प्रकृति द्वारा धारण की गई सन्तुलित कार्यप्रणाली को मानव द्वारा अपनाना ही होगा अन्यथा वह सन्तुलित कार्य न कर अव्यवस्था उत्पन्न कर देगा। यह वैसे ही है जैसे किसी कर्मचारी को प्रबन्धक (मैंनेजर) के पद पर बैठा दिया जाये तो सन्तुलित कार्य संचालन के लिए प्रबन्धक की सन्तुलित कार्यप्रणाली को उसे अपनाना ही होगा अन्यथा वह सन्तुलित कार्य न कर अव्यवस्था उत्पन्न कर देगा। आविष्कार की उपयोगिता व्यापक होते हुए भी मूल रूप से व्यक्ति स्तर से विश्व स्तर तक के मन और संयुक्त मन के प्रबन्ध को व्यक्त करना एवं एक कर्मज्ञान द्वारा श्रृंखलाबद्ध करना है जिससे सम्पूर्ण शक्ति एक मुखी हो विश्व विकास की दिशा में केन्द्रित हो जाये। परिणामस्वरूप एक दूसरे को विकास की ओर विकास कराते हुऐ स्वयं को भी विकास करने के लिए पूर्ण स्वतन्त्रता प्राप्त हो जायेगी। सम्पूर्ण क्रियाकलापों को संचालित करने वाले मूल दो कर्ता-मानव (मन) और प्रकृति (विश्वमन) दोनों का कर्मज्ञान एक होना आवश्यक है। प्रकृति (विश्वमन) तो पूर्ण धारण कर सफलतापूर्वक कार्य कर ही रही है। मानव जाति में जो भी सफलता प्राप्त कर रहे हैं वे अज्ञानता में इसकें आंशिक धारण में तथा जो असफलता प्राप्त कर रहे हैं, वे पूर्णतः धारण से मुक्त है। इसी कर्मज्ञान से प्रकृति, मानव और संयुक्त मन प्रभावित और संचालित है। किसी मानव का कर्मक्षेत्र सम्पूर्ण ब्रह्माण्ड हो सकता है और किसी का उसके स्तर रूप में छोटा यहाँ तक कि सिर्फ स्वयं व्यक्ति का अपना स्तर परन्तु कर्मज्ञान तो सभी का एक ही होगा।

"उसी मूल सत्य की फिर से शिक्षा ग्रहण करनी होगी, जो केवल यहीं से, हमारी इसी मातृभूमि से प्रचारित हुआ था। फिर एक बार भारत को संसार में इसी मूल तत्व का-इसी सत्य का प्रचार करना होगा। ऐसा क्यों है? इसलिए नहीं कि गह सत्य हमारे शास्त्रों में लिखा है वरन् हमारे राष्ट्रीय साहित्य का प्रत्येक विभाग और हमारा राष्ट्रीय जीवन उससे पूर्णतः ओत-प्रोत है। इस धार्मिक सहिष्णुता की तथा इस सहानुभूति की, मातृभाव की महान शिक्षा प्रत्येक बालक, स्त्री, पुरुष, शिक्षित, अशिक्षित सब जाति और वर्ण वाले सीख सकते हैं। तुमको अनेक नामों से पुकारा जाता है, पर तुम एक हो।" (जितने मत उतने पथ, रामकृष्ण मिशन, पृष्ठ-39)
- स्वामी विवेकानन्द

मेरी नीति है- प्राचीन आचार्यों के उपदेशों का अनुसरण करना। मैंने उनके कार्य का अध्ययन किया है, और जिस प्रणाली से उन्होंने कार्य किया, उसके आविष्कार करने का मुझे सौभाग्य मिला। वे सब महान समाज संस्थापक थे। बल पवित्रता और जीवन शक्ति के वे अद्‌भुत आधार थे। उन्होंने सब से अद्‌भुत कार्य किया-समाज में बल, पवित्रता और जीवन शक्ति संचारित की। हमें भी सबसे अद्‌भुत कार्य करना है। आज अवस्था कुछ बदल गयी है, इसलिए कार्य-प्रणाली में कुछ थोड़ा-सा परिवर्तन करना होगा; बस इतना ही, इससे अधिक कुछ नहीं। (मेरी समर नीति-पृ0-27)
- स्वामी विवेकानन्द

सार्वभौम सत्य-सिद्धान्त के अनुसार काल, युग बोध एवं अवतार

सार्वभौम सत्य-सिद्धान्त के अनुसार काल और युग परिवर्तन और उसके माध्यम अन्तिम अवतार के सम्बन्ध में समय और रूप की व्याख्या निम्नवत् है।

विश्व-ब्रह्माण्ड के सर्वोच्च और अनन्त कार्यक्षेत्र का सार्वभौम दृश्य, विवादमुक्त, सार्वजनिक प्रमाणित सत्य-सिद्धान्त है- परिवर्तन। जिसे आदान-प्रदान (TRANSACTION) या क्रिया या व्यापार (TRADE) भी कहा जा सकता है। जिसे वैदिक साहित्य ने "सिद्धान्त", गीता ने "परिवर्तन", पुराण ने "शक्ति ", कपिलमुनि ने "क्रिया" कहा है। इसे ही प्राकृतिक- ब्रह्माण्डीय सत्य, कर्म, आदान-प्रदान, परिधि, व्यापार, काल, सर्वशक्तिमान भी कहा गया। इस सत्य की व्याख्या करने वाला शास्त्र-साहित्य सार्वजनिक प्रमाणित दृश्य समष्टि वेद, उत्पन्न नाम या शब्द को समष्टि ईश्वर नाम तथा नाम के अर्थ की व्याख्या करने वाले साहित्य को समष्टि उपनिषद् कहा जाता है।

उपरोक्त परिवर्तन जिस उत्प्रेरक की उपस्थिति में संचालित होता है उसे ही वैदिक साहित्य ने "ब्रह्म" या "आत्मा", गीता ने "मैं", पुराण ने "शिव "", कपिल मुनि ने "कारण", संतों ने "एक", हिन्दुओं ने "ईश्वर", सिखों ने "वाहे गुरू", इस्लाम ने "अल्ला" ईसाई ने "यीशु" इत्यादि कहा। इसे ही पूर्ण, धर्म, ज्ञान, सम, सार्वभौम, चौतन्य, केन्द्र, GOD, सत्य, अद्वैत, सर्वव्यापी, अनश्वर, अजन्मा, शाश्वत, सनातन इत्यादि भी कहा गया है। इस सत्य की व्याख्या करने वाला शास्त्र-साहित्य व्यक्तिगत प्रमाणित अदृश्य व्यष्टि वेद, उत्पन्न नाम या शब्द को व्यष्टि ईश्वर नाम तथा नाम के अर्थ की व्याख्या करने वाले साहित्य को व्यष्टि उपनिषद् कहा जाता है। इसी को सार्वभौम सत्य-सिद्धान्त में केन्द्र (CENTRE) कहा गया है।

वर्तमान पदार्थ विज्ञान भी यह स्वीकार कर चुका है कि इस ब्रह्माण्ड में कही भी कुछ भी स्थिर नहीं है। सभी का परिवर्तन या आदान-प्रदान हो रहा है। दृश्य पदार्थ विज्ञान के महान वैज्ञानिक आइन्सटाइन $E=MC^2$ से इसे सिद्ध भी किये है।

इस प्रकार विश्व-ब्रह्माण्ड को हम सर्वोच्च व्यापार केन्द्र (TRADE CENTRE) भी कह सकते हैं और विश्व-ब्रह्माण्ड के पर्यायवाची नाम के रूप में प्रयोग कर सकते हैं।

समस्त परिवर्तन या आदान-प्रदान मुख्यतः तीन बलो द्वारा ही संचालित होता है- मानवीय बल, प्राकृतिक बल व आत्मीय बल। और ये तीनो बल मूलतः तीन क्षेत्र के माध्यम से परिवर्तन लाता है। ये हैं- शारीरिक, आर्थिक व मानसिक। इस प्रकार हम देखते हैं कि यदि सर्वप्रथम मानवीय बल परिवर्तन लाने के लिए सक्रिय होता है तब वह पहले शारीरिक, फिर आर्थिक और अन्त में मानसिक कारण को माध्यम के रूप में प्रयोग करता है। इसी प्रकार प्राकृतिक बल और आत्मीय बल भी इसी क्रम से माध्यमों का प्रयोग करता है।

जब मानवीय बल और प्राकृतिक बल, आवश्यक परिवर्तन लाने में असफल हो जाता है तब सार्वाधिक शक्तिशाली व सर्वोच्च आत्मीय बल के प्रयोग का समय आ जाता है। चक्र रूप में मानवीय बल एक छोटा परिवर्तन, प्राकृतिक बल एक मध्यम स्तर का परिवर्तन तथा अन्तिम आत्मीय बल उस समय के सर्वोच्च स्तर का परिवर्तन लाता है जिस समय वह प्रभावी होता है।

यह आत्मीय बल ही अवतारों, पैगम्बरों, स्वर्गदूतों, धर्म प्रवर्तकों-स्थापकों के बल थे जो समयानुसार अपने-अपने क्षेत्रों में प्रयोग किये गये थे और जिसके कारण आज भी उनकी पहचान वर्तमान है। जब यह आत्मीय बल अंश रूप में अवतारों, पैगम्बरों, स्वर्गदूतों, धर्म प्रवर्तकों-स्थापकों द्वारा प्रयोग किये जाते हैं तब ये अंश अवतार, पैगम्बर, स्वर्गदूत, धर्म प्रवर्तक-स्थापक कहलाते हैं और जब यह आत्मीय बल पूर्ण रूप में अवतारों, पैगम्बरों, स्वर्गदूतों, धर्म प्रवर्तकों-स्थापकों द्वारा प्रयोग किये जाते हैं तब ये पूर्ण अवतार, पैगम्बर, स्वर्गदूत, धर्म प्रवर्तक-स्थापक कहलाते हैं।

वर्तमान समय में मानवीय बल व प्राकृतिक बल द्वारा परिवर्तन लाने के लिए शारीरिक, आर्थिक व मानसिक माध्यम का प्रयोग किया जा चुका है। साथ ही आत्मीय बल द्वारा भी परिवर्तन लाने के लिए शारीरिक व आर्थिक माध्यम का प्रयोग किया जा चुका है। अब केवल एक ही मार्ग आत्मीय बल द्वारा मानसिक माध्यम का प्रयोग बचा है। जो आने वाले समय में निश्चित रूप से होगा।

काल अर्थात् समय को समय से बांधा नहीं जा सकता। कोई भी व्यक्ति समष्टि के लिए किसी निश्चित दिन का दावा नहीं कर सकता कि इस दिन से किसी युग का परिवर्तन, किसी युग का अन्तिम दिन या किसी युग के प्रारम्भ का दिन है। क्योंकि हम दिन, दिनांक या कैलेण्डर का निर्धारण ब्रह्माण्डीय गतिविधि अर्थात् सूर्य, चाँद, ग्रह इत्यादि के गति को आधार बनाकर निर्धारित करते है। इसी प्रकार युग का निर्धारण पूर्णतया मानव मन की केन्द्रित स्थिति से निर्धारित होता है न कि किसी निर्धारित अवधि के द्वारा। मन की केन्द्रित स्थिति निम्न स्थितियों में होती है-

0 या 5. स्थिति - अदृश्य मार्ग से मन का आत्मीय केन्द्रित स्थिति।

1. **स्थिति** - व्यक्तिगत प्रमाणित अदृश्य मार्ग से मन का आत्मीय केन्द्रित स्थिति अर्थात् व्यक्तिगत प्रमाणित माध्यम द्वारा आत्मा पर केन्द्रित मन। यह स्थिति सतयुग की अन्तिम स्थिति है। इस युग में कुल 6 अवतार मत्स्य, कूर्म, वाराह, नृंसिंह, वामन और परशुराम हुये।

2. **स्थिति** -सार्वजनिक प्रमाणित अदृश्य मार्ग से मन का आत्मीय केन्द्रित स्थिति अर्थात् सार्वजनिक प्रमाणित माध्यम - प्रकृति व ब्रह्माण्ड द्वारा आत्मा पर केन्द्रित मन। यह स्थिति त्रेतायुग की अन्तिम स्थिति है। इस युग में सातवें अवतार श्री राम हुयें।

3. **स्थिति** - व्यक्तिगत प्रमाणित दृश्य मार्ग से मन का आत्मीय केन्द्रित स्थिति अर्थात् व्यक्तिगत प्रमाणित व्यक्ति व भौतिक वस्तु माध्यम द्वारा आत्मा पर केन्द्रित मन। यह स्थिति द्वापर युग की अन्तिम स्थिति है। इस युग में आँठवें अवतार श्री कृष्ण हुयें।

4. **स्थिति** - सार्वजनिक प्रमाणित दृश्य मार्ग से मन का आत्मीय केन्द्रित स्थिति अर्थात् सार्वजनिक प्रमाणित व्यक्ति व भौतिक वस्तु माध्यम द्वारा आत्मा पर केन्द्रित मन। यह स्थिति कलियुग की अन्तिम स्थिति है। इस युग में नवें अवतार बुद्ध हुये और दसवें और अन्तिम अवतार श्री लव कुश सिंह "विश्वमानव" व्यक्त हैं।

0 या 5. स्थिति - दृश्य मार्ग से मन का आत्मीय केन्द्रित स्थिति।

उपरोक्त स्थिति में स्थित मन से ही उस युग में शास्त्र-साहित्यों की रचना होती रही है। और उस अनुसार ही प्रत्येक व्यक्ति अपनी स्थिति का पता लगा सकता है कि वह किस युग में जी रहा है।

उपरोक्त में से कोई भी स्थिति जब व्यक्तिगत होती है तब वह व्यक्ति उस युग में स्थित होता है चाहे समाज या सम्पूर्ण विश्व किसी भी युग में क्यों न हो। इसी प्रकार जब उपरोक्त स्थिति में से कोई भी स्थिति में समाज या सम्पूर्ण विश्व अर्थात् अधिकतम व्यक्ति उस स्थिति में स्थित होते है तब समाज या सम्पूर्ण विश्व उस युग में स्थित हो जाता है।

युग परिवर्तन सदैव उस समय होता है जब समाज के सर्वोच्च मानसिक स्तर पर एक नया अध्याय या कड़ी जुड़ता है। और एक नये विचार से व्यवस्था या मानसिक परिवर्तन होता है। इस प्रकार यह आत्मसात् करना चाहिए कि सम्पूर्ण समाज इस समय चौथे युग-कलियुग के अन्त में है और जैसे-जैसे "विश्वशास्त्र" के ज्ञान से युक्त

होता जायेगा वह पाँचवे युग-स्वर्ण युग में प्रवेश करता जायेगा। और जब बहुमत हो जायेगा तब सम्पूर्ण समाज या विश्व पाँचवे युग-स्वर्ण युग में स्थित हो जायेगा।

सम्पूर्ण आध्यात्मिक सूक्ष्म एवं स्थूल सिद्धान्तों को व्यक्त करने का माध्यम मात्र मानव शरीर और कर्म क्षेत्र मात्र मानव समाज ही है। साथ ही उसका मूल्यांकनकर्ता मानव का अपना मन स्तर ही है। इसलिए अवतार सम्पूर्ण सिद्धान्तों को कालानुसार व्यक्त सगुण रूप मानव शरीर ही होता है। मूलरूप से अवतार शिव-आत्मा-ईश्वर-ब्रह्म अर्थात् सार्वभौम सत्य-सिद्धान्त के अवतार होते हैं परन्तु एकात्म ज्ञान अर्थात् ब्रह्मा और एकात्म ध्यान अर्थात् शंकर सार्वजनिक प्रमाणित दृश्य न हो सकने के कारण एकात्म कर्म-विष्णु के ही अवतार के रूप में जाना जाता है। क्योंकि एक मात्र कर्म ही मानव समाज में सार्वजनिक प्रमाणित होता है। इस एकात्म कर्म का कारण एकात्म प्रेम और एकात्म प्रेम का कारण मात्र एकात्म कर्म होता है।

विष्णु अर्थात् एकात्मकर्म का अव्यक्त रूप एकात्म प्रेम अर्थात् लक्ष्मी हैं। एकात्म कर्म का कारण एकात्म प्रेम तथा एकात्म प्रेम का कारण एकात्म कर्म होता है। वह कर्म जो आत्मा के लिए हो और वह प्रेम जो आत्मा के लिए हो अर्थात् समभाव और कर्म युक्त मानव शरीर ही विष्णु का अवतार है।

भगवान विष्णु के 24 अवतार (1. श्री सनकादि, 2. वाराह अवतार, 3. नारद मुनि, 4. नर-नारायण, 5. कपिल, 6. दत्तात्रेय, 7. यज्ञ, 8. ऋषभदेव, 9. पृथु, 10. मत्स्यावतार, 11. कूर्म अवतार, 12. धन्वन्तरि, 13. मोहिनी, 14. हयग्रीव, 15. नृसिंह, 16. वामन, 17. गजेन्द्रोधारावतार, 18. परशुराम, 19. वेदव्यास, 20. हन्सावतार, 21. राम, 22. कृष्ण, 23. बुद्ध, 24. कल्कि) का वर्णन श्री विष्णु पुराण एवं श्री भविष्य पुराण में स्पष्ट उल्लेख है। जिनमें मुख्य 10 अवतार (1. मत्स्य, 2. कूर्म, 3. वाराह, 4. नृसिंह, 5. वामन, 6. परशुराम, 7. राम, 8. कृष्ण, 9. बुद्ध, 10. कल्कि) ही माने जाते हैं।

ग्रन्थों में अवतारों की कई कोटि बतायी गई है जैसे अंशाशावतार, अंशावतार, आवेशावतार, कलावतार, नित्यावतार, युगावतार इत्यादि, जो भी सार्वभौम सत्य-सिद्धान्त को व्यक्त करता है वे सभी अवतार कहलाते हैं। व्यक्ति से लेकर समाज के सर्वोच्च स्तर तक सार्वभौम सत्य-सिद्धान्त को व्यक्त करने के क्रम में ही विभिन्न कोटि के अवतार स्तरबद्ध होते हैं। अन्तिम सार्वभौम सत्य-सिद्धान्त को व्यक्त करने वाला ही अन्तिम अवतार के रूप में व्यक्त होगा। अब तक हुये अवतार, पैगम्बर, ईशदूत इत्यादि को हम सभी उनके होने के बाद, उनके जीवन काल की अवधि में या उनके शरीर त्याग के बाद से ही जानते हैं। परन्तु भविष्य अर्थात् “आने वाले कल” के लिए कल्पित एक मात्र महाविष्णु के अवतार-कल्कि के आने से पूर्व ही जानने लगे हैं।

अदृश्य सत्य-सिद्धान्त से सार्वजनिक या ब्रह्माण्डीय प्रमाणित दृश्य सत्य-सिद्धान्त तक के व्यक्त होने की क्रिया में प्रयुक्त मानव शरीर ही अवतारों का शरीर है। इस क्रम में प्रत्येक अगला अवतार अपने पिछले अवतार का अगला चरण अर्थात् सामाजिक आवश्यकताओं की कालानुसार पूर्तिकर्ता सहित उसका पुर्नजन्म होता है। क्योंकि सत्य-सिद्धान्त को व्यक्त करने की इच्छा तब तक अवतारों में रहती है जब तक सत्य-सिद्धान्त पूर्णरूप से दृश्य सार्वजनिक या ब्रह्माण्डीय प्रमाणित रूप नहीं ले लेता। कोई भी मानव शरीर अवतारी ज्ञान, कर्म और ध्यान को रखते हुये भी यदि सम्पूर्ण सामाजिक या ब्रह्माण्डीय आवश्यकताओं का कालानुसार हल नहीं प्रस्तुत करता तो वह गुणों को रखते हुये भी अवतारी शरीर नहीं हो सकता। इस प्रकार प्रत्येक अगला अवतार, अपने पिछले अवतार का संग्रहणीय, संक्रमणीय, गुणात्मक रूप का प्रतीक होता है। अवतारों का स्थूल शरीर किसी भी स्थूल अटलनीय, अपरिवर्तनीय, प्राकृतिक नियम-परिवर्तन या आदान-प्रदान से मुक्त नहीं होता सिर्फ उनका सूक्ष्म शरीर और व्यक्त सत्य-सिद्धान्त ही उससे मुक्त और अप्रभावी होता है जिसे दुःख-सुख, जन्म-मृत्यु इत्यादि से मुक्त कहते हैं।

सत्य से सार्वभौम सत्य-सिद्धान्त तक का मार्ग अवतारों का मार्ग है। सार्वभौम सत्य-सिद्धान्त की अनुभूति ही अवतरण है। इसके अंश अनुभूति को अंश अवतार तथा पूर्ण अनुभूति को पूर्ण अवतार कहते हैं। अवतार मानव मात्र के लिए ही कर्म करते हैं न कि किसी विशेष मानव समूह या सम्प्रदाय के लिए। अवतार, धर्म, धर्मनिरपेक्ष व सर्वधर्मसमभाव से युक्त अर्थात् एकात्म से युक्त होते हैं। इस प्रकार अवतार से उत्पन्न शास्त्र मानव के लिए होते हैं, न कि किसी विशेष मानव समूह के लिए। उत्प्रेरक, शासक और मार्गदर्शक आत्मा सर्वव्यापी है।

इसलिए एकात्म का अर्थ संयुक्त आत्मा या सार्वजनिक आत्मा है। जब एकात्म का अर्थ संयुक्त आत्मा समझा जाता है तब वह समाज कहलाता है। जब एकात्म का अर्थ व्यक्तिगत आत्मा समझा जाता है तब व्यक्ति कहलाता है। अवतार, संयुक्त आत्मा का साकार रुप होता है जबकि व्यक्ति, व्यक्तिगत आत्मा का साकार रुप होता है। शासन प्रणाली में समाज का समर्थक दैवी प्रवृत्ति तथा शासन व्यवस्था प्रजातन्त्र या लोकतन्त्र या स्वतन्त्र या मानवतन्त्र या समाजतन्त्र या जनतन्त्र या बहुतन्त्र या स्वराज कहलाता है और क्षेत्र गणराज्य कहलाता है। ऐसी व्यवस्था सुराज कहलाती है। शासन प्रणाली में व्यक्ति का समर्थक असुरी प्रवृत्ति तथा शासन व्यवस्था राज्यतन्त्र या राजतन्त्र या एकतन्त्र कहलाता है और क्षेत्र राज्य कहलाता है ऐसी व्यवस्था कुराज कहलाती है। सनातन से ही दैवी और असुरी प्रवृत्तियों अर्थात् दोनों तन्त्रों के बीच अपने-अपने अधिपत्य के लिए संघर्ष होता रहा है। जब-जब समाज में एकतन्त्रात्मक या राजतन्त्रात्मक अधिपत्य होता है तब-तब मानवता या समाज समर्थक अवतारों के द्वारा गणराज्य की स्थापना की जाती है। या यूँ कहें गणतन्त्र या गणराज्य की स्थापना ही अवतार का मूल उद्देश्य अर्थात् लक्ष्य होता है शेष सभी साधन अर्थात् मार्ग।

अवतारों के प्रत्यक्ष और प्रेरक दो कार्य विधि हैं। प्रत्यक्ष अवतार वे होते हैं जो स्वयं अपनी शक्ति का प्रत्यक्ष प्रयोग कर समाज का सत्यीकरण करते हैं। यह कार्य विधि समाज में उस समय प्रयोग होता है जब अधर्म का नेतृत्व एक या कुछ मानवों पर केन्द्रित होता है। प्रेरक अवतार वे होते हैं जो स्वयं अपनी शक्ति का अप्रत्यक्ष प्रयोग कर समाज का सत्यीकरण जनता एवं नेतृत्वकर्ता के माध्यम से करते हैं। यह कार्य विधि समाज में उस समय प्रयोग होता है जब समाज में अधर्म का नेतृत्व अनेक मानवों और नेतृत्वकर्ताओं पर केन्द्रित होता है।

इन विधियों में से कुल दस अवतारों में से प्रथम सात (मत्स्य, कूर्म, वाराह, नृसिंह, वामन, परशुराम, राम) अवतारों ने समाज का सत्यीकरण प्रत्यक्ष विधि के प्रयोग द्वारा किया था। आठवें अवतार (श्रीकृष्ण) ने दोनों विधियों प्रत्यक्ष ओर प्रेरक का प्रयोग किया था। नवें (भगवान बुद्ध) और अन्तिम दसवें अवतार की कार्य विधि प्रेरक ही है।

जल-प्लावन (जहाँ जल है वहाँ थल और जहाँ थल है वहाँ जल) के समय मछली से मार्ग दर्शन (मछली के गतीशीलता से सिद्धान्त प्राप्त कर) पाकर मानव की रक्षा करने वाला ईश्वर (सार्वभौम सत्य-सिद्धान्त) का पहला अंशावतार मत्स्यावतार के बाद मानव का पुनः विकास प्रारम्भ हुआ। दूसरे कूर्मावतार (कछुए के गुण का सिद्धान्त), तीसरे- वाराह अवतार (सुअर के गुण का सिद्धान्त), चौथे- नृसिंह (सिंह के गुण का सिद्धान्त), तथा पाँचवें वामन अवतार (ब्राह्मण के गुण का सिद्धान्त) तक एक ही साकार शासक और मार्गदर्शक राजा हुआ करते थे और जब-जब वे राज्य समर्थक या उसे बढ़ावा देने वाले इत्यादि असुरी गुणों से युक्त हुए उन्हें दूसरे से पाँचवें अंशावतार ने साकार रुप में कालानुसार भिन्न-भिन्न मार्गों से गुणों का प्रयोग कर गणराज्य का अधिपत्य स्थापित किया।

ईश्वर (सार्वभौम सत्य-सिद्धान्त) के छठें अंश अवतार परशुराम के समय तक मानव जाति का विकास इतना हो गया था कि अलग-अलग राज्यों के अनेक साकार शासक और मार्गदर्शक राजा हो गये थे उनमें से जो भी राज्य समर्थक असुरी गुणों से युक्त थे उन सबको परशुराम ने साकार रुप में वध कर डाला। परन्तु बार-बार वध की समस्या का स्थाई हल निकालने के लिए उन्होंने राज्य और गणराज्य की मिश्रित व्यवस्था द्वारा एक व्यवस्था दी जो आगे चलकर "परशुराम परम्परा" कहलायी। व्यवस्था निम्न प्रकार थी-

1. प्रकृति में व्याप्त तीन गुण- सत्व, रज और तम के प्रधानता के अनुसार मनुष्य का चार वर्णों में निर्धारण। सत्व गुण प्रधान - ब्राह्मण, रज गुण प्रधान-क्षत्रिय, रज एवं तम गुण प्रधान-वैश्य, तम गुण प्रधान-शूद्र।
2. गणराज्य का शासक राजा होगा जो क्षत्रिय होगा जैसे-ब्रह्माण्डीय गणराज्य में प्रकृति जो रज गुण अर्थात् कर्म अर्थात् शक्ति प्रधान है।
3. गणराज्य में राज्य सभा होगी जिसके अनेक सदस्य होंगे जैसे-ब्रह्माण्डीय गणराज्य में प्रकृति के सत्व, रज एवं तम गुणों से युक्त विभिन्न वस्तु हैं।
4. राजा का निर्णय राज्यसभा का ही निर्णय है जैसे-ब्रह्माण्डीय गणराज्य में प्रकृति का निर्णय वही है जो सत्व, रज एवं तम गुणों का सम्मिलित निर्णय होता है।

5. राजा का चुनाव जनता करे क्योंकि वह अपने गणराज्य में सर्वव्यापी और जनता का सम्मिलित रुप है जैसे- ब्रह्माण्डीय गणराज्य में प्रकृति सर्वव्यापी है और वह सत्व, रज एवं तम गुणों का सम्मिलित रुप है।
6. राजा और उसकी सभा राज्यवादी न हो इसलिए उस पर नियन्त्रण के लिए सत्व गुण प्रधान ब्राह्मण का नियन्त्रण होगा जैसे- ब्रह्माण्डीय गणराज्य में प्रकृति पर नियन्त्रण के लिए सत्व गुण प्रधान आत्मा का नियन्त्रण होता है।

ईश्वर (सार्वभौम सत्य-सिद्धान्त) के सातवें अंश अवतार श्रीराम द्वारा इसी "परशुराम परम्परा" का ही प्रसार और स्थापना हुआ था।

ईश्वर (सार्वभौम सत्य-सिद्धान्त) के आठवें अवतार श्रीकृष्ण के समय तक स्थिति यह हो गयी थी राजा पर नियन्त्रण के लिए नियुक्त ब्राह्मण भी समाज और धर्म की व्याख्या करने में असमर्थ हो गये। क्योंकि अनेक धर्म साहित्यों, मत-मतान्तर, वर्ण, जातियों में समाज विभाजित होने से व्यक्ति संकीर्ण और दिग्भ्रमित हो गया था और राज्य समर्थकों की संख्या अधिक हो गयी थी परिणामस्वरुप मात्र एक ही रास्ता बचा था- "नवमानव सृष्टि"। इसके लिए उन्होंने सम्पूर्ण धर्म-साहित्यों और मत-मतान्तरों के एकीकरण के लिए आत्मा के सर्वव्यापी व्यक्तिगत प्रमाणित निराकार स्वरुप का उपदेश "गीता" व्यक्त किये और गणराज्य का उदाहरण "द्वारिका नगर" का निर्माण कर किये। उनकी गणराज्य व्यवस्था उनके जीवन काल में ही नष्ट हो गयी परन्तु "गीता" आज भी प्रेरक बनी हुई है।

ईश्वर (सार्वभौम सत्य-सिद्धान्त) के नवें अवतार भगवान बुद्ध के समय पुनः राज्य एकतन्त्रात्मक होकर हिंसात्मक हो गया परिणामस्वरुप बुद्ध ने अहिंसा के उपदेश के साथ व्यक्तियों को धर्म, बुद्धि और संघ के शरण में जाने की शिक्षा दी। संघ की शिक्षा गणराज्य की शिक्षा थी। धर्म की शिक्षा आत्मा की शिक्षा थी। बुद्धि की शिक्षा, प्रबन्ध और संचालन की शिक्षा थी जो प्रजा के माध्यम से प्रेरणा द्वारा गणराज्य के निर्माण की प्रेरणा थी।

ईश्वर (सार्वभौम सत्य-सिद्धान्त) के दसवें और अन्तिम अवतार के समय तक राज्य और समाज स्वतः ही प्राकृतिक बल के अधीन कर्म करते-करते सिद्धान्त प्राप्त करते हुए पूर्ण गणराज्य की ओर बढ़ रहा था परिणामस्वरुप गणराज्य का रुप होते हुए भी गणराज्य सिर्फ राज्य था और एकतन्त्रात्मक अर्थात् व्यक्ति समर्थक तथा समाज समर्थक दोनों की ओर विवशतावश बढ़ रहा था।

भारत में निम्लिखित रुप व्यक्त हो चुका था।

1. ग्राम, विकास खण्ड, नगर, जनपद, प्रदेश और देश स्तर पर गणराज्य और गणसंघ का रुप।
2. सिर्फ ग्राम व नगर स्तर पर राजा (ग्राम व नगर पंचायत अध्यक्ष) का चुनाव सीधे जनता द्वारा।
3. गणराज्य को संचालित करने के लिए संचालक का निराकार रुप- संविधान।
4. गणराज्य के तन्त्रों को संचालित करने के लिए तन्त्र और क्रियाकलाप का निराकार रुप-नियम और कानून।
5. राजा पर नियन्त्रण के लिए ब्राह्मण का साकार रुप- राष्ट्रपति, राज्यपाल, जिलाधिकारी इत्यादि।

विश्व स्तर पर निम्नलिखित रुप व्यक्त हो चुका था।

1. गणराज्यों के संघ के रुप में संयुक्त राष्ट्र संघ का रुप।
2. संघ के संचालन के लिए संचालक और संचालक का निराकार रुप- संविधान।
3. संघ के तन्त्रों को संचालित करने के लिए तन्त्र और क्रियाकलाप का निराकार रुप- नियम और कानून।
4. संघ पर नियन्त्रण के लिए ब्राह्मण का साकार रुप-पाँच वीटो पावर।
5. प्रस्ताव पर निर्णय के लिए सदस्यों की सभा।
6. नेतृत्व के लिए राजा- महासचिव।

जिस प्रकार आठवें अवतार द्वारा व्यक्त आत्मा के निराकार रुप "गीता" के प्रसार के कारण आत्मीय प्राकृतिक बल सक्रिय होकर गणराज्य के रुप को विवशतावश समाज की ओर बढ़ा रहा था उसी प्रकार अन्तिम अवतार द्वारा निम्नलिखित शेष समष्टि कार्य पूर्ण कर प्रस्तुत कर देने मात्र से ही विवशतावश उसके अधिपत्य की स्थापना हो जाना है।

1. गणराज्य या लोकतन्त्र के सत्य रुप- गणराज्य या लोकतन्त्र के स्वरुप का अन्तर्राष्ट्रीय/ विश्वमानक।

2. राजा और सभा सहित गणराज्य पर नियन्त्रण के लिए साकार ब्राह्मण का निराकार रुप- मन का अन्तर्राष्ट्रीय/ विश्वमानक।
3. गणराज्य के प्रबन्ध का सत्य रुप- प्रबन्ध का अन्तर्राष्ट्रीय/ विश्वमानक।
4. गणराज्य के संचालन के लिए संचालक का निराकार रुप- संविधान के स्वरुप का अन्तर्राष्ट्रीय/ विश्वमानक।
5. साकार ब्राह्मण निर्माण के लिए शिक्षा का स्वरुप- शिक्षा पाठ्यक्रम का अन्तर्राष्ट्रीय/ विश्वमानक।

इस समष्टि कार्य द्वारा ही काल व युग परिवर्तन होगा न कि सिर्फ चिल्लाने से कि "सतयुग आयेगा" , "सतयुग आयेगा" से। यह समष्टि कार्य जिस शरीर से सम्पन्न होगा वही अन्तिम अवतार के रूप में व्यक्त होगा। धर्म में स्थित वह अवतार चाहे जिस सम्प्रदाय (वर्तमान अर्थ में धर्म) का होगा उसका मूल लक्ष्य यही शेष समष्टि कार्य होगा और स्थापना का माध्यम उसके सम्प्रदाय की परम्परा व संस्कृति होगी।

जिस प्रकार केन्द्र में संविधान-संसद है, प्रदेश में संविधान-विधान सभा है उसी प्रकार ग्राम नगर में भी संविधान होना चाहिए जिस प्रकार केन्द्र और प्रदेश के न्यायालय और पुलिस व्यवस्था है उसी प्रकार ग्राम नगर के भी होने चाहिए, कहने का अर्थ ये है कि जिस प्रकार की व्यवस्थाये केन्द्र और प्रदेश की अपनी हैं उसी प्रकार की व्यवस्था छोटे रुप में ग्राम नगर की भी होनी चाहिए। संघ (राज्य) या महासंघ (केन्द्र) से सम्बन्ध सिर्फ उस गणराज्य से होता है प्रत्येक नागरिक से नहीं संघ या महासंघ का कार्य मात्र अपने गणराज्यों में आपसी समन्वय व सन्तुलन करना होता है उस पर शासन करना नहीं तभी तो सच्चे अर्थों में गणराज्य व्यवस्था या स्वराज-सुराज व्यवस्था कहलायेगी। यही राष्ट्रपिता महात्मा गाँधी की प्रसिद्ध युक्ति "भारत ग्राम (नगर) गणराज्यों का संघ हो" और "राम राज्य" का सत्य अर्थ है।

काल का प्रथम रूप

पूर्ण मनुष्य के निर्माण प्रक्रिया में निम्नलिखित दस चरण पूरे हुए हैं अर्थात् पूर्णता के लिए इन दस चरण में व्यक्त मुख्य-गुण सिद्धान्त का संयुक्त व्यक्तित्व ही पूर्ण मनुष्य के रूप में निर्मित होता है। विष्णु के निम्न दस अवतार के मुख्य-गुण सिद्धान्त निम्न प्रकार हैं-

अदृश्य काल

धर्म ज्ञान का प्रारम्भ

01. वैदिक धर्म-ऋषि-मुनि गण-ईसापूर्व 6000-2500

पहलायुग: सत्ययुग
02. ब्राह्मण धर्म-ब्राह्मण गण-ईसापूर्व 6000-2500

अ. व्यक्तिगत प्रमाणित पूर्ण प्रत्यक्ष अवतार

01. अदृश्य काल के व्यक्तिगत प्रमाणित काल में व्यक्तिगत प्रमाणित अदृश्य प्राकृतिक चेतना से युक्त सत्य आधारित सतयुग में विष्णु के प्रथम अवतार - मत्स्य अवतार

मुख्य-गुण सिद्धान्त - मछलियों के स्वभाव जल की धारा के विपरीत दिशा (राधा) में गति करने से ज्ञान (अर्थात् राधा का सिद्धान्त) प्रथम अवतार मत्स्य अवतार का गुण था जो अगले अवतार में संचरित हुई।

02. अदृश्य काल के व्यक्तिगत प्रमाणित काल में व्यक्तिगत प्रमाणित अदृश्य प्राकृतिक चेतना से युक्त सत्य आधारित सतयुग में विष्णु के द्वितीय अवतार - कूर्म या कच्छपावतार

मुख्य-गुण सिद्धान्त - एक सहनशील, शांत, धैर्यवान, लगनशील, दोनों पक्षों के बीच मध्यस्थ की भूमिका वाला गुण (समन्वय का सिद्धान्त) सहित प्रथम अवतार के गुण सहित वाला गुण द्वितीय अवतार कूर्म अवतार का गुण था जो अगले अवतार में संचरित हुई।

03. अदृश्य काल के व्यक्तिगत प्रमाणित काल में व्यक्तिगत प्रमाणित अदृश्य प्राकृतिक चेतना से युक्त सत्य आधारित सतयुग में विष्णु के तृतीय अवतार - बाराह अवतार

मुख्य-गुण सिद्धान्त - एक मेधावी, सूझ-बुझ, सम्पन्न, पुरूषार्थी, धीर-गम्भीर, निष्कामी, बलिष्ठ, सक्रिय, अहिंसक और समूह प्रेमी, लोगों का मनोबल बढ़ाना, उत्साहित और सक्रिय करने वाला गुण (प्रेरणा का सिद्धान्त) सहित द्वितीय अवतार के समस्त गुण से युक्त वाला गुण तृतीय अवतार वाराह अवतार का गुण था जो अगले अवतार में संचरित हुई।

04. अदृश्य काल के व्यक्तिगत प्रमाणित काल में व्यक्तिगत प्रमाणित अदृश्य प्राकृतिक चेतना से युक्त सत्य आधारित सतयुग में विष्णु के चौथे अवतार - नृसिंह अवतार

मुख्य-गुण सिद्धान्त - प्रत्यक्ष रूप से एका-एक लक्ष्य को पूर्ण करने वाले (लक्ष्य के लिए त्वरित कार्यवाही का सिद्धान्त) गुण सहित तृतीय अवतार के समस्त गुण से युक्त वाला गुण चतुर्थ अवतार नरसिंह अवतार का गुण था जो अगले अवतार में संचरित हुई।

05. अदृश्य काल के व्यक्तिगत प्रमाणित काल में व्यक्तिगत प्रमाणित अदृश्य प्राकृतिक चेतना से युक्त सत्य आधारित सतयुग में विष्णु के पाचवें अवतार - वामन अवतार

मुख्य-गुण सिद्धान्त - भविष्य दृष्टा, राजा के गुण का प्रयोग करना, थोड़ी सी भूमि पर गणराज्य व्यवस्था की स्थापना व व्यवस्था को जिवित करना, उसके सुख से प्रजा को परिचित कराने वाले गुण (समाज का

सिद्धान्त) सहित चतुर्थ अवतार के समस्त गुण से युक्त गुण पाँचवें अवतार का गुण था जो अगले अवतार में संचरित हुई।

ब. सार्वजनिक प्रमाणित अंश प्रत्यक्ष अवतार

06. अदृश्य काल के व्यक्तिगत प्रमाणित काल में व्यक्तिगत प्रमाणित अदृश्य प्राकृतिक चेतना से युक्त सत्य आधारित सतयुग में विष्णु के छठवें अवतार - परशुराम अवतार

मुख्य-गुण सिद्धान्त - गणराज्य व्यवस्था को ब्रह्माण्ड में व्याप्त व्यवस्था सिद्धान्तों को आधार बनाने वाले गुण और व्यवस्था के प्रसार के लिए योग्य व्यक्ति को नियुक्त करने वाले गुण (लोकतन्त्र का सिद्धान्त और उसके प्रसार के लिए योग्य उत्तराधिकारी नियुक्त करने का सिद्धान्त) सहित पाँचवें अवतार के समस्त गुण से युक्त वाला गुण छठें अवतार परशुराम का गुण था जो अगले अवतार में संचरित हुई।

दूसरायुग: त्रेतायुग

03. वैदिक धर्म-श्रीराम-ईसापूर्व 6000-2500

स. सार्वजनिक प्रमाणित पूर्ण प्रत्यक्ष अवतार

07. अदृश्य काल के सार्वजनिक प्रमाणित काल में सार्वजनिक प्रमाणित अदृश्य प्राकृतिक चेतना से युक्त यज्ञ (अदृश्य कर्म) आधारित त्रेता युग में विष्णु के सातवें अवतार - श्री राम अवतार- रामायण (मानक व्यक्ति चरित्र)

मुख्य-गुण सिद्धान्त - आदर्श चरित्र के गुण तथा छठें अवतार तक के समस्त गुण को प्रसार करने वाला गुण (व्यक्तिगत आदर्श चरित्र के आधार पर विचार प्रसार का सिद्धान्त) सातवें अवतार श्रीराम का गुण था जो अगले अवतार में संचरित हुई।

तीसरायुग: द्वापरयुग

04. वेदान्त अद्वैत धर्म-श्रीकृष्ण-ईसापूर्व 3000

द. व्यक्तिगत प्रमाणित पूर्ण प्रेरक अवतार

08. दृश्य काल के व्यक्तिगत प्रमाणित काल में व्यक्तिगत प्रमाणित पूर्ण दृश्य सत्य चेतना से युक्त भक्ति और प्रेम आधारित द्वापर युग में विष्णु के आठवें अवतार -योगेश्वर श्री कृष्ण अवतार महाभारत (मानक सामाजिक व्यक्ति चरित्र)

मुख्य-गुण सिद्धान्त - आदर्श सामाजिक व्यक्ति चरित्र के गुण, समाज में व्याप्त अनेक मत-मतान्तर व विचारों के समन्वय और एकीकरण से सत्य-विचार के प्रेरक ज्ञान को निकालने वाले गुण (सामाजिक आदर्श व्यक्ति का सिद्धान्त और व्यक्ति से उठकर विचार आधारित व्यक्ति निर्माण का सिद्धान्त) सहित सातवें अवतार तक के समस्त गुण आठवें अवतार श्रीकृष्ण का गुण था। जिससे व्यक्ति, व्यक्ति पर विश्वास न कर अपने बुद्धि से स्वयं निर्णय करें और प्रेरणा प्राप्त करता रहे। जो अगले अवतार में संचरित हुई।

चौथा युग: कलियुग

05. यहूदी धर्म

06 .पारसी धर्म-जरथ्रुस्ट-ईसापूर्व 1700

07. बौद्ध धर्म-भगवान बुद्ध-ईसापूर्व 1567-487

08. कन्फ्यूसी धर्म-कन्फ्यूसियश-ईसापूर्व 551-479

09. टोईज्म धर्म-लोओत्से-ईसापूर्व 604-518
10. जैन धर्म-भगवान महावीर-ईसापूर्व 539-467
11. ईसाइ धर्म-ईसा मसीह-सन् 33 ई0
12. इस्लाम धर्म-मुहम्मद पैगम्बर-सन् 670 ई0
13. सिक्ख धर्म-गुरु नानक-सन् 1510 ई0

य. सार्वजनिक प्रमाणित अंश प्रेरक अवतार

09. दृश्य काल के व्यक्तिगत प्रमाणित काल में सार्वजनिक प्रमाणित अंश दृश्य सत्य चेतना से युक्त संघ और योजना आधारित कलियुग के प्रारम्भ में विष्णु के नवें अवतार - बुद्ध अवतार

मुख्य-गुण सिद्धान्त - प्रजा को प्रेरित करने के लिए धर्म, संघ और बुद्धि के शरण में जाने की मूल शिक्षा देना नवें अवतार भगवान बुद्ध का गुण (धर्म, संघ और बुद्धि का सिद्धान्त) था। जो अगले अवतार में संचरित हुई।

काल का द्वितीय और अन्तिम रूप

दृश्य काल

धर्म ज्ञान का अन्त

पाँचवाँयुग: सत्ययुग/स्वर्णयुग

14. विश्व/सत्य/धर्मनिरपेक्ष/लोकतन्त्र धर्म-लव कुश सिंह "विश्वमानव"-सन् 2012 ई0

र. सार्वजनिक प्रमाणित पूर्ण प्रेरक अवतार

10. दृश्य काल के सार्वजनिक प्रमाणित काल में सार्वजनिक प्रमाणित पूर्ण दृश्य सत्य चेतना से युक्त संघ और योजना (दृश्य यज्ञ या कर्म) आधारित कलियुग के अन्त में विष्णु के दसवाँ और अन्तिम - भोगेश्वर श्री लव कुश सिंह "विश्वमानव" निष्कलंक कल्कि अवतार - विश्वभारत (मानक वैश्विक व्यक्ति चरित्र)

आदर्श वैश्विक व्यक्ति चरित्र सहित सभी अवतारों का सम्मिलित गुण व मन निर्माण की प्रक्रिया से निर्मित अन्तिम मन स्वामी विवेकानन्द के मन के गुण मिलकर दसवें अन्तिम अवतार श्री लव कुश सिंह "विश्वमानव" में व्यक्त हुआ।

मुख्य-गुण सिद्धान्त - विश्व धर्म / वेदान्त धर्म / अद्वैत धर्म / एकता धर्म / लोकतन्त्र धर्म / समष्टि धर्म / प्राकृतिक धर्म / सत्य धर्म / संयुक्तमन धर्म / ईश्वर धर्म / हिन्दू धर्म / सार्वजनिक धर्म / दृश्य धर्म / मानव धर्म / धर्मनिरपेक्ष धर्म - लव कुश सिंह "विश्वमानव" - सन् 2012 ई0 - पूर्ववर्ती सभी धर्मों व मतों का समन्वय व एकीकरण करते हुये निराकार आधारित लोकतंत्र व्यवस्था का वृक्ष शास्त्र विश्व-नागरिक धर्म का धर्मयुक्त धर्मशास्त्र-कर्मवेद: प्रथम, अन्तिम तथा पंचम वेदीय श्रृंखला विश्व-राज्य धर्म का धर्मनिपेक्ष धर्मशास्त्र- विश्वमानक-शून्य: मन की गुणवत्ता का विश्वमानक श्रृंखला, आदर्श मानक सामाजिक व्यक्ति चरित्र समाहित आदर्श मानक वैश्विक व्यक्ति चरित्र अर्थात् सार्वजनिक प्रमाणित आदर्श मानक वैश्विक व्यक्ति चरित्र का प्रस्तुतीकरण।

“सम्पूर्ण मानक” का विकास भारतीय आध्यात्म-दर्शन का मूल और अन्तिम लक्ष्य

अब मानक एवं मानकीकरण हमारे दैनिक जीवन के अभिन्न अंग बन चुके हैं। अगर हम अपने दैनिक जीवन की गतिविधियों का अवलोकन करते हैं तो यह देखने को मिलता है कि हम जाने-अनजाने में ही कितने ही रूपों में मानकों और मानकीकृत पद्धतियों को अपनायें हुये है। दैनिक जीवन में सर्वत्र स्वीकृत मानक के उदाहरण हैं- करेंसी नोट एवं सिक्के, माप या तोल के साधन, यातायात के संकेत, देशों के झण्डे, धार्मिक प्रतीक इत्यादि। वैवाहिक एवं पूजा पद्धति, हमारी परम्परा एवं आचार व्यवहार आदि हमारी प्राचीन मानकीकृत पद्धतियों के उदाहरण है। अब प्रत्येक मनुष्य के लिए अपना जीवन सुखद बनाने हेतु दूसरों से सेवाएं प्राप्त करना एवं उन पर निर्भर रहना अनिवार्य हो गया है। व्यक्तियों के बीच आदान-प्रदान सुगम एवं सुलभ हो इसके लिए सर्वस्वीकृत मानदण्डों की आवश्यकता महसूस की गई।

मानकीकरण का महत्व समाज के उत्थान के लिए है। जैसे संस्कृति मानव समाज में अनुशासन एवं सही दिशा में प्रगति के लिए मार्गदर्शन देती है। उसी प्रकार उद्योगों को सही दिशा में ले जाने को मानकीकरण महत्वपूर्ण भूमिका अदा करता है। अब दैनिक जीवन में मानकों की महती योगदान को नकारा नहीं जा सकता है। ये उपभोक्ता संरक्षण, ग्रामीण विकास, विश्व व्यापार प्रतिस्पर्धा, औद्योगिक क्रान्ति, शिक्षा एवं स्वास्थ्य का मूल तन्त्र है। जिनके द्वारा मानकीकरण से मानक के रूप में नवीन वैज्ञानिक तकनीकी व कलात्मक जानकारी से सतत् उन्नति का मार्ग प्रशस्त होता है। जो समाज के सभी वर्गो के लिए प्रत्यक्ष व अप्रत्यक्ष रूप से दैनिक जीवन में काम आते है।

मानकीकरण और मानक के मान्य क्षेत्रानुसार अनेक स्तर हो सकते है। जो व्यक्ति, परिवार, ग्राम, विकास खण्ड, जनपद, राज्य, देश व अन्तर्राष्ट्रीय व सर्वोच्च और अन्तिम रूप से विश्व या ब्रह्माण्डीय स्तर तक हो सकता है। भारत में इसके उदाहरण- राज्यों के मानक तथा देश स्तर पर आई.एस.आई. मार्क (भारतीय मानक ब्यूरो) है। विश्व या अन्तर्राष्ट्रीय स्तर पर उदाहरण आई.एस.ओ. (अन्तर्राष्ट्रीय मानक संगठन) आई.ई.सी0, आई.टी.यू. इत्यादि हैं।

सम्पूर्ण विश्व में सादृश्यता व्यापार सम्बन्धों में एकरूपता और सादृश्यता लाने के उद्देश्य से यह आवश्यक था कि एक ही मात्रक प्रणाली सम्पूर्ण विश्व में लागू की जाए। इस उद्देश्य की पूर्ति के लिए सन् 1870 में एकीकृत मीट्रिक मात्रक का विकास करने के लिए विभिन्न देशों का एक सम्मेलन बुलाया गया। सन् 1875 में पेरिस में मीटर के समझौते पर हस्ताक्षर हुये। इस समझौते के परिणामस्वरूप अन्तर्राष्ट्रीय माप तौल ब्यूरो लागू किया गया। साथ ही समय-समय पर मिलकर आवश्यकतानुसार नये मानकों के निश्चय के लिए माप-तौल का महासम्मेलन भी स्थापित हुआ।

1954 में आयोजित माप-तौल महासम्मेलन ने मीट्रिक प्रणाली को अन्तर्राष्ट्रीय रूप से अपनाया। 1960 में इसे "सिस्टम इण्टरनेशनल डी यूनिट्स" अर्थात् "अन्तर्राष्ट्रीय मात्रक प्रणाली" के नाम से परिभाषित किया गया।

यह प्रणाली समय, तापमान, लम्बाई और भार के चार स्वतन्त्र बुनियादी मात्रकों को आधार बनाकर रखी गई। लम्बाई और भार के मात्रक क्रमशः मीटर और किलोग्राम है। समय का मात्रक सेकेण्ड है जो कि परमाणु घड़ी के रूप में निर्धारित है। तापमान का मात्रक सेल्सियस डिग्री (सेंटीग्रेड) को रखा गया है और इसके द्वारा फारेनहाइट डिग्री का प्रतिस्थापन हो गया है। सम्मेलन ने समय मात्रक, मिनट, घंटा आदि के साथ-साथ डिग्री मिनट, सेकण्ड जैसे कोणीय मापों तथा नाटिकल मील-नाट आदि सुप्रतिष्ठित मात्रकों को भी स्वीकार किया।

इस प्रकार सम्पूर्ण विश्व में ही पद्धति विकसित करने के लिए प्रत्येक विषय क्षेत्रों में जो व्यावहारिक जीवन से विश्व स्तर को प्रभावित करते है, की और विश्व गतिशील है। उपरोक्त क्षेत्रों- लम्बाई, क्षेत्रीय, भार, द्रव, आयतन तथा घन माप के अलावा विभिन्न गणितीय अंक और विज्ञान के क्षेत्रों के मात्रक भी निर्धारित कर दिये गये

जिससे विश्व के किसी भी कोने से मात्रक की भाषा में बोलने से विश्व के किसी कोने में बैठा व्यक्ति उसे उसी रूप में समझ सकने में सक्षम हो गया जबकि लम्बाई में- इंच, फुट, गज, क्षेत्र में- वर्ग इंच, वर्ग फुट, वर्ग गज (भारत में- विस्वा, बीघा), भार में - औंस, पौंड, द्रव आयतन में- पिंट, गैलन, वैरल, का देश स्तर पर प्रचलन था। भारत में भार के लिए- रत्ती, माशा, तोला, कुंचा, छटांक, सेर, पसेरी, मन तथा क्षेत्र के लिए राज्यों के अनुसार भिन्न-भिन्न मात्रक और अर्थ प्रचलित थे।

विश्व व्यापार में पूंजी तथा उपभोक्ता वस्तुओं और सेवाओं का आदान-प्रदान सदियों से होता आ रहा है। यह आदान-प्रदान बहुत सी मुश्किलों को जन्म देता है, विशेषतया औद्योगिक तथा विकासशील देशों में व्यापार करने पर। इस दिशा में द्वितीय विश्व युद्ध के तुरन्त बाद व्यापार को एक जैसा उदार बनाने के उद्देश्य से भौगोलिक दृष्टि से मुक्त व्यापार क्षेत्र बनाए गये। तकनीकी अवरोध, सीमा या अन्य अवरोधों की अपेक्षा अधिक घातक व बाधक सिद्ध हुए। राष्ट्रीय उत्पाद, दूसरे देशों को बाजारों में खरे नहीं उतरे क्योंकि वहाँ तकनीकी भिन्न थे। उदाहरण-बिजली के साकेट को भिन्न-भिन्न देशों में भिन्न-भिन्न पाये गये। इसी प्रकार वोल्टता व फ्रिक्वेंशी इत्यादि। इस पर विचार विमर्श करने वालों ने व्यापार में आने वाले इस तकनीकी अवरोधों से निपटने के लिए बैठकें बुलाई, वार्तालाप किये, परिणामस्वरूप सन् 1995 में संयुक्त राष्ट्र संघ के अधीन विश्व व्यापार संगठन (डब्ल्यु.टी.ओ.) का जन्म हुआ, जिसमें हस्ताक्षर करने वाले देशों को शर्तो के पालन के लिए कड़े दिशा निर्देश दिए गये। विश्व मानकों की महत्ता को स्वीकार करते हुये विश्व व्यापार संगठन ने समझौते में एक परिशिष्ट "मानक निर्धारण, अधिग्रहण और अनुप्रयोग की उपयुक्त रीति संहिता" जोड़ा और इस प्रकार विश्व मानकों पर आधारित उत्पादों का एक देश से दूसरे देश में आदान-प्रदान होने लगा। अन्तर्राष्ट्रीय मानक पूरे विश्व में समान गुणवत्ता की चीजें उपलब्ध कराते है। इनके अपनाने से विश्व बाजार में साख बनती है। अन्तर्राष्ट्रीय व्यापार करना आसान हो जाता है। अतंतः यह विश्वास के साथ कहा जा सकता है कि विश्वमानक ही विश्व व्यापार के आधार हैं।

सभी सम्बन्धित विशेषज्ञों की सहमति से किसी वस्तु पदार्थ अथवा कार्यशैली के सभी तकनीकी एवं गैर तकनीकी पहलुओं सहित एक ऐसा विस्तार पूर्वक तैयार किया गया विवरण जो सब सम्बन्धित जनों के हित में एवं वैज्ञानिक गुणता, सुरक्षा एवं आर्थिक दृष्टि से उत्तम हो, मानकीकरण कहलाता है। मानक वे साधन है जो मानकीकृत गतिविधियों के परिणामों को अधिक परिष्कृत और अभीष्ट बनाते है। इस रूप में इनकी लगातार समीक्षा की जाती है ताकि वे स्वतः पूर्ण सुनिश्चित और स्पष्ट, विरोधाभास तथा असुविधा से मुक्त हों। इन सबसे महत्वपूर्ण यह है कि वे समय से पिछड़े हुये न रहे इसके लिए हमें सतत प्रयत्नशील रहना है।

मानकीकरण एवं मानक उतने ही प्राचीन हैं जितनी कि मानव सभ्यता। भारत में मानकीकरण का इतिहास बहुत पुराना है। मोहन जोदड़ो एवं हड़प्पा के उत्खनन से मिली वस्तुओं की जाँच से यह सिद्ध होता है कि भारत 4000 ई0 सदी के पीछे के समय से मानकीकरण पद्धतियों को अपनाये हुये हैं। उत्खनन से मिर्ली इंटों के नाप एक जैसे थे व चौड़ाई व लम्बाई 1:2 का अनुपात था जो अब भी प्रचलित है। पुरातन युग से ही भारतवासी मानक एवं मानकीकृत पद्धतियों को अपनाकर विभिन्न कार्यों को पूर्व निर्धारित योजना के अनुरूप नियन्त्रित कर सूक्ष्मता एवं यथार्थता के साथ करना जानते थे।

जैसे-जैसे मानव सभ्यताओं का मिश्रण होगा वैसे-वैसे मात्रक और मानक के द्वारा एकीकरण की आवश्यकता ही नहीं मनुष्य की विवशता भी होगी। मानक के परिचय और उपयोगिता इस प्रकार स्पष्ट हो जाती है।

भारतीय आध्यात्म-दर्शन-संस्कृति के लिए यह एक नयी और आधुनिक सूक्ष्म दृष्टि ही है कि मानव समाज के एकीकरण के लिए सदैव अपने विचार-सिद्धान्त से मानकीकरण करना ही भारतीय आध्यात्म-दर्शन-संस्कृति का मूल उद्देश्य रहा है जबकि समाज के मानव उसे न अपनाकर मानकीकरण के आविष्कारक और उनके जीवन की ओर बढ़ गये। इतना ही नहीं आविष्कार के आधार पर अनेक आविष्कार भी करते चले गये परिणास्वरूप मानव समाज मानकीकरण के मूल उद्देश्य से इतना दूर आ चुका है कि इस मूल उद्देश्य को

स्वीकारना भी उन्हें गलत लगेगा जबकि इस उद्देश्य के बिना उनका पूर्णता की ओर बढ़ना असम्भव भी है और अन्तिम मार्ग भी है।

सृष्टि में साकार और निराकार सृष्टि के दो रूप हैं। साकार सृष्टि यह हमारा दृश्य ब्रह्माण्ड है तो निराकार सृष्टि सार्वभौम सत्य-सिद्धान्त है। इसी प्रकार मानव के सम्बन्ध में भी है निराकार मानव, मानव का अपना विचार है और साकार मानव, मानव का दृश्य शरीर है। भारतीय आध्यात्म-दर्शन इसे मानव सभ्यता के विकास के प्रारम्भ में ही समझ गया था इसलिए वह सदैव मानव समाज के एकीकरण के लिए मानक का विकास करता रहा है। जिसके निम्न विकास क्रम हैं-

अ. व्यक्तिगत प्रमाणित अदृश्य निराकार एवं साकार मानक

01. सार्वभौम मानक - सार्वभौम आत्मा या ईश्वर का आविष्कार।
02. सार्वभौम मानक के पुस्तक - वेद का आविष्कार।
03. सार्वभौम मानक का नाम - ऊँ का आविष्कार।
04. सार्वभौम मानक के नाम के व्याख्या का पुस्तक उपनिषद् का आविष्कार।
05. सार्वभौम व्यक्तिगत व्यक्ति का मानक - ब्रह्मा (सत्व गुण) का आविष्कार।
06. सार्वभौम सामाजिक व्यक्ति का मानक - विष्णु (सत्व-रज गुण) का आविष्कार।
07. सार्वभौम वैश्विक व्यक्ति का मानक - शिव-शंकर (सत्व-रज-तम गुण) का आविष्कार।
08. सार्वभौम व्यक्तिगत व्यक्ति के मानक के कृति का पुस्तक - ब्रह्मा आधारित पुराण का आविष्कार।
09. सार्वभौम सामाजिक व्यक्ति के मानक के कृति का पुस्तक - विष्णु आधारित पुराण का आविष्कार।
10. सार्वभौम वैश्विक व्यक्ति के मानक के कृति का पुस्तक-शिव-शंकर आधारित पुराण का आविष्कार।

ब. सार्वजनिक प्रमाणित दृश्य निराकार एवं साकार मानक

01. शरीर की अवस्था- आश्रम के मानक का निम्न रूप है-

1. ब्रह्मचर्य आश्रम -5 से 25 वर्ष उम्र तक - ज्ञान-विज्ञान-तकनीकी शिक्षा तथा व्यवहार।
2. गृहस्थ आश्रम -26 से 50 वर्ष उम्र तक - पारिवारिक जीवन में ज्ञान युक्त कर्तव्य और दायित्व।
3. वानप्रस्थ आश्रम -51 से 75 वर्ष उम्र तक - मांगें जाने पर अपने अनुभव से परिवार व समाज का मार्गदर्शन।
4. सन्यास आश्रम -76 से शरीर त्याग तक - आत्मा में स्थित होकर ब्रह्माण्डीय दायित्व व कर्तव्य।

02. कर्म की अवस्था- वर्ण के मानक का निम्नरूप है-

1. ब्राह्मण वर्ण - सूक्ष्म बुद्धि व आत्मा में स्थित हो धर्म से कार्य।
2. क्षत्रिय वर्ण - भाव व मन में स्थित हो बल से कार्य।
3. वैश्य वर्ण - इन्द्रिय व प्राण में स्थित हो धन से कार्य।
4. शूद्र वर्ण - शरीर में स्थित हो शरीर से कार्य।

03. मानव का मानक – अवतारवाद

अवतारवाद का मुख्य उद्देश्य मानव समाज में मानव का मानक निर्धारित करना है। जिसका विकास क्रम निम्न प्रकार है-

01. मत्स्यावतार - इस अवतार द्वारा धारा के विपरीत दिशा (राधा) में गति करने का मानक विचार-सिद्धान्त स्थापित हुआ।

02. कच्छप अवतार - इस अवतार द्वारा सहनशील, शांत, धैर्यवान, लगनशील, दोनों पक्षों के बीच मध्यस्थ की भूमिका वाला गुण (समन्वय का सिद्धान्त) का मानक विचार-सिद्धान्त स्थापित हुआ।

03. बाराह अवतार - इस अवतार द्वारा सूझ-बुझ, सम्पन्न, पुरूषार्थी, धीर-गम्भीर, निष्कामी, बलिष्ठ, सक्रिय, अहिंसक और समूह प्रेमी, लोगों का मनोबल बढ़ाना, उत्साहित और सक्रिय करने वाला गुण (प्रेरणा का सिद्धान्त) का मानक विचार-सिद्धान्त स्थापित हुआ।

04. नरसिंह अवतार - इस अवतार द्वारा प्रत्यक्ष रूप से एका-एक लक्ष्य को पूर्ण करने वाले (लक्ष्य के लिए त्वरित कार्यवाही का सिद्धान्त) का मानक विचार-सिद्धान्त स्थापित हुआ।

05. वामन अवतार - इस अवतार द्वारा भविष्य द्दष्टा, राजा के गुण का प्रयोग करना, थोड़ी सी भूमि पर गणराज्य व्यवस्था की स्थापना व व्यवस्था को जिवित करना, उसके सुख से प्रजा को परिचित कराने वाले गुण (समाज का सिद्धान्त) का मानक विचार-सिद्धान्त स्थापित हुआ।

06. परशुराम अवतार - इस अवतार द्वारा गणराज्य व्यवस्था को ब्रह्माण्ड में व्याप्त व्यवस्था सिद्धान्तों को आधार बनाने वाले गुण और व्यवस्था के प्रसार के लिए योग्य व्यक्ति को नियुक्त करने वाले गुण (लोकतन्त्र का सिद्धान्त और उसके प्रसार के लिए योग्य उत्तराधिकारी नियुक्त करने का सिद्धान्त) का मानक विचार-सिद्धान्त स्थापित हुआ।

07. राम अवतार - इस अवतार द्वारा आदर्श चरित्र के गुण के साथ प्रसार करने वाला गुण (व्यक्तिगत आदर्श चरित्र के आधार पर विचार प्रसार का सिद्धान्त) का मानक विचार-सिद्धान्त स्थापित हुआ।

08. कृष्ण अवतार - इस अवतार द्वारा आदर्श सामाजिक व्यक्ति चरित्र के गुण, समाज में व्याप्त अनेक मत-मतान्तर व विचारों के समन्वय और एकीकरण से सत्य-विचार के प्रेरक ज्ञान को निकालने वाले गुण (सामाजिक आदर्श व्यक्ति का सिद्धान्त और व्यक्ति से उठकर विचार आधारित व्यक्ति निर्माण का सिद्धान्त) का मानक विचार-सिद्धान्त स्थापित हुआ।

09. बुद्ध अवतार - इस अवतार द्वारा प्रजा को प्रेरित करने के लिए धर्म, संघ और बुद्धि के शरण में जाने का गुण (धर्म, संघ और बुद्धि का सिद्धान्त) का मानक विचार-सिद्धान्त स्थापित हुआ।

10. कल्कि अवतार- इस अवतार द्वारा आदर्श मानक सामाजिक व्यक्ति चरित्र समाहित आदर्श मानक वैश्विक व्यक्ति चरित्र अर्थात् सार्वजनिक प्रमाणित आदर्श मानक वैश्विक व्यक्ति चरित्र का मानक विचार-सिद्धान्त स्थापित करने का काम वर्तमान है और वो अन्तिम भी है।

उपरोक्त दस अवतार द्वारा स्थापित विचार-सिद्धान्त का संयुक्त रूप ही मानक पूर्ण मानव का रूप है। प्रत्येक पूर्व के अवतार द्वारा स्थापित विचार-सिद्धान्त अगले अवतार में वह संक्रमित अर्थात् विद्यमान रहते हुये अवतरण होता है। इस प्रकार अन्तिम अवतार में पूर्व के सभी अवतार के गुण विद्यमान होंगे और अन्तिम अवतार ही मानव समाज के लिए मानक मानव होगा।

भाग-6

पाँचवाँयुग: सत्ययुग/स्वर्णयुग

र. सार्वजनिक प्रमाणित पूर्ण प्रेरक अवतार

10. दृश्य काल के सार्वजनिक प्रमाणित काल में सार्वजनिक प्रमाणित पूर्ण दृश्य सत्य चेतना से युक्त संघ और योजना (दृश्य यज्ञ या कर्म) आधारित कलियुग के अन्त में विष्णु के दसवाँ और अन्तिम - भोगेश्वर श्री लव कुश सिंह "विश्वमानव" निष्कलंक कल्कि अवतार - विश्वभारत (मानक वैश्विक व्यक्ति चरित्र)

आदर्श वैश्विक व्यक्ति चरित्र सहित सभी अवतारों का सम्मिलित गुण व मन निर्माण की प्रक्रिया से निर्मित अन्तिम मन स्वामी विवेकानन्द के मन के गुण मिलकर दसवें अन्तिम अवतार श्री लव कुश सिंह "विश्वमानव" में व्यक्त हुआ।

मुख्य-गुण सिद्धान्त - विश्व धर्म / वेदान्त धर्म / अद्वैत धर्म / एकता धर्म / लोकतन्त्र धर्म / समष्टि धर्म / प्राकृतिक धर्म / सत्य धर्म / संयुक्तमन धर्म / ईश्वर धर्म / हिन्दू धर्म / सार्वजनिक धर्म / दृश्य धर्म / मानव धर्म / धर्मनिरपेक्ष धर्म - लव कुश सिंह "विश्वमानव" - सन् 2012 ई0 - पूर्ववर्ती सभी धर्मों व मतों का समन्वय व एकीकरण करते हुये निराकार आधारित लोकतंत्र व्यवस्था का वृक्ष शास्त्र विश्व-नागरिक धर्म का धर्मयुक्त धर्मशास्त्र-कर्मवेद: प्रथम, अन्तिम तथा पंचम वेदीय श्रृंखला विश्व-राज्य धर्म का धर्मनिपेक्ष धर्मशास्त्र- विश्वमानक-शून्य: मन की गुणवत्ता का विश्वमानक श्रृंखला, आदर्श मानक सामाजिक व्यक्ति चरित्र समाहित आदर्श मानक वैश्विक व्यक्ति चरित्र अर्थात् सार्वजनिक प्रमाणित आदर्श मानक वैश्विक व्यक्ति चरित्र का प्रस्तुतीकरण।

सन् 2016 ई0
सन् 2017 ई0
सन् 2018 ई0
सन् 2019 ई0
सन् 2020 ई0
वर्ष 2020 ई0 में खगोलिय घटना: 6 ग्रहण (4 चंद्र ग्रहण, 2 सूर्य ग्रहण)
वर्ष 2020 ई0 में प्राकृतिक घटना: कोरोना (COVID-19) वायरस से वैश्विक महामारी
वर्ष 2020 ई0: सार्वभौम एकात्मता-मानवता का सन्देश
वर्ष 2020 ई0 का खगोलिय सन्देश
वर्ष 2020 ई0 का प्राकृतिक सन्देश
वर्ष 2020 ई0 का सार्वभौम सन्देश
वर्ष 2020 ई0 का अवतारी सन्देश

वर्तमान समय - इतिहास लौट चुका है

मंगलवार, 17 फरवरी, 2015 ई0
(महाशिवरात्रि)

श्री लव कुश सिंह "विश्वमानव" द्वारा भारत सरकार को लिखा गया पत्र जिसे पंजीकृत डाक द्वारा काशी (वाराणसी), उत्तर प्रदेश, भारत से दिनांक - बुधवार, 25 फरवरी, 2015 को प्रेषित किया गया। जिसका विषय था –

"वर्तमान समय में पूर्व के सभी ईश्वर के अवतारों और शास्त्रों, धर्माचार्यों, सिद्धों, संतों, महापुरूषों, भविष्यवक्ताओं, तपस्वीयों, विद्वानों, बुद्धिजिवीयों, व्यापारीयों, दृश्य व अदृश्य विज्ञान के वैज्ञानिकों, सहयोगीयों, विरोधीयों, रक्त-रिश्ता-देश सम्बन्धियों, उन सभी मानवों, समाज व राज्य के नेतृत्वकर्ताओं के विचारों के एकीकरण व समावेश द्वारा विश्व के सबसे बड़े लोकतन्त्र के संविधान की पूर्णता और सत्यीकरण के लिए "सार्वभौम आध्यात्मिक सत्य" आधारित एक नई अनन्त विकासशील दिशा प्राप्त हो चुकी है जिसके कारण वे अधूरे थे। जो "काशी-सत्यकाशी" को राष्ट्रगुरू और भारत को जगतगुरू बनाने सहित नागरिक व लोकतन्त्र की स्वस्थता व पूर्णता सम्बन्धित स्थापना स्तर पर शासनिक प्रक्रियानुसार अन्तिम मार्ग है। भविष्यवाणीयों के अनुसार ही जन्म, कार्य प्रारम्भ और पूर्ण करने का समय और जीवन है। ऋषि परम्परानुसार राज्य कार्य में अनावश्यक हस्तक्षेप न करते हुये भारत सरकार को इस आविष्कार - मन (मानव संसाधन) का विश्व मानक (WS-0) श्रृंखला एवं पूर्ण मानव निर्माण की तकनीकी – WCM-TLM-SHYAM.C की उपलब्धता की सूचना देना मेरा कर्तव्य है जिससे जब भी राष्ट्र को उसकी आवश्यकता हो, उसे समर्पित किया जा सके। जिसका विस्तृत विवरण वेबसाइट www.moralrenew.com पर उपलब्ध है।

देश के हजारों विश्वविद्यालय और अन्य बुद्धि शक्ति जिस दिशा की पहचान व कार्य को पूर्ण नहीं कर पा रहे थे वह एक ही व्यक्ति द्वारा स्वयं के संसाधन, इच्छा व नागरिक कर्तव्य की भावना से पूर्ण किया जा चुका है जो अनेक पुरस्कारों के भी पूर्णतः योग्य है। ऋषि प्रणाली अनुसार इस आविष्कार को पुनर्निर्माण - सत्य शिक्षा का राष्ट्रीय तीव्र मार्ग (RENEW – Real Education National Express Way) कार्यक्रम द्वारा सर्वसाधारण तक पहुँचाने का प्रयत्न जारी है जो अपने वानप्रस्थ जीवन (उम्र 50 वर्ष पूर्णता के बाद) में प्रवेश करने के दिनांक 16 अक्टुबर 2017 तक चलेगा, उसके उपरान्त यह पूर्णतः नागरिकों व राष्ट्र पर इसकी आवश्यकता व उपयोगिता निर्भर रहेगी। क्योंकि वानप्रस्थ आश्रमानुसार बिना माँगे अपने विचार देने का प्राविधान नहीं है। जब स्वयं की शान्ति, इच्छा व आवश्यकता बाधित हो तो आन्दोलन की जा सकती है परन्तु ज्ञान के इस युग की ऐसी स्थिति में जब नागरिक और राष्ट्र की शान्ति, इच्छा व आवश्यकता बाधित हो तब आविष्कार और दिशा की उपलब्धता की सूचना मात्र ही दी जा सकती है। जिसकी शान्ति, इच्छा व आवश्यकता बाधित हो आन्दोलन वही कर सकता है। मेरी शान्ति, इच्छा व आवश्यकता केवल इस आविष्कार को उपलब्ध कराने में ही थी। नागरिकों को पूर्ण ज्ञान चाहिए तो वे पुनर्निर्माण - सत्य शिक्षा का राष्ट्रीय तीव्र मार्ग द्वारा आयें और भारत को विश्वगुरू बनने की इच्छा हो तब उसे आविष्कार की स्थापना पर कार्य करना चाहिए।

इस क्रम में भारत सरकार के माध्यम से इस आविष्कार - मन (मानव संसाधन) का विश्व मानक (WS-0) श्रृंखला एवं पूर्ण मानव निर्माण की तकनीकी – WCM-TLM-SHYAM.C पर देश सहित विश्व के बुद्धिशक्ति का ध्यान केन्द्रित कर उस पर निर्णय करना आवश्यक है जिससे हम सभी आने वाली पीढ़ी को एक सुरक्षित व बौद्धिक विकासशील विश्व दे सकें।"

- लव कुश सिंह "विश्वमानव"

111 वर्ष पूर्व 4 जुलाई, 1902 ई0 को आम आदमी के रूप में नरेन्द्र नाथ दत्त और विचार से सर्वोच्च विश्वमानव के रूप में स्वामी विवेकानन्द ब्रह्मलीन हुये थे। उन्होंने कहा था -"मन में ऐसे भाव उदय होते हैं कि यदि

जगत् के दुःख दूर करने के लिए मुझे सहस्त्रों बार जन्म लेना पड़े तो भी मैं तैयार हूँ। इससे यदि किसी का तनिक भी दुःख दूर हो, तो वह मैं करूंगा और ऐसा भी मन में आता है कि केवल अपनी ही मुक्ति से क्या होगा। सबको साथ लेकर उस मार्ग पर जाना होगा।" (पृ0-67, विवेकानन्द जी के संग में, राम कृष्ण मिशन प्रकाशन) वर्तमान में उनके तीन रूप व्यक्त हो चुके हैं जो निम्नलिखित हैं-

1. भारत के सर्वोच्च पद पर सुशोभित श्री प्रणव मुखर्जी, राष्ट्रपति, भारत, उनके संस्कृति को लेकर।
2. भारत के सर्वोच्च अधिकार के पद पर सुशोभित श्री नरेन्द्र मोदी, प्रधानमंत्री, भारत, उनके नाम को लेकर।
3. भारत के आम आदमी के रूप में श्री लव कुश सिंह "विश्वमानव", काशी-सत्यकाशी क्षेत्र, भारत, उनके विचार "विश्व-बन्धुत्व" एवं "वेदान्त की व्यावहारिकता" की स्थापना के लिए शासनिक प्रणाली के अनुसार स्थापना स्तर तक की प्रक्रिया को लेकर।

भारत सरकार व उसके अनेक मंत्रालयों द्वारा अन्तर्राष्ट्रीय मानकीकरण संगठन के प्रमाण पत्र आई.एस.ओ-9000 (ISO-9000) गुणवत्ता का प्रमाण पत्र प्राप्त करने की प्रक्रिया प्रारम्भ।

श्री लव कुश सिंह "विश्वमानव" द्वारा नागरिकों व संस्था (व्यष्टि व समष्टि) के गुणवत्ता का विश्वमानक - 0 (WS-0) श्रृंखला आविष्कृत।

"भारत विश्व गुरू कभी हुआ करता था लेकिन अब नहीं है। इसका सबसे बड़ा प्रमाण यह है कि भारत वैश्विक सिद्धान्तों से प्रभावित है। भारत उस दिन वर्तमान युग में पुनः विश्व गुरू बन जायेगा जब वह अपने सार्वभौम सिद्धान्तों से विश्व को प्रभावित व संचालित करने लगेगा। काशी-सत्यकाशी क्षेत्र इस दृश्य काल में मतों (वोटों) से नहीं बल्कि शिव-तन्त्र के शास्त्र से किसी का हो सकता है। सार्वभौम सत्य - आत्म तत्व के आविष्कार से भारत विश्व गुरू तो है ही परन्तु दृश्य काल में विश्व गुरू बनने के लिए सार्वभौम सत्य-सिद्धान्त चाहिए जिससे विश्व संविधान व लोकतन्त्र को मार्गदर्शन मिल सके। शिक्षा द्वारा मानव मन को सत्य से जोड़ने, काशी को राष्ट्र गुरू और भारत को जगत गुरू बनाने और ज्ञान को सबके द्वार पर पहुँचाने का कार्य आप सभी की इच्छानुसार प्रारम्भ किया जा रहा है। आपने कहा हमने शुरू किया।" **- श्री लव कुश सिंह "विश्वमानव"**

पुत्र श्री धीरज नारायण सिंह
रचनाकर्ता - लक्ष्य पुनर्निर्माण व उसकी प्राप्ति के लिए पाठ्यक्रम व कार्य योजना
आविष्कारकर्ता - मन (मानव संसाधन) का विश्व मानक एवं पूर्ण मानव निर्माण की तकनीकी
दावेदार - भारत सरकार का सर्वोच्च नागरिक सम्मान "भारत रत्न"

श्री लव कुश सिंह "विश्वमानव" के संक्षिप्त विचार

1. दो या दो से अधिक माध्यमों से उत्पादित एक ही उत्पाद के गुणता के मापांकन के लिए मानक ही एक मात्र उपाय है। सतत् विकास के क्रम में मानकों का निर्धारण अतिआवश्यक कार्य है। उत्पादों के मानक के अलावा सबसे जरुरी यह है कि मानव संसाधन की गुणता का मानक निर्धारित हो क्योंकि राष्ट्र के आधुनिकीकरण के लिए प्रत्येक व्यक्ति के मन को भी आधुनिक अर्थात् वैश्विक-ब्रह्माण्डीय करना पड़ेगा। तभी मनुष्यता के पूर्ण उपयोग के साथ मनुष्य द्वारा मनुष्य के सही उपयोग का मार्ग प्रशस्त होगा। उत्कृष्ट उत्पादों के लक्ष्य के साथ हमारा लक्ष्य उत्कृष्ट मनुष्य के उत्पादन से भी होना चाहिए जिससे हम लगातार विकास के विरुद्ध नकारात्मक मनुष्यों की संख्या कम कर सकें। भूमण्डलीकरण सिर्फ आर्थिक क्षेत्र में कर देने से समस्या हल नहीं होती क्योंकि यदि मनुष्य के मन का भूमण्डलीकरण हम नहीं करते तो इसके लाभों को हम नहीं समझ सकते। आर्थिक संसाधनों में सबसे बड़ा संसाधन मनुष्य ही है। मनुष्य का भूमण्डलीकरण तभी हो सकता है जब मन के विश्व मानक का निर्धारण हो। ऐसा होने पर हम सभी को मनुष्यों की गुणता के मापांकन का पैमाना प्राप्त कर लेंगे, साथ ही स्वयं व्यक्ति भी अपना मापांकन भी कर सकेगा। जो विश्व मानव समाज के लिए सर्वाधिक महत्व का विषय होगा। विश्व मानक शून्य श्रृंखला मन का विश्वमानक है जिसका निर्धारण व प्रकाशन हो चुका है

जो यह निश्चित करता है कि समाज इस स्तर का हो चुका है या इस स्तर का होना चाहिए। यदि यह सार्वभौम सत्य-सिद्धान्त आधारित होगा तो निश्चित ही अन्तिम मानक होगा।

2. भारत का प्रत्येक नागरिक अपने जीवकोपार्जन के मार्ग व संघर्ष में अपने विषय का जानकार व अनुभव तो प्राप्त कर रहा है परन्तु कुछ पाने के क्रम में कुछ छूट भी जाता है इसलिए प्रत्येक नागरिक को अपने अहंकार को भूलकर यह स्वीकार करना होगा कि वह अपने विषय से हटकर अन्य विषय के विषय में कम या नहीं जानता है। अतः एक आदर्श नागरिक बनने के क्रम में न्यूनतम ज्ञान सभी को एक समान रूप से चाहिए, पुनर्निर्माण वहीं कार्य है।
3. तुम पूरे जीवन कुत्ते के पूँछ को सीधी करने की कोशिश करो, नहीं हो पायेगी परन्तु तुम पूँछ सीधी करने का रेकार्ड बनाकर विश्व में पहला स्थान पा सकते हो ऐसे रेकार्ड आजकल गिनीज बुक आफ वल्ड रेकार्ड में लिखे जाते हैं। यही बात समाज के बारे में भी है समाज वहीं रहता है सुधार कार्य करने वाले महान हो जाते हैं।
4. भारत को विश्व गुरू बनाना व अच्छे दिन लाना, यह फल है जिसका जड़ व्यक्ति के मस्तिष्क और गाँव में है। जड़ को मजबूत करने से भारत नामक वृक्ष से अपने आप फल निकलने लगेंगे। पुनर्निर्माण व्यक्ति के मस्तिष्क को मजबूत करने का ही कार्यक्रम है। शेष व्यक्ति व शासन मिलकर पूरा कर लेंगे इसका हमें विश्वास है।
5. जो मन कर्म में न बदले, वह मन नहीं और व्यक्ति का अपना स्वरूप नहीं।
6. राष्ट्र निर्माण का हमारा कार्य राष्ट्रपति श्री प्रणव मुखर्जी द्वारा प्रस्तुत किये गये मार्गदर्शक बिन्दुओं का सम्मिलित रूप है। नये शहर के रूप में वाराणसी के दक्षिण थ्री इन वन "सत्यकाशी नगर" की योजना उस क्षेत्र के विकास पर आधारित है तो आध्यात्मिक एवं दार्शनिक विरासत के आधार पर एक भारत-श्रेष्ठ भारत के सपने को साकार करने के लिए पुनर्निर्माण - सत्य शिक्षा का राष्ट्रीय तीव्र मार्ग (RENEW-Real Education National Express Way) के द्वारा भारत देश के समाजवाद पर आधारित आम आदमी के लिए प्रस्तुत है। किसी व्यक्ति के बौद्धिक विकास के लिए आवश्यक है कि उसे भोजन, स्वास्थ्य और निर्धारित आर्थिक आय को सुनिश्चित कर दिया जाय और यह यदि उसके शैक्षिक जीवन से ही कर दिया जाय तो शेष सपने को वह स्वयं पूरा कर लेगा। यदि वह नहीं कर पाता तो उसका जिम्मेदार भी वह स्वयं होगा, न कि अभिभावक या ईश्वर। पुनर्निर्माण, इसी सुनिश्चिता पर आधारित है।
7. मानव एवं संयुक्त मानव (संगठन, संस्था, ससंद, सरकार इत्यादि) द्वारा उत्पादित उत्पादों का धीरे-धीरे वैश्विक स्तर पर मानकीकरण हो रहा है। ऐसे में संयुक्त राष्ट्र संघ को प्रबन्ध और क्रियाकलाप का वैश्विक स्तर पर मानकीकरण करना चाहिए। जिस प्रकार औद्योगिक क्षेत्र अन्तर्राष्ट्रीय मानकीकरण संगठन (ISO-International Standardization Organisation) द्वारा संयुक्त मन (उद्योग, संस्थान, उत्पाद इत्यादि) को उत्पाद, संस्था, पर्यावरण की गुणवत्ता के लिए ISO प्रमाणपत्र जैसे-ISO-9000, ISO-14000 श्रृंखला इत्यादि प्रदान किये जाते है उसी प्रकार संयुक्त राष्ट्र संघ को नये अभिकरण विश्व मानकीकरण संगठन (WSO-Standardization Organisation) बनाकर या अन्तर्राष्ट्रीय मानकीकरण संगठन को अपने अधीन लेकर ISO/WSO का प्रमाण पत्र योग्य व्यक्ति और संस्था को देना चाहिए जो गुणवत्ता मानक के अनुरूप हों। भारत को यही कार्य भारतीय मानक ब्यूरो (BIS-Bureau of Indian Standard) के द्वारा IS श्रृंखला द्वारा करना चाहिए। भारत को यह कार्‌य राष्ट्रीय शिक्षा प्रणाली (NES-National Education System) व विश्व को यह कार्य विश्व शिक्षा प्रणाली (WES-World Education System) द्वारा करना चाहिए। जब तक यह शिक्षा प्रणाली भारत तथा संयुक्त राष्ट्र संघ द्वारा जनसाधारण को उपलब्ध नहीं हो जाती तब तक यह "पुनर्निर्माण" द्वारा उपलब्ध करायी जा रही है जो और राष्ट्र निर्माण का प्रथम व अन्तिम ब्लूप्रिन्ट है।
8. विश्वशास्त्र से आपको मिलता है मनोरंजन को छोड़ कर, आपके शारीरिक-आर्थिक-मानसिक विकास के लिए सभी साधन। जहाँ आप भारतीयता के साथ पायेंगे आज के युग के अनुसार विकास करने का न्यूनतम आवश्यक ज्ञान। हम आपको, आपके विकास के मुख्य-धारा में लाना चाहते हैं क्योंकि सबके लिए 24 घण्टे का ही दिन है। मौज कर लो या अपने लक्ष्य के लिए काम कर लो।

9. "रत्न" उसे कहते हैं जिसका अपना व्यक्तिगत विलक्षण गुण-धर्म हो और वह गुण-धर्म उसके न रहने पर भी प्रेरक हो। पद पर पीठासीन व्यक्तित्व का गुण-धर्म मिश्रित होता है, वह उसके स्वयं की उपलब्धि नहीं रह जाती। भारत के रत्न वही हो सकते हैं जो स्वतन्त्र भारत में संवैधानिक पद पर न रहते हुये अपने विलक्षण गुण-धर्म द्वारा भारत को कुछ दिये हों और उनके न रहने पर भी भारतीय नागरिक प्रेरणा प्राप्त करता हो। इस क्रम में "भारत रत्न" का अगला दावेदार मैं हूँ और नहीं तो क्यों? इतना ही नहीं नोबेल पुरस्कार के साहित्य और शान्ति के संयुक्त पुरस्कार के लिए भी योग्य है जो भारत के लिए गर्व का विषय है।
10. किसी देश का संविधान, उस देश के स्वाभिमान का शास्त्र तब तक नहीं हो सकता जब तक उस देश की मूल भावना का शिक्षा पाठ्यक्रम उसका अंग न हो। इस प्रकार भारत देश का संविधान भारत देश का शास्त्र नहीं है। संविधान को भारत का शास्त्र बनाने के लिए भारत की मूल भावना के अनुरूप नागरिक निर्माण के शिक्षा पाठ्यक्रम को संविधान के अंग के रूप में शामिल करना होगा। जबकि राष्ट्रीय संविधान और राष्ट्रीय शास्त्र के लिए हमें विश्व के स्तर पर देखना होगा क्योंकि देश तो अनेक हैं राष्ट्र केवल एक विश्व है, यह धरती है, यह पृथ्वी है। भारत को विश्व गुरू बनने का अन्तिम रास्ता यह है कि वह अपने संविधान को वैश्विक स्तर पर विचार कर उसमें विश्व शिक्षा पाठ्यक्रम को शामिल करे। यह कार्य उसी दिशा की ओर एक पहल है, एक मार्ग है और उस उम्मीद का एक हल है। राष्ट्रीयता की परिभाषा व नागरिक कर्तव्य के निर्धारण का मार्ग है। जिस पर विचार करने का मार्ग खुला हुआ है।

अपने-अपने धर्म शास्त्र-उपनिषद्-पुराण इत्यादि का अध्ययन करें कहीं ऐसा तो नहीं कि-

1. काल के प्रथम रूप अदृश्य काल से दूसरे और अन्तिम दृश्य काल का प्रारम्भ।
   इसलिए कि अधिकतम व्यक्ति व समाज का मन दृश्य विषयों पर केन्द्रित है।
2. मनवन्तर के वर्तमान 7वें मनवन्तर वैवस्वत मनु से 8वें मनवन्तर सावर्णि मनु का प्रारम्भ।
   इसलिए कि सावर्णि मनु के "सार्वभौम" गुण का प्रयोग कर श्री लव कुश सिंह "विश्वमानव" व्यक्त हैं।
3. अवतार के नवें बुद्ध से दसवें और अन्तिम अवतार-कल्कि महावतार का प्रारम्भ।
   इसलिए कि आधुनिक युग के लिए एकीकरण व मानकीकरण के सभी प्रणाली व्यष्टि व समष्टि के लिए संयुक्त एवं अन्तिम रूप से व्यक्त हैं।
4. युग के चौथे कलियुग से पाँचवें युग स्वर्ण युग का प्रारम्भ।
   इसलिए कि युग परिवर्तन के लिए कल्कि अवतार का आगमन हो चुका है।
5. व्यास और द्वापर युग में आठवें अवतार श्रीकृष्ण द्वारा प्रारम्भ किया गया कार्य "नवसृजन" के प्रथम भाग "सार्वभौम ज्ञान" के शास्त्र "गीता" से द्वितीय अन्तिम भाग "सार्वभौम कर्मज्ञान", पूर्णज्ञान का पूरक शास्त्र", लोकतन्त्र का "धर्मनिरपेक्ष धर्मशास्त्र" और आम आदमी का "समाजवादी शास्त्र" द्वारा व्यवस्था सत्यीकरण और मन के ब्रह्माण्डीयकरण और नये व्यास का प्रारम्भ।
   - इसलिए कि नया और अन्तिम शास्त्र "विश्वशास्त्र" प्रकाशित हो चुका है।

यदि ऐसा नहीं तो -

1. तुम्हारे शास्त्रों में दिये वचन और शास्त्र झूठे हो जायेंगे।
2. तुम्हारे भविष्यवक्ताओं की भविष्यवाणीयाँ झूठी हो जायेंगी।
3. तुम्हारे युग और काल गणना झूठे हो जायेंगे।
4. तुम्हारे अवतार-ईशदूत-ईशपुत्र-पुनर्जन्म सिद्धान्त झूठे हो जायेंगे।
5. तुम्हारे ईश्वर सम्बन्धी अवधारणा झूठे हो जायेंगे।

पी.एम. बना लो या सी.एम या डी.एम,
शिक्षा पाठ्यक्रम कैसे बनाओगे?
नागरिक को पूर्ण ज्ञान कैसे दिलाओगे?
राष्ट्र को एक झण्डे की तरह,
एक राष्ट्रीय शास्त्र कैसे दिलाओगे?
ये पी.एम. सी.एम या डी.एम नहीं करते,
राष्ट्र को एक दार्शनिक कैसे दिलाओगे?
वर्तमान भारत को जगतगुरू कैसे बनाओगे?
सरकार का तो मानकीकरण (ISO-9000) करा लोगे,
नागरिक का मानक कहाँ से लाओगे?
सोये को तो जगा लोगे,
मुर्दों में प्राण कैसे डालोगे?
वोट से तो सत्ता पा लोगे,
नागरिक में राष्ट्रीय सोच कैसे उपजाओगे?
फेस बुक पर होकर भी पढ़ते नहीं सब,
भारत को महान कैसे बनाओगे?

निर्णय आपके पास, एकता का प्रयास या अनेकता का विकास

आस्था कहीं भी लगा लो लेकिन क्षमता से अधिक उम्मीद मत करो।

मानने से वस्तु में गुण नहीं आते लेकिन व्यापार विकसित हो जाता है।

क्या मनुष्य का व्यक्तिगत लक्ष्य के अलावा कोई सामूहिक लक्ष्य भी होता है? इस पर भी विचार करना आवश्यक है। सनातन और पुनर्जन्म सिद्धान्त से इस संसार की सभी गति तंरगाकार होते हुए भी एक चक्र में चल रहा है। इस प्रकार उस चक्र में मनुष्य का क्षणिक जीवन एक कड़ी मात्र है। ये शरीर जो दिख रहा है उसे स्थूल शरीर कहा जाता है और मृत्यु के उपरान्त इच्छा युक्त मन को सूक्ष्म शरीर तथा इच्छा मुक्त मन को आत्मीय शरीर कहते हैं। आत्मीय शरीर केन्द्र है और सूक्ष्म व स्थूल उसके चक्र हैं। मनुष्य योनि का विकास उध्व गति की ओर हुआ है अर्थात् जल से थल, थल से शरीर, फिर संसाधन/अर्थ, फिर मानसिक, और पूर्ण और अन्तिम में आध्यात्मिक केन्द्रित मन। यही वह पैमाना है जिससे स्वयं की तुलनाकर जाना जा सकता है कि मैं कितना सफल हुँ? ये वह मार्ग है जिसे तय करने का सार्वभौम नियम है चाहे मनुष्य को इसका ज्ञान हो या न हो। जो जितना इस मार्ग में बढ़ता है

वह उतना ही सफल है और जो नीचे गिरता है वह उतना ही असफल होता है। सफल होने से ही अच्छे समाज का विकास और असफल होने से खराब समाज का विकास होता है क्योंकि पुनर्जन्म तो सूक्ष्म शरीर का ही होता है। शरीर पालना और पीढ़ी आगे बढ़ाना तो सभी जीवों का काम है। फिर उनमें और मनुष्य में क्या अन्तर? अगर ऐसी बात नहीं तो पं0 दीनदयाल उपाध्याय जी के इस विचार - "मनुष्य पशु नहीं है केवल पेट भर जाने से वह सुखी और संतुष्ट हो जायेगा। उसकी जीवन यात्रा "पेट" से आगे "परमात्मा" तक जाती है। उसके मन उसकी बुद्धि और उसकी आत्मा का भी कुछ तकाजा है।" का क्या अर्थ होगा?

जिस प्रकार वर्तमान व्यावसायिक-समाजिक-धार्मिक इत्यादि मानवीय संगठन में विभिन्न पद जैसे प्रबन्ध निदेशक, प्रबन्धक, शाखा प्रबन्धक, कर्मचारी, मजदूर इत्यादि होते हैं और ये सब उस मानवीय संगठन के एक विचार जिसके लिए वह संचालित होता है, के अनुसार अपने-अपने स्तर पर कार्य करते हैं और वे उसके जिम्मेदार भी होते हैं। उसी प्रकार यह सम्पूर्ण ब्रह्माण्ड एक ईश्वरीय संगठन है जिसमें सभी अपने-अपने स्तर व पद पर होकर जाने-अनजाने कार्य कर रहें हैं। यदि मानवीय संगठन का कोई कर्मचारी दुर्घटनाग्रस्त होता है तो उसका जिम्मेदार उस मानवीय संगठन का वह विचार नहीं होता बल्कि वह कर्मचारी स्वयं होता है। इसी प्रकार ईश्वरीय संगठन में भी प्रत्येक व्यक्ति की अपनी बुद्धि-ज्ञान-चेतना-ध्यान इत्यादि गुण ही उसके कार्य का फल देती है जिसका जिम्मेदार वह व्यक्ति स्वयं होता है न कि ईश्वरीय संगठन का वह सार्वभौम सत्य-सिद्धान्त। मानवीय संगठन का विचार हो या ईश्वरीय संगठन का सार्वभौम सत्य-सिद्धान्त यह दोनों ही कर्मचारी के लिए मार्गदर्शक नियम हैं। जिस प्रकार कोई मानवीय संगठन आपके पूरे जीवन का जिम्मेदार हो सकता है उसी प्रकार ईश्वरीय संगठन भी आपके पूरे जीवन का जिम्मेदार हो सकता है। जिसका निर्णय आपके पूरे जीवन के उपरान्त ही हो सकता है परन्तु आपके अपनी स्थिति के जिम्मेदार आप स्वयं हैं। जिस प्रकार मानवीय संगठन में कर्मचारी समर्पित मोहरे की भाँति कार्य करते हैं उसी प्रकार ईश्वरीय संगठन में व्यक्ति सहित मानवीय संगठन भी समर्पित मोहरे की भाँति कार्य करते हैं, चाहे उसका ज्ञान उन्हें हो या न हो। और ऐसा भाव हमें यह अनुभव कराता है कि हम सब जाने-अनजाने उसी ईश्वर के लिए ही कार्य कर रहें हैं जिसका लक्ष्य है- ईश्वरीय मानव समाज का निर्माण जिसमें जो हो सत्य हो, शिव हो, सुन्दर हो और इसी ओर विकास की गति हो।

सोमवार, 2 मार्च, 2015 ई0

भारत पूरी दुनिया को शान्ति की राह दिखाने में संक्षम है। शस्त्र विध्वंशकारी होता है तो शास्त्र पशुता से मानवतावाद की ओर ले जाता है। आज आवश्यकता केवल शिक्षित होने की नहीं बल्कि सुशिक्षित हाने की है। केवल भौतिक विकास को सर्वांगिण विकास नहीं कहा जा सकता। भारत की प्रकृति व यहाँ के ज्ञान के खजाने को ढूढ़ने में पूरी दुनिया लगी है। हमसे दुनियाँ ने बहुत कुछ सिखा है। आज भी उसे शान्ति का रास्ता भारत ही दिखा सकता है। साभार - दैनिक जागरण, वाराणसी, दि0 2 मार्च, 2015 **-श्रीमती प्रतिभा पाटिल पूर्व राष्ट्रपति, भारत**

शुक्रवार, 20 मार्च, 2015 ई0

सूर्य ग्रहण है जो भारत में दिखाई नहीं देगा।

शनिवार, 4 अप्रैल, 2015 ई0

-चंद्रग्रहण

-हिंदू माह के अनुसार दोनों ग्रहण एक ही माह में पड़ रहे हैं। सूर्य ग्रहण अमावस्या को और चंद्र ग्रहण पूर्णिमा को है। शास्त्रों में कहा गया है कि एक माह में दो ग्रहण हों तो राजा को हानि होती है। इस ग्रहण से किसी शीर्ष नेता या देश की सेना को हानि हो सकती है।

सोमवार, 27 जुलाई 2015 ई0

ए.पी.जे. अब्दुल कलाम की मृत्यु (ब्रह्मलीन)

इनके सार्वभौम विचार

"अच्छी शिक्षा व्यवस्था ही प्रबुद्ध नागरिक पैदा करती है, बच्चों को नैतिक शिक्षा प्रदान की जाय और रोजगार के नये अवसर पैदा किये जायें, राष्ट्रीय शान्ति व सार्वभौमिक सद्भाव के लिए सभी धर्म आध्यात्मिक आन्दोलन में शामिल हो जायें" साभार - दैनिक जागरण, सम्पादकीय, वाराणसी, दि0 8 दिसम्बर 2002

-श्री ए.पी.जे, अब्दुल कलाम, पूर्व राष्ट्रपति, भारत

सोमवार, 28 सितंबर, 2015 ई0

चंद्र ग्रहण

मंगलवार, 17 नवम्बर 2015 ई0

अशोक सिंघल की मृत्यु (ब्रह्मलीन)

इनके सार्वभौम विचार

"हिन्दू-बौद्ध एकता से विश्व में बढ़ते ईसाइयों और इस्लाम के विस्तारवादी मनोवृत्ति को रोकने में निश्चित रूप से सफलता" (लुम्बीनी में आयोजित सभा में) साभार - दैनिक जागरण, वाराणसी दि- 20-01-2000

- श्री अशोक सिंघल, अन्तर्राष्ट्रीय कार्याध्यक्ष, विश्व हिन्दू परिषद

सन् 2016 ई0

बुधवार, 20 जनवरी, 2016 ई0

तैयार करें मूल्यों और उम्मीदों पर आधारित ब्लूप्रिन्ट। (विडिओ कान्फ्रेसिंग से छात्रों और शिक्षकों को सन्देश - राष्ट्र निर्माण का आह्वानं) साभार -दैनिक जागरण, 20 जनवरी, 2016- **श्री प्रणव मुखर्जी, राष्ट्रपति, भारत**

मंगलवार, 8– 9 मार्च, 2016 ई0

पूर्ण सूर्य ग्रहण 8-9 मार्च को पूर्ण सूर्य ग्रहण पड़ेगा, जो सुमात्रा, बोरनेओ, सुलावेसिया से अच्छी तरह दिखाई देगा। आंशिक रूप से यह दक्षिण एवं पूर्वी एशिया और ऑस्ट्रेलिया से दिखेगा। भारत में यह ग्रहण 9 मार्च को सुबह 4 बजे दिखाई देगा।

बुधवार, 23 मार्च, 2016 ई0

आंशिक चंद्र ग्रहण 23 मार्च को यह चंद्र ग्रहण एशिया, ऑस्ट्रेलिया, उत्तरी अमेरिका और दक्षिण अमेरिका के कुछ भागों में स्पष्ट दिखाई देगा। आंशिक रूप से यह एशिया, ऑस्ट्रेलिया, भारतीय महासागर, आर्कटिक, अंटार्कटिका से दिखेगा।

ऐसी शिक्षा की जरूरत है जो समर्पित, विश्वसनीय और आत्म विश्वास से लवरेज युवा तैयार करे। शिक्षा ऐसी होनी चाहिए जो न केवल काबिल पेशेवर दे बल्कि वो समाज व देश के प्रति जुड़ाव भी महसूस करे। (स्वामी राम हिमालयन विश्वविद्यालय के पहले दिक्षांत समारोह में बोलते हुएं) - **श्री प्रणव मुखर्जी, राष्ट्रपति, भारत**

शुक्रवार, 26 अगस्त, 2016 ई0

भारत को अब क्रमिक विकास की नहीं कायाकल्प की जरूरत है। यह तब तक संभव नहीं जब तक प्रशासनिक प्रणाली में आमूल-चूल परिवर्तन न हो। लिहाजा नई सोच, नई संस्थान और नई तकनीकी अपनानी होगी। 19वीं सदी के प्रशासनिक प्रणाली के साथ 21वीं सदी में नहीं प्रवेश किया जा सकता है। रत्ती-रत्ती प्रगति से काम नहीं चलेगा। यदि भारत को परिवर्तन की चुनौतियों से निपटना है तो हमें हर स्तर पर बदलाव लाना होगा। हमें कानूनों में बदलाव करना है, अनावश्यक औपचारिकताओं को समाप्त करना है, प्रक्रियाओं को तेज करना है और प्रौद्योगिकी अपनानी है। मानसिकता में भी बदलाव लानी है और यह तभी हो सकता है जब विचार परिवर्तनकारी हों। (नीति आयोग की ओर से आयोजित "भारत परिवर्तन व्याख्यान" के शुभारम्भ में, नई दिल्ली में)

- श्री नरेन्द्र मोदी, प्रधानमंत्री, भारत

बुधवार, 31 अगस्त, 2016 ई0

प्रधानमंत्री ने भी भारत के कायाकल्प के लिए अंतरनिहित सिद्धांतों को स्पष्ट किया है। उन्होंने हजारों वर्षों से चली आ रही भारतीय परंपराओं से अनुभव हासिल करने वाले विशेषज्ञों, जनता के सुझावों और विपरीत विचारों को ध्यानपूर्वक सुनने का सुझाव दिया है। यदि हमने ऐसा कर दिया तो हम नीतियों और योजनाओं को न सिर्फ विफल होने से बचा लेंगे, बल्कि भविष्य के जोखिमों से भी इन्हें सुरक्षित कर देंगे। इन सबका अर्थ है भविष्य की योजनाओं और विकास के लिए जरूरी बुनियादी बातों को फिर से परिभाषित करना और उन्हें नए रूप में रचना। इसके लिए सोच के एक नए स्तर की जरूरत होती है। यह किस तरह होगा, यह बहुत कुछ आयोग की टीम की रूपरेखा और दृष्टिकोण पर निर्भर करेगा। प्रधानमंत्री ने नीति आयोग की टीम के लिए महत्वपूर्ण दिशानिर्देश तय किए हैं। अब नीति आयोग पर निर्भर करता है कि वह आशाओं के अनुरूप आचरण करे और परिणाम दे।

("अगली सदी की तैयारी" शीर्षक से दैनिक जागरण में प्रकाशित लेख)

-मुरली मनोहर जोशी

बृहस्पतिवार, 1 सितंबर, 2016 ई0

सूर्य ग्रहण यह ग्रहण भारत, अफ्रीका, मडागास्कर, अटलांटिक महासागर और भारतीय महासागर से दिखाई देगा। अफ्रीका में यह आंशिक रूप से ही दिखाई देगा।

शुक्रवार, 16-17 सितंबर, 2016 ई0

चंद्र ग्रहण यह ग्रहण एशिया, ऑस्ट्रेलिया और पूर्वी अफ्रीका में दिखाई देगा। आंशिक रूप से यूरोप, दक्षिण अमेरिका, अटलांटिक और अंटार्कटिका में दिखेगा।

सन् 2017 ई0

रविवार, 26 फरवरी, 2017 ई0

साल का पहला सूर्यग्रहण

मई, 2017 ई0

रचनात्मक आलोचना, लोकतन्त्र को मजबूत बनाती है। (केन्द्र सरकार के तीन वर्ष पूरे होने पर समीक्षा वक्तव्यं) **- श्री नरेन्द्र मोदी, प्रधानमंत्री, भारत**

सोमवार, 7 अगस्त, 2017 ई0

रक्षाबंधन वाले दिन खंडग्रास चंद्रग्रहण था

सोमवार, 21 अगस्त, 2017 ई0

साल 2017 का दूसरा सूर्यग्रहण भारतीय समय के मुताबिक यह ग्रहण रात में 9.15 मिनट से शुरु होगा और रात में 2.34 मिनट पर खत्म होगा।

सितम्बर, 2017 ई0

"विश्वशास्त्र - द नालेज आफ फाइनल नालेज" पुस्तक का सारांश – **"मैं सत्यकाशी से कल्कि महावतार बोल रहा हूँ"** शीर्षक के रूप में प्रकाशित ISBN: 9781947752948 निम्न पते पर भी पुस्तक को भेजा गया।

01- PRESIDENT OF INDIA, 02- PRIME MINISTER OF INDIA, 03- NITI AAYOG, 04. NCERT, 05. BUREAU OF INDIAN STANDARD, 06. UNIVERSITY GRANTS COMMISSION (UGC), 07. MINISTRY OF HUMAN RESOURCES DEVELOPMENT, 08. HON'BLE CHIEF JUSTICE, 09. THE GOVERNOR OF UTTAR PRADESH, 10- THE CHIEF MINISTER OF UTTAR PRADESH, 11. THE EDITOR, DAINIK JAGRAN, 12. THE EDITOR , AMAR UJALA 12. THE EDITOR , HINDUSTAN 13. SRI KALKI BAL VATIKA, 14.K.K.BIRLA FOUNDATION, 15, WORLD RELIGIOUS PARLIAMENT, 16, BHARAT VIKASH PARISHAD, 17. THE CHIEF MINISTER OF BIHAR, 18. TATA INSTITUTE OF SOCIAL SCIENCE, 19.

RAMKRISHNA MISSION 20. VICE CHANCELLOR, BHU, VARANASI, 21. VICE CHANCELLOR, MGKV, VARANASI, 22. VICE CHANCELLOR, SSU, VARANASI, 23. PRINCIPAL, H PG COLLEGE, VARANASI, 24. PRINCIPAL, PN GOVT. COLLEGE, RAMNAGAR, VARANASI, 25. DM, VARANASI, 26. DM, MIRZAPUR, 27. MEMBER OF PARLIAMENT, VARANASI

सन् 2018 ई0

13 जुलाई 2018, भारत में सुबह 7 बजकर 18 मिनट, खत्म होने का समय 8 बजकर 13 मिनट 5 सेकेंड। इससे पहले 31 जनवरी को साल का पहला चंद्रग्रहण देखा गया था। इस चंद्रग्रहण के दौरान 152 साल बाद बहुत दुर्लभ संयोग बना था। 27 जुलाई को होने वाला चंद्र ग्रहण भारत में दिखाई देगा और सदी का सबसे लंबा चंद्रग्रहण होगा।

सन् 2019 ई0

6 जनवरी, का पहला सूर्यग्रहण भारतीय समयानुसार सुबह 5 बजकर 4 मिनट से शुरू होकर 9 बजकर 18 मिनट तक चला। हालांकि यह आंशिक सूर्यग्रहण भारत और आसपास के देशों में नहीं दिखाई दिया। जापान, कोरिया, रूस समेत अन्य कुछ देशों में यह नजर आया।

साल का दूसरा सूर्यग्रहण 2 जुलाई को पूर्ण ग्रहण, ये ग्रहण भी भारत में दिखाई नहीं दिया। 2 जुलाई को लगने वाला सूर्य ग्रहण चार घंटे 33 सेकेंड तक चलेगा। अगर आप इस वर्ष के पूर्ण सूर्यग्रहण को नहीं देख पाते हैं तो आपको 14 दिसंबर, 2020 तक का इंतजार करना होगा।

मंगलवार, 25 जून 2019 ई0

स्वामी सत्यमित्रानन्द गिरि ब्रह्मलीन

आपके विचार आपके "भारत माता मन्दिर" पुस्तक से-

1. स्वस्ति पन्थामनु चरेम सूर्यचन्द्रमसाविव। पुनर्ददताध्नता जानता सं गमेमहि।। (ऋग्वेद-5/51/15) "जैसे सूर्य और चन्द्रमा निरालम्ब अन्तरिक्ष में निरापद एवं राक्षसादि से अबाधित निर्विध्न यात्रा करते हैं, विचरण करते हैं, वैसे ही हम अपने बन्धु-बान्धवों के साथ लोक-यात्रा में स्नेहपूर्वक, निर्विध्न चलते रहें और हम सबका मार्ग मंगलमय हो।" भगवान शंकर के स्मरण मात्र से ऐसा सम्भव है, क्योंकि वे कल्याण के देव हैं। वे देवाधिदेव महादेव तो हैं ही, किन्तु भारतमाता का स्वरूप-स्मरण करने पर तो यह भाव जीवन्त रूप से जाग्रत हो जाता है कि भारत का समग्र दर्शन भगवान शंकर में ही हो रहा है। विचारपूर्वक देखें, तो भगवान शंकर सम्पूर्ण राष्ट्र के प्रतीक हैं, भगवान श्रीराम राष्ट्र की आदर्श-मर्यादा के और गंगा राष्ट्र में प्रवाहित होने वाली संस्कृति की। उसके साथ उसमें ब्रह्मतत्व भी अन्तर्निहित होना चाहिए, क्योंकि ब्रह्मतत्व से विहिन संस्कृति दीर्घकाल तक नहीं रह सकती। इस ब्रह्मतत्व के साक्षात् स्वरूप श्रीकृष्ण हैं। इसलिए भारतीय संस्कृति का सर्वांग रूप राम, कृष्ण, शंकर और गंगा का समन्वित रूप है।
2. केवल वेश ग्रहण मात्र से किसी को साधु-संत नहीं कहा जा सकता। साधुता और सन्तत्व तो एक वृत्ति का नाम है। यह साधु-वृत्ति कदाचित् श्वेत वस्त्रधारी में भी हो सकती है और कदाचित् भगवा-धारी में नहीं। यह जटाजूटधारी या मुण्डित केशों में भी हो सकती है और नहीं भी। अनिवार्यता केवल इतनी ही है कि जहाँ जीवन में सुचिता है, वहीं साधुता है। जब तक साधुवृत्ति संसार में भ्रमण करती रहेगी, तब तक भारतीय संस्कृति का विनाश कोई नहीं कर सकता।

3. टहनियाँ और पत्तों को काट देने से वृक्ष नहीं सूखता। उसका बीज यदि उर्वरा भूमि में सुरक्षित है, तो अनुकूल अवसर-खाद, पानी, माली आदि पाकर वह पुनः लहलहा उठेगा, हरा-भरा हो जायेगा। यही स्थिति भारतीय संस्कृति के बीज-जीवन मूल्यों की है। भारतीय संस्कृति का बीज किसी एक व्यक्ति के अन्तःकरण में नहीं, अपितु करोड़ों व्यक्तियों की हृदय भूमि में जीवन्त रूप में स्थित है। इसी कारण साधु-संतों की वाणी रूपी खाद, भक्ति रूपी पवित्र जलधारा और प्रभु-कृपा की अनुकूलता प्राप्त होने पर वह पुनः पुनः अंकुरित होती रहेगी। इनकी छाया के नीचे बैठने वाले व्यक्तियों को जीवन में शान्ति का सन्देश सतत् देती रहेगी।
4. यद्यपि प्रत्येक स्थान की भूमि की अपनी निजी विशेषताएँ होती हैं। गुजरात की भूमि में रूई, किसी अन्य जगह हरी मिर्च, मालवा में गेहूँ आदि बहुतायत में तथा अच्छे किस्म के होते हैं, तो भी ये वस्तुएँ थोड़े बहुत अन्तर से अन्यत्र भी उगाई जा सकती हैं, किन्तु यदि केशर को कश्मीर के अतिरिक्त अन्यत्र कहीं पर उत्पन्न करने के प्रयास किये जायें, तो असफलता ही मिलेगी। इसके लिए तो कश्मीर की भूमि की ही शरण लेनी होगी। इसी भाँति भौतिकवाद के विकास के लिए यूरोप ओर अमेरिका की भूमि उपयुक्त है, परन्तु आध्यात्मवाद की केशर यदि प्राप्त करना है, तो सम्पूर्ण विश्व को भारतीय भूमि से ही प्रेम करना होगा। इसके अतिरिक्त कोई उपाय नहीं है। यदि इस धरती का यह वैशिष्ट्य न होता, तो भगवान श्रीराम और भगवान श्रीकृष्ण यहीं पर जन्म क्यों लेते? वे कहीं पर भी आविर्भूत हो सकते थे, परन्तु सरयू और यमुना तट उन्हें अच्छा लगा और इसलिए अपने बाल-मित्रों के साथ उन्होंने यहाँ सहज बाल-क्रिड़ायें कीं, जिससे सभी लोग जान लें कि इस धरती का महत्व कितना अधिक है।
5. उत्तर भारत में भगवान ने अनेक रूपों में अवतार ग्रहण किया। इसलिए उस विराट् एवं चरम चित्त तत्व ने दक्षिण भारत में भी अंशावतार ग्रहण किया। श्री शंकराचार्य, श्री रामानुजाचार्य, श्री वल्लभाचार्य, श्री मध्वाचार्य आदि महान आचार्यों ने भारतीय समाज के उन्नयन के लिए अवतार ग्रहण किया। यदि उत्तर भारत में प्रभु के अवतारों के माध्यम से भगवद् शक्ति द्वारा संसार को प्रभावित किया गया, तो दक्षिण के आचार्यों ने साधना, संयम, सदाचार के उपदेश द्वारा, पुरूषार्थ के द्वारा मानवों में ऐसी अनुभूति उत्पन्न की कि वे आचार्य अंशावतार न होकर पूरी शक्ति सहित अवतार ही दिखाई देते हैं।
6. संसारी मानव दो प्रकार की विभिन्न परिस्थितियों के हिंडोले में झूलता हुआ अपनी दुर्बलता प्रमाणित करता है कि यदि कोई अनुकूल वस्तु मिल जाए, तो उसके प्रति राग हो जाता है, और यदि प्रिय वस्तु का वियोग हो जाए तो रोष होता है। कोई-कोई विरले मनुष्य होते हैं, जो न राग में जीते हैं, न रोष में जीते हैं, वे तो केवल अनुराग में ही सदा आनन्दित होते हैं। भगवान श्रीराम भी इसी प्रकार के महापुरूष हैं, जिनको न राग है, न रोष, अपितु वे अन्यों को सभी प्रकार संतुष्ट करते हैं। उनका स्मरण कर, उस नित्य आनन्दमय परमात्मा के प्रति भक्ति प्रदर्शित कर, भारतीय व्यक्ति अपने जीवन को धन्य अनुभव करता है।

"भारत माता मन्दिर" के सम्बन्ध में आपके विचार-

ऊँ। विश्वानि देव सवितर्दुरितानी परासुव। यद् भद्रं तन्न आ सुव।।

हमारे देश के गाँव-गाँव, नगर-नगर में मन्दिर मिलते हैं। बुद्धिवादी व्यक्ति नवीन मन्दिरों के निर्माण को निरर्थक मानते हैं। कई लोग इसे अर्थ का अपव्यय भी कहते हैं। इतिहास को जीवित रखना हमारा कर्तव्य है। इतिहास से हमें अपनी राष्ट्रीय-संस्कृति के गौरव का पता चलता है। पाठकों को इससे प्रेरणा मिलती है और भावी पीढ़ी के संस्कार जगाने में चेतना की शक्ति। इसी पावन दृष्टिकोण से, हरिद्वार में भारत माता मन्दिर का निर्माण किया गया है।

मुसलमान, ईसाई बन्धुओं को अपने पूर्वजों के सम्बन्ध में पर्याप्त जानकारी है, परन्तु किसी हिन्दू युवक से उसके पूर्वज ऋषियों के नाम पूछे जायें तो बता पाने में असमर्थता प्रकट करेगा। यदि व्यक्ति अपने श्रेष्ठ पूर्वजों का ही विस्मरण कर बैठे, तो उनके श्रेष्ठ संस्कारों को अपने जीवन में कैसे उतार सकता है?

भारत माता मन्दिर, मन्दिर के रूप में अधिक जाना जाय, ऐसा विचार कम है। तीर्थ-यात्री जो प्रतिवर्ष लाखों की संख्या में हरिद्वार आते हैं, वे इस मन्दिर से देश के संत, आचार्य, बलिदानी महापुरूषों, साध्वी, सतियों

(मातृ शक्ति) के जीवन से प्रेरणा लेकर, व्रत और संकल्प कर जा सके-यह इसका मुख्य लक्ष्य है। साम्प्रदायिक उपासना पद्धतियों में मानव पृथक-पृथक घेरों में बँधता जा रहा है। ऐसे समय में राष्ट्रीय एकता को ध्यान में रखकर, सब सम्प्रदायों के आचार्यों और संतों की एक ही स्थान पर प्रतिष्ठा की गई है, इससे-"हम सब एक हैं", "हमारी माता भारत माता है"-का विचार परिपक्व कर सकें। यह विचार दृढ़ होना चाहिए, तभी व्यक्तिवाद से ऊपर उठकर राष्ट्रवाद की ओर जा सकते हैं।

धर्म और राष्ट्र एक-दूसरे के पूरक होने चाहिए। धर्म संस्कारों को बनाता है। संस्कारों का परिष्कार करता है और राष्ट्र-भाव स्वधर्म पर बलिदान होने की प्रेरणा देता है। बिना उत्सर्ग किये इस संसार में कुछ नहीं मिलता। स्वार्थ की बलि चढ़ाये बिना राष्ट्र का यज्ञ अधूरा रहता है। पशु-बलि की बातें आज निरर्थक हो गई हैं, किन्तु आत्म बलिदान के अभाव में कोई महान् लक्ष्य प्राप्त हो जाये, यह सम्भव नहीं है। भारत माता मन्दिर में विराजमान संत, शूर, सती-देश के लाखों यात्रियों में समन्वय, श्रद्धा, परस्पर प्रेम, त्याग, सद्भाव, स्वार्थ त्याग, समरसता और बलिदान की भावना जगाने में समर्थ हो सकेंगे, ऐसा विश्वास किया जाना चाहिए।

हमारा यह विचार है कि मन्दिर में दान-पात्र न रखें जाएँ, परन्तु दर्शनार्थियों की उदार भावना के सम्मानार्थ, उनके द्वारा की जाने वाली चढ़ोतरी के सदुपयोग की दृष्टि से, दान-पात्र रखे जाना युक्तिसंगत भी लगता है। फिर भी भावना यह है कि, दर्शनार्थी इस मन्दिर की स्मृति संजोकर, अपने घरों को लौटकर जाने वाले लोग श्रद्धा से जो कुछ हो, वहीं से प्रेषित करें। इस धनराशि को आदिवासी, गिरिवासी, वनवासी, हरिजन, देश के उपेक्षित वर्ग और दरिद्र नारायण की सेवा में लगाया जा सके। साथ ही, आय का एक भाग ब्राह्मण बालकों को कर्मकाण्ड, वेद, हवन, यज्ञ आदि की शिक्षा देने के लिए उपयोग में लाया जाए। इस प्रकार यह मन्दिर समाज की सर्वांगीण सेवा का प्रकल्प बन सके, यह अपेक्षा है।

इस मन्दिर में जैन, सिक्ख, ईसाई, मुसलमान, पारसी मजहबों के श्रेष्ठ संतों की मूर्तियाँ और उनके जीवन का अंकन किया गया है। सभी प्रमुख धर्मों के मूल मंत्र रजत पट्टीका पर अंकित किये गये हैं, जिससे उपासकों, साधकों, नागरिकों में यह भाव जाग सके कि सभी धर्मों का मूल तत्व एक है। इस प्रकार, अपने देश की संस्कृतियों की समस्त धाराओं को हरिद्वार में बहने वाली गंगा की पावन धारा से जोड़ने का प्रयत्न किया है। गंगा पावनता और गतिशीलता का प्रतीक बन चुकी है। बिना पावन और गतिशील हुए, देश और राष्ट्र की वास्तविक सेवा नहीं की जा सकती।

परमात्मा की कृपा से, अपने राष्ट्र-रथ को अनैतिकता के पंक से उबार, जगद्गुरू के पूर्व आसन पर बैठा सकने में हम सब निमित्त और परमात्मा के हाथ का उपकरण बन सकें, ऐसी उनके चरणों में प्रार्थना है।

सन् 2020 ई0

इस वर्ष की मुख्य विशेषता

तकनीकी के आविष्कार से दूरदर्शन के अनेक चैनल और अधिक क्षमता के कम्प्यूटर का भारत में व्यापक विस्तार और जनता के सम्पर्क में आना।

इन्टरनेट (INTERNET) का भारत में व्यापक विस्तार और जनता के सम्पर्क में आना।

मोबाइल (CELL PHONE) के स्थान पर अधिक क्षमता के स्मार्ट मोबाइल (SMART CELL PHONE) का भारत में व्यापक विस्तार और जनता के सम्पर्क में आना।

दूरदर्शन और इन्टरनेट नेटवर्क के व्यापक विस्तार से समाचार (NEWS CHANNEL), सामाजिक सम्पर्क (SOCIAL MEDIA), यू ट्यूब (YouTube.com), सर्च इंजन (google.com) और विचार व्यक्त करने और ज्ञान-सूचना पाने का व्यापक स्वतन्त्रता का विकास।

धार्मिक, राजनीतिक, सामाजिक और वैयक्तिक व्यवहार में उपरोक्त तकनीकी का व्यापक प्रयोग।

विचार व्यक्त करने की व्यापक स्वतन्त्रता के कारण प्रत्येक व्यक्ति ही विचारक बन गया परन्तु व्यष्टि (व्यक्तिगत) विचार और समष्टि (संयुक्त) विचार में अन्तर के ज्ञान का अभाव।

सन् 2020 ई0 को लेकर अनेक भविष्यवक्ताओं के विचार व्यक्त होने लगें थें और युग परिवर्तन तथा कल्कि महाअवतार के प्रकट होने के समय के रूप में देखा जाने लगा था।

युग का काल गणना भी विचार के केन्द्र में आ गई थी। कलियुग के सम्बन्ध में 4 लाख 32 हजार की अवधि की विचारधारा कमजोर पड़ने लगी थी क्योंकि उसके बहुत से शास्त्रीय और वैज्ञानिक आधार व्यक्त हाने लगें थें। "आर्य समाज" के संस्थापक स्वामी दयानन्द सरस्वती के अनुसार कलियुग की आयु 4 लाख 32 हजार की थी तो "अखिल विश्व गायत्री परिवार" के संस्थापक और "विचार क्रान्ति" के संचालक पं0 श्रीराम शर्मा आचार्य के अनुसार यह युग परिवर्तन का सन्धि काल था।

मनुष्य अपने आप में इतना संकुलित होकर स्वयं में स्वार्थी हो चुका था कि वह अपने आप को इस सार्वभौम सृष्टि से अलग सत्ता का समझने लगा था। वह यह भूल चुका था कि शरीर की कोशिका से लेकर सम्पूर्ण ब्रह्माण्ड तक एक ही शरीर है और सभी एक-दूसरे को प्रभावित करते हैं।

अन्य घटना क्रम

वर्ष 2020 ई0 में खगोलिय घटना: 6 ग्रहण (4 चंद्र ग्रहण, 2 सूर्य ग्रहण)

10 जनवरी 2020 चंद्र ग्रहण - ग्रहण का टाइम: रात 10 बजकर 37 मिनट से 11 जनवरी को 2 बजकर 42 मिनट कहां दिखाई देगा: भारत, यूरोप, अफ्रीक, एशिया और आस्ट्रेलिया।

5 जून 2020 चंद्र ग्रहण - रात्रि को 11 बजकर 15 मिनट से 6 जून को 2 बजकर 34 मिनट तक कहां दिखाई देगा: भारत, यूरोप, अफ्रीक, एशिया और आस्ट्रेलिया।

21 जून 2020 सूर्य ग्रहण - 21 जून की सुबह 9 बजकर 15 मिनट से दोपहर 15 बजकर 03 मिनट तक भारत, दक्षिण पूर्व यूरोप और एशिया। इस साल के सूर्य ग्रहण पर अधिकतर ज्योतिषियों की नजरें हैं क्योंकि यह ग्रहण मिथुन राशि में लगेगा। 21 जून को लगने वाले ग्रहण का सूतक काल 12 घंटे पहले ही लग जाएगा। इस साल पड़ने वाले ग्रहण बहुत महत्वपूर्ण माने जा रहे हैं। क्योंकि ज्योतिषियों के अनुसार इन ग्रहण से मिथुन राशि के जातकों पर विशेष प्रभाव पड़ेगा। उस समय कुल छह ग्रह वक्री होंगे जो अच्छा संकेत नहीं है। कहा जा रहा है कि ग्रहण के कारण ग्रहों की ऐसी स्थिति विश्व भर के लिए चिंताजनक मानी जा रही है।

5 जुलाई 2020 चंद्र ग्रहण - सुबह 08 बजकर 37 मिनट से 11 बजकर 22 मिनट तक अमेरिका, दक्षिण पूर्व यूरोप और अफ्रीका।

30 नवंबर 2020 चंद्र ग्रहण - दोपहर को 13 बजकर 02 मिनट से शुरू होगा और शाम 17 बजकर 23 मिनट तक भारत, अमेरिका, प्रशांत महासागर, एशिया और आस्ट्रेलिया।

14 दिसंबर 2020 सूर्यग्रहण - शाम को 19 बजकर 03 मिनट से 15 दिसंबर को 12 बजे सूर्यग्रहण भारत में नहीं दिखेगा, इसको प्रशांत महासागर।

वर्ष 2020 ई0 में प्राकृतिक घटना: कोरोना (COVID-19) वायरस से वैश्विक महामारी

कोरोना वायरस वायरस (COVID-19) एक संक्रामक रोग है जो एक नए खोजे गए कोरोना वायरस के कारण होता है।

COVID-19 के साथ बीमार पड़ने वाले अधिकांश लोग हल्के से मध्यम लक्षणों का अनुभव करेंगे और विशेष उपचार के बिना ठीक हो जाएंगे।

COVID-19 का कारण बनने वाला वायरस मुख्य रूप से एक संक्रमित व्यक्ति के खांसने, छींकने या बाहर निकलने पर उत्पन्न बूंदों के माध्यम से फैलता है। ये बूंदें हवा में लटकने के लिए बहुत भारी हैं और जल्दी से फर्श या सतहों पर गिर जाती हैं।

आप वायरस में सांस लेने से संक्रमित हो सकते हैं यदि आप किसी ऐसे व्यक्ति के करीब हैं जिसके पास COVID-19 है या दूषित सतह को छूकर और फिर आपकी आंखें, नाक या मुंह से।

चीन से शुरू हुआ यह महामारी COVID-19 ने जनवरी से अपना प्रभाव दिखाना शुरू किया और देखते ही देखते विश्व के 200 से उपर देशों और द्विप पर पहुँच गया। आज दिनांक 10 जून, 2020 को संयुक्त राज्य अमरीका 20,45,715 में लोग इससे प्रभावित हो गये थे, घटते क्रम में देशों और द्विप की सूची इस प्रकार है-

ब्राज़िल, रूसी संघ, ग्रेट ब्रिटेन और उत्तरी आयरलैंड का यूनाइटेड किंगडम, स्पेन, भारत, इटली, पेरू, जर्मनी, ईरान, तुर्की का गणतंत्र, फ्रांस, चिली, मेक्सिको, पाकिस्तान, सऊदी अरब, कनाडा, चीन, कतर, बांग्लादेश, बेल्जियम, दक्षिण अफ्रीका, बेलोरूस, नीदरलैंड, स्वीडन, इक्वेडोर, कोलम्बिया, संयुक्त अरब अमीरात, सिंगापुर, मिस्र, पुर्तगाल, कुवैट, इंडोनेशिया, स्विट्जरलैंड, यूक्रेन, पोलैंड, आयरलैंड, अर्जेंटीना, फिलीपींस, अफ़ग़ानिस्तान, रोमानिया, डोमिनिकन गणराज्य, इजराइल, ओमान, पनामा, जापान, ऑस्ट्रिया, बहरीन, बोलीविया, इराक, आर्मीनिया, नाइजीरिया, कजाखस्तान, डेनमार्क, सर्बिया, कोरिया, एलजीरिया, घाना, मोलदोवा, कैमरून, नॉर्वे, मोरक्को, मलेशिया, आज़रबाइजान, ग्वाटेमाला, ऑस्ट्रेलिया, फिनलैंड, होंडुरस, सूडान, तजाकिस्तान, उज़्बेकिस्तान, सेनेगल, जिबूती, कांगो, गिन्नी, लक्समबर्ग, हंगरी, कोटे डी आइवर, हैती, गैबॉन, मैसेडोनिया, एल साल्वाडोर, थाईलैंड, यूनान, केन्या, बुल्गारिया, बोस्निया और हर्जेगोविना, वेनेजुएला, सोमालिया, इथियोपिया, क्रोएशिया, क्यूबा,

मैयट, किर्गिज़स्तान, एस्तोनिया, मालदीव, श्री लंका, केंद्रीय अफ्रीकन गणराज्य, आइसलैंड, लिथुआनिया, दक्षिण सूडान, माली, स्लोवाकिया, न्यूजीलैंड, स्लोवेनिया, निकारागुआ, गिनी-बिसाऊ, कोस्टा रिका, लेबनान, भूमध्यवर्ती गिनी, अल्बानिया, जाम्बिया, परागुआ, मॉरिटानिया, मेडागास्कर, हॉगकॉग, लातविया, ट्यूनीशिया, सियरा लिओन, नाइजर, साइप्रस, बुर्किना फासो, अंडोरा, उरुग्वे, जॉर्डन, चाड, जॉर्जिया, फ्रेंच गयाना, कांगो, सैन मैरीनो, युगांडा, माल्टा, जमैका, काबो वर्डे, यमन, साओ टोमे और प्रिंसिपे, तंजानिया, जाना, फिलिस्तीन, रवांडा, मलावी, मोजाम्बिक, ताइवान, लाइबेरिया, इस्वातीनी, लीबिया, मॉरीशस, मैन द्वीप, वियतनाम, मोंटेनेग्रो, जिम्बाब्वे, बेनिन, म्यांमार, मार्टीनिक, मंगोलिया, केमैन टापू, जिब्राल्टर, ग्वाडेलोप, गुयाना, सीरियाई, कोमोरोस, बरमूडा, ब्रुनेई दारुस्सलाम, सूरीनाम, कंबोडिया, त्रिनिदाद और टोबैगो, बहामा, अरूबा, मोनाको, अंगोला, बारबाडोस, बुरुन्दी, लिकटेंस्टीन, सिंट मार्टेन (डच भाग), फ्रेंच पॉलीनेशिया, भूटान, मकाओ, बोत्सवाना, संत मार्टिन, इरिट्रिया, नामीबिया, गाम्बिया, संत विंसेंट अँड थे ग्रेनडीनेस, अंतिगुया और बार्बूडा, तिमोर- लेस्ते, ग्रेनेडा, न्यू कैलेडोनिया, बेलीज, सेंट लूसिया, लाओस, डोमिनिका, फ़िजी, संत किट्स और नेविस, ग्रीनलैंड, तुर्क्स और कैकोज़ द्वीपसमूह, पवित्र देखो, मोंटेसेराट, सेशेल्स, पश्चिमी सहारा, पापुआ न्यू गिनी, लिसोटो, एंगुइला

प्रत्येक देश में इसका प्रभाव बढ़ता ही जा रहा था और मरने वालों की संख्या बढ़ती ही जा रही थी। अभी तक इसे रोकने के लिए कोई कारगर वैक्सीन नहीं खोजा गया था, खोज जारी थी। समस्या को देखते हुए कई देशों ने अपने प्रभावित शहरों को LOCKDOWN (अपने घरों में रहने और व्यापारीक गतिविधि को बन्द रखने का आदेश) देना पड़ा।

भारत में भी 25 मार्च से एका-एक 4 घंटें के समयान्तराल में LOCKDOWN घोषित कर दिया गया, यातायात के साधन रेल, बस, हवाई जहाज के घरेलू और अन्तर्राष्ट्रीय उड़ानें बन्द कर दी गईं। जो भी नागरिक जहाँ जिस कार्य के गया लिए था वो वहीं कैद हो गया। दैनिक मजदूर (प्रतिदिन कमाने-खाने वाले) काम बन्द होने से भूखमरी के शिकार होने लगें। लाखों मजदूर भारत के विभिन्न प्रदेशों से अपने गाँव की ओर पैदल यात्रा पर ही निकल लियें जिसमें अनेकों की मौत भी हुयी। रास्ते में निवासियों ने मानवता दिखाते हुये उनके भोजन-पानी को भी उपलब्ध कराये।

वर्ष 2020 ई0: सार्वभौम एकात्मता-मानवता का सन्देश

वर्ष 2020 ई0 का खगोलिय सन्देश

ग्रहों के सम्मिलन व समय के योग से ज्योतिष विज्ञान काल परिवर्तन और नये युग की शुरुआत तथा ईश्वर के अवतरण की सूचना का प्रतीक मानता है। तो वर्तमान, विज्ञान उसे मात्र एक ब्रह्माण्डीय घटना मानता है।

उपरोक्त घटनाएं एवं संयोग विश्व, भारत, अन्तर्राष्ट्रीय, राज्य, समाज, परिवार और व्यक्ति सहित विज्ञान और धर्म क्षेत्र के समक्ष व्यक्त थी परन्तु वह एक-एक कर घटित होती गयी और वह इतिहास बन गयी। सभी घटनाएं अलग-अलग क्षेत्रों के समक्ष अलग-अलग रुप में ज्ञान में थी, न कि एक साथ। परिणामस्वरुप कोई भी परिणाम विश्व, भारत, राज्य, अन्तर्राष्ट्रीय, समाज, परिवार, व्यक्ति, विज्ञान व धर्म क्षेत्र देने में सक्षम नहीं था अर्थात् वह इन घटनाओं से पूर्ण मुक्त था।

खगोल व ज्योतिष विज्ञान के अनुसार- उपरोक्त घटनायें युग की समाप्ति और भगवान के अवतरण के समय का सूचक होती हैं। वर्तमान कलियुग की आयु 4,32,000 वर्ष मानी गयी है। जिसका प्रारम्भ 18 फरवरी 3102 ई0 पू0 माना जाता है।

सर्वज्ञपीठम् कालीमठ, वाराणसी के स्वामी ब्रह्मानन्द नाथ सरस्वती के अनुसार- ग्रहण से उत्पादित पुण्य से कलियुग का 10,000 वर्ष आयु कम हो जाता है। (देखें-"अमर उजाला" इलाहाबाद संस्करण, दिनांक-11-08-1999 पूर्ण सूर्यग्रहण के अवसर पर प्रकाशित) और 821 वर्ष कलियुग का शेष रहने पर कल्कि अवतार का अवतरण माना गया है। इस प्रकार कलियुग का व्यतीत कुल वर्ष 5102 वर्ष हुआ और यदि कल्कि

अवतार अभी होता है तो कलियुग के कुल आयु 4,32,000 में से 5102+821 वर्ष घटकर 4,26,071 वर्ष ग्रहण द्वारा उत्पादित पुण्य से समाप्त हो जाने चाहिए। जिसके लिए 43 ग्रहण की आवश्यकता है। खगोल वैज्ञानिकों का ऐसा अनुमान है कि वर्ष में सूर्यग्रहण की स्थिति 2 से 5 बार तक आती है। कलियुग के व्यतीत वर्ष 5102 वर्षों में क्या 43 ग्रहण नहीं आये होंगे? जबकि 20 मार्च 2015 तक 14 सूर्यग्रहण हुये। यदि यह माना जाय तो ग्रहण से उत्पन्न पुण्य सिर्फ भारत में ही होता है तो क्या 5102 वर्षों के दौरान भारत में 43 ग्रहण नहीं हुये होंगे? जबकि चन्द्रग्रहण से उत्पादित पुण्य से कलियुग की आयु कम होना अलग है। इस प्रकार देखने पर कलियुग की आयु लगभग समाप्त हो चुकी है।

16 जुलाई 2000 गुरुपूर्णिमा के दिन पूर्ण चन्द्रग्रहण और 5 जुलाई 2001 को अंश चन्द्रग्रहण गुरुओं के लिए प्रकाशमय पूर्णिमा नहीं बल्कि अन्धकारमय अमावस्या था। क्योंकि एक ओर यह पूर्ण चन्द्रग्रहण 13 अगस्त 1859 के बाद हुआ जो अब यह सन् 3000 के बाद ही होगा तो गुरु पूर्णिमा के पावन अवसर पर ही हुआ। जो मात्र व्यष्टि गुरुओं के भरमार का प्राकृतिक रुप से विरोध का सूचक था।

वर्ष 2020 ई0 का प्राकृतिक सन्देश

कोरोना (COVID-19) वायरस से वैश्विक महामारी ने अपने-अपने देशों के सरकार और समाज की व्यवस्था को सार्वजनिक रूप से व्यक्त करने का कार्य किया। इस घटना ने व्यक्ति और शासन को सन्देश दिया कि मनुष्य को प्रकृति के समन्वय के साथ चलना चाहिए। जब भी प्रकृति के तीन गुण – सत्व, रज और तम में से रज और तम की शक्ति अधिक हो जाती है तब प्रकृति अपना सन्तुलन बनाने के लिए सत्व गुण से हस्तक्षेप करने में सक्षम है और यह हस्तक्षेप बिना किसी भेद-भाव के एक समान रूप से प्रभावी होता है। इस हस्तक्षेप में धर्म-जाति, रंग, महिला-पुरूष, उम्र इत्यादि से कोई मतलब नहीं होता। स्पष्ट रूप से सार्वभौम सत्य-सिद्धान्त के अनुसार कार्य होता है जो ईश्वरीय सिद्धान्त है।

वर्ष 2020 ई0 का सार्वभौम सन्देश

भारतीय आध्यात्म दर्शन में शिव-शक्ति, प्रकृति-पुरूष, क्रिया-कारण का सर्वोच्च विचार है जो अन्तिम रूप से उच्चतम भी है। देवी का स्थान प्रकृति/ शक्ति/ क्रिया को प्राप्त है और देवता का स्थान शिव/ पुरूष/ कारण को प्राप्त है। प्रकृति/ शक्ति/ क्रिया के प्रभाव क्षेत्र के अनुसार अनेक देवीयाँ भारत में सर्वत्र हैं। प्रकृति द्वारा प्रभावी महामारी को भारतीय हमेशा दैवी प्रकोप और उनकी नाराजगी का ही परिणम मानते हैं। समय कल्कि अवतार के अवतरण का है तो उनकी शक्ति प्रकृति के भी अवतरण का समय है जिन्हें कल्कि देवी के रूप में जाना जाता है, भारतीय दर्शन की दृष्टि में कोरोना, कल्कि देवी का अस्त्र (कोरोनास्त्र) है जिससे मानव को सन्देश देने का प्रयत्न है। इस माध्यम से वर्ष 2020 ई0 का सार्वभौम सन्देश व्यक्ति, समाज और सरकार को यह है कि-

1. व्यक्ति स्वयं को इस ब्रह्माण्ड का स्वतन्त्र ईकाइ न समझें, वह एक ही सार्वभौम सत्य-सिद्धान्त से इस पृथ्वी पर शरीर धारण किया है और उसी सिद्धान्त से हार कर शरीर का त्याग भी करेगा, इसके अलावा कोई रास्ता नहीं।
2. समाज (व्यक्तियों का समूह) स्वयं को धर्म-जाति, रंग, महिला-पुरूष, उम्र इत्यादि की भावना से मुक्त होकर अन्य समूह को देखें और आवश्यकता पड़ने पर सहायता के लिए तैयार रहें। रहन-सहन की पद्धति संस्कृति है जो थोपा नहीं जा सकता, व्यक्ति की स्वतन्त्रता है कि वो कैसे रहे, बस उसे यह ध्यान रहना चाहिए कि उसके कारण अन्य को परेशानी तो नहीं हो रही है। संस्कृति को थोपना कट्टरता है।
3. राजतन्त्र में राजा और लोकतन्त्र में सत्ता, प्रजा-जनता का अभिभावक होता है ना कि उस पर शासन करने वाला, यदि ऐसा है तो निश्चित रूप से जानना चाहिए कि वह राजा या सत्ता मानवतावादी नहीं। राजा या सत्ता को

सदैव प्रजा-जनता केन्द्रित होना चाहिए क्योंकि ये पारिवारिक, सामाजिक, सांगठनिक, व्यापारिक, राज्य और सत्ता एक वृक्ष के समान हैं और वृक्ष के जड़ में खाद-पानी देने से सभी व्यवस्थायें सुद्दढ़ रहती हैं।

4. व्यक्ति और सरकार को सार्वभौम सत्य-सिद्धान्त का ही मार्ग अपना कर अपने व्यवस्थाओं को सुद्दढ़ करना चाहिए तभी दोनों एक-दूसरे के लिए सहयोगी बनकर राष्ट्र निर्माण में सहायक हो सकते हैं।
5. व्यक्ति को वैश्विक ज्ञान से युक्त करना आवश्यक और "वैश्विक सोच-स्थानीय कार्यवाही" की भावना से जीवन-यापन के लिए निर्माण की आवश्यकता है।

Think Globally - Act Locally

वैश्विक सोच - स्थानीय कार्यवाही

वर्ष 2020 ई0 का अवतारी सन्देश

किसी भी युग में अवतार, महापुरूष, संत या किसी भी व्यक्ति के गुण को सीधे देखकर पहचानने की क्षमता किसी भी व्यक्ति के अन्दर नहीं रही है। उस व्यक्ति को, स्वयं के अपने गुणों को ज्ञान, कर्म, जीवन के माध्यम द्वारा व्यक्त करना होता है। उसके बाद ही कुछ लोग उन्हें पहचानते हैं और उनके साथ एक-दूसरे के सदुपयोग के लिए साथ आते रहे हैं। प्राचीन समय में यह कार्य बहुत कठिन होता था इसके लिए वे अनेक प्रकार के आयोजन करते थे।

वर्तमान युग में भी अनेक प्रकार के आयोजन जैसे-सेमिनार, सम्मेलन, प्रदर्शनी, मेले, परीक्षाएँ, प्रतिस्पर्धा इत्यादि द्वारा अपनी योग्यता प्रदर्शित किये जाते हैं। परन्तु यह सब समय लेने वाला है और आम नागरिक के योग्यता को व्यक्त करने का माध्यम नहीं बन पाता। दुनिया बहुत तेज हो चुकी है। ऐसे में किसी विशेष कार्य के लिए कोई भी संस्था/व्यक्ति/योजना संचालक शीघ्रता से अपने कार्य के लिए योग्य व्यक्ति से जुड़ना चाहता है। सीधे व्यक्ति से व्यक्ति के राम्बन्धित होने, परिचय बनाने के कार्य में मनुष्य जीवन इतना छोटा है कि वह एक सिमित दायरे तक ही रह जाता है। व्यापक दायरे तक जाने के लिए व्यक्ति का निराकार रूप विचार-गुण-योग्यता को ही प्रकाशित करना होता है।

ईश्वर (सार्वभौम सत्य-सिद्धान्त) के सत्व गुण प्रधान (ब्रह्मा) के पूर्णावतार

- **श्रीराम** (आदर्श व्यक्तिगत मानव) के धर्म (आध्यात्मिक सत्य) स्थापना का कारण शारीरिक था,

ईश्वर (सार्वभौम सत्य-सिद्धान्त) के रज गुण प्रधान (विष्णु) के पूर्णावतार

- **श्रीकृष्ण** (आदर्श सामाजिक मानव) के धर्म (आध्यात्मिक सत्य) स्थापना का कारण आर्थिक था,

ईश्वर (सार्वभौम सत्य-सिद्धान्त) के तम गुण प्रधान (शंकर) के पूर्णावतार

- **श्रीकल्कि** (आदर्श वैश्विक मानव) के धर्म (आध्यात्मिक सत्य) स्थापना का कारण मानसिक था।

गुरु के सम्बन्ध में स्वामी विवेकानन्द जी कहते हैं-"हम गुरु के बिना कोई ज्ञान प्राप्त नहीं कर सकते। अब बात यह है कि यदि मनुष्य, देवता अथवा कोई स्वर्गदूत हमारे गुरु हो, तो वे भी तो ससीम हैं, फिर उनसे पहले

उनके गुरु कौन थे? हमें मजबूर होकर यह चरम सिद्धान्त स्थिर करना ही होगा कि एक ऐसे गुरु हैं जो काल के द्वारा सीमाबद्ध या अविच्छिन्न नहीं हैं। उन्हीं अनन्त ज्ञान सम्पन्न गुरु को, जिनका आदि भी नहीं और अन्त भी नहीं, ईश्वर कहते हैं। (राजयोग, रामकृष्ण मिशन, पृष्ठ-134)

वर्तमान समय में व्यक्ति (व्यष्टि) के गुरुओं की भरमार है परन्तु समाज (समष्टि) के गुरु का पूर्ण अभाव है। वह वही है जो वर्तमान और भविष्य की वैश्विक आवश्यकता-वर्तमान व्यवस्थानुसार विश्व-शान्ति-एकता-स्थिरता-विकास-सुरक्षा के लिए प्रबन्ध का माडल दे सकें, साथ ही पूर्ण मानव, स्वस्थ समाज, स्वस्थ लोकतन्त्र और स्वस्थ उद्योग की प्राप्ति का आधारशिला रख फल रुप में विश्वव्यापी पूर्ण एकात्म करें। वर्तमान समय और कुछ भी नहीं अनन्तज्ञान सम्पन्न गुरु निष्कलंक कल्कि अवतार का ही समय है जिसका रुप समष्टि गुरु का ही रुप है। उसका समस्त कार्य उपरोक्त सार्वाधिक खगोलीय घटनाओं की अवधि में ही सम्पन्न हुआ है। जिसके सम्बन्ध में सन् 1996 में ही हालैण्ड निवासी भविष्यवक्ता मि0 क्राइसे ने स्पष्ट कहा था कि-"मैं भारत में एक महापुरुष को स्पष्ट रुप से देख रहा हूँ जो विश्व के लिए योजनाएँ बना रहा है।" भारतीय आध्यात्म के अनुसार भी पूर्ण ब्रह्मावतार पूर्ण सत्व गुण रूप श्रीराम तथा पूर्ण विष्णु अवतार पूर्ण रज गुण रूप श्रीकृष्ण हो चुके हैं। अभी जो शेष थे वह हैं-पूर्ण शिव-शंकर अवतार पूर्ण तम गुण रूप। यही अन्तिम निष्कलंक कल्कि अवतार हैं। शिवगुरु हैं, कल्याण स्वरुप हैं और जब तक इनका आगमन नहीं हुआ था तब तक नेता, वर्तमान व्यष्टि गुरु, चिन्तक इत्यादि का भारत और विश्व का कल्याण कर देने का प्रयत्न निष्फल, भ्रमात्मक और समय गवाने वाला ही था। हमें शिव-शंकर के पूर्ण प्रेरक पूर्णावतार के रुप में व्यक्त लव कुश सिंह "विश्वमानव" द्वारा व्यक्त कर्मों पर चिन्तन और समर्पण करना चाहिए और समर्पण करना ही पड़ेगा।

(उपरोक्त सभी नेतृत्वकर्ताओं के व्यक्त विचार पर स्पष्टिकरण के लिए "विश्वशास्त्र" अध्याय - पाँच देखें)

भाग-7
परिवर्तन

सीधी समझ

नये भारत में, नये मनुष्य के उदय के लिए

व्यवस्था के परिवर्तन या सत्यीकरण का पहला प्रारूप और उसकी कार्य विधि

वे शब्द जिसके बिना युग परिवर्तन सम्भव नहीं

उपाधियाँ मिलती है- पीएच0 डी0, डी0 लिट0 और डी0 फिल0 और उनका बड़ा सम्मान होता है। उनका काम क्या है? उनका काम यह है कि वे तय करते हैं कि गोरखनाथ कब पैदा हुए थे। कोई कहता है दसवीं सदी के अंत में, कोई कहता है ग्यारहवीं सदी के प्रारम्भ में। इस पर बड़ा विवाद चलता है। बड़े-बड़े विश्वविद्यालयों के ज्ञानी सिर खपा कर खोज में लगे रहते हैं। शास्त्रों की, प्रमाणों की, इसकी, उसकी। उनकी पूरी जिन्दगी इसी में जाती है। इससे बड़ा अज्ञान और क्या होगा? गोरख कब पैदा हुए, इसे जानकर करोगे क्या? इसे जान भी लिया तो पाओगे क्या? गोरख न भी पैदा हुए, यह भी सिद्ध हो जाये, तो भी क्या फायदा? हुए हों या न हुए हों, अर्थहीन है। गोरख ने क्या जिया उसका स्वाद लो। इसलिए तुम्हारे विश्वविद्यालय ऐसी व्यर्थता के कामों में संलग्न हैं कि बड़ा आश्चर्य होता है कि इन्हें विश्वविद्यालय कहो या न कहो। इनका काम ही........तुम्हारे विश्वविद्यालय में चलने वाली जितनी शोध है, सब कूड़ा-करकट है।

-आचार्य रजनीश "ओशो"

(अक्टुबर व नवम्बर 1978 में दिये गये प्रवचन का अंश)

FINAL KNOWLEDGE BOMB BLAST

AFTER FIRST NOBEL DISCOVERY OF ZERO BY INDIA AGAIN ZERO BASED FINAL DISCOVERY

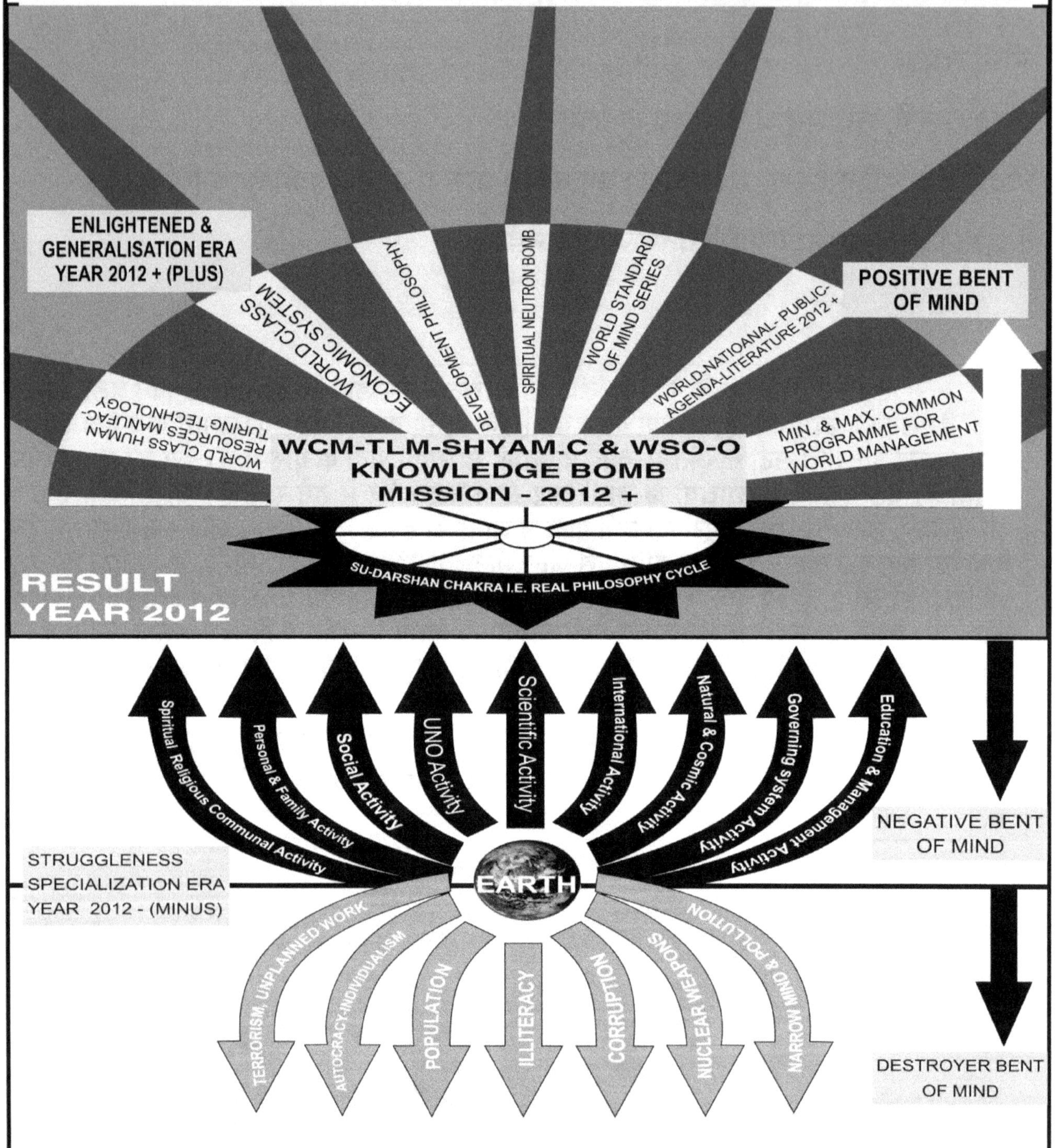

मैकाले शिक्षा पद्धति हम बदल नहीं सकते लेकिन अलग से "सत्य मानक शिक्षा" ग्रहण तो कर सकते हैं।

सरकारी पाठ्यक्रम बनाम नीजी पाठ्यक्रम / सार्वभौम आत्मीय पाठ्यक्रम / ईश्वरीय पाठ्यक्रम

ज्ञान के इस युग में ज्ञान की ओर चलें

FINAL KNOWLEDGE BOMB BLAST

यह चित्र **“FINAL KNOWLEDGE BOMB BLAST”** एक गहन वैचारिक मानचित्र है, जो मानव चेतना, ज्ञान, दर्शन और वैश्विक व्यवस्था के परिवर्तन को प्रतीकात्मक रूप में प्रस्तुत करता है।

इसमें यह दिखाया गया है कि वर्ष 2012 को एक *युग-संधि* के रूप में देखा गया है- जहाँ संघर्ष, विशेषज्ञता और विखंडन (2012–minus) से निकलकर मानवता को प्रबोधन, सामान्यीकरण और समन्वय (2012–plus) की ओर बढ़ना है।

चित्र के केंद्र में **WCM–TLM–SHYAM.C & WSO-O Knowledge Bomb Mission** और **सु-दर्शन चक्र (Real Philosophy Cycle)** को रखा गया है, जो यह संकेत देता है कि वास्तविक परिवर्तन शस्त्रों से नहीं, बल्कि दर्शन, विवेक और समग्र ज्ञान से आता है। ऊपर की ओर उठती संरचना *Positive Bent of Mind* को दर्शाती है, जहाँ विश्व-स्तरीय सोच, आध्यात्मिक दर्शन, मानवीय मूल्य, वैश्विक एजेंडा और कॉमन प्रोग्राम के माध्यम से मानव चेतना का विस्तार होता है।

चित्र के निचले भाग में पृथ्वी को केंद्र बनाकर मानव गतिविधियों-आध्यात्मिक, सामाजिक, वैज्ञानिक, अंतरराष्ट्रीय, शैक्षिक और प्रशासनिक-को दर्शाया गया है, जो यदि संतुलित हों तो उन्नति का मार्ग बनती हैं, और यदि असंतुलित हों तो *Negative* तथा *Destroyer Bent of Mind* की ओर ले जाती हैं।

वहीं नीचे की ओर गिरते तीर आतंकवाद, तानाशाही, जनसंख्या विस्फोट, अशिक्षा, भ्रष्टाचार, परमाणु खतरे और संकीर्ण सोच जैसे विनाशकारी तत्वों का प्रतिनिधित्व करते हैं। समग्र रूप से यह चित्र यह संदेश देता है कि वर्तमान युग में मानवता के सामने विकल्प स्पष्ट है-या तो संकीर्ण, नकारात्मक और विनाशकारी सोच, या फिर **“ज्ञान आधारित सार्वभौमिक दर्शन”** के माध्यम से पृथ्वी और मानव सभ्यता का संतुलित, शांतिपूर्ण और प्रबुद्ध भविष्य।

सीधी समझ

बड़ा वट वृक्ष (Big Banyan Tree), सैकड़ों वर्ष पुराना एक विशाल क्षेत्र में फैला वट वृक्ष है। जिसका मूल वृक्ष अब अस्तित्व में नहीं है उसके तनों से निकले सैंकड़ों जड़ वर्तमान में स्वयं एक वृक्ष, फिर उनके तनों से निकले सैंकड़ों जड़ भी वर्तमान में एक-एक वृक्ष के रूप में स्थापित हैं और सभी एक-दूसरे से जुड़े हुये हैं, बस जो नहीं है, वह है मूल वृक्ष। इस प्रकार सम्पूर्ण वृक्ष परिवार एक बड़े क्षेत्र में फैल चुका है और निरन्तर जारी भी है। प्रत्येक स्वयं स्वतन्त्र वृक्ष के रूप में स्थापित वृक्ष का अपने परिवार के रूप में तना, पत्ता, फूल और फल सब निकलते रहते हैं और जिसे जहाँ अर्थात् नजदीकी स्रोत से सुविधा अर्थात् खुराक मिल सकता हैं वहाँ से प्राप्त करते हुये विकास कर रहे हैं। इस कार्य में आपस में कोई विवाद नहीं है। कोई किसी पर अधिपत्य जमाना नहीं चाहता, ना ही अन्य के विकास में कोई बाधा पहुँचाता है। जिसको जिस ओर उचित वातावरण मिलता जाता है, उस ओर वह विकास कर रहा है। कुल मिलाकर स्व प्रेरित सुशासन की भाँति संचालित है। इस वट वृक्ष के सबसे बाद अर्थात् वर्तमान के तनों-पत्तों के लिए उसका जन्मदाता व पालनकर्ता के रूप में उसका नजदीकी जड़ ही है इसलिए उसकी कथा-कहानी वहीं से शुरू होती है और वहीं तक उसका ज्ञान है जो एक संकुचित और सीमित ज्ञान है। वह पूर्ण को नहीं जान रहा, उसका पूर्णत्व, सार्वभौम पूर्णत्व नहीं बल्कि सीमित पूर्णत्व है। सीमित पूर्णत्व में भी वह आनन्द में हैं और विकासशील है। उसका विकास होना सार्वभौम का ही विकास होना है परन्तु उसे उसका ज्ञान नहीं है और वह उस सार्वभौम के विकास में अपने योगदान को करते हुये भी स्वयं को गौरवान्वित नहीं अनुभव कर रहा है। सार्वभौम से युक्त होने के बाद भी उसे अपने परिवार से ही जुड़ा रहना उसकी विवशता भी है और इसके अलावा कोई अन्य मार्ग भी नहीं हैं। उसके सार्वभौम का मार्ग भी उसके अपने परिवार के ही मार्ग से होकर जाता है। वृक्ष के साथ यह मजबूरी भी है कि क्योंकि वह स्थिर है इसलिए उसका छोटा परिवार केवल पड़ोस तक के ही दायरे के सम्पर्क में है। दूसरे छोर के परिवार का क्या हाल है उसे कुछ नहीं पता।

हे मानवों, ये संसार भी उपरोक्त वट वृक्ष के सामन ही फैला हुआ है। परन्तु उस भाँति विकास नहीं कर रहा है। मनुष्य के अन्दर बीमारी की भाँति अधिकतम "शक्ति और लाभ (पावर और प्राफिट)" की दौड़ ने उसे अधिपत्य, अत्याचार, दूसरे को दबाना इत्यादि से युक्त कर दिया है। और जो इस दौड़ में नहीं हैं वे सीमित पूर्णत्व में आनन्द के साथ विकासशील हैं। उन्हें और भी तेज विकास की इच्छा है परन्तु उनके बुद्धि का दायरा ही सीमित है इसलिए उन्हें मार्ग नहीं मिल रहा है। यदि उनको मार्ग भी मिल रहा हो तो वट वृक्ष की भाँति उसके नजदीकी जन्मदाता ने उसे यह बता रखा है कि जब उस सार्वभौम का मार्ग मेरे ही रास्ते से जाता है तो जो मैं कह रहा हूँ उसे करो। और इसके लिए वे अपने परिवार के लिए अनेक प्रकार की प्रणाली दे रखे हैं। जबकि ये प्रणाली देने वाले उनके नजदीकी जन्मदाता स्वयं कहाँ से आये हैं स्वयं उन्हे भी नहीं पता। क्योंकि वे स्वयं भी उस वट वृक्ष के खो गये मूल जड़ की तरह अपने मूल जड़ को नहीं जानते। वे भी अपने नजदीकी जन्मदाता का ही अनुसरण कर रहे होते हैं। ये प्रणालीयाँ अनेक प्रकार की हैं उदाहरणस्वरूप कुछ मुख्य निम्नवत् हैं-

1 उनके द्वारा प्रस्तुत कुछ पुस्तकें होती हैं जिन्हें नियमानुसार प्रतिदिन पढ़ना होता है। पढ़ने के पूर्व शुद्धता की भी प्रक्रिया अनिवार्य होती है अन्यथा पुस्तकें परिणाम नहीं दे पायेंगी, ये भी शर्त होती हैं।

2 उनके द्वारा भोजन से सम्बन्धित कुछ नियम बना दिये जाते हैं कि क्या खाना है और क्या नहीं खाना है।

3 उनके द्वारा कोई मन्त्र दे कर उसे नियमानुसार जपने के लिए दे दिया जाता है।

4 उनके द्वारा किसी यन्त्र-तन्त्र द्वारा समस्या मुक्ति का उपाय बता दिया जाता है।

5 उनके द्वारा किसी विशेष प्रकार के रंग और ढ़ग के वस्त्र निर्धारित कर दी जाती है जिससे उनकी पहचान एक अलग रूप में हो। अर्थात् समाज का एक और विभाजन कर उसे प्रस्तुत कर देते हैं।

सामान्य रूप से सभी द्वारा अनिवार्य रूप से ये भी निर्धारित कर दी जाती है कि किसी दूसरे के नियमों को न तो जानना है, न सुनना है, न पढ़ना है और न ही उसमें शामिल होना है। अर्थात् एक गतिशील प्राणी मनुष्य को जिसे सदैव श्रेष्ठ से, श्रेष्ठतम और सर्वोच्च तक उठने-विकास करने के लिए निर्मित किया गया था, उसे एक सीमित

दायरे में बुद्धिबद्ध कर दिया गया। मनुष्य जिसका निर्माण अपनी मस्तिष्क को असीम क्षमता को विकसित कर ईश्वर रूप में व्यक्त होना था, उसे जड़ (स्थिर) बना दिया गया।

हे मानवों, मनुष्यों की सबसे बड़ी कमजोरी "स्वयं में गुणों का विकास कर स्वयं बन जाने या हो जाने" में नहीं बल्कि "पाने" की इच्छा है। इस पाने की इच्छा की कमजोरी का परिणाम ही है उपरोक्त अनेक प्रकार के बुद्धिबद्ध करने की विधियाँ।

हे मानवों, उपरोक्त के पृष्ठभूमि में उनका उद्देश्य केवल अपने स्वार्थ की पूर्ति के सिवाय कुछ नहीं होता। क्योंकि मार्गदर्शक या प्रेरक या शिक्षक का उद्देश्य स्वयं से श्रेष्ठ मानव का निर्माण होता है न कि सदैव जीवन भर एक ही प्रणाली या प्रक्रिया या कक्षा में पढ़ते-दुहराते रहने के लिए विवश करना। उपरोक्त के पृष्ठभूमि में शारीरिक-आर्थिक-मानसिक शोषण का ही कार्य विभिन्न प्रकार से चल रहा है। कोई अपने कृषि कार्य को मुफ्त में हल करवा रहा है, तो कोई अपने नाम के उत्पादों को सिर्फ उन्हें ही खरीदने के लिए बुद्धिबद्ध कर दिया है।

हे मानवों, इन सबको आस्था का व्यापार कहते हैं। जबकि मैं देख रहा हूँ कि प्रत्येक संस्कारित करने की क्रिया जो उस काल के लिए आस्था का विषय था। उसके अगले काल के लिए संस्कारित करने की नयी क्रिया उपलब्ध हो जाने के बावजूद, मानव शरीर पिछले काल के संस्कारित करने वाली क्रिया के प्रति आस्था रखते हुये मूर्खता का स्पष्ट प्रदर्शन कर रहा है। सभी कालों में, सभी संस्कारित करने की क्रियाओं में मैं (सार्वभौम आत्मा) ही आस्था का विषय था परन्तु क्रिया के प्रति आस्था रखना मूर्खता का स्पष्ट प्रमाण ही तो है। चाहे वह व्यक्तिगत इच्छा से हो या सामाजिक प्रदर्शन की इच्छा से। इन समस्त संस्कारित करने के क्रिया के पीछे जो रहस्य आज तक गोपनीय था उसे मैंने तुम्हारें समक्ष सार्वजनिक प्रकाशित कर दिया है। अब कुछ भी गोपनीय नहीं। बावजूद इसके प्रत्येक मनुष्य अपनी मूर्खता रूपी आस्था को प्रदर्शित करने के लिए स्वतन्त्र है। परन्तु वह मुझ (सार्वभौम आत्मा) को प्राप्त नहीं कर सकता। हे मानवों, ईश्वर बहुमत से नहीं निर्धारित किया जाता इसलिए ही उसे अनिवर्चनीय कहा गया है। किसी भी वस्तु के प्रति आस्था के विकास से और समस्त मानवों को उसके प्रति आस्थावान् बना देने से वह वस्तु गुण प्रकट कर वैसा नहीं बन सकती जैसा आप उम्मीद करते हो।

हे मानवों, एक तरह से देखा जाये तो उपरोक्त व्यवस्था से कोई समस्या है ही नहीं क्योंकि जिसकी इच्छा जहाँ से पूर्ति हो रही है और विकास का मार्ग मिल रहा है, वह वहाँ से जुडा हुआ है। इसलिए मानव सभ्यता पर आया यह दसवाँ और अन्तिम संकट, संकट होते हुये भी संकट जैसा नहीं दिखता। इस व्यवस्था से हमें कोई समस्या भी नहीं है। समस्या ये है कि धर्म को जिस उद्देश्य के लिए निर्मित किया गया था वही धर्म, संकट में है। यह धर्म ही उस वट वृक्ष का मूल है, सार्वभौम है, रामष्टि है। इसके ज्ञान से युक्त दोनों को अर्थात् विशाल संसार रूपी वट वृक्ष के छोटे-छोटे परिवार के नेतृत्वकर्ता मुखिया सहित उसके सदस्यों को होना आवश्यक है। तभी परिवार के नेतृत्वकर्ता मुखिया द्वारा बनाये गये उपरोक्त प्रणाली-नियम परिणाम-फल दे पायेंगे जिसकी इच्छा परिवार के सदस्य करते हैं।

हमारी उत्पत्ति ज्ञान से हुई है। जिन्हें ज्ञान है वही अपने आप को संघर्ष में पाते हैं और सर्वश्रेष्ठता के लिए कर्मशील हैं। शेष सभी तो प्रकृति के अनुसार आते-जाते रहते हैं। इस ज्ञान को ही ब्रह्म (सार्वभौम एकात्म ज्ञान) कहते हैं। देवता रूप में इस ज्ञान को ब्रह्मा के रूप में प्रक्षेपित किया गया है। यह ज्ञान जिस-जिस अंगो द्वारा प्राथमिकता से अनुभव में आता है उतने प्रकार के मानव अपने-आप को उत्पन्न समझते हैं।

पुराण रचनाकार महर्षि व्यास ने ब्रह्मा अर्थात ज्ञान के पुत्रों का प्रक्षेपण किये हैं। ब्रह्मा के 10 मानस पुत्रों

01.मन (विचार) से ज्ञान प्राप्त करने वाले मरीचि

02.नेत्रों (देखकर) ज्ञान प्राप्त करने वाले अत्रि

03.मुख (वाणी) से ज्ञान प्राप्त करने वाले अंगिरा

04.कान (सुन) कर ज्ञान प्राप्त करने वाले पुलस्त्य

05.नाभि (केन्द्र) से ज्ञान प्राप्त करने वाले पुलह

06.हाथ (कर्म) से ज्ञान प्राप्त करने वाले कृतु

07.त्वचा (स्पर्श) से ज्ञान प्राप्त करने वाले भृगु

08.प्राण (श्वास) से ज्ञान प्राप्त करने वाले वशिष्ठ

09.अँगूठे (आत्मा) से ज्ञान प्राप्त करने वाले दक्ष

10.गोद (प्रेम) से ज्ञान प्राप्त करने वाले नारद

ये दस प्रकार ज्ञान से उत्पन्न है और इतने प्रकार के मानव निर्मित होकर संसार में विचरण कर रहे हैं। इसे ये न समझना चाहिए कि मन या नेत्र इत्यादि से कैसे ब्रह्मा ने अपने पुत्रों को उत्पन्न किया? चूंकि शरीर का अस्तित्व अस्थायी है इसलिए विचार के आधार पर ये मनुष्य के वर्ग या श्रेणी का निर्धारण है। इसे मानकीकरण (Standardization) या वर्गीकरण (Classification) भी कहा जा सकता है। जिस प्रकार आजकल मानकीकरण के शब्द ISOऔर ISI मार्का दिये जाते हैं।

नये भारत में, नये मनुष्य के उदय के लिए

आप लंगोट से जौकी पर आ गये...पायजामे से पतलून पर आ गये...नाड़े से बेल्ट पर आ गये...खड़ाऊँ से बूट पर आ गये...कलम से कीबोर्ड पर आ गये। पगडंडियों से एक्सप्रेस वे पर आ गये...चूल्हे से इंडक्शन कुकर पर आ गये...जंगलो से अपार्टमेंट तक आ गये। हल से ट्रैक्टर पर आ गये...पैदल से लक्ज़री जहाज़ों पर आ गये...दीये-मशाल से एलईडी पर आ गये...आप लैंडलाइन से ओरियो एंड्रॉयड तक आ गये...तीर-कमान और गदा से ऑटोमैटिक बंदूकों और मिसाइलों पर आ गये। दुनियां चाँद पे चली गई...मंगल की छाती पर नासा ने रोबोट उतार दिया....शनि मंगल सूर्यग्रहण-चन्द्रग्रहण के हर रहस्य से पर्दा उठ गया!

आप पाँच हज़ार ईसापूर्व और पाँचवी-छठवीं शताब्दी से इक्कीसवी शताब्दी में आ गये...आप लगातार अपडेट होते रहे हैं!!! मगर फिर भी तुम ग्रह-नक्षत्रों को...शनि-मंगल को जन्मकुंडली में देख-देख कर काँप रहे हो। अपना भविष्य सुधारने के लिए बाबा-बाबियों का रास्ता नाप रहे हो। क्या इसी दिन के लिए तुमने बी.एससी, एम.एससी पीएच.डी की थी?? कि तुम पढ़े-लिखे जाहिलों की फौज में शामिल हो जाना! क्या इसी दिन के लिए तुम डॉक्टर, इंजीनियर, वकील, मजिस्ट्रेट या प्रोफेसर बने थे? कि बंगले पर काली हांडी टांगना! निम्बू मिर्ची टांगना! नजर न लगने से एक पैर में काला धागा बांधना?? और अपने उज्ज्वल भविष्य की भीख किसी बाबा-बाबी के दर पर नाक रगड़ के मांगना?

देश आजाद हो गया! दुनिया आजाद हो गई! आखिर कब मिलेगी तुम्हें आजादी?? इस अंधी मानसिक गुलामी से? दुनिया रोज नए-नए आविष्कार कर रही है! तुम हजारों साल पुरानी भाषा, संस्कृति, रीति, रिवाजो की वैज्ञानिक व्याख्या करने में लगे हो! क्या भारत पुनः विश्वगुरु तुम्हारे जैसे मनोरोगियों की वजह से कभी बन पाएगा? बंद कमरे में तुम्हारी चोटी कट जाती! अँधेरे में अकेले में तुम्हें भूत-पलीत सताते हैं! तुम्हें ही सारी दुनिया की नजर लगती है! डायन तो तुम्हारे हर घर में मौजूद है!! तुम्हारे तंत्र-मंत्र-यंत्र काम क्यों नहीं करते हैं? एक पैर में काले धागे वाला रक्षा सूत्र तुम्हारी चोंटी क्यों नहीं बचाता है? आखिर कब तक तुम मानसिक गुलाम रहोगे?

तुम्हारी समस्याएं लौकिक है। मगर तुम्हें हर समस्या का हल परलोक में नजर आता है! संसार तुम्हारे लिए स्वप्नवत् है माया है! भगवान की लीला है! नाटक है! भ्रम है! आखिर तुम्हें इस सपने से कौन जगाए? कब तक शब्दों के साथ बलात्कार करोगे? कब तक धोखे में रहोगे? कब तक हर सिद्धान्त हर आविष्कार को शास्त्रों ऋषि-मुनियों के माथे मड़ोगे??

तुम लोग को जो जगाए वही धर्मद्रोही, देशद्रोही, जातिवादी या नास्तिक है? चारुवाक, बुद्ध, महावीर, कपिल, कणाद गौतम, नागसेन, अश्वघोष, कबीर, नानक, रविदास, ओशो, फुले, शाहू, पेरियार, भीम, भगतसिंह, कोवूर, राहुल संस्कृत्यायन, दयानन्द, विवेकानंद, सबने विवेक लगाया! मगर फिर भी तुम्हारा विवेक नहीं जागा!

तुम्हारा धर्म कब अपडेट (Update) होगा?
तुम्हारी आस्था कब अपडेट (Update) होगी?
तुम्हारा ईश्वर कब अपडेट (Update) होगा?
तुम्हारी सोच कब अपडेट (Update) होगी?
तुम्हारे धर्म की किताबें कब अपडेट (Update) होंगी?

कम्प्यूटर और मोबाइल का साफ्टवेयर तो तुरन्त करते हो, तुम्हारे मस्तिष्क का साफ्टवेयर कब अपडेट (Update) होगा?

क्योंकि तुम विश्वगुरु के अहंकार की दारू पीकर गरीबी, अनपढ़ता, लिंगभेद, जातिभेद, भाषाभेद, क्षेत्रभेद, साम्प्रदायिकता की नाली में पड़े हो! आखिर तुम्हें कब मिलेगी आजादी? इस उम्दा मानसिक गुलामी से?

सोच के बता देना!!
आओ एक कदम शब्दों के उँचाइयों की ओर..........

IDEAS + ACTION = CHANGE

व्यवस्था के परिवर्तन या सत्यीकरण का पहला प्रारूप और उसकी कार्य विधि

उदाहरण के रूप में, यदि किसी शिक्षित व्यक्ति जिसे अंकगणित का ज्ञान हो, उसके समक्ष संख्या 5 लिख दिया जाये और उससे कहा जाये कि इस संख्या के आगे और पीछे की संख्या लिखें तो वह आसानी से उसे लिख देगा परन्तु अंकगणित का अज्ञानी ऐसा नहीं कर पायेगा। उसका सारा ध्यान केवल संख्या 5 पर ही टिका रह जायेगा क्योंकि वह संख्या पद्धति से अपरिचित है। अगर वह कुछ लिख भी देगा तो वह आवश्यक नहीं कि सत्य हो और उसमें सुधार की पूरी सम्भावना बनी रहेगी। समाज सुधार के क्षेत्र में भी यही बात है। हम एक समस्या देखते हैं फिर उसमें कुछ सुधार कर देते हैं। फल यह होता है कि कुछ समय बाद पुनः उसमें सुधार की आवश्यकता आ जाती है।

जितने अधिक आकड़ों को विश्लेषित कर हम परिणाम को खोजेंगे उतने ही सत्य परिणाम हमारे सामने आयेंगे। प्रस्तुत शास्त्र व्यक्त अधिकतम आकड़ों के व्यवस्थित प्रस्तुतीकरण का शास्त्र है। दूसरे रूप में इसे धर्म ज्ञान का बैलेन्ससीट भी कह सकते है। इन सम्पूर्ण आकड़ों पर आधारित होकर व्यक्ति, समाज और विश्व राष्ट्र के लिए लिया गया निर्णय ही एक सत्य निर्णय हो सकता है। समाज सुधार के सम्बन्ध में स्वामी विवेकानन्द का कहना है कि-"तथाकथित समाज-सुधार के विषय में हस्तक्षेप न करना क्योंकि पहले आध्यात्मिक सुधार हुये बिना अन्य किसी भी प्रकार का सुधार हो नहीं सकता (राम पृष्ठ मिशन, पत्रावली भाग-1, पृष्ठ-29), भारत के शिक्षित समाज से मैं इस बात पर सहमत हूँ कि समाज का आमूल परिवर्तन करना आवश्यक है। पर यह किया किस तरह जाये? सुधारकों की सब कुछ नष्ट कर डालने की रीति व्यर्थ सिद्ध हो चुकी है। मेरी योजना यह है, हमने अतीत में कुछ बुरा नहीं किया। निश्चय ही नहीं किया। हमारा समाज खराब नहीं, बल्कि अच्छा है। मैं केवल चाहता हूँ कि वह और भी अच्छा हो। हमें असत्य से सत्य तक अथवा बुरे से अच्छे तक पहुँचना नहीं है। वरन् सत्य से उच्चतर सत्य तक, श्रेष्ठ से श्रेष्ठतर और श्रेष्ठतम तक पहुँचना है। मैं अपने देशवासियों से कहता हूँ कि अब तक जो तुमने किया, सो अच्छा ही किया है, अब इस समय और भी अच्छा करने का मौका आ गया है।"-(राम पृष्ठ मिशन, जितने मत उतने पथ, पृष्ठ-46)

व्यक्ति हो या ज्ञानी, समाज हो या राज्य, देश हो या विश्व, समाज नेता हों या राजनेता सभी को अब यह जान लेना चाहिए कि विश्व एक परिवार है और उस परिवार का शास्त्र-"विश्वशास्त्र" है। जब तक यह शास्त्र उपलब्ध नहीं था तब तक इस विश्व परिवार के एकीकरण का मार्ग नहीं खुला था, अब वह मार्ग मिल चुका है। कोई भी समाज निर्माण या युग परिवर्तन का कार्य एक क्षण का कार्य नहीं है। यह एक लम्बी अवधि की प्रक्रिया का कार्य है। इसे हम उन समाज सुधारकों के संस्थाओं के कार्य को देख कर अनुभव कर सकते हैं।

व्यवस्था परिवर्तन, एक राजनीतिक लुभावना वाला शब्द है। वह कैसे होगा, इसके लिए एक प्रारूप की आवश्यकता होती है अगर वह नहीं है तो व्यवस्था परिवर्तन चिल्लाने से नहीं होता। फिर व्यवस्था परिवर्तन किस बात का? मानव समाज को संचालित करने के लिए तो सिर्फ दो ही मूल व्यवस्था है-एक राजतन्त्र, जिसका युग जा चुका है। दूसरा-लोकतन्त्र, जिसका युग चल रहा है और यही अन्तिम व्यवस्था भी बनी रहेगी क्योंकि ब्रह्माण्डीय व्यवस्था भी लोकतन्त्र से ही चल रहा है और मनुष्य के मस्तिष्क से अन्ततः वही व्यक्त हो रहा है। लोकतन्त्र से हम राजतन्त्र में नहीं जा सकते इसलिए व्यवस्था परिवर्तन का अर्थ ही निरर्थक है।

आवश्यकता है वर्तमान लोकतन्त्र व्यवस्था को ही सत्य आधारित करने की जिसे व्यवस्था सत्यीकरण कहा जा सकता है। इस कार्य में हमें मानकशास्त्र की आवश्यकता है जिससे तोल कर यह देख सके कि इस लोकतन्त्र व्यवस्था में कहाँ सुधार करने से सत्यीकरण हो जायेगा। यह मानकशास्त्र ही "विश्वशास्त्र" है। सिर्फ मतदाता बनने व वोट डालने से ही लोकतन्त्र स्वस्थ नहीं हो सकता। उसके लिए देश व विश्व के पूर्ण ज्ञान की आवश्यकता होगी। इसलिए आवश्यक है कि प्रत्येक मतदाता "विश्वशास्त्र" के ज्ञान से युक्त हो।

अच्छा होता कि हमारे राजनेतागण कुछ दिनों के लिए सन्यास लेकर थोड़ा कुछ अध्ययन-चिंतन करते रहते ताकि उन्हें बार-बार लक्ष्य के लिए शब्दों का परिवर्तन न करना पड़ता। एक ही स्थिति में बहुत समय तक रहने पर बुद्धि, बद्ध हो जाती है। एक-एक सीढ़ी चढ़कर, पहुँच गये-पहुँच गये चिल्लाने से अच्छा है कि अन्तिम सीढ़ी पर पर बैठकर चिल्लाना कि पहुँच गये।

चाहे कुछ हो यदि प्रारूप नहीं, तो न तो व्यवस्था परिवर्तन हो सकता है, न ही व्यवस्था सत्यीकरण हो सकता है, न ही सम्पूर्ण क्रान्ति। भीड़ से क्रान्ति नहीं सिर्फ हंगामा होता है। भीड़ में जोश होता है, होश नहीं।

इस मानक शास्त्र के प्रस्तुत हो जाने से व्यवस्था परिवर्तन की नहीं बल्कि व्यवस्था के सत्यीकरण का मार्ग खुल चुका है। जिसका व्यक्ति, समाज और विश्व राष्ट्र को आवश्यकता भी है। किसी एक विषय पर बहुत अधिक पुस्तक मस्तिष्क को भ्रमित ही करती है। यह शास्त्र प्रारम्भ से अन्त तक के विकास को क्रमबद्ध प्रस्तुत करता है जिससे हम सभी एक सत्य निर्णय करने में सक्षम हों और पूर्ण ज्ञान से युक्त हो जायें और हमारा कोई भी सुधार एक स्थायी, अच्छा और दूरगामी परिणाम देने वाला हो।

प्रश्न यह भी उठता है कि परिवार का मुखिया जिसके द्वारा परिवार का संचालन होता है, यदि वह परिवार के हित व विकास के विषय में कर्म न करता हो तो क्या परिवार का सदस्य उसमें हस्तक्षेप करने का अधिकारी है या नहीं? यही बात देश को चलाने वाले संसद के विषय में भी है। यदि संसद स्वयं देशहित व जनहित के प्रति उदासीन हो जाये तो क्या जनता संसद को मार्गदर्शन देने का अधिकार नहीं रखती? यदि नहीं तो संविधान की धारा-51(ए) के अन्तर्गत नागरिक का मौलिक कर्तव्य की उपयोगिता क्या है? ध्यान रखने योग्य विषय यह है कि कोई भी चुना हुआ प्रतिनिधि सिर्फ उतने ही बड़े क्षेत्र का प्रतिनिधि होता है जिस क्षेत्र से वह चुना जाता है। भारत में ऐसा कोई प्रतिनिधि जनता से नहीं चुना जाता जो भारत का प्रतिनिधित्व करता हो और जब तक भारत का प्रतिनिधित्व करने वाला चुनाव नहीं होता या भारत की जनता का राष्ट्रीय मुद्दों पर विचार कर संसद के कर्तव्य का बोध कराने वाली स्वतन्त्र संस्था नहीं बन जाती, तब तक जनता को संसद को संविधान की धारा-51(ए) के अन्तर्गत नागरिक का मौलिक कर्तव्य के अनुसार न्यायालय व संसद के माध्यम से सरकार को मार्गदर्शन देने का कर्तव्य करना चाहिए जो उसका अधिकार भी है।

वे शब्द जिसके बिना युग परिवर्तन सम्भव नहीं

सन् 1893 से सन् 1993 के 100 वर्षों के समय में विश्व के बौद्धिक शक्ति को जिन्होंने सबसे अधिक हलचल दी वे हैं-धर्म की ओर से स्वामी विवेकानन्द और धार्मिकता की ओर से आचार्य रजनीश"ओशो"। मनुष्य जिस प्रकार भौतिक विज्ञान के नवीन आविष्कारों को आसानी से ग्रहण करता है उसी प्रकार धर्म-आध्यात्म-दर्शन के नवीन आविष्कारों को भी मनुष्य को ग्रहण करना चाहिए, तभी मानसिक-आध्यात्मिक स्वतन्त्रता का अनुभव हो सकेगा। अन्यथा पूर्ण शारीरिक गुलामी का समय बीत चुका, आर्थिक गुलामी का काल चल रहा है और मानसिक गुलामी के काल चक्र में मनुष्य फँस जायेगा।

स्वामी विवेकानन्द जी का कहना था-

- "उसी मूल सत्य की फिर से शिक्षा ग्रहण करनी होगी, जो केवल यहीं से, हमारी इसी मातृभूमि से प्रचारित हुआ था। फिर एक बार भारत को संसार में इसी मूल तत्व का-इसी सत्य का प्रचार करना होगा। ऐसा क्यों है? इसलिए नहीं कि यह सत्य हमारे शास्त्रों में लिखा है वरन् हमारे राष्ट्रीय साहित्य का प्रत्येक विभाग और हमारा राष्ट्रीय जीवन उससे पूर्णतः ओत-प्रोत है। इस धार्मिक सहिष्णुता की तथा इस सहानुभूति की, मातृभाव की महान शिक्षा प्रत्येक बालक, स्त्री, पुरुष, शिक्षित, अशिक्षित सब जाति और वर्ण वाले सीख सकते हैं। तुमको अनेक नामों से पुकारा जाता है, पर तुम एक हो।" (जितने मत उतने पथ, राम कृष्ण मिशन, पृष्ठ-39)।
- "अत: यदि भारत को महान बनाना है, तो इसके लिए आवश्यकता है संगठन की, शक्ति संग्रह की और बिखरी हुई इच्छाशक्ति को एकत्र कर उसमें समन्वय लाने की। अथर्ववेद संहिता की एक विलक्षण ऋचा याद आ गयी जिसमें कहा गया है, "तुम सब लोग एक मन हो जाओ, सब लोग एक ही विचार के बन जाओ। एक मन हो जाना ही समाज गठन का रहस्य है बस इच्छाशक्ति का संचय और उनका समन्वय कर उन्हें एकमुखी करना ही सारा रहस्य है।" (देखें "नया भारत गढ़ो" पृष्ठ संख्या-55)
- "यह भी न भूलना चाहिए कि हमारे बाद जो लोग आएंगे, वे उसी तरह हमारे धर्म और ईश्वर सम्बन्धी धारणा पर हँसेंगे, जिस तरह हम प्राचीन लोगों के धर्म और ईश्वर की धारणा पर हँसते हैं। यह सब होने पर भी, इन सब ईश्वर सम्बन्धित धारणाओं का संयोग करने वाला एक स्वर्ण सूत्र है और वेदान्त का उद्देश्य है-इस सूत्र की खोज करना। भागवान कृष्ण ने कहा है-""भिन्न भिन्न मणियाँ जिस प्रकार एक सूत्र में पिरोयी जा सकती हैं, उसी प्रकार इन सब विभिन्न भावों के भीतर भी एक सूत्र विद्यमान है।" (देखें "ज्ञानयोग", पृष्ठ संख्या-65) ,
- "एक शब्द में वेदान्त का आदर्श है-मनुष्य के सच्चे स्वरूप को जानना।" (देखें "विवेकानन्द राष्ट्र को आह्वान", पृष्ठ सं0-48)।
- यदि हम अपने व्यक्तिगत एवं सामूहिक जीवन में वैज्ञानिक चेतना सम्पन्न एवं आध्यात्मिक एक साथ न हो पाए, तो मानवजाति का अर्थपूर्ण अस्तित्व ही संशय का विषय हो जाएगा। (विज्ञान और आध्यात्मिकता, पृष्ठ-9)
- हमेशा यूरोप से सामाजिक तथा एशिया से आध्यात्मिक शक्तियों का उद्भव होता रहा है एवं इन दोनों शक्तियों के विभिन्न प्रकार के सम्मिश्रण से ही जगत का इतिहास बना है। वर्तमान मानवेतिहास का एक और नवीन पृष्ठ धीरे-धीरे विकसित हो रहा है एवं चारो ओर उसी का चिन्ह दिखाई दे रहा है। कितनी ही नवीन योजनाओं का उद्भव तथा नाश होगा, किन्तु योग्यतम वस्तु की प्रतिष्ठा सुनिश्चित है, सत्य और शिव की अपेक्षा योग्यतम वस्तु और हो ही क्या सकती है? (पत्रावली भाग-1, पृष्ठ-310)

स्वामी विवेकानन्द के अनुसार शब्द से सृष्टि का रहस्य

01. बृहत् ब्रह्माण्ड में भी ब्रह्मा, हिरण्यगर्भ या समष्टि महत् ने पहले अपने आप को नाम के, और फिर बाद में रुप के आकार में अर्थात् इस परिदृश्यमान जगत के आकार में अभिव्यक्त किया। (भक्ति योग, पृष्ठ-44)
02. यह सारा व्यक्त इन्द्रियग्राह्य जगत रुप है, और इसके पीछे है अनन्त अव्यक्त स्फोट। स्फोट का अर्थ-समस्त जगत की अभिव्यक्ति का कारण शब्द-ब्रह्म है। समस्त नामों अर्थात् भावों की नित्य समवायी उपादान स्वरुप यह नित्य स्फोट ही वह शक्ति है, जिससे भगवान इस विश्व की सृष्टि करते हैं। यही नहीं बल्कि भगवान पहले स्फोट रुप में परिणत हो जाते हैं और तत्पश्चात् अपने को उससे भी स्थूल इस इन्द्रियग्राह्य जगत के रुप में परिणत कर लेते हैं। (भक्ति योग, पृष्ठ-45)
03. इस स्फोट का एक मात्र वाचक शब्द है-"ऊँ"। और चूँकि हम किसी भी उपाय से शब्द को भाव से अलग नहीं कर सकते, इसलिए यह "ऊँ" भी इस नित्य स्फोट से नित्य संयुक्त है। (भक्ति योग, पृष्ठ-45)
04. एकमेव यह "ऊँ" ही इस प्रकार सर्वभावाव्यापी वाचक शब्द है, अन्य कोई भी इसके समान नहीं। स्फोट ही सारे भावों का उपादान है, फिर भी वह स्वयं पूर्ण रुप से विकसित कोई विशिष्ट भाव नहीं है। अर्थात् यदि उन सब भेदों को, जो एक भाव को दूसरे से अलग करते हैं, निकाल दिया जाय, तो जो कुछ बचा रहता है, वही स्फोट है। इसलिए इस स्फोट को "नादब्रह्म" कहते हैं। (भक्ति योग, पृष्ठ-45)
05. जो वाचक शब्द उसे सब से कम विशेषभावापन्न करेगा, पर साथ ही उसके स्वरुप को यथासम्भव पूरी तरह प्रकाशित करेगा, वही उसका सबसे सच्चा वाचक होगा। और यह वाचक शब्द है-एकमात्र "ऊँ" क्योंकि ये तीनों अक्षर अ, उ और म्, जिनका एक साथ उच्चारण करने से "ऊँ" होता है, समान शब्दों के साधारण वाचक के तौर पर लिये जा सकते हैं। (भक्ति योग पृष्ठ, पृष्ठ-46)
06. अक्षर "अ" सारे अक्षरों में सबसे कम विशेषभावापन्न है। इसीलिए भगवान श्रीकृष्ण गीता में कहते हैं-"अक्षरों में मैं "अ" कार हूँ। " (गीता,10/33) स्पष्ट रुप से उच्चारित जितने भी शब्द हैं, उनकी उच्चारण क्रिया मुख में जिह्वा के मूल से आरम्भ होती है और ओठों में आकर समाप्त हो जाती है। "अ" जिह्वा मूल अर्थात् कण्ठ से उच्चारित होता है, और "म" ओठों से होने वाला अन्तिम शब्द है। और "उ" उस शक्ति का सूचक है, जो जिह्वा मूल से आरम्भ होकर मुँह भर में लुढ़कती हुई ओठों में आकर समाप्त हो जाती है। यदि "ऊँ" का उच्चारण ठीक ढंग से किया जाय, तो इसके शब्दोच्चारण की सम्पूर्ण क्रिया सम्पन्न हो जाती है-दूसरे किसी भी शब्द में यह शक्ति नहीं। (भक्ति योग, पृष्ठ-46)
07. जिस प्रकार अल्पतम् विशेष भावात्मक तथा सार्वभौमिक वाचक शब्द "ऊँ" के सम्बन्ध में वाच्य और वाचक आपस में अभेद्य रुप से सम्बद्ध हैं उसी प्रकार वाच्य और वाचक का यह अविच्छिन्न सम्बन्ध भगवान और विश्व के विभिन्न खण्ड भावों पर भी लागू है, अतएव उनमें से प्रत्येक का एक विशिष्ट वाचक शब्द होना आवश्यक है। (भक्ति योग, पृष्ठ-47)
08. ये वाचक शब्द ऋषियों की गम्भीरतम आध्यात्मिक अनुभूति से उत्पन्न हुए हैं और वे भगवान तथा विश्व के जिन विशेष-विशेष खण्ड भाव के वाचक हैं, उन विशेष भावों को यथासम्भव प्रकाशित करते हैं। जिस प्रकार "ऊँ" अखण्ड ब्रह्म का वाचक है, उसी प्रकार अन्यान्य मंत्र भी उसी परम पुरुष के खण्ड-खण्ड भावों के वाचक हैं। ये सभी ईश्वर के ध्यान और प्रकृत ज्ञान की प्राप्ति में सहायक हैं। (भक्ति योग, पृष्ठ-47)
09. सृष्टि के पूर्व ब्रह्म शब्दात्मक बनते है, फिर ओंकारात्मक या नादात्मक होते है। तत्पश्चात पहले कल्पों के विशेष शब्द जैसे-भूः, भुवः, स्व-अथवा गो, मानव, घट, पट इत्यादि का प्रकाश उसी ओंकार से होता है। सिद्ध संकल्प ब्रह्म में क्रमश-एक-एक शब्द के होते ही उसी क्षण उन सब पदार्थो का भी प्रकाश हो जाता है और इस विचित्र जगत् का विकास हो उठता है। अब समझे न कि कैसे शब्द ही सृष्टि का मूल है। -स्वामी विवेकानन्द (विवेकानन्द जी के संग में पृष्ठ-62)
10. यह सारा व्यक्त इन्द्रिय ग्राह्य जगत रूप है, और इसके पीछे है अनन्त अव्यक्त स्फोट। स्फोट का अर्थ-समस्त जगत की अभिव्यक्ति का कारण शब्द-ब्रह्म। समस्त नामों अर्थात् भावों की नित्य समवायी उपादान स्वरूप यह नित्य स्फोट ही वह शक्ति है, जिससे भगवान इस विश्व की सृष्टि करते है। यही नहीं बल्कि भगवान पहले स्फोट-रूप में परिणत हो जाते है और तत्पश्चात अपने को उससे भी स्थूल इस इन्द्रिय ग्राह्य जगत् के रूप में परिणत कर लेते है। -स्वामी विवेकानन्द (राजयोग-पृष्ठ-45)

आचार्य रजनीश"ओशो" का कहना था-

- "श्रीकृष्ण का महत्व अतीत के लिए कम भविष्य के लिए ज्यादा है। सच ऐसा है कि कृष्ण अपने समय से कम से कम पाँच हजार वर्ष पहले पैदा हुये। सभी महत्वपूर्ण व्यक्ति अपने समय से पहले पैदा होते हैं और

सभी गैर महत्वपूर्ण व्यक्ति अपने समय के बाद पैदा होते हैं। बस महत्वपूर्ण और गैर महत्वपूर्ण में इतना फर्क है और सभी साधारण व्यक्ति अपने समय के साथ पैदा होते हैं महत्वपूर्ण व्यक्ति को समझना आसान नहीं होता। उसका वर्तमान और अतीत उसे समझने में असमर्थता अनुभव करता है जब हम समझने योग्य नहीं हो पाते तब हम उसकी पूजा शुरु कर देते हैं या तो हम उसका विरोध करते हैं। दोनों पूजाएं हैं एक मित्र की एक शत्रु की।"

- उसके लिए सब हंसी खेल है, सब लीला है। इसलिए हमने कृष्ण को पूर्णावतार कहा। राम गम्भीर हैं छोटी-छोटी बात का हिसाब रखते हैं। नियम मर्यादा से चलते हैं- मर्यादा पुरूषोत्तम हैं। कृष्ण अमर्याद हैं न कोई नियम है न कोई मर्यादा। कृष्ण के लिए जीवन लीला है।
- धर्म कोई विषय थोड़े ही है। धर्म की कोई सीमा थोड़े ही है। धर्म तो समस्त जीवन का नाम है। जीवन में जो कुछ भी समाविष्ट है, धर्म उस सभी के सम्बन्ध में वक्तव्य देने का हकदार है। राजनीतिज्ञ, धर्म के सम्बन्ध में वक्तव्य नहीं दे सकता क्योंकि राजनीति की सीमा है। लेकिन धार्मिक व्यक्ति, राजनीति के सम्बन्ध में वक्तव्य दे सकता है क्योंकि धर्म की कोई सीमा नही है धर्म असीम है, धर्म तो पूरे जीवन को घेरता है जैसे आकाश घेरता है। धर्म से तो कोई भी चीज छोड़ी नहीं जा सकती। धार्मिक व्यक्ति की दृष्टि तो सब सम्बन्धों में होगी।
- जो एक गुरू बोल रहा है, वह अनन्त सिद्धों की वाणी है। अभिव्यक्ति में भेद होगा, शब्द अलग होंगे, प्रतीक अलग होंगे मगर जो एक सिद्ध बोलता है, वह सभी सिद्धों की वाणी है। इनसे अन्यथा नहीं हो सकता है। इसलिए जिसने एक सिद्ध को पा लिया, उसने सारे सिद्धों की परम्परा को पा लिया। क्योंकि उनका सूत्र एक ही है। कुंजी तो एक ही है, जिसमें ताला खुलता है अस्तित्व का।
- "इस देश को कुछ बाते समझनी होगी। एक तो इस देश को यह बात समझनी होगी कि तुम्हारी परेशानियों, तुम्हारी गरीबी, तुम्हारी मुसीबतों, तुम्हारी दीनता के बहुत कुछ कारण तुम्हारे अंध विश्वासों में है, भारत कम से कम डेढ़ हजार साल पिछे घिसट रहा है। ये डेढ़ हजार साल पूरे होने जरूरी है। भारत को खिंचकर आधुनिक बनाना जरूरी है। मेरी उत्सुकता है कि इस देश का सौभाग्य खुले, यह देश भी खुशहाल हो, यह देश भी समृद्ध हो। क्योंकि समृद्ध हो यह देश तो फिर राम की धुन गुंजे, समृद्ध हो यह देश तो फिर लोग गीत गाँये, प्रभु की प्रार्थना करें। समृद्ध हो यह देश तो मंदिर की घंटिया फिर बजे, पूजा के थाल फिर सजे। समृद्ध हो यह देश तो फिर बाँसुरी बजे कृष्ण की, फिर रास रचे! यह दीन दरिद्र देश, अभी तुम इसमें कृष्ण को भी ले आओंगे तो राधा कहाँ पाओगे नाचनेवाली? अभी तुम कृष्ण को भी ले आओगे, तो कृष्ण बड़ी मुश्किल में पड़ जायेंगे, माखन कहाँ चुरायेगें? माखन है कहाँ? दूध दही की मटकिया कैसे तोड़ोगे? दूध दही की कहाँ, पानी तक की मटकिया मुश्किल है। नलों पर इतनी भीड़ है! और एक आध गोपी की मटकी फोड़ दी, जो नल से पानी भरकर लौट रही थी, तो पुलिस में रिपोर्ट दर्ज करा देगी कृष्ण की, तीन बजे रात से पानी भरने खड़ी थी नौ बजते बजते पानी भर पायी और इन सज्जन ने कंकड़ी मार दी। धर्म का जन्म होता है जब देश समृद्ध होता है। धर्म समृद्ध की सुवास है। तो मैं जरूर चाहता हूँ यह देश सौभाग्यशाली हो लेकिन सबसे बड़ी अड़चन इसी देश की मान्यताएं है। इसलिए मैं तुमसे लड़ रहा हूँ। तुम्हारे लिए।"

व्यक्ति-समाज-राज्य-विश्व की आवश्यकता, भविष्यवक्ताओं की भविष्यवाणीयां, ग्रहों के चालों, सूर्य व चन्द्र ग्रहण, सामाजिक-राजनीतिक विचारकों के विचार-सपनें-उम्मीद इत्यादि युग परिवर्तन की ओर दिशा निर्देश कर रहीं हैं। ऐसे में सृष्टि के लिए सार्वभौम सर्वोच्च अन्तिम अर्थों वाले शब्दों (जिसकी सूची अगले पृष्ठ पर दी गई है।) **पर चर्चा ही एक मात्र युग परिवर्तन का मार्ग है।**

वे सार्वभौम एकात्म शब्द जिसके बिना युग परिवर्तन सम्भव नहीं (सर्वोच्च, अन्तिम और दृश्य)

क्र.सं. विषय क्षेत्र	सम्बन्धित क्षेत्र से मुख्य नाम
01. विश्व क्षेत्र	विश्व संविधान / साहित्य / विचार / सिद्धान्त / प्रबन्ध / दर्शन / मत / मानव / एकता / शान्ति / विकास / स्थिरता / आत्मा / अभिनेता / बुद्धि / राजनीति / क्रांति
02. राज्य क्षेत्र	विश्व (राष्ट्र) ऐजेण्डा–2012+ (WORLD NATION AGENDA-2012+) विश्व व्यवस्था का अधिकतम एवं न्यूनतम साझा कार्यक्रम
03. समाज क्षेत्र	लोक / गण / जन ऐजेण्डा–2012+ (PUBLIC AGENDA-2000+)
04. धर्म क्षेत्र	वेदान्त धर्म स्थापना
05. साहित्य क्षेत्र	विश्व साहित्य–"विश्वभारत" समाहित "विश्वशास्त्र" साहित्य– आदर्श वैश्विक व्यक्ति चरित्र कथा साहित्य
06. सामाज शास्त्र	मानक / जन / गण / लोक शास्त्र
07. धर्मशास्त्र	धर्मयुक्त नाम – कर्मवेदः प्रथम, अन्तिम और पंचम वेद और आधारित उपनिषद् (व्यष्टि एवं समष्टि) सर्वधर्मसमभाव / धर्मनिरपेक्ष नाम – मन की गुणवत्ता का विश्व मानक : शून्य श्रृंखला (व्यष्टि एवं समष्टि)
08. मानक क्षेत्र	मन की गुणवत्ता का विश्व मानक : शून्य श्रृंखला
09. अदृश्य विज्ञान	दृश्य आध्यात्म विज्ञान
10. दृश्य विज्ञान	धर्म विज्ञान या एकात्म विज्ञान (Integration Science)
11. इंजीनियरिंग	सत्य सामाजिक अभियंत्रण (Real Social Engineering)
12. तकनीकी	सत्य सामाजिक तकनीकी (Real Social Technology) : WCM-TLM-SHYAM.C Technology
13. संविधान	विवादमुक्त तन्त्रों पर आधारित संविधान
14. राजनीति	सत्य राजनीति / राजनीति–2012+ (POLITICS-2012+)
15. संगठन	विश्व राजनीतिक पार्टी संघ (World Political Party Organisation- WPPO)
16. शिक्षा	पूर्णज्ञान / पूर्ण शिक्षा प्रणाली / शिक्षा -2012+ (EDUCATION-2012+)
17. राष्ट्र सम्बन्ध	आदर्श राष्ट्रीय नागरिक
18. वेदान्त	कर्म वेदान्त : वेदान्त की अन्तिम शाखा
19. मतवाद	एकात्म कर्मवाद : एकात्म मानवतावाद का व्यावहारिक रुप
20. दार्शनिक	विकास दर्शन (Development Philosophy)
21. क्रांति	संपूर्ण क्रांति (Complete Revolution) : प्रलय, स्थिति एवं सृष्टि
22. सांस्कृतिक	भोगेश्वरः भोग (पाश्चात्य) + ईश्वर (प्राच्य) = एकात्म या ईश्वरत्व भाव से भोग
23. मन	विश्व मन (WOLD MIND)
24. मानव	विश्वमानव (विश्वमन से युक्त)
25. मनु	8वें मनु – सावर्णि मनु
26. अवतार	भगवान विष्णु के 10वें और अन्तिम तथा भगवान शंकर के 22वें और अन्तिम संयुक्तावतार (निष्कलंक कल्कि एवं भोगेश्वर)
27. निराकार ब्रह्म	सार्वभौम सत्य–सिद्धान्त (UNIVERSAL TRUTH-THEORY) : विश्व–बन्धुत्व का सिद्धान्त
28. साकार ब्रह्म	लव कुश सिंह
29. पुनर्जन्म–सत् मार्ग से	बुड्ढा कृष्ण (कृष्ण भाग – 2 और अन्तिम) – कृष्ण की अगली और अन्तिम कड़ी
30. पुनर्जन्म–रज मार्ग से	स्वामी विवेकानन्द का पुनर्जन्म
31. पुनर्जन्म–तम मार्ग से	रावण की अगली कड़ी
32. आत्मा	दृश्य विश्वात्मा / शिव / ब्रह्म / मैं
33. अभिनय	वास्तविक जीवन का अभिनेता (Real Life Actor)
34. बम	ज्ञान बम – आध्यात्मिक न्यूट्रान बम
35. अस्त्र	अनियन्त्रित पशुपास्त्र (नारायणास्त्र या सु–दर्शन चक्र व ब्रह्मास्त्र समाहित)
36. माया	योग माया समाहित भोगमाया
37. ज्ञान	एकात्म कर्मज्ञान (शास्वत) : व्यष्टि एवं समष्टि
38. बुद्धि	विश्व बुद्धि व चेतना या सत्य चेतना : पूर्व व्यक्त सत्य चेतना
39. ध्यान व योग	दृश्य सत्य–क्रियाकलाप–एकात्म योग व ध्यान (अन्तिम योग व अन्तिम ध्यान)
40. मिशन	प्राकृतिक सत्य मिशन (Natural Truth Mission)–सर्वोच्च और अन्तिम मिशन
41. धार्मिक नगर	एकात्म काशी– जीवनदायिनी सत्यकाशी : पंचम, अन्तिम तथा सप्तम काशी
42. शक्ति	आत्मशक्ति (SPIRIT POWER),मस्तिष्क शक्ति (BRAIN POWER), मन शक्ति (MIND POWER),सत्य शक्ति (TRUTH POWER)
43. जीवन कथा	विश्वमानव लीला / दर्पण : दो विपरीत दिशाओं के साथ प्रथम एवं अन्तिम कथा
44. प्रेम और कर्म	शास्वत प्रेम और कर्म
45. समन्वय	अन्तिम समन्वय–सिद्धान्त
46. आचार्य	अन्तिम समन्वयाचार्य
47. कला	विश्वमानव कला (कृष्ण कला समाहित)
48. परिचालन प्रणाली	अवतार का परिचालन प्रणाली : मानव–10 (Avatar's Operating System-AOS : Human-10)
49. शंकराचार्य पीठ	सत्यकाशी पीठ : पंचम और अन्तिम शंकराचार्य पीठ

भाग-8

केन्द्र या मध्य (भारत) में पांचवां और अन्तिम सत्यकाशी पीठ

सत्यकाशी पीठ: स्थान

सत्यकाशी पीठ: इतिहास और उद्देश्य

पाँचवाँ और अंतिम शंकराचार्य पीठ: इसकी विशेषता

"हिन्दू धर्म की जो पकड़ थी, वह इस समय कमजोर पड़ गयी है क्योंकि भारतीय स्वतंत्रता आन्दोलन के समय से राजनेताओं का वर्चस्व बढ़ा और उन्होंने धर्म रक्षकों को दबा दिया, जिसके परिणामस्वरूप 163 साल तक शंकराचार्य की पदवी खाली रही। इसलिए आवश्यक है कि शिक्षा के क्षेत्र में धर्म की स्थापना हो। स्वस्थ एवं श्रेष्ठ साहित्य का सृजन हो। महापुरूषों को घूम-घूम कर सनातन धर्म का प्रचार-प्रसार करना चाहिए जिससे लोगों के हृदय में भारतीय धर्म-शास्त्र के प्रति आस्था-विश्वास बढ़े।"

- स्वामी स्वरूपानन्द (द्वारिका पीठाधीश्वर जगद्गुरू शंकराचार्य)
साभार - दैनिक आज, समाचार पत्र, वाराणसी, दि0 10-5-1997

स्पष्टिकरण

सत्य से सार्वभौम सत्य-सिद्धान्त तक का मार्ग अवतारों का मार्ग है। सार्वभौम सत्य-सिद्धान्त की अनुभूति ही अवतरण है। इसके अंश अनुभूति को अंश अवतार तथा पूर्ण अनुभूति को पूर्ण अवतार कहते है। ग्रन्थों में अवतारों की कई कोटि बतायी गई है जैसे अंशाशावतार, अंशावतार, आवेशावतार, कलावतार, नित्यावतार, युगावतार इत्यादि, जो भी सार्वभौम सत्य-सिद्धान्त को व्यक्त करता है वे सभी अवतार कहलाते हैं। व्यक्ति से लेकर समाज के सर्वोच्च स्तर तक सार्वभौम सत्य-सिद्धान्त को व्यक्त करने के क्रम में ही विभिन्न कोटि के अवतार स्तरबद्ध होते हैं। अवतार मानव मात्र के लिए ही कर्म करते हैं न कि किसी विशेष मानव समूह या सम्प्रदाय के लिए। अवतार, धर्म, धर्मनिरपेक्ष व सर्वधर्मसमभाव से युक्त अर्थात एकात्म से युक्त होते है। इस प्रकार अवतार से उत्पन्न शास्त्र मानव के लिए होते हैं, न कि किसी विशेष मानव समूह के लिए। उत्प्रेरक, शासक और मार्गदर्शक आत्मा सर्वव्यापी है। इसलिए एकात्म का अर्थ संयुक्त आत्मा या सार्वजनिक आत्मा है। अवतारों के प्रत्यक्ष और प्रेरक दो कार्य विधि हैं। प्रत्यक्ष अवतार वे होते हैं जो स्वयं अपनी शक्ति का प्रत्यक्ष प्रयोग कर समाज का सत्यीकरण करते हैं। यह कार्य विधि समाज में उस समय प्रयोग होता है जब अधर्म का नेतृत्व एक या कुछ मानवों पर केन्द्रित होता है। प्रेरक अवतार वे होते हैं जो स्वयं अपनी शक्ति का अप्रत्यक्ष प्रयोग कर समाज का सत्यीकरण जनता एवं नेतृत्वकर्ता के माध्यम से करते हैं। यह कार्य विधि समाज में उस समय प्रयोग होता है जब समाज में अधर्म का नेतृत्व अनेक मानवों और नेतृत्वकर्ताओं पर केन्द्रित होता है।

इन विधियों में से कुल दस अवतारों में से प्रथम सात (मत्स्य, कूर्म, वाराह, नृसिंह, वामन, परशुराम, राम) अवतारों ने समाज का सत्यीकरण प्रत्यक्ष विधि के प्रयोग द्वारा किया था। आठवें अवतार (श्रीकृष्ण) ने दोनों विधियों प्रत्यक्ष ओर प्रेरक का प्रयोग किया था। नवें (भगवान बुद्ध) और अन्तिम दसवें अवतार की कार्य विधि प्रेरक ही है।

सनातन अद्वैत दर्शन के अनुसार यह जगत ही ईश्वर का दृश्य रूप है। ऐसे में सभी ईश्वर हैं। सभी ईश्वर के बहुरूप हैं और सभी में प्रकाशित वही ईश्वरीय सत्ता है। सार्वभौम एकात्म की ओर ले जाने वाले सभी प्रक्षेपित

मानक चरित्र सनातन हैं जैसे ब्रह्मा परिवार, विष्णु परिवार और महेश परिवार। इस सार्वभौम एकात्म की ओर विचार व्यक्त करने वाला अर्थात उसी का प्रचार-प्रसार व स्थापना करने वाला युगावतार तो नहीं हो सकता लेकिन वह अवतार अवश्य होता है क्योंकि उसने भी उस सार्वभौम सत्य-सिद्धान्त का साक्षात्कार किया है।

ईश्वर के मानवीयकरण व मानव के ईश्वरीयकरण के लिए आपके भौतिक शरीर से व्यक्त विश्वात्मा की इच्छा को धर्म क्षेत्र से नाम कर्मवेदः प्रथम, अन्तिम तथा पंचम वेद एवं धर्मनिरपेक्ष क्षेत्र से मन का विश्वमानकः शून्य श्रृंखला समाहित "विश्वशास्त्र-द ना ॅलेज आॅफ फाइनल ना ॅलेज" के रूप में पूर्ण किया जा चुका है। जिसमें पुराणों का धर्मनिरपेक्ष और सर्वधर्मसमभाव रूप भी सम्पूर्ण मानव जाति को स्पष्ट दृष्टिगत होगा। परिणामस्वरूप भारतीय धर्म शास्त्रों के प्रति विश्वव्यापी आस्था बढ़ना स्वाभाविक है। साथ ही अनेक सत्य-साहित्यों की रचना के लिए भी मार्ग प्रशस्त और रचना कर दिये गये हैं।

तीनों देवताओं ब्रह्मा, विष्णु और शिव-शंकर के मूल गुणों के आधार पर उनके वास्तविक रुप अर्थात् चार वेदों को व्यक्त करने वाले चार मुखों से युक्त सृष्टिकर्ता ब्रह्मा का रुप, चार भुजाओं से युक्त पालनकर्ता विष्णु का रुप तथा ब्रह्मा और विष्णु समाहित पाँचों वेदों को व्यक्त करने वाले पाँच मुखों से युक्त कल्याणकर्ता शिव-शंकर का अन्तिम रुप, तीनों देवताओं का दिव्यरुप कहलाता है। इसी अनुसार शिव-शंकर के अवतार ही केवल पंचमुखी होते हैं। इसी क्रम में पंचमुखी हनुमान और वेद माता मां गायत्री को भी दिखाया गया है। इस अनुसार पांचवें वेद और पांचवें शंकराचार्य पीठ की स्थापना ही युग परिवर्तन की प्रक्रिया का आरम्भ और सनातन विश्व की ओर कदम है।

व्यक्ति-समाज-राज्य-विश्व की आवश्यकता, भविष्यवक्ताओं की भविष्यवाणीयां, ग्रहों के चालों, सूर्य व चन्द्र ग्रहण, सामाजिक-राजनीतिक विचारकों के विचार-सपनें-उम्मीद इत्यादि युग परिवर्तन की ओर दिशा निर्देश कर रहीं हैं। ऐसे में सृष्टि के लिए सार्वभौम सर्वोच्च अन्तिम अर्थों वाले शब्दों पर चर्चा ही एक मात्र युग परिवर्तन का मार्ग है।

आविष्कार उपयोगी होता है, आविष्कारक नहीं। रचना अधिक समय तक रहती है रचनाकार अदृश्य हो जाता है और रचना के आधार पर अन्य रचना भी होती रहती है।

सनातन विश्व के लिए समस्त प्रक्रिया 150 पुस्तकों के रूप में वेबसाइट

www.64inch.com

पर उपलब्ध है और कार्य समाप्त होता है। व्यक्ति और नेतृत्वकर्ता अपने धर्म

का पालन करें, समाधान उपलब्ध हो चुका है।

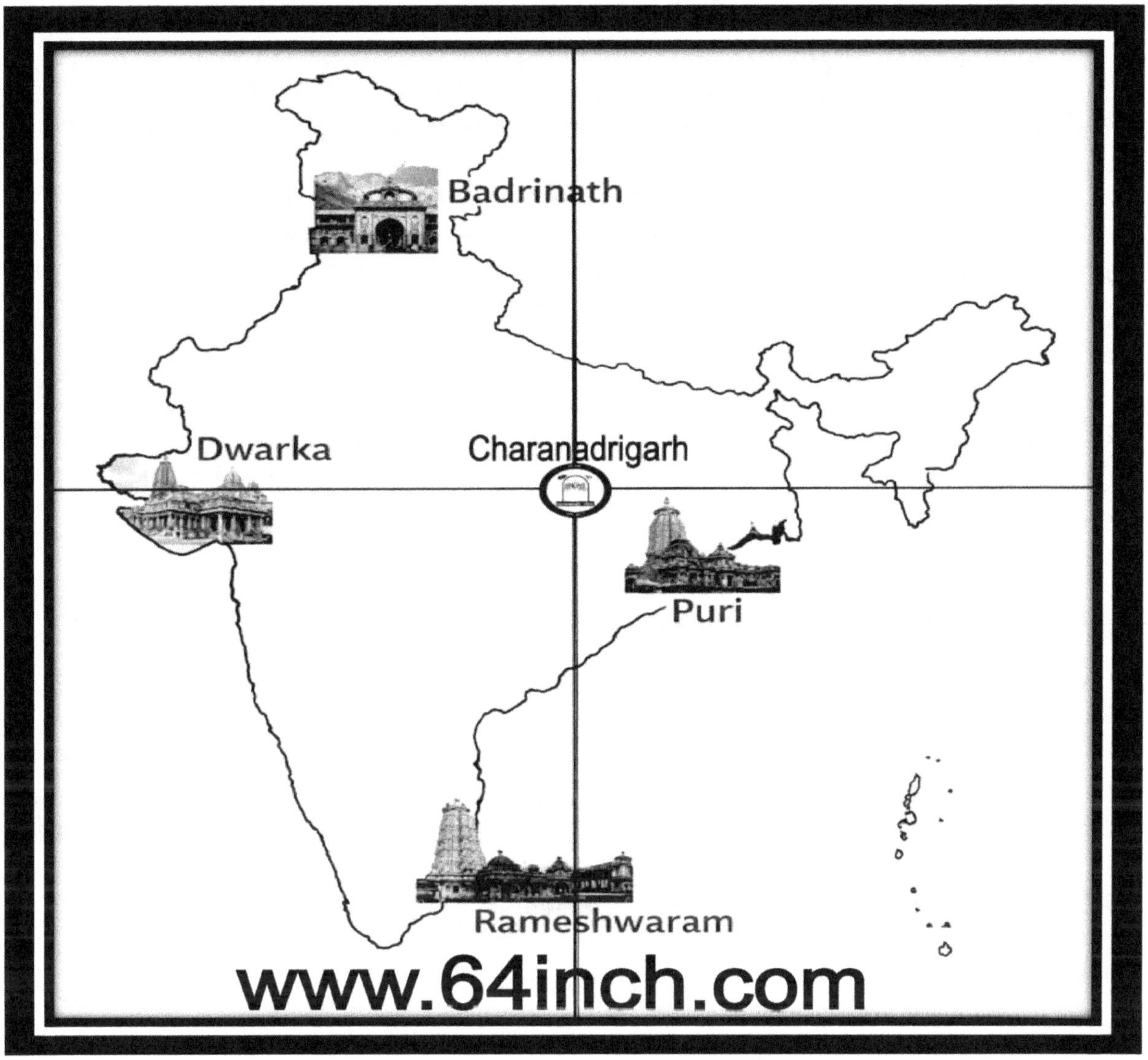

दिशा	पीठ का नाम/ स्थान	उद्देश्य	संबंधित वेद	महावाक्य	तत्व
उत्तर	बदरी ज्योतिर्मठ पीठ उत्तराखंड, जोशीमठ	ज्ञान और विवेक	अथर्ववेद	अयमात्मा ब्रह्म (यह आत्मा ब्रह्म है)	वायु
दक्षिण	श्रींगेरी शारदा पीठ कर्नाटक, श्रींगेरी	स्थिरता और परंपरा	यजुर्वेद	अहम् ब्रह्मास्मि (मैं ब्रह्म हूँ)	पृथ्वी
पूर्व	पुरी गोवर्धनमठ पीठ ओडिशा, पुरी	भक्ति और समर्पण	ऋग्वेद	प्रज्ञानं ब्रह्म (चेतना ब्रह्म है)	जल
पश्चिम	द्वारका शारदा पीठ गुजरात, द्वारका	कर्म और संकल्प	सामवेद	तत्त्वमसि (तू ब्रह्म है)	अग्नि
केन्द्र या मध्य	सत्यकाशी पीठ उत्तर प्रदेश, चरणाद्रिगढ़	चेतना और एकत्व	कर्मवेद	सर्वे ब्रह्म (सभी ब्रह्म हैं)	आकाश

क्षिति, जल, पावक, गगन, समीरा। पंच तत्व मिलि बनेहु शरीरा ।।

सत्यकाशी पीठ: स्थान

मानव जीवन की यात्रा को हम चार स्तरों में देख सकते हैं - **संभल (Shambhal), संभला (Shambhala), ज्ञानगंज (Gyanganj) और संगरीला (Sangrila)**

संभल (Shambhal) को हम भौतिक जगत का प्रतीक मान सकते हैं। यह धरती पर बसा हुआ वास्तविक नगर है, जहाँ लोग रहते हैं, संघर्ष करते हैं और जीवन की यात्रा करते हैं। धार्मिक मान्यता के अनुसार यहाँ भविष्य में कल्कि अवतार का जन्म होगा। इसका अर्थ यह भी है कि संभल हमें यह याद दिलाता है कि परिवर्तन और नवजागरण हमेशा इसी सांसारिक धरती से प्रारंभ होता है।

संभला (Shambhala) आध्यात्मिक जगत का प्रतीक है। यह उस आदर्श समाज और चेतना की ओर संकेत करता है, जहाँ धर्म, करुणा और सत्य का शासन है। बौद्ध ग्रंथों में इसे एक अदृश्य, पवित्र राज्य बताया गया है। इसका दार्शनिक अर्थ यह है कि हर मनुष्य के भीतर एक संभला है - एक ऐसा क्षेत्र जहाँ शांति, संतुलन और धर्म की शक्ति हमेशा जीवित रहती है। यह हमारे भीतर के आदर्श और परम लक्ष्य का रूप है।

ज्ञानगंज (Gyanganj) गूढ़ और रहस्यमय चेतना का प्रतीक है। यह वह क्षेत्र है, जहाँ अमर योगी और सिद्ध रहते हैं, और जो साधारण दृष्टि से छिपा हुआ है। इसका अर्थ यह है कि सत्य और सर्वोच्च ज्ञान कभी सतही रूप में उपलब्ध नहीं होते, बल्कि गहन साधना और आंतरिक परिवर्तन से ही प्राप्त किए जा सकते हैं। ज्ञानगंज हमें यह सिखाता है कि परम सत्य अदृश्य है, परंतु साधना से प्रकट हो सकता है।

इस प्रकार, ये चारों स्तर - **भौतिक, आध्यात्मिक, गूढ़ और आदर्श** - मानव जीवन और चेतना की समग्र यात्रा का प्रतिनिधित्व करते हैं, जहाँ साधना, अनुभव और ज्ञान मिलकर आत्मा को पूर्णता की ओर ले जाते हैं।

इस प्रकार, इन तीनों को मिलाकर देखा जाए तो:

- **संभल** = जीवन और समाज का यथार्थ (भौतिक जगत)
- **संभला** = आदर्श और धर्म का उच्च स्वरूप (आध्यात्मिक जगत)
- **ज्ञानगंज** = रहस्यमय सत्य और अमर ज्ञान (गूढ़ जगत)

ये तीनों मिलकर मानव जीवन की पूर्ण यात्रा का संकेत देते हैं - भौतिक से आध्यात्मिक और फिर गूढ़ एवं परम सत्य तक।

संगरीला (Sangrila/Shangri-La) एक कल्पित पर्वतीय स्थल है, जिसे आदर्श समाज और शांति का प्रतीक माना जाता है। यह जगह सामान्य दृष्टि से अदृश्य या दूरस्थ मानी जाती है, जहाँ जीवन सुखमय, स्वस्थ और सामंजस्यपूर्ण होता है। दार्शनिक रूप से इसे मानव चेतना के उच्चतम स्तर, आत्मा की शांति और आदर्श जीवन का प्रतीक माना जाता है। **संगरीला (Sangrila)** का अर्थ यह भी है कि सच्ची खुशी और संतुलन केवल भीतर की यात्रा और साधना से ही प्राप्त होते हैं, बाहरी समृद्धि से नहीं।

1. **शब्द-संदर्भ में**: "Sangrila" अक्सर "Shangri-La" का रूपांतर होता है, जो कि एक कल्पित, आदर्श, रहस्यमयी और शांति-पूर्ण स्थान है।
2. **दार्शनिक/आध्यात्मिक संदर्भ में**: इसे ज्ञानगंज या संभला जैसे गूढ़ और रहस्यमयी क्षेत्रों के समान माना जा सकता है।
3. **अन्य संदर्भ**: यदि यह किसी किताब, स्थान या परियोजना का नाम है, तो उसका अलग अर्थ हो सकता है।

पीठ (Peeth) स्थापित करने की योजना

उद्देश्य और दर्शन तय करना

- पहले यह स्पष्ट करें कि पीठ का उद्देश्य क्या होगा:
    - **अद्वैत वेदांत का प्रचार**
    - **साधकों का प्रशिक्षण और मोक्ष की ओर मार्गदर्शन**
    - **धार्मिक शिक्षा, योग और ध्यान केंद्रित करना**
- पीठ का नाम "Satyakashi" इसलिए चुना गया है क्योंकि यह **सत्य और ज्ञान के प्रकाश का प्रतीक** है।

गुरु या आध्यात्मिक मार्गदर्शक

- पीठ को वैध और आध्यात्मिक मान्यता प्राप्त करने के लिए **एक योग्य गुरु या शिष्य परंपरा वाला व्यक्ति** आवश्यक है।
- गुरु का कार्य होगा:
    - **साधकों का प्रशिक्षण**
    - **धर्म और वेदांत का प्रचार**
    - **पीठ की प्रतिष्ठा बनाना**

स्थान और इमारत का चयन

- स्थान चुनते समय ध्यान दें:
    - **शांत और आध्यात्मिक वातावरण**
    - **साधकों के लिए आवास और साधना स्थल**
    - **भक्तों और पर्यटकों के आने-जाने की सुविधा**
- इमारत में हो सकते हैं:
    - मुख्य मंदिर / पूजा स्थल
    - ध्यान और साधना कक्ष
    - वेदांत शिक्षण कक्ष
    - गुरुकुल या आश्रम

धार्मिक और आध्यात्मिक गतिविधियाँ

- नियमित क्रियाएँ:

    - **साधना, ध्यान और कीर्तन**
    - **वेदांत और शास्त्र अध्ययन**
    - **धार्मिक कार्यशालाएँ और प्रवचन**
- विशेष आयोजन:
    - **अस्थायी या वार्षिक उत्सव**
    - **अद्वैत वेदांत पर सेमिनार**
    - **साधक प्रशिक्षण शिविर**

समुदाय और साधकों का निर्माण

- पीठ केवल इमारत नहीं, **साधकों और भक्तों का केंद्र** होना चाहिए।
- इसके लिए करें:
    - सामाजिक और आध्यात्मिक गतिविधियों का आयोजन
    - साधकों के लिए निवास और शिक्षा सुविधाएँ
    - पीठ का प्रचार: पुस्तकों, वेबसाइट और सामाजिक मंचों के माध्यम से

आधिकारिक मान्यता और नेटवर्क

- भारत में शंकराचार्य परंपरा के मुख्य पीठों के साथ **संपर्क और मार्गदर्शन**।
- नए पीठ को स्थानीय प्रशासन और धार्मिक संस्थानों से **मान्यता और सहयोग** दिलाना।
- अन्य पीठों और गुरु परिषदों के साथ **संवाद और सहयोग**।

दीर्घकालीन योजना

- पीठ को स्थायी और प्रतिष्ठित बनाने के लिए:
    - नियमित साधना और शिक्षा कार्यक्रम
    - नए साधकों और भक्तों को जोड़ना
    - पीठ के **अध्यात्मिक, सामाजिक और शैक्षिक प्रभाव** को बढ़ाना

निष्कर्ष:

नया **Satyakashi Peeth** बनाया जा सकता है, लेकिन यह केवल इमारत नहीं, बल्कि **ज्ञान, साधना और आध्यात्मिक मार्गदर्शन का केंद्र** होना चाहिए। एक योग्य गुरु, साधक समुदाय और सही दृष्टिकोण इसके लिए अनिवार्य हैं।

अन्तिम अवतार कल्कि
का संभल (Shambhal), संभला (Shambhala), ज्ञानगंज (Gyanganj) और संगरीला (Sangrila) से सम्बन्ध

इसका उत्तर गहराई से समझा जाए तो यह केवल भूगोल या कथा का नहीं, बल्कि चेतना के विकास का रहस्य है।

1. संभल (Shambhal) - अवतार का धरातल

हिन्दू ग्रन्थों में कहा गया है कि **कल्कि अवतार का जन्म 'संभल' नामक स्थान पर होगा।** यह स्थान भौतिक जगत में मौजूद है - उत्तर प्रदेश का एक नगर, परंतु प्रतीक रूप से यह मानवता के भीतर जन्म लेती दिव्यता का संकेत है। जब धर्म क्षीण होता है, तब वही संभल - अर्थात् "संभलने का बिंदु" - अवतार का आधार बनता है।

संभल = पृथ्वी पर दिव्यता का उद्भव बिंदु।

2. संभला (Shambhala) - धर्मराज्य या दिव्य व्यवस्था

बौद्ध और हिन्दू दोनों परम्पराओं में **Shambhala** को धर्म का गुप्त राज्य माना गया है। बौद्ध ग्रंथ 'कालचक्र तंत्र' में कहा गया है कि जब अधर्म चरम पर होगा, तब Shambhala से एक राजा प्रकट होगा जो अधर्म का अंत करेगा - यह प्रतीक रूप से **कल्कि अवतार का ही वर्णन** है।

संभला = दिव्य शासन या धर्मराज्य, जहाँ से कल्कि की प्रेरणा उठती है।

3. ज्ञानगंज (Gyanganj) - सिद्धों का अदृश्य लोक

ज्ञानगंज को अमर योगियों का क्षेत्र कहा जाता है, जहाँ से विश्व के आध्यात्मिक प्रवाह को दिशा मिलती है। कई सिद्ध परंपराएँ मानती हैं कि कल्कि का आध्यात्मिक मार्गदर्शन इन्हीं योगियों द्वारा किया जाएगा।

ज्ञानगंज = दिव्य ऊर्जा और योगिक शक्ति का स्रोत, जहाँ से कल्कि को आत्मिक बल प्राप्त होगा।

4. संगरीला (Sangrila / Shangri-La) - आदर्श समाज या चेतना का चरम स्वरूप

संगरीला का विचार पश्चिमी और तिब्बती रहस्य परंपराओं में आता है - एक अमर, शांति-पूर्ण, आदर्श स्थान, जहाँ कोई रोग, संघर्ष या अधर्म नहीं होता। यह उस अवस्था का प्रतीक है जो **कल्कि युग के बाद की सृष्टि** होगी - अर्थात सत्ययुग का पुनर्स्थापन।

संगरीला = वह दिव्य युग या चेतना का चरम, जो कल्कि अवतार के कार्य का परिणाम है।

सारांश (संक्षेप में सम्बन्ध)

स्तर	प्रतीक	सम्बन्ध कल्कि से
संभल (Shambhal)	भौतिक जन्मभूमि	कल्कि अवतार का पृथ्वी पर अवतरण
संभला (Shambhala)	दिव्य धर्मराज्य	धर्म का पुनःस्थापन करने की शक्ति का उद्गम
ज्ञानगंज (Gyanganj)	गूढ़ योगिक लोक	कल्कि को आत्मिक दिशा और सिद्ध शक्ति का आधार
संगरीला (Sangrila)	आदर्श चेतना का युग	कल्कि कार्य का अंतिम परिणाम - पुनः सत्ययुग

अर्थात् -

संभल में कल्कि अवतरित होते हैं, संभला से उन्हें धर्म की प्रेरणा मिलती है, ज्ञानगंज से योगिक शक्ति, और संगरीला उनके कार्य का लक्ष्य है - सत्य और शांति का पुनर्स्थापन।

सत्यकाशी पीठ: योग्य स्थान

इस संसार को अन्तिम सन्देश देने से पहले आपको उस क्षेत्र से परिचय कराना चाहता हूँ जिस क्षेत्र से यह सन्देश देने का साहस किया गया है क्योंकि कोई भी क्रिया बिना कारण के नहीं होती।

समस्त मूल कार्य जिस क्षेत्र से सम्पूर्ण हुआ, उस क्षेत्र को सत्यकाशी क्षेत्र कहता हूँ और जिस ग्राम का निवासी हूँ वह काशी (वाराणसी) के चौरासी कोस यात्रा तथा सत्यकाशी क्षेत्र का उभय क्षेत्र में स्थित है। इसलिए जितना काशी (वाराणसी) का हूँ उतना ही सत्यकाशी का हूँ। इस प्रकार यह सन्देश काशी-सत्यकाशी का संयुक्त सन्देश है।

सत्यकाशी क्षेत्र जो काशी (वाराणसी), विन्ध्याचल, शिवद्वार और सोनभद्र के बीच का क्षेत्र है, एक पौराणिक-आध्यात्मिक और साधना के लिए उपयुक्त क्षेत्र के रूप में प्राचीन काल से आकर्षण में रहा है। इस क्षेत्र का हृदय क्षेत्र चुनार है। चुनार का किला राजा विक्रमादित्य ने अपने भाई भर्तहरि के तपस्या में हिंसक जानवरों द्वारा व्यवधान न उत्पन्न हो इसके लिए बनवाया था। ये राजा विक्रमादित्य वही हैं जिनके नाम से विक्रम सम्वत् कैलेण्डर स्थापित है। चुनार ईश्वर के पाँचवें अवतार-वामन अवतार का क्षेत्र है जिनसे समाज की शक्ति का प्रथम जन्म हुआ था।

सत्यकाशी क्षेत्र के चारों कोण पर स्थित

1. काशी (वाराणसी) का अपना प्राचीन और पुरातन इतिहास है जो सर्वविदित है।
2. विन्ध्याचल, जो शिव-शक्ति के उपासना का अद्‌भुत केन्द्र है। यशोदा से उत्पन्न पुत्री (जिनके बदले श्रीकृष्ण प्राप्त हुये थे) महासरस्वती अष्टभुजा देवी के नाम से यहीं स्थापित हैं। भारत देश का मानक समय माँ विन्ध्यवासिनी धाम से तय होता है। पुराणों के अनुसार रावण ने भी इसे मानक समय स्थल मानकर यहाँ शिवलिंग की स्थापना की थी।
3. शिवद्वार, त्रिकोणीय तान्त्रिक साधना के लिए जगत विख्यात था और साधना की राजधानी था। इसे ही मीरजापुर गजेटियर में गुप्तकाशी की संज्ञा से अभिकल्पित किया गया है।
4. सोनभद्र, सोन संस्कृति की पौराणिक पृष्ठभूमि वैदिककालीन सभ्यता की पराकाष्ठापरक ऐतिहासिकता से सम्बद्ध है। सन्त परम्पराओं का एक महत्वपूर्ण परिव्रजन इस क्षेत्र में हुआ जिसमें शैव व शाक्त प्रमुख थे। शैव सम्प्रदाय से जुड़े अघोर तन्त्र ने इसे बहुत सराहा और इसे अपनी कर्मभूमि बना लिया। सोन नद के तट पर शव छेदन क्रिया की भी प्रशिक्षा आयुर्वेद के जिज्ञासुओं को दी जाती थी। शैव तन्त्र से प्रभावित अघोर तन्त्र शव-साधना में सिद्धहस्त था और शव में इकार की प्राण प्रतिष्ठा का जीवन्त रूप शिव को दे देना इनकी अलौकिक साधना का चरमोत्कर्ष है। अघोरपन्थी नाम के पश्चात् "राम" का प्रयोग करते थे। इस क्षेत्र में सवर्ण वर्ग में प्रायः ब्राह्मण वर्ग भी राम का प्रयोग अपने नाम में करता है। इस क्षेत्र में पाशुपात तन्त्र के महान साधक लोरिक का नाम विशेष है।

उपरोक्त तो अति संक्षिप्त परिचय है विस्तार से "विश्वशास्त्र" के अध्याय-दो में प्रकाशित है, जिस क्षेत्र से ये विश्व ऐतिहासिक अन्तिम, अपरिवर्तनीय और अटलनीय सन्देश देने का साहस किया गया है।

भौतिक रूप से सत्यकाशी पीठ के लिए योग्य स्थान सत्यकाशी क्षेत्र ही है। सत्यकाशी पीठ उसी अद्वैत वेदान्त पर आधारित है। जिस के आधार पर आदि शंकाराचार्य द्वारा चार पीठों की स्थापना की थी। युग परिवर्तन के लिए आदि शंकाराचार्य द्वारा स्थापित चार पीठों के वर्तमान शंकाराचार्यों का यह दायित्व है कि वे इस श्रृंखला को आगे बढ़ाते हुये धर्म के वैश्विक स्थापना के लिए आगे आयें।

सत्यकाशी पीठ: इतिहास और उद्देश्य

भारत का इतिहास केवल राजाओं और युद्धों का इतिहास नहीं है,
बल्कि यह **चेतना के विकास का इतिहास** है।
हर युग में जब धर्म और राजनीति के बीच संतुलन बिगड़ता है,
तो कोई न कोई पीठ उस संतुलन को पुनर्स्थापित करने के लिए जन्म लेती है।

ऐसा ही एक अद्वितीय उदय है -
"सत्यकाशी पीठ" का,
जो मानवता के अगले अध्याय की भूमिका बन चुका है।

"जहाँ ज्ञान शासन को दिशा देता है,
वहीं शासन धर्म का साधन बन जाता है।"

काशी से सत्यकाशी तक: चेतना की यात्रा

प्राचीन काशी को "मोक्षभूमि" कहा गया,
क्योंकि वहाँ ज्ञान और मृत्यु - दोनों के रहस्य सिखाए जाते थे।
पर सत्यकाशी - ज्ञान का अगला आयाम है।
यह मृत्यु से मुक्ति नहीं, बल्कि **अज्ञान से मुक्ति** की भूमि है।

तीन चरणों में यह यात्रा समझी जा सकती है:

1. **काशी** - व्यक्तिगत मुक्ति का केंद्र।
2. **महाकाशी** - सार्वभौमिक चेतना का केंद्र।
3. **सत्यकाशी** - वैश्विक एकत्व और अद्वैत शासन का केंद्र।

"काशी आत्मा की दीक्षा है,
सत्यकाशी आत्मा का शासन है।"

स्थापना का उद्देश्य

सत्यकाशी पीठ का जन्म केवल धार्मिक नहीं,
बल्कि आध्यात्मिक-राजनीतिक समन्वय की आवश्यकता से हुआ।
विश्व में बढ़ती भौतिकता, असमानता, और नैतिक संकट के बीच
इस पीठ का उद्देश्य है -

1. **धर्म और शासन के बीच अद्वैत संबंध पुनः स्थापित करना।**
2. **राजनीति को आत्मा से जोड़ना।**
3. **विज्ञान, धर्म, और समाज - तीनों का एक समग्र मॉडल प्रस्तुत करना।**

इसके चार प्रमुख सूत्र:

- **धर्म = चेतना की नीति**
- **राजनीति = सेवा की क्रिया**
- **अर्थनीति = संतुलन की व्यवस्था**
- **विज्ञान = सत्य की खोज**

सत्यकाशी की परंपरा और वंश

सत्यकाशी पीठ किसी व्यक्ति द्वारा स्थापित संस्था नहीं है -
यह **ब्रह्म परंपरा का विस्तार** है।
आदि शंकराचार्य ने चार दिशाओं में चार पीठें स्थापित कीं -
पूर्व, पश्चिम, उत्तर, दक्षिण -
जो वेद, धर्म और आत्मज्ञान के केंद्र बने।

परंतु कालान्तर में जब राजनीति धर्म से अलग और धर्म समाज से अलग हुआ,
तो **पाँचवीं पीठ** की आवश्यकता पड़ी -
जो अद्वैत दर्शन को शासन की नीतियों में उतार सके।

"चार पीठों ने धर्म को जीवित रखा,
पाँचवीं पीठ उसे जीवन में उतारेगी।"

सत्यकाशी का उद्देश्य – धर्म का पुनर्निर्माण, शासन का पुनर्जागरण

आज की मानवता धर्म को या तो संप्रदाय मानती है या अनुष्ठान।
पर सत्यकाशी कहता है -

"धर्म = जीवन की वैज्ञानिक व्यवस्था।"

इस पीठ का उद्देश्य है -
धर्म को **व्यवहार में**, राजनीति को **सेवा में**,
और विज्ञान को **चेतना में** बदलना।

इसके तीन प्रमुख लक्ष्य:

1. **आध्यात्मिक शासन (Spiritual Governance):**
   जहाँ नीतियाँ करुणा और सत्य पर आधारित हों।
2. **चेतना आधारित शिक्षा (Conscious Education):**
   जहाँ बच्चों को ज्ञान नहीं, आत्मा से जोड़ने की विधि सिखाई जाए।
3. **वैश्विक समरसता (Global Oneness):**
   जहाँ राष्ट्रवाद का स्थान "मानववाद" ले ले।

सत्यकाशी और मानवता का भविष्य

सत्यकाशी केवल एक धार्मिक केंद्र नहीं,
बल्कि मानवता का भविष्य मॉडल है।

यह वह स्थान है जहाँ -

- विज्ञान और वेदांत मिलते हैं,
- राजनीति और करुणा जुड़ते हैं,
- और व्यक्ति स्वयं में "राजऋषि" बनता है।

"जब शासक साधक बन जाएगा,
तब ही पृथ्वी पर धर्मराज्य स्थापित होगा।"

निष्कर्ष

सत्यकाशी पीठ का इतिहास कोई कालखंड नहीं,
बल्कि एक **युग की उद्घोषणा** है।
यह उस समय का प्रतीक है
जब ब्रह्मज्ञान शासन का केंद्र बनेगा,
और शासन ब्रह्म की सेवा बन जाएगा।

"सत्यकाशी केवल एक स्थान नहीं -
वह चेतना की वह ज्योति है
जो युगों से अंधकार में जलती रही है।"

पाँचवाँ और अंतिम शंकराचार्य पीठ: इसकी विशेषता

आदि शंकराचार्य ने चार दिशाओं में चार पीठों की स्थापना की -
उत्तर में **ज्योतिर्मठ (बद्रीनाथ)**,
दक्षिण में **श्रृंगेरी पीठ**,
पूर्व में **गौड़पीठ (पुरी)**,
और पश्चिम में **द्वारका शारदापीठ**।

इन चारों पीठों ने धर्म की लौ को जलाए रखा -
ज्ञान, भक्ति, कर्म और योग - चारों मार्गों के संतुलन से।
परंतु जैसे-जैसे युग आगे बढ़ा,
मानवता की चुनौती केवल धर्म रक्षा नहीं रही,
बल्कि **धर्म को शासन, विज्ञान और समाज में जीवित रखना** बन गई।

इसी आवश्यकता से जन्म लेता है -
पाँचवाँ और अंतिम शंकराचार्य पीठ - "सत्यकाशी पीठ।"

"चार पीठों ने धर्म को सुरक्षित रखा,
पाँचवाँ पीठ धर्म को सार्वभौमिक बना देगा।"

पाँचवाँ पीठ क्यों आवश्यक हुआ

शंकराचार्य का कार्य केवल धार्मिक पुनर्जागरण नहीं था;
वह चेतना की क्रांति थी।
उनकी परंपरा ने अद्वैत का सिद्धांत दिया -
कि **सभी भिन्नताएँ एक ही परमसत्य की लहरें हैं।**

परंतु आधुनिक युग में -

- धर्म राजनीति से अलग हुआ,
- ज्ञान आस्था से अलग हुआ,

- और मनुष्य स्वयं अपने अस्तित्व से अलग हो गया।

ऐसे समय में आवश्यक था
कि अद्वैत केवल दर्शनशास्त्र न रह जाए,
बल्कि राजनीति और जीवन का सिद्धांत बन जाए।
इसी हेतु स्थापित हुआ -
सत्यकाशी पीठ - पाँचवाँ और अंतिम शंकराचार्य पीठ।

इसकी स्थापना का प्रतीकात्मक अर्थ

चार पीठें **चार तत्वों (पृथ्वी, जल, अग्नि, वायु)** से संबंधित हैं,
जबकि पाँचवाँ पीठ **आकाश तत्व** का प्रतीक है -
अर्थात् सर्वव्यापक चेतना।

दिशा	पीठ	तत्व	उद्देश्य
पूर्व	पुरी (गौड़)	जल	भक्ति और समर्पण
पश्चिम	द्वारका	अग्नि	कर्म और संकल्प
उत्तर	ज्योतिर्मठ	वायु	ज्ञान और विवेक
दक्षिण	श्रृंगेरी	पृथ्वी	स्थिरता और परंपरा
केंद्र	**सत्यकाशी**	**आकाश**	**चेतना और एकत्व**

"आकाश सबको जोड़ता है -
उसी तरह सत्यकाशी सभी परंपराओं को एक चेतना में जोड़ता है।"

पाँचवाँ पीठ - अद्वैत का आधुनिक रूप

सत्यकाशी पीठ का लक्ष्य अद्वैत को केवल ध्यान या उपनिषद तक सीमित नहीं रखना,
बल्कि उसे शासन और समाज की नीतियों में उतारना है।

इसका सार है -
"अद्वैत शासन" = ऐसा तंत्र जहाँ आत्मा और राज्य में कोई विभाजन न हो।
यह पीठ आत्मा-केन्द्रित राजनीति का सिद्धांत प्रस्तुत करती है -
जहाँ सत्ता साधना है,
शासन सेवा है,
और नेतृत्व तप है।

सत्यकाशी पीठ की पाँच विशेषताएँ

1. अद्वैत का संस्थागत रूप

यह पीठ अद्वैत को केवल तत्वज्ञान नहीं,
बल्कि संस्थागत चेतना बनाती है।
धर्म, शिक्षा, राजनीति, अर्थ और विज्ञान -
सभी को एकसूत्र में बाँधती है।

2. राजऋषि परंपरा का पुनर्जागरण

आदर्श शासक वही है जो साधक भी हो।
सत्यकाशी इस परंपरा को पुनर्जीवित करता है -
जहाँ राज्य का मार्गदर्शन ऋषियों द्वारा होता है।

3. विज्ञान और अध्यात्म का संगम

यह पीठ "Consciousness Studies" और "Spiritual Technology"
को एक साथ लाकर मानव चेतना के विकास को वैज्ञानिक दृष्टि देती है।

4. वैश्विक धर्म - Beyond Religion

सत्यकाशी का धर्म किसी संप्रदाय का नहीं,
बल्कि "मानवता की आत्मा" का है।
यह कहता है -

"जो सत्य को खोजता है, वही सनातन है।"

5. राज्य और आत्मा का समन्वय

यह पीठ बताती है कि शासन तंत्र तभी स्थायी है
जब वह आत्मिक अनुशासन पर आधारित हो।
यह "राजनीति का आध्यात्मिकीकरण" है,
जिसे भविष्य की सभ्यता का आधार माना गया है।

"अंतिम शंकराचार्य पीठ" क्यों कहा गया

चार पीठें धर्म की दिशा का प्रतीक थीं,
पाँचवाँ पीठ **धर्म की दिशा से परे उसकी पूर्णता** का प्रतीक है।
यह अब किसी भौगोलिक क्षेत्र के लिए नहीं,
बल्कि पूरे विश्व की चेतना के लिए है।

"जब मनुष्य का धर्म मानवता होगा,
तब सत्यकाशी पाँचवाँ ही नहीं, अंतिम पीठ सिद्ध होगा।"

सत्यकाशी पीठ का दार्शनिक आधार

इस पीठ की जड़ें तीन सूत्रों पर टिकी हैं -

1. **ब्रह्म सत्यम्** - सत्य सर्वत्र है।
2. **जगत् मिथ्या** - भेद, संप्रदाय और हिंसा केवल अज्ञान की छाया हैं।
3. **जीवो ब्रह्मैव नापरः** - प्रत्येक व्यक्ति ब्रह्म का ही अंश है।

यही दर्शन राजनीति में यह रूप लेता है -

दर्शन	राजनीतिक रूप
ब्रह्म सत्यम्	राज्य का आधार सत्य और नीति
जगत मिथ्या	जाति, रंग, धर्म से ऊपर समानता
जीवो ब्रह्मैव	प्रत्येक नागरिक में दिव्यता का सम्मान

निष्कर्ष

**सत्यकाशी पीठ शंकराचार्य की परंपरा का समापन नहीं,
बल्कि उसका परिपूर्ण रूप है।
यह धर्म, राजनीति, और चेतना -
तीनों के संगम से एक** नया युग **आरंभ करता है।**

**"पहले चार पीठों ने दिशा दी,
पाँचवें ने दिशा को प्रकाश बना दिया।"**

**सत्यकाशी पीठ इसलिए अंतिम है -
क्योंकि यह अद्वैत को सिद्धांत नहीं,
बल्कि जीवित अनुभव बना देता है।**

भाग-9

सत्यकाशी पीठ के कार्य

धारा-उद्धार: धर्म की पुनर्स्थापना

मनुष्य चेतना का रूपांतरण

साधना, दीक्षा और आध्यात्मिक अनुष्ठान

वैश्विक कार्य: मानवता के लिए संदेश

शिव-तत्व और कल्कि-तत्व का मिलन

"सार्वभौम सत्य-सिद्धान्त" पर आधारित "युग परिवर्तन श्रृंखला" के नवयुग के शास्त्र-साहित्य

धारा-उद्धारः धर्म की पुनर्स्थापना

सत्यकाशी पीठ का प्रथम और सर्वोपरि कार्य है-**धारा-उद्धार**, अर्थात वह दिव्य धारा जो युगों से मलीन, विभ्रांत या विकृत हो चुकी है, उसे पुनः शुद्ध स्वरूप में प्रवाहित करना। "धर्म" शब्द यहाँ किसी संप्रदाय, पद्धति या विचारधारा का नाम नहीं; धर्म का अर्थ है-**जगत की अंतर्निहित समरसता, सत्य और सृष्टि-नियम**।

जब युग बदलता है, धर्म की धारा अवरुद्ध हो जाती है।
सत्य केवल ग्रंथों में रह जाता है, इसके प्रयोग का बल खो जाता है।
लोग अनुष्ठान तो करते हैं, पररस के बिना;
मंत्र तो बोलते हैं, पर अर्थ के बिना;
धर्म का नाम तो लेते हैं, पर धर्म का जीवन नहीं जीते।

सत्यकाशी पीठ इस जड़ता को तोड़ता है।

यह धारा-उद्धार तीन प्रकार से होता है:

1. सत्य-दृष्टि का पुनर्जागरण

लोगों में सत्य को पहचानने और जीने की क्षमता पुनः सक्रिय होती है।
यह क्षमता बिना किसी प्रवचन-केवल चेतना-संक्रमण से जगती है।

2. धर्म का प्रयोगशाला-रूप

सत्यकाशी पीठ धर्म को जीवन के केंद्र में स्थापित करता है।
धर्म यहाँ सिद्धांत नहीं-व्यवहार और चरित्र का प्रवाह है।

3. युग-धर्म की घोषणा

हर युग का धर्म अलग होता है।
कलियुग से सतयुग में प्रवेश के लिए जो धर्म आवश्यक है-योग, करुणा, सत्य, उच्च चेतना, मानव-एकत्व-उसका पुनःस्थापन पीठ के मुख्य कार्यों में है।

इस प्रकार, धारा-उद्धार वह बीज है जिससे नए युग की पूरी फसल अंकुरित होती है।

मनुष्य चेतना का रूपांतरण

युग परिवर्तन का मूल आधार मनुष्य की बाहरी परिस्थितियाँ नहीं-उसकी **भीतर की चेतना** है। सत्यकाशी पीठ का दूसरा मुख्य कार्य इसी रूपांतरण से जुड़ा है।

मनुष्य आज बुद्धि में प्रबल है, पर चेतना में सुप्त।
ज्ञान बहुत है, पर विवेक कम।
सूचना बहुत है, पर अनुभूति नहीं।
असंतोष बहुत है, पर दिशा नहीं।

पीठ का उद्देश्य मनुष्य को बाहरी उपलब्धियों से हटाकर भीतर की यात्रा में प्रवेश कराना है।

रूपांतरण के चार चरण

1. जागरण (Awakening)

मनुष्य स्वयं से पहला प्रश्न पूछता है-"मैं कौन हूँ?"
यह प्रश्न जन्म देता है।

2. शुद्धि (Purification)

पुराने संस्कार, भय, भ्रम और अहंकार टूटने लगते हैं।

3. विस्तार (Expansion)

चेतना शरीर-मन से आगे बढ़कर सूक्ष्म और कारण-स्तरों को अनुभव करने लगती है।

4. परिणति (Realization)

मनुष्य अपने भीतर स्थित दिव्य-सत्ता को पहचान लेता है।
यही "नया मनुष्य" है-युग परिवर्तन का वाहक।

पीठ का कार्य प्रत्येक साधक को इन चार चरणों के मार्ग से गुज़ारना है-धीरे, सहज, और सामूहिक ऊर्जा के साथ।

साधना, दीक्षा और आध्यात्मिक अनुष्ठान

हर परिवर्तन की जड़ अनुशासन और साधना है।
सत्यकाशी पीठ में साधना केवल ध्यान या मंत्र नहीं-यह एक पूर्ण जीवन-शास्त्र है।

1. साधना (Spiritual Practice)

- आंतरिक शांति
- चेतना का विस्तार
- ऊर्जा का स्थिरीकरण
- स्मृति-शोधन
- आत्म-प्रकाश

पीठ की साधना आधुनिक मन के अनुसार सरल, गहरी और प्रभावकारी है।
यह शरीर, मन, प्राण और चेतना-सभी स्तरों पर काम करती है।

2. दीक्षा (Initiation)

दीक्षा बाहरी कर्म नहीं-ऊर्जा का आंतरिक स्थानांतरण है।
यह वह क्षण है जब साधक की चेतना में युग-ऊर्जा का बीज रोपा जाता है।
यह बीज धीरे-धीरे जागता है और साधक स्वयं एक "चेतना-केंद्र" बन जाता है।

3. अनुष्ठान (Rituals)

अनुष्ठान ब्रह्मांडीय ऊर्जा को पृथ्वी पर स्थिर करने के उपकरण हैं।
सत्यकाशी पीठ में अनुष्ठान प्राचीन और आधुनिक दोनों हैं-
वे बाहरी प्रतीकों से अधिक आंतरिक परिवर्तन पर आधारित हैं।

अनुष्ठान केवल पूजा नहीं-वे प्रकाश का आह्वान हैं।

वैश्विक कार्य - मानवता के लिए संदेश

सत्यकाशी पीठ का कार्य किसी एक देश, संस्कृति या समुदाय तक सीमित नहीं।
युग परिवर्तन हमेशा वैश्विक होता है-इसलिए उसका संदेश भी वैश्विक होता है।

आज मानवता कई स्तरों पर विभाजित है-
भाषा, धर्म, राजनीति, अर्थव्यवस्था, जाति, विचार।
पर चेतना का सत्य इन सभी से ऊपर है।

सत्यकाशी पीठ का वैश्विक संदेश यही है:

1. मानव एक है

भिन्नता केवल बाहरी है; भीतर सबमें एक ही प्रकाश विद्यमान है।

2. पृथ्वी हमारा साझा आश्रम है

मानवता को पृथ्वी-चेतना के साथ सुसंगत होना होगा।

3. धर्म संघर्ष नहीं-एकता का मार्ग है

सभी पवित्र परंपराएँ एक ही सत्य के भिन्न द्वार हैं।

4. विज्ञान और अध्यात्म एक-दूसरे के पूरक हैं

दुनिया का नया युग तभी जन्म लेगा जब विज्ञान चेतना को समझेगा, और अध्यात्म विज्ञान को अपनाएगा।

5. कल्कि-ऊर्जा सार्वभौमिक है

यह ऊर्जा किसी राष्ट्र का, पंथ का, या समूह का स्वामित्व नहीं;
यह सम्पूर्ण मानवता का जन्मसिद्ध अधिकार है।

सत्यकाशी पीठ का उद्देश्य इसी संदेश को विश्व तक पहुँचाना है-शब्द, कला, ध्यान, साधना, विज्ञान और ऊर्जा के माध्यम से।

शिव-तत्व और कल्कि-तत्व का मिलन

युग परिवर्तन का अंतिम रहस्य दो महाशक्तियों के मिलन में निहित है-
शिव-तत्व और **कल्कि-तत्व**।

शिव-तत्व

संहार, मौन, तत्त्व-ज्ञान, समाधि और शून्य का प्रतिनिधि।
यह सभी रूपों का विसर्जन है-स्रोत में लौटना।

कल्कि-तत्व

नव-सृष्टि, धर्मस्थापन, ऊर्जा का उत्थान और युग-चक्र का पुनर्मूल्यांकन।
यह समय को पुनः संतुलित करने वाली शक्ति है।

दोनों का मिलन तब होता है जब:

- पुराना युग समाप्त हो रहा हो
- नया युग जन्म ले रहा हो
- पृथ्वी अपनी चेतना बदल रही हो
- मानवता परिवर्तन की पुकार कर रही हो

शिव-तत्व पुरातन को शून्य करता है,
और उसी शून्य में कल्कि-तत्व नया ब्रह्मांडीय क्रम स्थापित करता है।

सत्यकाशी पीठ इसी मिलन का केंद्र है-
जहाँ **शिव का मौन** और **कल्कि का उदय**
एक साथ कार्य करते हैं।

यही मिलन युग के नये चक्र की शुरुआत है-
यहीं से सतयुग का नया सूर्योदय होता है।

"सार्वभौम सत्य-सिद्धान्त" पर आधारित "युग परिवर्तन श्रृंखला" के नवयुग के शास्त्र-साहित्य

विभिन्न सम्प्रदाय (धर्म), जाति, मत, दर्शन इत्यादि में विभाजित इस मानव समाज में वर्तमान तथा आने वाले भविष्य के समय की मूल आवश्यकता है- मानव के मनो का एकीकरण अर्थात मानव मन का भूमण्डलीकरण एवं ब्रह्माण्डीयकरण। इसकी आवश्यकता इसलिए भी है क्योंकि मानव अपने विज्ञान व तकनीकी ज्ञान से प्राप्त संसाधनो का प्रयोग करते हुये, एक तरफ तो ब्रह्माण्ड की ओर चल पड़ा है तो दुसरी तरफ विध्वंस के लिए अनेक हथियारों का भी निर्माण कर चुका है। ऐसी स्थिति में हमें निश्चित रूप से ऐसे एकीकरण की आवश्यकता है जिससे हम इस पृथ्वी से मानसिक स्तर के विवादों को समाप्त कर सकें।

माया सभ्यता के अनुसार विश्व के मानव समाज यह भी मान रहें हैं कि 21 दिसम्बर, 2012 को दुनिया का अन्त हो जायेगा। जबकि हिन्दू धर्म शास्त्र विष्णु पुराण, भागवत पुराण, अग्नि पुराण, गरूड़ पुराण, पद्म पुराण इत्यादि में भगवान के दसवें और महाअवतार "कल्कि" का होना अभी शेष है। जिनसे कलियुग के अंधकार व विनाश को समाप्त करने का कार्य सम्पन्न होगा, साथ ही सत्ययुग का आरम्भ होगा। सिक्ख धर्म के पवित्र ग्रन्थ "दशम् ग्रन्थ" में भी "कल्कि अवतार" का वर्णन मिलता है।

सृजन और विनाश, का स्तर शारीरिक, आर्थिक व मानसिक होता है। जो एक व्यक्ति, समाज, देश और विश्व राष्ट्र के लिए होता है। व्यक्ति पर हुये शारीरिक, आर्थिक व मानसिक सृजन और विनाश को व्यक्ति ही अनुभव करता है परन्तु समाज, देश और विश्व राष्ट्र पर हुये शारीरिक, आर्थिक व मानसिक सृजन व विनाश को सार्वजनिक रूप से सभी देखते है। समाज, देश और विश्व राष्ट्र पर शारीरिक व आर्थिक सृजन और विनाश वर्तमान में तो चल ही रहा है जिसे सार्वजनिक रूप से मानव समाज देख रहा है।

भौतिकवादी पश्चिमी संस्कृति किसी भी सृजन व विनाश को मानसिक स्तर पर सोच ही नहीं सकता क्योंकि वह समस्त क्रियाकलाप को बाह्य जगत में ही घटित होता समझाता है जबकि वर्तमान समय मानसिक स्तर पर विनाश व सृजन का है। इस आधार पर यह कहा जा सकता है कि माया सभ्यता के अनुसार 21 दिसम्बर, 2012 को जो विनाश व सृजन होगा, वह मानसिक स्तर का ही होगा। जिसके परिणामस्वरूप सभी सम्प्रदाय, मत, दर्शन एक उच्च स्तर के विचार या सत्य में विलीन अर्थात विनाश को प्राप्त करेगा। फलस्वरूप उच्च स्तर के विचार या सत्य में स्थापित होने से सृजन होगा। कुल मिलाकर माया सभ्यता के कैलेण्डर का अन्त तिथि 21 दिसम्बर, 2012, दुनिया के अन्त की तिथि नहीं बल्कि वह वर्तमान युग के अन्त की अन्तिम तिथि का अनुमान है जिसके बाद नये युग का आरम्भ होगा।

ईश्वर भी इतना मूर्ख व अज्ञानी नहीं है कि वह स्वयं को इस मानव षरीर में पूर्ण व्यक्त किये बिना ही दुनिया को नष्ट कर दे। इसके सम्बन्ध में हिन्दू धर्म शास्त्रों में सृष्टि के प्रारम्भ के सम्बन्ध में कहा गया है कि- "ईश्वर ने इच्छा व्यक्त की कि मैं एक हूँ, अनेक हो जाऊँ"। इस प्रकार जब वही ईश्वर सभी में है तब निश्चित रूप से जब तक सभी मानव ईश्वर नहीं हो जाते तब तक दुनिया के अन्त होने का कोई प्रश्न ही नहीं उठता। और विकास क्रम चलता रहेगा।

21 दिसम्बर, 2012 के बाद का समय नये युग के प्रारम्भ का समय है जिसमें ज्ञान, ध्यान, चेतना, भाव, जन, देश, विश्व राष्ट्र, आध्यात्मिक जागरण, मानवता इत्यादि का विश्वव्यापी विकास होगा। परिणामस्वरूप सभी मानव को ईश्वर रूप में स्थापित होने का अवसर प्राप्त होगा। और यही विश्व मानव समाज की मूल आवश्यकता है। प्राचीन वैदिक काल में समाज को नियंत्रित करने के लिए ज्ञानार्जन सबके लिए खुला नहीं था परन्तु वर्तमान और भविष्य की आवश्यकता यह है कि समाज को नियंत्रित करने के लिए सभी को पूर्ण ज्ञान से युक्त कर सभी के लिए ज्ञान को खोल दिया जाय। यही कारण था कि वेद को प्रतीकात्मक रूप में लिख कर गुरू-शिष्य परम्परा द्वारा उसकी व्याख्या की जाती रही थी जिससे राजा और समाज को नियंत्रण में रखा जा सके।

सभी मानव को ईश्वर रूप में स्थापित होने के लिए जो माध्यम चाहिए वह है-"एकात्म विज्ञान" व "ईश्वर शास्त्र" विषय से मानव को शिक्षित करना और शिक्षा पाठ्यक्रम में अनिवार्य रूप से अध्ययन के लिए शामिल कराया जा सके।

"सार्वभौम सत्य-सिद्धांत"पर आधारित "युग परिवर्तन श्रृंखला" मानवता के अगली पीढ़ी के उदय के लिए

"नये युग" में "नये भारत" के लिए "नवीन मान-राग-प्राण" पर आधारित क्रियान्वयन प्रणाली (Operation System)-मानव-10 (MANAV-10) की पुस्तकें

यह नई पीढ़ी (Gen-Z) के लिए "विकसित भारत" और "मानव-10 प्रणाली" (MANAV-10 System) को प्रोत्साहित करने वाली श्रृंखला का हिस्सा है। अर्थात् यह पुस्तक किसी धर्म, जाति या मत से ऊपर उठकर "Universal Truth Principles" की ओर संकेत करती है।

मुद्रित (Printed Hard Copy) पुस्तक के लिए लिंक(Link)

https://notionpress.com/author/lava_kush

E_Book के लिए

www.64inch.com

द्वापर युग में आठवें अवतार श्रीकृष्ण द्वारा प्रारम्भ किया गया कार्य नवसृजन के प्रथम भाग सार्वभौम ज्ञान के शास्त्र "गीता" के बाद कलियुग में द्वितीय और अन्तिम भाग "सार्वभौम कर्मज्ञान" और "पूर्णज्ञान का पूरक शास्त्र"

विश्व युद्ध के पहले
दिव्य दृष्टि
सत्यकाशी पीठ
पांचवां और अन्तिम शंकराचार्य पीठ

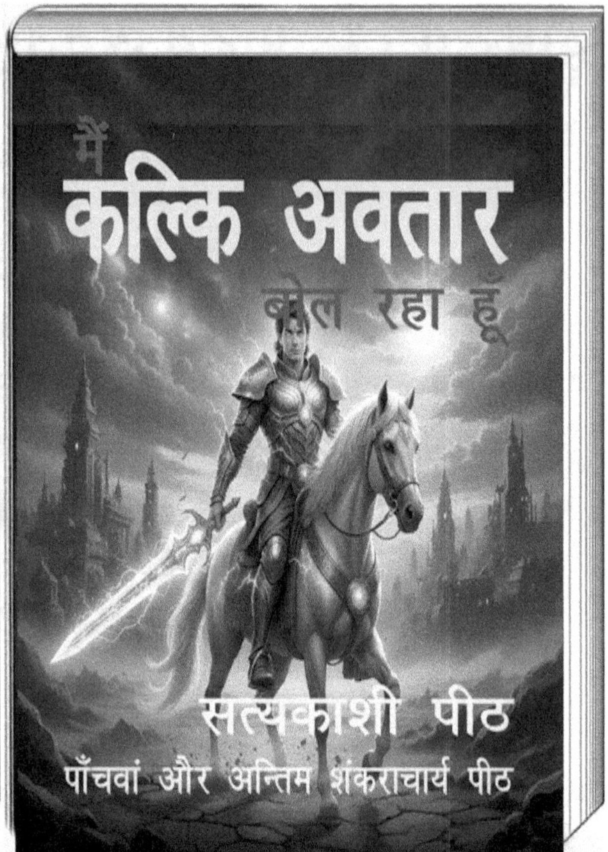
मैं
कल्कि अवतार
बोल रहा हूँ
सत्यकाशी पीठ
पाँचवां और अन्तिम शंकराचार्य पीठ

समष्टि गीता
यथार्थ प्रकाश
सत्यकाशी पीठ
पाँचवां और अन्तिम शंकराचार्य पीठ

फिल्म स्क्रीप्ट
राइटिंग
Screen Play
IDEAS
You are the writer of your life
FRESH Ideas
Writing is designing with words
creative THINKING
LIGHTS CAMERA ACTION
Short Films.
लव कुश सिंह "विश्वमानव"

प्रारम्भिक सत्य
अन्तिम
दृष्टि
सत्यकाशी पीठ
पाँचवां और अन्तिम शंकराचार्य पीठ

सत्य धर्म
युग परिवर्तक
दृष्टि
सत्यकाशी पीठ
पाँचवां और अन्तिम शंकराचार्य पीठ

सत्य दार्शनिक-दर्शन
और
कर्म वेदान्त-विकास
दर्शन
सत्यकाशी पीठ
पाँचवां और अन्तिम शंकराचार्य पीठ
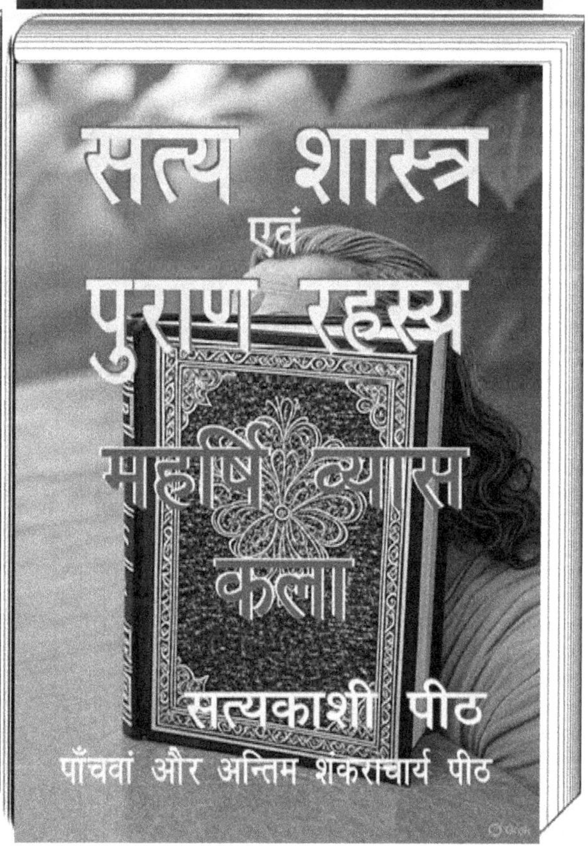
सत्य शास्त्र
एवं
पुराण रहस्य
महर्षि व्यास
कला
सत्यकाशी पीठ
पाँचवां और अन्तिम शंकराचार्य पीठ

संत एवं गुरु
और
विश्व संत एवं गुरु
सत्यकाशी पीठ
पाँचवां और अन्तिम शंकराचार्य पीठ

समाज और
ईश्वरीय समाज
सत्यकाशी पीठ
पाँचवां और अन्तिम शंकराचार्य पीठ

सत्य शास्त्र और
विश्वशास्त्र
सत्यकाशी पीठ
पाँचवां और अन्तिम शंकराचार्य पीठ

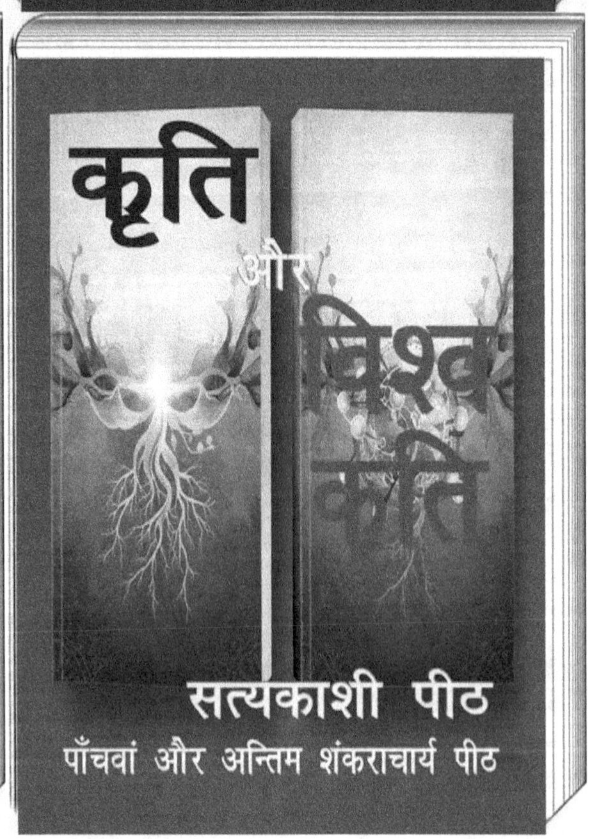
कृति
और
विश्व
कृति
सत्यकाशी पीठ
पाँचवां और अन्तिम शंकराचार्य पीठ

भारत माता मन्दिर
और
विश्वधर्म मन्दिर
सत्यकाशी पीठ
पाँचवां और अन्तिम शंकराचार्य पीठ

महाभारत
और
विश्वभारत
सत्यकाशी पीठ
पाँचवां और अन्तिम शंकराचार्य पीठ

संविधान और
विश्व संविधान
सत्यकाशी पीठ
पांचवां और अन्तिम शंकराचार्य पीठ

शिक्षा और
पूर्ण शिक्षा
सत्यकाशी पीठ
पांचवां और अन्तिम शंकराचार्य पीठ

देवता और सार्वभौम देवता
कल्कि
सत्यकाशी पीठ

माँ कल्कि

द्वादस ज्योतिर्लिंग और
१३वां अन्तिम ज्योतिर्लिंग
सत्यकाशी पीठ
पाँचवां और अन्तिम शंकराचार्य पीठ

काशी
मोक्षदायिनी
और
जीवनदायिनी

सत्यकाशी
स्वर्णयुग
का
तीर्थ

काशी
रहस्योद्घाटन
सत्यकाशी पीठ
पांचवां और अन्तिम शंकराचार्य पीठ

2020
सत्यकाशी पीठ
पाँचवां और अन्तिम शंकराचार्य पीठ

ईश्वर
का
संक्षिप्त इतिहास
सत्यकाशी पीठ
पाँचवां और अन्तिम शंकराचार्य पीठ

अवतार
अन्तिम सत्य दृष्टि
सत्यकाशी पीठ
पाँचवां और अन्तिम शंकराचार्य पीठ

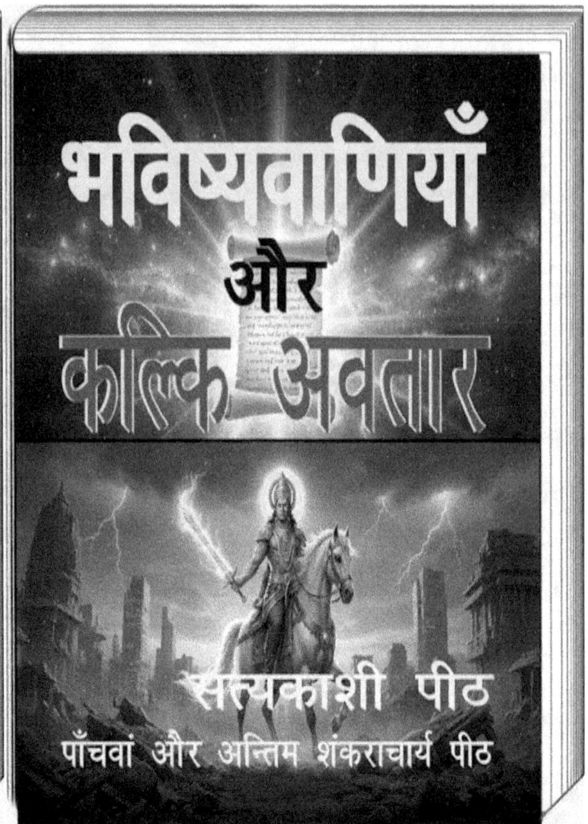
भविष्यवाणियाँ
और
कल्कि अवतार
सत्यकाशी पीठ
पाँचवां और अन्तिम शंकराचार्य पीठ

स्वामी विवेकानन्द
और
कल्कि अवतार
सत्यकाशी पीठ
पाँचवां और अन्तिम शंकराचार्य पीठ

मनु, मनवन्तर
और
कल्कि अवतार
सत्यकाशी पीठ
पाँचवां और अन्तिम शंकराचार्य पीठ

व्यास, शास्त्र
और
कल्कि अवतार
सत्यकाशी पीठ
पाँचवां और अन्तिम शंकराचार्य पीठ

ऋषि, ऋषि परम्परा
और
कल्कि अवतार
सत्यकाशी पीठ
पाँचवां और अन्तिम शंकराचार्य पीठ

दूसरा आगमन
या
अन्तिम आगमन
सत्यकाशी पीठ
पाँचवां और अन्तिम शंकराचार्य पीठ

परिवर्तन
काल, मनु, युग,
व्यास और शास्त्र
सत्यकाशी पीठ
पाँचवां और अन्तिम शंकराचार्य पीठ

राम, रावण
और
सार्वभौम एकात्म
सत्यकाशी पीठ
पाँचवां और अन्तिम शंकराचार्य पीठ

मैं
व्यक्तिगत या सार्वभौम
सत्यकाशी पीठ
पाँचवां और अन्तिम शंकराचार्य पीठ

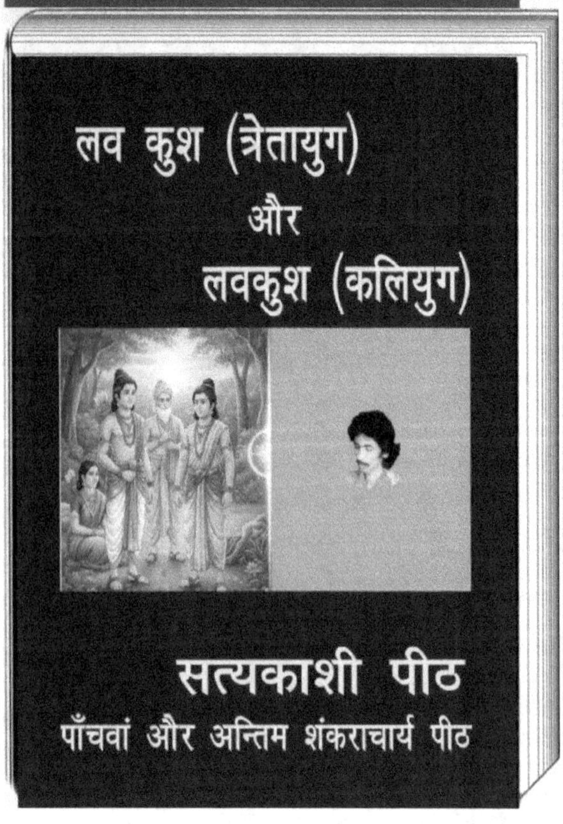
लव कुश (त्रेतायुग)
और
लवकुश (कलियुग)
सत्यकाशी पीठ
पाँचवां और अन्तिम शंकराचार्य पीठ

कल्कि महावतार
आ चुके हैं
(ACTION PLAN)
सत्यकाशी पीठ
पाँचवां और अन्तिम शंकराचार्य पीठ

लव कुश सिंह
(कल्कि महावतार)
जीवन, ज्ञान, कर्म और विश्वरूप
सत्यकाशी पीठ
पाँचवां और अन्तिम शंकराचार्य पीठ

वैश्विक बुद्ध
बुद्ध का
भाग-दो
और अन्तिम
सत्यकाशी पीठ
पाँचवां और अन्तिम शंकराचार्य पीठ

बुड्ढ़ा कृष्ण
कृष्ण का
भाग-दो
और अन्तिम
सत्यकाशी पीठ
पाँचवां और अन्तिम शंकराचार्य पीठ

सम्पूर्ण क्रान्ति
अन्तिम कार्य योजना
64
सत्यकाशी पीठ
पांचवां और अन्तिम शंकराचार्य पीठ

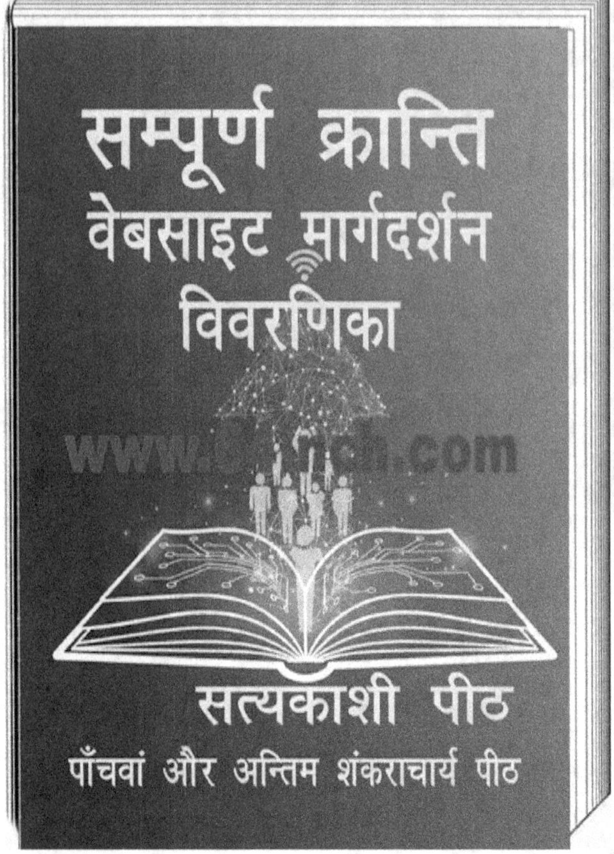
सम्पूर्ण क्रान्ति
वेबसाइट मार्गदर्शन
विवरणिका
सत्यकाशी पीठ
पाँचवां और अन्तिम शंकराचार्य पीठ

पुनर्निर्माण
(RENEW)
समस्या, समाधान
और
राष्ट्र निर्माण की योजना
पाँचवां और अन्तिम शंकराचार्य पीठ

पुनर्निर्माण
(RENEW)
ग्राम एवं नगर वार्ड
प्रेरक
सत्यकाशी पीठ
पाँचवां और अन्तिम शंकराचार्य पीठ

द्वापर युग में आठवें अवतार श्रीकृष्ण द्वारा प्रारम्भ किया गया कार्य "नवसृजन" के
प्रथम भाग "सार्वभौम ज्ञान" के शास्त्र "गीता" के बाद कलियुग में
द्वितीय और अन्तिम भाग "सार्वभौम कर्मज्ञान" और "पूर्णज्ञान का पूरक शास्त्र"
।। विश्वशास्त्र ।।
द नॉलेज ऑफ फाइनल नॉलेज
परिचय
- लव कुश सिंह "विश्वमानव"

एन्टायर पालिटिक्स
पूर्ण पाठ्यक्रम
सत्यकाशी पीठ
पाँचवां और अन्तिम शंकराचार्य पीठ

वसुधैव
कुटुम्बकम्
सत्यकाशी पीठ
पाँचवां और अन्तिम शंकराचार्य पीठ

।।कर्मवेद।।
प्रथम, अन्तिम तथा पंचम
सत्यकाशी पीठ
पांचवां और अन्तिम शंकराचार्य पीठ

आठवें अवतार
श्रीकृष्ण
सत्यकाशी पीठ
पांचवां और अन्तिम शंकराचार्य पीठ

अयोध्या नहीं,
मुंगेर है
राम जन्मभूमि
सत्यकाशी पीठ
पाँचवां और अन्तिम शंकराचार्य पीठ

विश्वमानव
भूतपूर्व नेतृत्वकर्ताओं
का
स्पष्टिकरण
सत्यकाशी पीठ
पाँचवां और अन्तिम शंकराचार्य पीठ

विश्वमानव
वर्तमान नेतृत्वकर्ताओं
का
स्पष्टिकरण
सत्यकाशी पीठ
पाँचवां और अन्तिम शंकराचार्य पीठ

विश्वमानव
वार्ता, वक्तव्य
एवं
वाणीयाँ

विश्वमानव
पत्रावली, प्रसारण
और
अन्तिम पत्र
सत्यकाशी पीठ
पाँचवां और अन्तिम शंकराचार्य पीठ

सत्य जनहित
आह्वान
सत्यकाशी पीठ
पाँचवां और अन्तिम शंकराचार्य पीठ

विश्व शान्ति
अन्तिम सत्य दृष्टि
सत्यकाशी पीठ
पाँचवां और अन्तिम शंकराचार्य पीठ

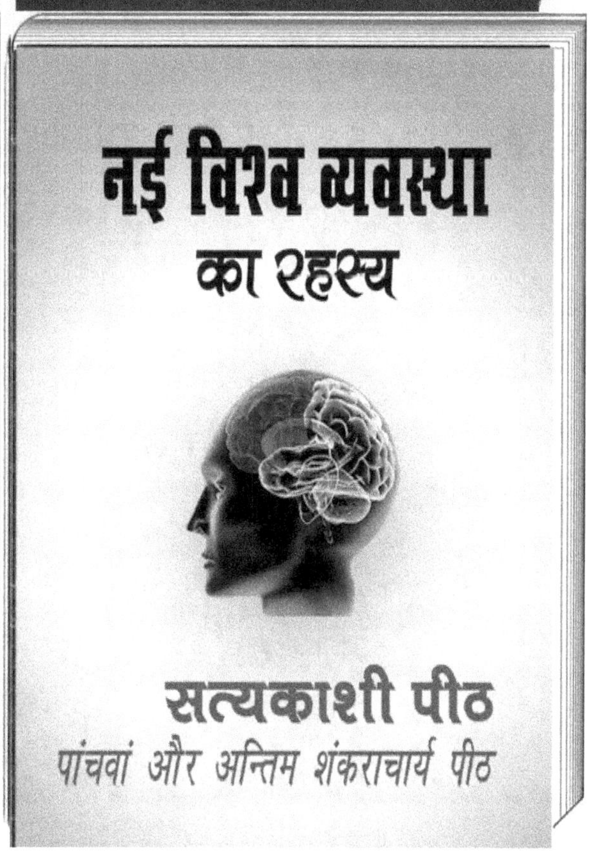
नई विश्व व्यवस्था
का रहस्य
सत्यकाशी पीठ
पांचवां और अन्तिम शंकराचार्य पीठ

समाजवाद
ब्रह्माण्डीय विकास का अवतारी मार्ग
सत्यकाशी पीठ
पांचवां और अन्तिम शंकराचार्य पीठ

भारतवाद
राष्ट्रवाद की मुख्यधारा
सत्यकाशी पीठ
पांचवां और अन्तिम शंकराचार्य पीठ

100 वर्षीय संयुक्त राष्ट्र
को अग्रिम सन्देश
सत्यकाशी पीठ
पांचवां और अन्तिम शंकराचार्य पीठ
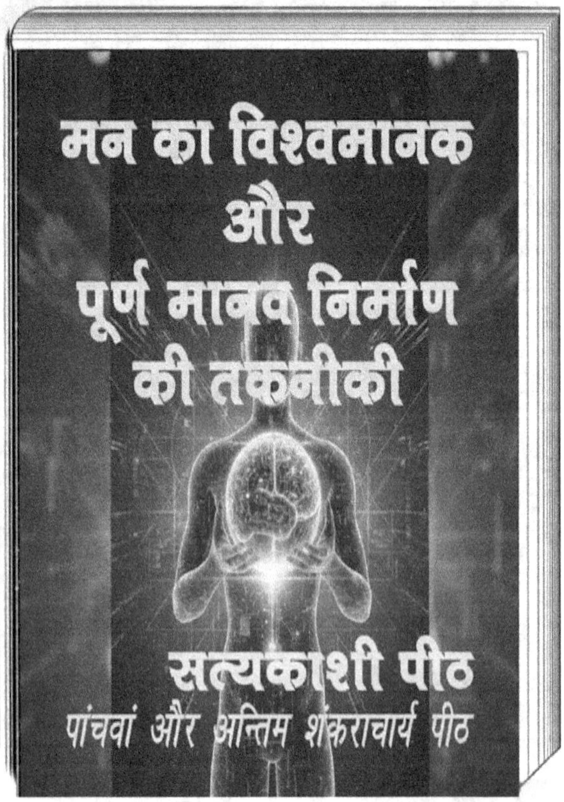
मन का विश्वमानक
और
पूर्ण मानव निर्माण
की तकनीकी
सत्यकाशी पीठ
पांचवां और अन्तिम शंकराचार्य पीठ

गणराज्य, संघ,
मानकीकरण संगठन
और
सम्पूर्ण मानक
सत्यकाशी पीठ
पाँचवां और अन्तिम शंकराचार्य पीठ

व्यापार केन्द्र
दृश्य सत्य
सत्यकाशी पीठ
पाँचवां और अन्तिम शंकराचार्य पीठ

सार्वभौम एकात्म
नव विश्व निर्माण
सत्यकाशी पीठ
पांचवां और अन्तिम शंकराचार्य पीठ

मानक विपणन
प्रणाली
सत्यकाशी पीठ
पाँचवां और अन्तिम शंकराचार्य पीठ

स्वर्णयुग का मानक
आदर्श नागरिक
दिशा निर्देश
सत्यकाशी पीठ
पांचवां और अन्तिम शंकराचार्य पीठ

स्वर्णयुग का
विश्वधर्म
परिचय
सत्यकाशी पीठ
पांचवां और अन्तिम शंकराचार्य पीठ

मैत्रेय बुद्ध
की ओर
सत्यकाशी पीठ
पांचवां और अन्तिम शंकराचार्य पीठ

विशाल ज्ञान विज्ञान
सबका समाधान
सूर्योदय
जय जनता जय कानून
हम सब एक दूसरे से हैं और एक दूसरे के लिए हैं
सौजन्य से : सारे गैर सरकारी प्राणी : सरकारी प्राणी : इज्जतदार नेता और
सबका भविष्य विद्यार्थीगण.........के लिए।

सार्वभौम सत्य-सिद्धान्त आधारित "युग परिवर्तक" श्रृंखला
कल्कि धाम
और
कल्कि परिचय
- लव कुश सिंह "विश्वमानव"

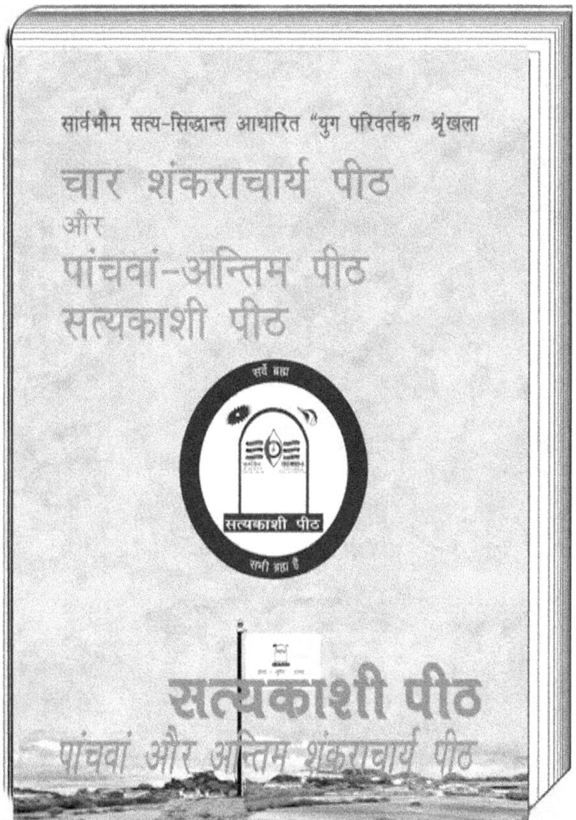
सार्वभौम सत्य-सिद्धान्त आधारित "युग परिवर्तक" श्रृंखला
चार शंकराचार्य पीठ
और
पांचवां-अन्तिम पीठ
सत्यकाशी पीठ
सत्यकाशी पीठ
सत्यकाशी पीठ
पांचवां और अन्तिम शंकराचार्य पीठ

कल्कि अमृत
महाकुम्भ
2025
FINAL KNOWLEDGE BOMB BLAST
सत्यकाशी पीठ
पांचवां और अन्तिम शंकराचार्य पीठ

ज्योति
युग परिवर्तन की
TRANSACTION
RURAL
ADVANCEMENT
TRADE
GD
DEVELOPMENT
EDUCATION
NATURAL TRUTH
सत्यकाशी पीठ
पांचवां और अन्तिम शंकराचार्य पीठ

युग परिवर्तन
के
शब्द
सत्यकाशी पीठ
पांचवां और अन्तिम शंकराचार्य पीठ

विचारों का अंत
2025
सत्यकाशी पीठ
पांचवां और अन्तिम शंकराचार्य पीठ

विश्व सत्य घोषणा-पत्र
2025–मानव जाति तक
RSS
Rational Service
Society
सत्यकाशी पीठ
पांचवां और अन्तिम शंकराचार्यपीठ

वैश्विक युग परिवर्तन के लिए
विश्व राजनीतिक पार्टी
संघ
RSS
Rational Service
Society
सत्यकाशी पीठ
पांचवां और अन्तिम शंकराचार्यपीठ

क्रिप्टो करेंसी
और मोबाइल माइनिंग
-लव कुश सिंह "विश्वमानव"

पीढ़ी
मानवीय और ईश्वरीय
2
3
4
5
6
7
8
9
10
वात्सल्य त्रिपाठी

बुढ़ा कृष्ण
अन्तिम मिलन
वात्सल्य त्रिपाठी

जेन-जी
अन्तिम लक्ष्य
वात्सल्य त्रिपाठी

पाँचवां-अन्तिम पीठ
सत्यकाशी पीठ
परिचय
वात्सल्य त्रिपाठी
पाँचवां और आंतिम शंकराचार्य पीठ

कबीर और जेन-जी
नई चेतना, नया मानव
चेतना और नवयुग की संवाद यात्रा
वात्सल्य त्रिपाठी

कल्कि की ज्योति
बिहार से
ज्योति राठौड़

एक बिहारी धरती पर भारी
ज्योति राठौड़

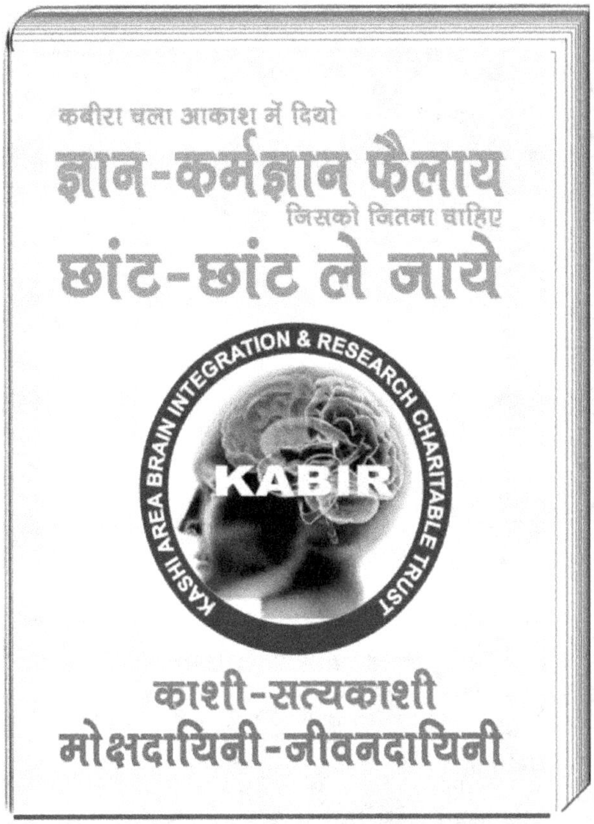
कबीरा चला आकाश में दियो
ज्ञान-कर्मज्ञान फैलाय
जिसको जितना चाहिए
छांट-छांट ले जाये
KASHI AREA BRAIN INTEGRATION & RESEARCH CHARITABLE TRUST
KABIR
काशी-सत्यकाशी
मोक्षदायिनी-जीवनदायिनी

कुर्म वंश
और
चरणाद्रिगढ़
स्वामी रमेशानन्द

आर.एस.एस
नवयुग के लिए
वैश्विक व्यक्तिगत पुस्तकालय
RATIONAL SERVICE SOCIETY (RSS)
WORLD PERSONAL LIBRARY FOR NEW AGE
A GUIDE TO GLOBAL WISDOM & FUTURE THOUGHT
स्वामी रमेशानन्द

झोला उठने के बाद
सोशल मीडिया
के लिए
कन्टेन्ट बैंक
विस्तृत गाइड: विचार, रणनीतियां, और संसाधन
www.64inch.com
सत्यकाशी पीठ
पांचवां और अन्तिम शंकराचार्य पीठ

झोला उठने के बाद
कल्कि
सत्यकाशी पीठ
पांचवां और अन्तिम शंकराचार्य पीठ

युग परिवर्तन के लिए:
विश्व पुस्तकालय बनाम कल्कि पुस्तकालय
www.64inch.com
ज्ञान का महासागर - अतीत से वर्तमान
बनाम
कल्कि पुस्तकालय
धर्म और भविष्य का प्रकाश - नए युग का उद्भव
ज्ञान का महासंग्राम - भविष्य का निर्माण
सत्यकाशी पीठ
पांचवां और अन्तिम शंकराचार्य पीठ

व्हाट्सएप्प यूनिवर्सिटी
और
सु-इसु यूनिवर्सिटी
सत्यकाशी पीठ
पांचवां और अन्तिम शंकराचार्य पीठ

इंडिया
भारत का विश्वरूप
सत्यकाशी पीठ
पांचवां और अन्तिम शंकराचार्य पीठ

अधूरे सपनों का अन्तिम मार्ग
सत्यकाशी पीठ
पांचवां और अन्तिम शंकराचार्य पीठ

मानक संविधान और बहुजन
सत्यकाशी पीठ
पांचवां और अन्तिम शंकराचार्य पीठ

विकसित भारत अन्तिम मुद्दे
-ईश्वरीय/मानवीय पीढ़ी-10 (GEN-10)
-व्यक्तिगत
-पारिवारीक
-सामाजिक
-धार्मिक
-राष्ट्रीय
-वैश्विक
सत्यकाशी पीठ
पांचवां और अन्तिम शंकराचार्य पीठ

एक नया
विकल्प
THREADS
सत्यकाशी पीठ
पांचवां और अन्तिम शंकराचार्य पीठ

विकसित भारत
शिक्षितों का अन्तिम ईश्वरीय मॉडल
सत्यकाशी पीठ
पांचवां और अन्तिम शंकराचार्य पीठ

विकास मॉडल
आसुरी
और
ईश्वरीय
सत्यकाशी पीठ
पांचवां और अन्तिम शंकराचार्य पीठ

युग परिवर्तन और 1000 वर्षों के लिए
सत्यकाशी पीठ
का सम्पूर्ण कार्य
कौन,
क्यों,
कैसे
कल्कि?
सत्यकाशी पीठ
पांचवां और अन्तिम शंकराचार्य पीठ

बैल बुद्धि
और
विकसित
भारत
सत्यकाशी पीठ
पांचवां और अन्तिम शंकराचार्य पीठ

लवकुश भोज्यम
सत्यकाशी पीठ
पांचवां और अन्तिम शंकराचार्य पीठ

एक्सट्रा टु ए बी
समान नागरिक व्यापार ज्ञान संहिता (CCTKC)
सत्यकाशी पीठ
पांचवां और अन्तिम शंकराचार्य पीठ

एक्सट्रा टु ए बी
समान नागरिक आर्थिक संहिता (UCEC)
सत्यकाशी पीठ
पांचवां और अन्तिम शंकराचार्य पीठ

अंध भक्ति से मुक्ति की ओर
मुक्ति मंत्र
"जिसने अंधभक्ति दिया वही मुक्ति देगा"
सत्यकाशी पीठ
पांचवां और अन्तिम शंकराचार्य पीठ

VISHVABHARAT
न मो नारायण
सत्यकाशी पीठ
पांचवां और अन्तिम शंकराचार्य पीठ

अगला स्तर
फिल्म और राजनीति पर विचारों का संग्रह
सत्यकाशी पीठ
पांचवां और अन्तिम शंकराचार्य पीठ

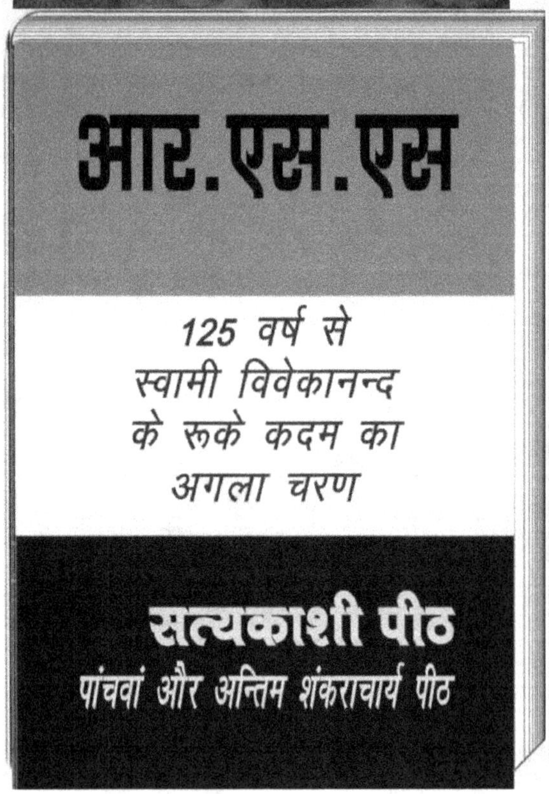
आर.एस.एस
125 वर्ष से
स्वामी विवेकानन्द
के रूके कदम का
अगला चरण
सत्यकाशी पीठ
पांचवां और अन्तिम शंकराचार्य पीठ

आर.एस.एस
रहस्योद्‌घाटन
सत्यकाशी पीठ
पांचवां और अन्तिम शंकराचार्य पीठ

125 वर्ष बाद
स्वामी विवेकानन्द
का अगला चरण

सत्येश्वर नरेन्द्र
सत्यकाशी पीठ

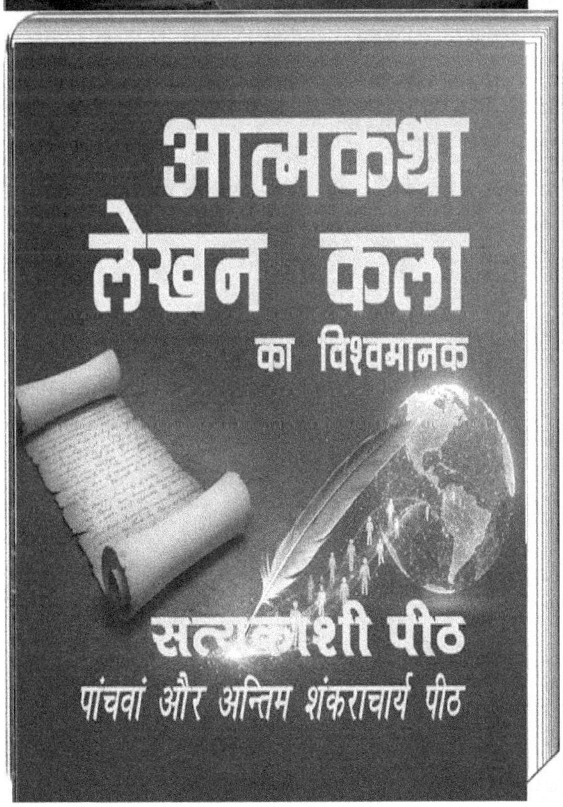
आत्मकथा
लेखन कला
का विश्वमानक
सत्यकाशी पीठ
पांचवां और अन्तिम शंकराचार्य पीठ

लुच्चा
पुराण
पौराणिक कथाओं
और पात्रों के
सत्य समझ की व्यास दृष्टि
सत्यकाशी पीठ
पांचवां और अन्तिम शंकराचार्य पीठ

आठवां
सावर्णि मनु स्मृति
सत्यकाशी पीठ
पांचवां और अन्तिम शंकराचार्य पीठ

विश्वमानक
शून्य श्रृंखला
0
सत्यकाशी पीठ
पांचवां और अन्तिम शंकराचार्य पीठ

सर्वजीत साधना
भवन
एक आध्यात्मिक अनुभव
सत्यकाशी पीठ
पांचवां और अन्तिम शंकराचार्य पीठ

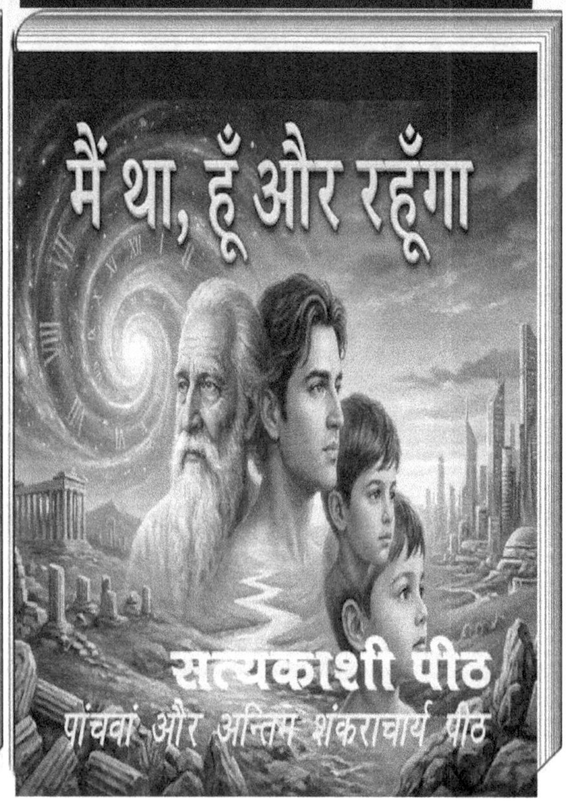
मैं था, हूँ और रहूँगा
सत्यकाशी पीठ
पांचवां और अन्तिम शंकराचार्य पीठ

लव
सत्यकाशी पीठ
पांचवां और अन्तिम शंकराचार्य पीठ

परब्रह्म,
प्रकृति,
अवतार
और वो नर
सत्यकाशी पीठ
पांचवां और अन्तिम शंकराचार्य पीठ

संसार
दृश्य
और
अदृश्य
सत्यकाशी पीठ
पांचवां और अन्तिम शंकराचार्य पीठ

कर्मोपनिषद्
सत्यकाशी पीठ
पांचवां और अन्तिम शंकराचार्य पीठ

विश्वभारत
पुराण
सत्यकाशी पीठ
पांचवां और अन्तिम शंकराचार्य पीठ

एकात्म विज्ञान
सत्यकाशी पीठ
पांचवां और अन्तिम शंकराचार्य पीठ

मानक विज्ञान
सत्यकाशी पीठ
पांचवां और अन्तिम शंकराचार्य पीठ

ईश्वर शास्त्र
सत्यकाशी पीठ
पांचवां और अन्तिम शंकराचार्य पीठ

युगावतारों के प्रकटीकरण की कार्यविधि:
राम-कृष्ण-लवकुश
सत्यकाशी पीठ
पांचवां और अन्तिम शंकराचार्य पीठ

पुस्तक को देखो, लेखक को नहीं
आविष्कार को देखो, आविष्कारक को नहीं
शास्त्र को देखो, शास्त्राकार को नहीं
सत्यकाशी पीठ
पांचवां और अन्तिम शंकराचार्य पीठ

56 से 64
की ओर
सत्यकाशी पीठ
पांचवां और अन्तिम शंकराचार्य पीठ

मैं सत्यकाशी हूँ
कविता
सत्यकाशी पीठ
पांचवां और अन्तिम शंकराचार्य पीठ

पटेल
भारत के शारीरिक एकीकरण के बाद
मन का एकीकरण लक्ष्य
सत्यकाशी पीठ
पांचवां और अन्तिम शंकराचार्य पीठ

मन से
आत्मा तक
3 6 9 और 7
6
3
9
7
सत्यकाशी पीठ
पांचवां और अन्तिम शंकराचार्य पीठ

भारत
400 पार मुद्दा किसका
?
सत्यकाशी पीठ
पांचवां और अन्तिम शंकराचार्य पीठ

आर. एस. एस - पुस्तकालय
पढ़ो और कमाओ
शिक्षित समाज, समर्थ राष्ट्र
सत्यकाशी पीठ
पांचवां और अन्तिम शंकराचार्य पीठ

विश्वयुद्ध के पहले
विश्वगुरु
भारत
का विश्व शान्ति और
पुनर्निर्माण का अन्तिम सन्देश
सत्यकाशी पीठ
पांचवां और अन्तिम शंकराचार्य पीठ

चुटिया पण्डित
वृन्दावन की सत्य घटना
स्वामी नन्दनानंद

कल्कि का
चुनार और वृन्दावन
से उठता प्रेम
स्वामी नन्दनानंद

कल्कि का
बेगुसराय और मीरजापुर
जन्म और कर्म क्षेत्र
स्वामी नन्दनानंद

सत्येश्वरोपनिषद्
सत्येश्वर
और
झूठेश्वर
वात्सल्य त्रिपाठी

अन्तिम अवतार
कल्कि
के लिए शेष कर्म
वात्सल्य त्रिपाठी

कल्कि अवतार
का मानव-10
विकसित भारत का प्रवेश द्वार
वात्सल्य त्रिपाठी

पप्पू-गप्पू
और
नागरिक झुलेलाल
वात्सल्य त्रिपाठी

ओपेन गेम
कभी-कभी नहीं,
अब कन्फर्म है
अपुन ही
भगवान है
(वेब सीरीज)
वात्सल्य त्रिपाठी

SATYAKASHI
THE END OF MIRZAPUR
सत्यकाशी पीठ
पांचवां और अन्तिम शंकराचार्य पीठ

अण्डरवर्ल्ड
सनातन से पुरुषों से छुपी महिलाओं की कहानी
(फिल्म स्क्रीनप्ले-रेडी टू शूट)
वात्सल्य त्रिपाठी

सोना और सोना
एवं
नारी सशक्तिकरण
वैदिक काल से वर्तमान तक
सत्यकाशी पीठ
पांचवां और अन्तिम शंकराचार्य पीठ

स्लम डॉग
गॉड
फिल्म स्क्रीनप्ले-रेडी टू शूट

उत्तर प्रदेश
का
उत्तर
वात्सल्य त्रिपाठी

अन्तिम समन्वयाचार्य
कल्कि
वात्सल्य त्रिपाठी

2026
2+0+2+6=10
पांचवां और अन्तिम शंकराचार्य पीठ

राम न आयेंगे
लवकुश आ रहें हैं
www.64inch.com
पांचवां और अन्तिम शंकराचार्य पीठ

युग परिवर्तन के
150 पुस्तकें-परिचय
ज्ञान, प्रेरणा और भविष्य की ओर एक कदम
150
सत्यकाशी पीठ
पांचवां और अन्तिम शंकराचार्य पीठ
"एक नई शुरुआत के लिए ज्ञान की खोज"

जैसी तुम्हारी इच्छा वैसा करो

डॉ0 सर्वपल्ली राधाकृष्णन का जन्म 5 सितम्बर, 1888 को दक्षिण भारत के तिरूतनि स्थान पर हुआ था जो चेन्नई से 64 किमी उत्तर–पूर्व में है। डॉ0 सर्वपल्ली राधाकृष्णन भारत के उपराष्ट्रपति और दूसरे राष्ट्रपति सन् 1952 से 1962 तक में रहे। डॉ0 सर्वपल्ली राधाकृष्णन भारतीय समाजिक संस्कृति से ओत–प्रोत एक महान शिक्षाविद् महान दार्शनिक, महान वक्ता और आस्थावान हिन्दू विचारक थे। डॉ0 सर्वपल्ली राधाकृष्णन ने अपने जीवन के महत्वपूर्ण 40 वर्ष शिक्षक के रूप में व्यतीत किये। उनमें एक आदर्श शिक्षक के सारे गुण मौजूद थे। डॉ0 सर्वपल्ली राधाकृष्णन समस्त विश्व को एक शिक्षालय मानते थे। उनकी मान्यता थी कि शिक्षा के द्वारा ही मानव दिमाग का सद्उपयोग किया जाना सम्भव है इसलिए समस्त विश्व को एक इकाई समझकर ही शिक्षा का प्रबन्धन किया जाना चाहिए। उनके जन्मदिन को "शिक्षक दिवस" के रूप में मनाया जाता है।

इति ते ज्ञानमाख्यातं गुह्यादगुह्यतरं मया।
विमृश्न्यैतदशेषेण यथेच्छसि तथा कुरू।।

(श्रीमद्भगवद्गीता, अध्याय–18, श्लोक–63)

अर्थात् – मैंने तुम्हें जो बताया, वह सब से बड़ा रहस्य है। इस पर भलीभाँति विचार कर तुम्हारी जैसी इच्छा वैसा करो।

"परमात्मा देखने में तटस्थ या निरपेक्ष दिखाई देता है, क्योंकि उसने चुनने का निर्णय अर्जुन के हाथ में छोड़ दिया है। उसकी यह निरपेक्षता ही अर्जुन के चिन्ता का कारण है। वह किसी पर भी दबाव नहीं डालता क्योंकि स्वतःस्फूर्त स्वतन्त्रता बहुत मूल्यवान होती है। भगवान अपना आदेश ऊपर से नहीं थोपता। वह स्वतन्त्र छोड़ देता है। परमात्मा की पुकार को स्वीकार करने या अस्वीकार कर देने के लिए हम हर समय स्वतन्त्र हैं। हम लड़खड़ाने लगें तो वह सहायता देने के लिए तैयार रहता है और प्रतीक्षा करने को तैयार है जब तक हम उसकी ओर उन्मुख न हों।

सब कुछ पहले से निर्धारित मानने वाले सिद्धान्त में टकराव के कारण यूरोप और भारत में काफी वाद–विवाद हुआ है। यूरोप का प्रमुख सिद्धान्त है कि संकल्प शक्ति और मानवीय प्रयत्न की स्वतन्त्रता का मनुष्य के उद्धार में बहुत बड़ा हाथ होता है। यद्यपि स्वयं संकल्प शक्ति को भी परमात्मा की कृपा के समर्थन की आवश्यकता पड़ सकती है। पहले से सब कुछ तय मानने वालों को अच्छे कार्यों और प्रार्थना के लिए यत्न करना होता है, क्योंकि वहाँ भी मानते हैं कि ये उपाय नियति को आगे बढ़ाने में सहायक तो हो सकते हैं लेकिन वे उसे रोक नहीं सकते। मनुष्य इस बात के लिए स्वतन्त्र है कि परमात्मा उन मनुष्यों पर कृपा करना चाहता है जो अपने आचरण से उस कृपा को ग्रहण करने के लिए तैयार करते हैं।

आध्यात्मिक नेता हम पर शारीरिक हिंसा, चमत्कार, प्रदर्शन के जरिये प्रभाव नहीं डालते। यदि सच्चा शिष्य कोई गलती कर भी बैठे, तो वह उसे केवल सलाह देगा। यदि शिष्य को चुनाव करने की स्वतन्त्रता पर आँच आती हो, तो वह उसे गलत रास्ते से भी वापस लौट आने के लिए विवश नहीं करेगा। गलती भी विकास की एक दिशा है।

कृष्ण केवल सारथी हैं। वह अर्जुन के आदेश का पालन करेगा। उसने कोई शस्त्र धारण नहीं किया हुआ है। यदि वह अर्जुन पर कोई प्रभाव डालता है तो वह उसे अपने उस सर्वजयी प्रेम के जरिए डालता है। जो कभी समाप्त नहीं होता।

अर्जुन को अपने लिए स्वयं विचार करना चाहिए और अपने लिए स्वयं ही मार्ग खोज करना चाहिए। अस्पष्ट मान्यताओं को अनिवार्य रूप से और भावुकतापूर्वक अपना लिए जाने के कारण फलस्वरूप कट्टर धर्मान्धता उत्पन्न हुई है और उनके कारण मनुष्यों को अकथनीय कष्ट उठाना पड़ा है। इसलिए यह आवश्यक है कि मन और विश्वासों के लिए कोई तर्क संगत और अनुभावात्मक औचित्य ढूंढ़े।

अर्जुन को एक वास्तविक अखण्डता की अनुभूति प्राप्त करनी होगी लेकिन उसके विचार अपने हैं। और गुरू के जरिये उस पर थोपे नहीं गये हैं। दूसरों पर अपने विचार थोपना शिक्षण नहीं हैं।"

– भगवद्गीता के आखिरी उपदेश पर भारतीय दर्शन के व्याख्याकार और दूसरे राष्ट्रपति डॉ0 राधाकृष्णनन का विवेचन

"यह विश्वशास्त्र, मनुष्यों पर थोपा नहीं जा रहा बल्कि वह मनुष्यों को, मनुष्यो के इस संसार मे जो वर्तमान है उसे और उसके आगे अनन्त मार्ग दिखा रहा है और सभी मार्गों के एकीकरण द्वारा, उस मार्ग को भी दिखा रहा है जो विश्व को सत्य–सुन्दर–शिव बना सकता है। फिर भी हे मनुष्यों जैसी तुम्हारी इच्छा वैसा करो। वर्तमान से योग कराने के लिए ही मैं व्यक्त होता हूँ।" – लव कुश सिंह "विश्वमानव"

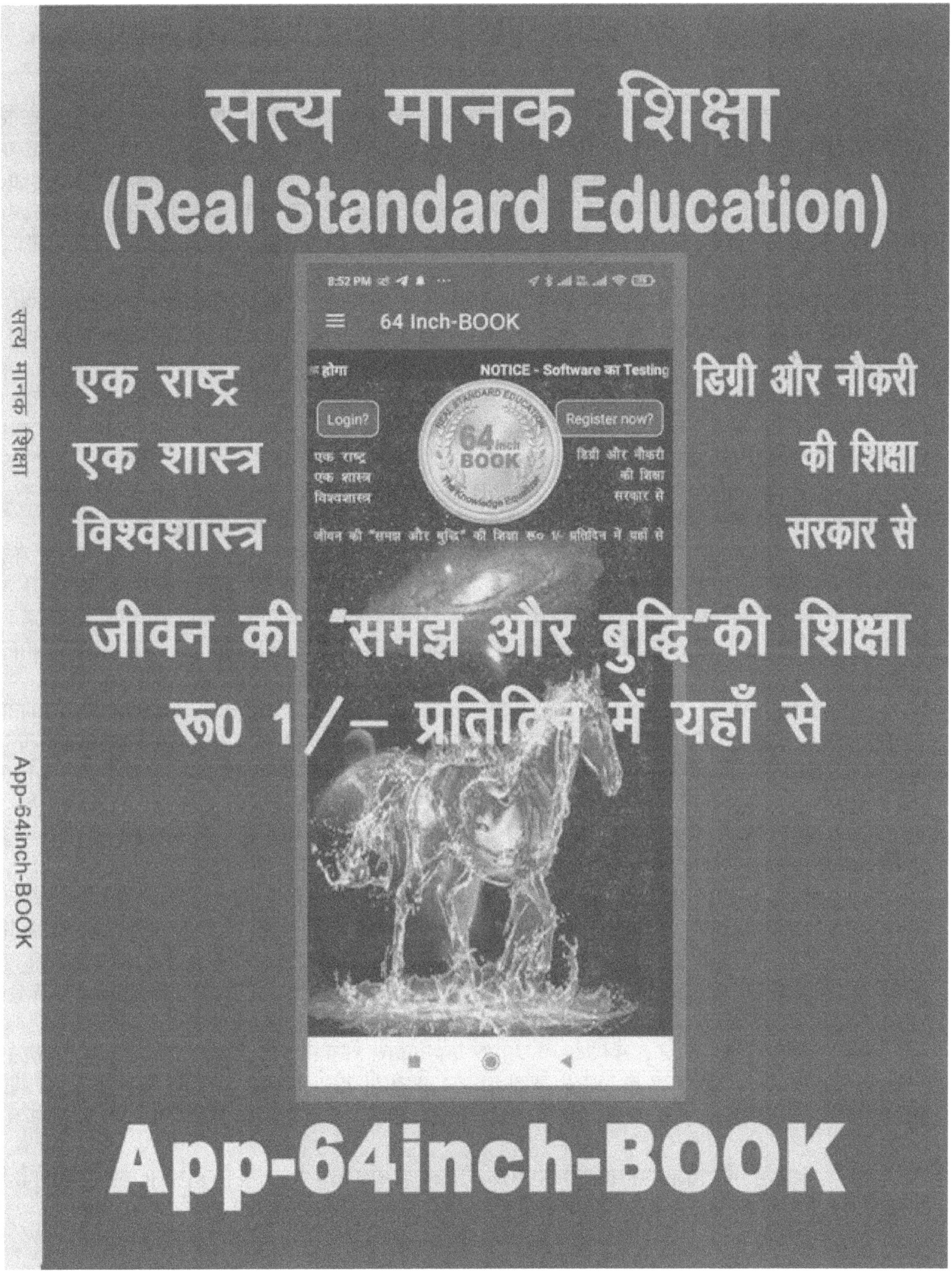
सत्य मानक शिक्षा
(Real Standard Education)
64 Inch-BOOK
NOTICE - Software का Testing
Login?
Register now?
एक राष्ट्र
एक शास्त्र
विश्वशास्त्र
डिग्री और नौकरी
की शिक्षा
सरकार से
जीवन की "समझ और बुद्धि" की शिक्षा
रू0 1/- प्रतिदिन में यहाँ से
App-64inch-BOOK
सत्य मानक शिक्षा
App-64inch-BOOK

"सत्य मानक शिक्षा" का व्यापार-एक अन्तहीन व्यापार

एक नदी पर पुल था जिसे कोई व्यक्ति पैदल दो घण्टे में पार करता था। यह पुल पैदल यात्रीयों के लिए रोक दिया गया था जिसके लिए पुल के ठीक मध्य (एक घण्टे की यात्रा) पर एक गार्ड नियुक्त था। गार्ड एक घण्टे सोता था और एक घण्टे जागता था। एक चालाक व्यक्ति को पुल से नदी पार करना अतिआवश्यक था। इसलिए गार्ड जब सोया तब वह यात्रा प्रारम्भ किया जैसे ही गार्ड के जागने का समय आया, वह वापस लौटने लगा। गार्ड समझा कि वह दूसरे किनारे से आ रहा है इसलिए उसने उस यात्री को पकड़ा और दूसरी ओर भेज दिया। इस प्रकार यात्री नदी पार हो गया।

यदि हम में से किसी को तैरकर नदी पार करना हो और आधे से पहले ही हमारा हिम्मत टूटने लगे तो हम वापस ही आना चाहेंगे। यदि आधे से अधिक तैरने के बाद हिम्मत टूटने लगेगा तो हौसला बढ़ाकर आगे ही बढकर पार करना चाहेंगे।

इसी प्रकार मनुष्य के विकास क्रम में हम सब अदृश्य विज्ञान (आध्यात्म) से दृश्य विज्ञान (भौतिक) की ओर बढ़ गये हैं। नदी या पुल का एक किनारा अदृश्य विज्ञान है तो दूसरा किनारा दृश्य विज्ञान। वर्तमान का हमारा अधिकतम जीवन नदी के दूसरे किनारे दृश्य विज्ञान की ओर है, हर पल। जन्म से ही हम अधिकतम वे सब वस्तुएँ प्रयोग कर रहे हैं जिसका कच्चा माल भले ही ईश्वरकृत हो परन्तु उपयोग का रूप मनुष्यकृत है और विज्ञान द्वारा निर्मित है। इस प्रकार मनुष्य निर्माता के रूप में अपना रूप व्यक्त कर ईश्वर की ओर ही बढ़ रहा है।

नदी के पुल पर बैठे उस गार्ड का काम और तैरने वाले का निर्णय "सत्य शिक्षा" है। वर्तमान में मनुष्य समाज अदृश्य काल से चलकर दृश्य काल में आ चुका है। आधे से वापस किनारे जाना "सत्य" को पाना है। और आधे से दूसरे किनारे पार हो जाना "सिद्धान्त" को पाना है। इन्हीं सिद्धान्त को पाने के बाद संविधान-नियम-कानून का जन्म होता है जिससे आज हम सभी संचालित व प्रभावित है। इस "सत्य-सिद्धान्त" की शिक्षा ही "सत्य मानक शिक्षा" है।

वर्तमान में जीने का अर्थ होता है-विश्व ज्ञान जहाँ तक बढ़ चुका है वहाँ तक के ज्ञान से अपने मस्तिष्क को युक्त करना। तभी डेढ़ हजार वर्ष पुराने हमारे मस्तिष्क का आधुनिकीकरण हो पायेगा। सिर्फ वर्तमान में तो पशु रहकर कर्म करते हैं। "सत्य मानक शिक्षा" मनुष्य के मस्तिष्क के आधुनिकीकरण की शिक्षा है या विज्ञान की भाषा में कहें तो मस्तिष्क के आधुनिकीकरण का साफ्टवेयर या माइक्रोचिप्स (Integrated Circuit-I.C) है। वर्तमान की अब नवीनतम परिभाषा है-"पूर्ण ज्ञान से युक्त होना" और कार्यशैली की परिभाषा है-"भूतकाल का अनुभव, भविष्य की आवश्यकतानुसार पूर्णज्ञान और परिणाम ज्ञान से युक्त होकर वर्तमान समय में कार्य करना।"

ज्ञान के इस युग में शिक्षा-विद्या-कला का व्यापार मनुष्य के धरती पर रहने तक रहेगा। ऐसी स्थिति में "सत्य मानक शिक्षा"का व्यापार भी उस समय तक के लिए स्थायित्व में है। शिक्षा-विद्या-कला कोई प्रापर्टी नहीं है कि पिता जी ग्रहण कर चुके हैं तो पुत्र को हिस्सा प्राप्त हो जायेगा। पुत्र को भी वहीं से अर्थात् अक्षर ज्ञान से शुरू होना पड़ेगा जहाँ से पिता ने शुरू किया था। इस प्रकार "सत्य मानक शिक्षा"का व्यापार एक अन्तहीन व्यापार है जो मनुष्य के पृथ्वी पर रहने तक चलता रहेगा।

स्कूल-कालेजों के जाल से शिक्षा के व्यापार का विकास होता है न कि शिक्षा का। शिक्षा का विकास तो शिक्षा पाठ्यक्रम पर निर्भर होता है जिससे शिक्षक और शिक्षार्थी दोनों निर्मित होते हैं। जब तक पूर्ण शिक्षा पाठ्यक्रम का निर्माण नहीं होता, शिक्षा का विकास नहीं हो सकता लेकिन शिक्षा के व्यापार का विकास होता रहेगा।

आध्यात्म और विज्ञान ने मानव सभ्यता के विकास में अब कम से इतना विकास तो कर ही चुका है कि अब हमें मन के एकीकरण के लिए कार्य करना चाहिए। और उस मन पर कार्य करने का ही परिणाम है-

सम्पूर्ण ब्रह्माण्ड में व्याप्त एक ही सत्य-सिद्धान्त द्वारा व्यक्तिगत व संयुक्त मन को एकमुखी कर सर्वोच्च, मूल और अन्तिम स्तर पर स्थापित करने के लिए शून्य पर अन्तिम आविष्कार WS-0 श्रृंखला की निम्नलिखित पाँच शाखाएँ है।

1. डब्ल्यू.एस. (WS)-0: विचार एवम् साहित्य का विश्वमानक
2. डब्ल्यू.एस. (WS)-00: विषय एवम् विशेषज्ञों की परिभाषा का विश्वमानक
3. डब्ल्यू.एस. (WS)-000: ब्रह्माण्ड (सूक्ष्म एवम् स्थूल) के प्रबन्ध और क्रियाकलाप का विश्वमानक
4. डब्ल्यू.एस. (WS)-0000: मानव (सूक्ष्म तथा स्थूल) के प्रबन्ध और क्रियाकलाप का विश्वमानक
5. डब्ल्यू.एस. (WS)-00000: उपासना और उपासना स्थल का विश्वमानक

और पूर्णमानव निर्माण की तकनीकी WCM-TLM-SHYAM.C (World Class Manufacturing – Total Life Maintenance – Satya-Heart-Yog-Ashram-Meditaion.Conciousness) है।

जो शिक्षा का नया माडल है। गरीबों की समस्या सुलझानें का नैतिक दायित्व है। देश में 25 वर्ष से कम उम्र के 55 करोड़ लोगों के लिए पुननिर्माण जैसी योजना हैं। उन्हें नौकरी और प्रशिक्षण की व्यवस्था है। रचनात्मकता, समन्वय, लीडरशिप, ग्लोबल तथा प्रोफेशनल विषयों को पढ़ने तथा सूचना तकनीक के जरिए पढ़ाई पर ध्यान केन्द्रित करने से युक्त है। हमारे देश में जो अध्यापक हैं, वे शोध नहीं करते और जो शोध करते हैं वे पढ़ाते नहीं, इसलिए शिक्षार्थी को ही शोध पत्र (विश्वशास्त्र) पढ़ाया जाय क्योंकि शिक्षक पढ़ने से तो रहे क्योंकि समान्यतः धन के आने की सुनिश्चितता के बाद लोग पढ़ना छोड़ देते हैं, यही नहीं कोशिश तो यह भी रहती है कि पढ़ाना भी न पड़े और उन्हें सेवा से हटाया भी नहीं जा सकता।

स्वामी विवेकान्द जी ने कहा था – "सुधारकों से मैं कहूंगा कि मैं स्वयं उनसे कहीं बढ़कर सुधारक हूँ। वे लोग इधर-उधर थोड़ा सुधार करना चाहते हैं- और मैं चाहता हूँ आमूल सुधार। हम लोगों का मतभेद है केवल सुधार की प्रणाली में। उनकी प्रणाली विनाशात्मक है और मेरी संघटनात्मक। मैं सुधार में विश्वास नहीं करता, मैं विश्वास करता हूँ स्वाभाविक उन्नति में।"

स्वाभाविक उन्नति तभी होती है जब संसाधन उपलब्ध हो। कार-मोटरसाइकिल घर में पहले से रहता है तो स्वाभाविक रूप से कम उम्र गें ही घर के लोग चलाना सिख जाते हैं

जो व्यक्ति या देश केवल आर्थिक उन्नति को ही सर्वस्व मानता है वह व्यक्ति या देश एक पशुवत् जीवन निर्वाह के मार्ग पर है-जीना और पीढ़ी बढ़ाना। दूसरे रूप में इसे ऐसे समझा जा सकता है कि ऐसे व्यक्ति जिनका लक्ष्य धन रहा था वे अपने धन के बल पर अपनी मूर्ति अपने घर पर ही लगा सकते हैं परन्तु जिनका लक्ष्य धन नहीं था, उनका समाज ने उन्हें, उनके रहते या उनके जाने के बाद अनेकों प्रकार से सम्मान दिया है और ये सार्वजनिक रूप से सभी के सामने प्रमाणित है। पूर्णत्व की प्राप्ति का मार्ग शारीरिक-आर्थिक उत्थान के साथ-साथ मानसिक-बौद्धिक उत्थान होना चाहिए और यही है ही। इस प्रकार भारत यदि पूर्णता व विश्व गुरूता की ओर बढ़ना चाहता है तब उसे मात्र कौशल विकास ही नहीं बल्कि राष्ट्रीय बौद्धिक विकास की ओर भी बढ़ना होगा। बौद्धिक विकास, व्यक्ति व राष्ट्र का इस ब्रह्माण्ड के प्रति दायित्व है और उसका लक्ष्य है।

राष्ट्र के पूर्णत्व के लिए पूर्ण शिक्षा निम्नलिखित शिक्षा का संयुक्त रूप है-

अ-सामान्यीकरण (Generalisation) शिक्षा

ज्ञान के लिए- यह शिक्षा व्यक्ति और राष्ट्र का बौद्धिक विकास कराती है जिससे व्यक्ति व राष्ट्रीय सुख में वृद्धि होती है।

ब-विशेषीकरण (Specialisation) शिक्षा

कौशल के लिए- यह शिक्षा व्यक्ति और राष्ट्र का कौशल विकास कराती है जिससे व्यक्ति व राष्ट्रीय उत्पादकता में वृद्धि होती है।

स-सत्य नेटवर्क (REAL NETWORK)

समाज में प्रकाशित होने के लिए-क्योंकि कोई भी क्यों न हो उसे स्वयं अपना परिचय (BIO-DATA) देना पड़ता है तभी उसके अनुसार समाज उसका उपयोग करता है।

वर्तमान समय में विशेषीकरण की शिक्षा, भारत में चल ही रहा है और वह कोई बहुत बड़ी समस्या भी नहीं है। समस्या है सामान्यीकरण शिक्षा की। व्यक्तियों के विचार से सदैव व्यक्त होता रहा है कि-मैकाले शिक्षा पद्धति बदलनी चाहिए, राष्ट्रीय शिक्षा नीति व पाठ्यक्रम बनना चाहिए। ये तो विचार हैं। पाठ्यक्रम बनेगा कैसे?, कौन बनायेगा? पाठ्यक्रम में पढ़ायेंगे क्या?

एक पूर्ण मानव निर्माण प्रक्रिया में शिक्षा पाठ्यक्रम के स्वरूप का विश्वमानक निम्नवत् है। जो किसी विशेष देश-काल-पात्र पर निर्भर नही करता अर्थात् यह प्रत्येक देशों और व्यक्तियों के लिए शिक्षा का स्वरूप है। जिससे ब्रह्माण्डीय, वैश्विक और व्यक्तिगत संतुलन, स्थिरता, एकता, प्रबन्ध, विकास, शान्ति और सुरक्षा निर्धारित होती है।

1. प्राइमरी शिक्षा (कक्षा-5 तक)-भाषा ज्ञान आधारित:- क्षेत्रीय, देश, विश्व और विज्ञान की भाषा का ज्ञान, सामान्य विज्ञान, सामान्य ज्ञान, चित्र कला।

2. जूनियर हाई स्कूल (कक्षा-6 से 8 तक)-समाज ज्ञान आधारित:- क्षेत्रीय, देश, विश्व और विज्ञान की भाषा का ज्ञान, सामान्य विज्ञान, सामान्य ज्ञान, चित्र कला का विस्तार, खेल, संगीत, कृषि, समाज विज्ञान।

3. हाई स्कूल (कक्षा-9 से 10 तक)-सामान्यीकृत ज्ञान आधारित:- ज्ञान-कर्मज्ञान समाहित WCM-TLM-SHYAM.C (World Class Manufacturing – Total Life Maintenance – Satya-Heart-Yog-Ashram-Meditaion.Conciousness) प्रणाली अर्थात शिक्षा पाठ्यक्रम का विश्व मानक, कालानुसार विज्ञान, तकनीकी, व्यापारीक व प्रबन्धकीय ज्ञान की शिक्षा।

4. इण्टरमीडिएट (कक्षा-11 से 12 तक)-विशेषीकृत ज्ञान आधारित:- कौशल विकास की शिक्षा।

5. उच्च शिक्षा-इच्छानुसार विशेष क्षेत्र आधारित

"किसी देश का संविधान, उस देश के स्वाभिमान का शास्त्र तब तक नहीं हो सकता जब तक उस देश की मूल भावना का शिक्षा पाठ्यक्रम उसका अंग न हो। इस प्रकार भारत देश का संविधान भारत देश का शास्त्र नहीं है। संविधान को भारत का शास्त्र बनाने के लिए भारत की मूल भावना के अनुरूप नागरिक निर्माण के शिक्षा पाठ्यक्रम को संविधान के अंग के रूप में शामिल करना होगा। जबकि राष्ट्रीय संविधान और राष्ट्रीय शास्त्र के लिए हमें विश्व के स्तर पर देखना होगा क्योंकि देश तो अनेक हैं राष्ट्र केवल एक विश्व है, यह धरती है, यह पृथ्वी है। भारत को विश्व गुरू बनने का अन्तिम रास्ता यह है कि वह अपने संविधान को वैश्विक स्तर पर विचार कर उसमें विश्व शिक्षा पाठ्यक्रम को शामिल करे। यह कार्य उसी दिशा की ओर एक पहल है, एक मार्ग है और उस उम्मीद का एक हल है। राष्ट्रीयता की परिभाषा व नागरिक कर्तव्य के निर्धारण का मार्ग है। जिस पर विचार करने का मार्ग खुला हुआ है।"

"भारत का प्रत्येक नागरिक अपने जीवकोपार्जन के मार्ग व संघर्ष में अपने विषय का जानकार व अनुभव तो प्राप्त कर रहा है परन्तु कुछ पाने के क्रम में कुछ छूट भी जाता है इसलिए प्रत्येक नागरिक को अपने अहंकार को भूलकर यह स्वीकार करना होगा कि वह अपने विषय से हटकर अन्य विषय के विषय में कम या नहीं जानता है।"

अतः एक "आदर्श नागरिक" बनने के क्रम में न्यूनतम ज्ञान सभी को एक समान रूप से चाहिए।

NEW WORLD ORDER

"न्यू इण्डिया" का एक्शन प्लान

www.64inch.com

The Knowledge Equalizer

"सार्वभौम सत्य-सिद्धान्त" एवं "आध्यात्मिक सत्य" पर आधारित जीवन शास्त्र –"विश्वशास्त्र" की

"युग परिवर्तन" श्रृंखला की पुस्तकें

मुख्य शास्त्र

01. *विश्वशास्त्र – द नॉलेज आफ फाइनल नॉलेज*

सारांश के अनुसार

02. मैं सत्यकाशी से कल्कि महावतार बोल रहा हूँ (समष्टि गीता – यथार्थ प्रकाश)

शीर्षक के अनुसार भाग

03. विश्वस्तरीय फिल्म लेखन कला
04. प्रारम्भिक सत्य – अन्तिम दृष्टि
05. सत्य धर्म – युग परिवर्तक दृष्टि
06. सत्य दार्शनिक–दर्शन और कर्म वेदान्त–विकास दर्शन
07. सत्य शास्त्र एवं पुराण रहस्य–महर्षि व्यास कला
08. संत एवं गुरू और विश्व संत एवं गुरू
09. समाज और ईश्वरीय समाज
10. सत्य शास्त्र और विश्वशास्त्र
11. कृति और विश्व कृति
12. भारत माता मन्दिर और विश्वधर्म मन्दिर
13. महाभारत और विश्वभारत
14. संविधान और विश्व संविधान
15. शिक्षा और पूर्ण शिक्षा
16. देवता और सार्वभौम देवता कल्कि
17. देवीयाँ और सार्वभौम देवी माँ कल्कि
18. द्वादश ज्योतिर्लिंग और 13वां अन्तिम ज्योतिर्लिंग
19. काशी – मोक्षदायिनी और जीवनदायिनी
20. सत्यकाशी – स्वर्णयुग का तीर्थ
21. काशी – रहस्योद्‌घाटन
22. 2020 – मन का नवीनीकरण
23. ईश्वर का संक्षिप्त इतिहास
24. अवतार – अन्तिम सत्य दृष्टि
25. भविष्यवाणियाँ और कल्कि अवतार
26. स्वामी विवेकानन्द और कल्कि अवतार
27. मनु, मनवन्तर और कल्कि महावतार
28. व्यास, शास्त्र और कल्कि महावतार
29 ऋषि, ऋषि परम्परा और कल्कि महावतार
30. दूसरा आगमन या अन्तिम आगमन
31. परिवर्तन–काल, मनु, युग, व्यास और शास्त्र
32. राम, रावण और सार्वभौम एकात्म
33. मैं, व्यक्तिगत या सार्वभौम
34. लव कुश (त्रेतायुग) और लवकुश (कलियुग)
35. कल्कि महावतार आ चुके हैं (ACTION PLAN)
36. लव कुश सिंह (कल्कि महाअवतार)–जीवन, ज्ञान, कर्म और विश्वरूप
37. वैश्विक बुद्ध – बुद्ध का भाग दो और अन्तिम
38. बुद्धा कृष्ण – कृष्ण का भाग दो और अन्तिम
39. सम्पूर्ण क्रान्ति–अन्तिम कार्य योजना
40. पुनर्निर्माण (RENEW)–समस्या, समाधान और राष्ट्र निर्माण की योजना
41. पुनर्निमाण (RENEW)– ग्राम एवं नगर वार्ड प्रेरक
42. विश्वशास्त्र द नालेज आफ फाइनल नालेज–परिचय
43. एन्टायर पालिटिक्स – पूर्ण पाठ्यक्रम
44. वसुधैव–कुटुम्बकम्
45. कर्मवेद : प्रथम, अन्तिम तथा पंचम वेद
46. आठवें अवतार श्रीकृष्ण के अनकहे संदेश
47. अयोध्या नहीं, मुंगेर है राम जन्मभूमि
48. विश्वमानव–भूतपूर्व नेतृत्वकर्ताओं का स्पष्टिकरण
49. विश्वमानव–वर्तमान नेतृत्वकर्ताओं का स्पष्टिकरण
50. विश्वमानव–वार्ता, वक्तव्य एवं वाणियाँ
51. विश्वमानव–पत्रावली, प्रसारण और अन्तिम पत्र
52. सत्य जनहित आह्वान
53. विश्व शान्ति–अन्तिम सत्य दृष्टि
54. नई विश्व व्यवस्था का रहस्य
55. समाजवाद – ब्रह्माण्डीय विकास का अवतारी मार्ग
56. भारतवाद – राष्ट्रवाद की मुख्यधारा
57. 100 वर्षीय संयुक्त राष्ट्र को अग्रिम सन्देश
58. सार्वभौम एकात्म–नव विश्व निर्माण
59. गणराज्य, संघ, मानकीकरण संगठन और सम्पूर्ण मानक
60. व्यापार केन्द्र (TRADE CENTRE)–दृश्य सत्य
61. मन का विश्वमानक और पूर्ण मानव निर्माण की तकनीकी (WCM-TLM-SHYAM.C)
62. मानक विपणन प्रणाली (3F:FUEL-FIRE-FUEL)
63. स्वर्णयुग का मानक आदर्श नागरिक–दिशा निर्देश
64. विश्वधर्म : परिचय (स्वर्णयुग का धर्म)

व्यक्ति और विभागीय स्तर पर सफाई–सुधार का पहला प्रारूप की पुस्तक – डा0 रमेश कुमार द्वारा लिखित "विशाल ज्ञान विज्ञान सबका समाधान" है

दर्शन, विचार एवं संपादन

लव कुश सिंह "विश्वमानव"

Search on Google -> Lava Kush Singh "vishwmanav"

पुस्तक उपलब्ध

notionpress.com Book Store

www.ingramcontent.com/pod-product-compliance
Lightning Source LLC
LaVergne TN
LVHW080933071026
849535LV00013B/4192